Heiner Newe

Entdeckertouren mit dem Wohnmobil

Französische Alpen

Die Anleitung für
einen Erlebnisurlaub

WOMO®
Der Wohnmobil-Verlag

Die Deutsche Bibliothek – CIP-Einheitsaufnahme

Bibliografische Information der Deutschen Bibliothek

Die Deutsche Bibliothek verzeichnet diese Publikation in der Deutschen Nationalbibliografie.
Detaillierte bibliografische Daten sind im Internet über <http://dnb.ddb.de> abrufbar.

Titelbild: Blick auf das Mont-Blanc-Massiv, Tour 10, Seite 347
Bild in vorderer Klappe: Lac du Eissauprés, Tour 8, Seite 274

Karten: Heiner Newe, Stadtpläne unter Verwendung der Daten von © OpenStreetMap contributors
Fotos: Bildnachweis Seite 380

2. aktualisierte Auflage - 2023

Reihen- und Umschlaggestaltung:
www.martinveicht.de

Druck:
Beltz Grafische Betriebe GmbH,
99947 Bad Langensalza

Vertrieb:
GeoCenter GmbH, 70794 Filderstadt

Herausgeber:
WOMO-Verlag, OT Mittelsdorf, 36452 Kaltennordheim
GPS: N 50°36'38.2" E 10°07'55.6"

Fon: 0049 (0) 36946-20691
Fax: 0049 (0) 36946-20692
eMail: verlag@womo.de
Internet: www.womo.de

MIX
Papier | Fördert gute Waldnutzung
FSC® C089473

Autoren-eMail: Newe@womo.de

ISBN 978-3-86903-912-1

Jede Tour und jeder Stellplatz sind von uns meist mehrfach überprüft worden, wir können jedoch inhaltliche Fehler nie ganz ausschließen. Bitte achten Sie selbst auf Hochwasser, Brandgefahr, Steinschlag und Erdrutsch!

Verlag und Autoren übernehmen keine Verantwortung für die Legalität der veröffentlichten Stellplätze und allen anderen Angaben. Unsere Haftung ist, soweit ein Schaden nicht an Leben, Körper oder Gesundheit eingetreten ist, ausgeschlossen, es sei denn, unsere Verantwortung beruht auf Vorsatz oder grober Fahrlässigkeit.

EINLADUNG

Um diese zweite Auflage des WOMO-Reiseführers über die französischen Alpen zu aktualisieren und zu gestalten, sind wir wieder Tausende Kilometer durch diese grandiose Landschaft gefahren. Die Eindrücke dieser Reisen haben wir mit sehr vielen neuen Fotos festgehalten und in dieses Buch aufgenommen. Wir konnten unsere Reiseplanungen nach den Wettervorhersagen ausrichten und hatten deshalb fast an allen Tagen die besten Bedingungen, um in den Regionen Bilder zu machen, die bei der ersten Auflage wegen schlechter Witterungsverhältnisse nicht so gut gelungen sind.
Wir haben aber nicht nur erneuert und aktualisiert, sondern in den Routenführungen einige Änderungen vorgenommen. Der eine oder andere Aussichtspunkt wurde ergänzt, der eine oder andere Gebirgszug kam hinzu und einige Wanderungen und Radtouren ebenfalls, sodass der Umfang insgesamt um 24 Seiten angewachsen ist.
Auch der Aufbau des Buches hat sich ein wenig geändert. Die einleitenden Seiten sind jetzt kürzer gefasst. Viele Zusatzinformationen sind an das Ende des Buches gewandert. Dort, wo es uns notwendig erschien, verweisen wir in den Texten unter Angabe der Seitenzahl auf diese nützlichen Hinweise, damit Sie einen schnellen Zugriff darauf haben. Wir machen das deshalb, um bestimmte Sachverhalte nicht immer wiederholen zu müssen. In den Stellplatzbeschreibungen wurden als wesentliche Neuerung die Höhenangaben aufgenommen. In der Bergwelt ist das eine sehr wichtige Information.
Ansonsten gilt, was wir auch in der Einladung der ersten Ausgabe geschrieben haben:
Mit den französischen Alpen haben wir eine spannende, abwechslungsreiche Gebirgslandschaft vor uns, die atemlos werden lässt. Atemberaubend sind die Fernsichten, atemberaubend sind die schwindelerregenden Seilbahnen und atemraubend sind die Anstrengungen auf langen Wanderungen und Radtouren in dieser fantastischen Gebirgswelt.
Fahren Sie über die schönsten und höchsten Pass-Straßen, entdecken Sie die verschwiegenen Bergseen und gehen Sie durch malerische Dörfer und Kleinstädte. Betrachten Sie die Geschichte dieser Region mit ihren vielen Festungen und Klöster. Probieren Sie, welche köstlichen Gerichte in dieser Region angeboten werden.

Wir wünschen Ihnen sehr viel Freude mit diesem Buch.
Gute Fahrt! Bon voyage!

Unsere Top Ten

Cirque du Fer-à-Cheval

Hoch ist dieser Talschluss in Form eines Hufeisens. Er wirkt wie eine überdimensionale Wand. Zahlreiche Wasserfälle bereiten Ihnen ein rauschendes Erlebnis, wie Sie ab der Seite 44 sehen werden.

Jardins Secrets

Eine verschwiegene und stille Gartenanlage mit sehr individuell gestalteten Elementen, Skulpturen und Wegen, durch die kleine Wasserläufe und Brunnen plätschern, erwartet Sie ab Seite 73.

Grotte de Choranche

Sie zählt wie keine andere zu den atemberaubenden Höhlen der französischen Alpen. Mit ihren feingliederigen Stalaktiten ist sie ein Wunderwerk der Natur. Ab Seite 118 erfahren Sie mehr darüber.

Massif du Dévoluy

Diese außergewöhnliche Gebirgslandschaft liegt abseits der großen Touristenströme. Sie lädt zu ausgedehnten Bergwanderungen ein. Auf der Seite 144 beginnen wir mit der Beschreibung dieses Massivs.

Brandes

L'Alpe d'Huez ist nicht nur ein bekannter Wintersportort. Ab der Seite 194 widmen wir uns einer besonderen, frei zugänglichen archäologischen Stätte des Erzbergbaus in den Alpen.

Gorges de Daluis

Sie treffen auf ein weiteres Naturschauspiel, dass uns in seiner ganzen Schönheit, mit seinen Felsformationen, Formen und Farben begeistert hat, wie Sie ab der Seite 256 erfahren können.

Briançon

Mit Vauban, dem Festungsbaumeister des Sonnenkönigs, haben wir uns in diesem Buch öfter beschäftigt. In Briançon durchschreiten wir mit Ihnen ab der Seite 290 eines seiner Meisterwerke.

Bonneval-sur-Arc

Es ist, so könnte man meinen, ein Dorf wie in der guten alten Zeit. Etwas romantisierend kommt es ohne moderne Architektur aus. Ein Besuch lohnt sich, wie Sie ab der Seite 317 sehen werden.

Plaine Joux

Die Aussicht auf das Mont-Blanc-Massiv ist traumhaft. Uns hat kein Stellplatz in diesem Buch mehr begeistert als dieser. Sie finden ihn auf der Seite 341 mit seinem Umfeld beschrieben.

Bergbahnen am Mt. Blanc

Mit zwei Zahnradbahnen und einer Kabinenseilbahn können Sie sich der Gletscherwelt des Mont-Blanc-Massivs nähern. Ab der Seite 343 sagen wir Ihnen, wie es funktioniert und worauf Sie achten müssen.

Inhaltsverzeichnis

Karten, Symbole und Kilometerangaben

Alle WOMO-Reiseführer sind nach Touren untergliedert, die mit den wichtigsten Ortschaften auf der **Übersichtskarte** im hinteren Bucheinband dargestellt sind. Einzelheiten zu diesen **Touren**, insbesondere die dort empfohlenen Stell- und Campingplätze, finden Sie in den jeder Tour vorangestellten **Tourenkarten**, deren verwendete **Symbole** auf der hinteren Einbandklappe erläutert sind.

Die **Kilometerangaben** neben den Tourenüberschriften erlauben nur eine erste Orientierung über die Länge der jeweiligen Tour und betreffen die Entfernung ab dem letzten Stell- oder Campingplatz des vorangegangenen Kapitels, wenn diese an die beschriebene Tour unmittelbar angrenzt. Ansonsten geht es von dem im Text beschriebenen Anfang bis zum letzten Stell- oder Campingplatz der aktuellen Tour.

Stellplätze und Farben

Die Stellplatzsymbole zeigen auf den ersten Blick, ob es sich um einen **Campingplatz** (Zelt), einen übernachtungsgeeigneten **WOMO-Parkplatz** (vollfarbiges Oval) oder um einen **offiziellen WOMO-Stellplatz** (Wohnmobilzeichen) handelt. Letzterer betrifft Flächen, die von privater Hand oder von Städten und Gemeinden für Reisemobile angelegt wurden. Sie sind über eine Beschilderung mit Preisangabe oder einem Wohnmobilsymbol deutlich erkennbar.

Die **Farben** der Stellplatz-Symbole in unseren Büchern haben bestimmte Bedeutungen: **Blau** steht für eine nahe Bademöglichkeit in Seen oder Flüssen, in einer Therme oder einem besonders interessanten Schwimmbad. **Grün** kennzeichnet einen Platz, an dem typischerweise Wanderwege beginnen. Dort ist auch meistens eine Wandertafel vorzufinden, die eine Orientierung bietet. **Hellgelb** sind alle Plätze bei Winzern, Bauernhöfen oder Gaststätten, die nicht öffentliche Parkplätze darstellen. **Orangegelb** sind die Plätze ohne die vorgenannten Merkmale.

Nur Plätze mit einer durchlaufenden **Nummer** sind für eine Übernachtung geeignet. Diese Örtlichkeiten werden im Text entsprechend ihrer vorgenannten Eignung farbig unterlegt und stehen meistens in einem **Stellplatzkasten** mit den wichtigsten Informationen.

Zum Verständnis der **GPS-Daten** erfahren Sie genauere Einzelheiten hinten bei den Tipps auf Seite 365. Hinter den GPS-Angaben finden Sie immer eine **Höhenangabe** des Platzes in Metern über NN. Diese Zahl ist in Klammern gesetzt.

'Max. WOMOs' nennt die Kapazität von Stellplätzen bei öffentlichen Parkplätzen. Es ist eine von uns geschätzte Zahl von Wohnmobilen mittlerer Größe, die unseres Erachtens auf dem zur Verfügung stehenden Platz parken können, ohne Einheimische zu behindern. Bei den offiziellen Anlagen ist die Zahl angegeben, für die diese Plätze zugelassen sind. Die Parkmöglichkeiten hängen von der Größe anderer Wohnmobile, von den Dimensionen Ihres Fahrzeuges und von dem Parkverhalten anderer ab. Selbst auf offiziellen Plätzen, auf denen durch Bodenmarkierungen oder Buchten die Parzellen definiert sind, besteht bisweilen die Möglichkeit, mehr Fahrzeuge unterzubringen, als offiziell angegeben wird. Nicht alle in diesem Buch erwähnten Stellplätze kommen für Wohnmobile in Omnibusgröße infrage. Unsere Maßangaben sind nur eine grobe Schätzung. Wir bitten um Verständnis, dass wir auch einige Plätze erwähnen, auf die ausschließlich kleinere Fahrzeuge passen. Etwa die Hälfte aller Neuzulassungen betreffen heute Kastenwagenausbauten und kompakte kurze Fahrzeuge.

Bei Campingplätzen und offiziellen Stellplätzen nennen wir auch immer die **Öffnungszeiten**. Damit sind keine Uhrzeiten gemeint, sondern die Monatsangaben, wann diese Anlagen in Betrieb sind.
Wir beschreiben die **Ausstattungsmerkmale** der Plätze mit Ver- und Entsorgung, Strom, Toilette, Dusche, Waschmaschine, Trockner und Müllentsorgung. Unter **Beschreibung** wird Ihnen Näheres zur Beschaffenheit, der Lage und der Nutzungseignung gesagt. Wir teilen Ihnen mit, ob der Platz geeignet ist, die Campingmöbel aufzustellen und die Markise auszufahren. Kein WOMO-Parkplatz in diesem Buch ist dafür geeignet, sich tagelang wie auf einem Campingplatz aufzuhalten, mit Vordach, Möbeln und Grill. So gut wie kein Stellplatz eignet sich dafür, Campingmöbel über Nacht vor der Tür zu belassen und nur wenige Stellplätze sind gleichzeitig auch als Grillplätze nutzbar. Wir sagen Ihnen auch, wie weit es von dem gewählten Ort bis zum nächsten Restaurant oder zur nächsten Sehenswürdigkeit ist.
Die angegebenen **Preise** sind detailliert aufgeschlüsselt, nach Platzgebühren, Personenzahl, Stromkosten, Kosten für Kinder, Hund, Strom, Frischwasser, Entsorgung, Waschmaschine etc. und entsprechen dem Stand der Erhebung im Jahr 2022. Eine Preisgarantie geben wir allerdings nicht ab. Die Preise sind im Fluss.
Bei den Campingplätzen und auch bei einigen Stellplätzen – soweit verfügbar –, haben wir die **Internetseiten** der Betriebe aufgeführt. Wenn Sie diese aufrufen, können Sie sich über die aktuellen Preise informieren. In Frankreich ist der Internetzugang mit dem Smartphone nahezu überall problemlos möglich.
Der letzte Stichpunkt in den Tourenkästen ist die **Zufahrt**. In Zeiten der GPS-Navigation halten wir die Beschreibung knapp. Gelegentlich sind aber Gewichts- und Höhenbeschränkungen sowie enge Zufahrten zu beachten. Manchmal ist der direkte Weg nicht der beste. Darauf weisen wir hin.

Top Ten, Tipps und Infos

Mit den Seiten vier und fünf dieses Reiseführers soll Ihre Neugier und Aufmerksamkeit geweckt werden. Dort haben wir nicht unbedingt die größten Sehenswürdigkeiten des Zielgebietes aufgezählt, sondern zehn Kleinode oder Knüller, die uns persönlich besonders gut gefallen haben. Sie stellen kein Ranking dar, sondern sind nach ihrer Reihenfolge in den Touren aufgeführt.
Bei **Öffnungszeiten von Sehenswürdigkeiten** nennen wir, soweit bekannt, die Kassenöffnungszeiten.
Die Tipps und Infos am Ende des Buches machen Sie mit den Besonderheiten der Reiseregion vertraut, sie erläutern aber auch noch intensiver die Benutzung dieses Reiseführers.

Reiseführer und der Zahn der Zeit

Bei den freien Stellplätzen und allen anderen Angaben kommt es im Laufe der Lebensdauer einer gedruckten Auflage immer wieder zu Veränderungen. Bevor Sie sich auf die Reise begeben, lohnt ein kurzer Blick ins Forum des WOMO-Verlages (www.womo.de). Wir versorgen Sie dort mit weiteren aktuellen Informationen zu den Büchern.
Sie können dabei helfen, Informationen für alle Leser aktuell zu halten, indem Sie melden, wenn sich irgendetwas (Sehenswürdigkeit, Wanderweg u.a.) verändert hat, vor allem, wenn ein Platz nicht mehr existiert, verboten ist, oder wenn Sie etwas Neues entdeckt haben. Sie erreichen mich direkt über diese Mailadresse newe@womo.de.

Ich freue mich über jede Zuschrift.
Heiner Newe

Reisegebiet

Von der Südseite des Genfer Sees bis fast an das Mittelmeer reicht unser Reisegebiet in den französischen Alpen. Im Westen bilden die Rhône und das touristisch weniger erschlossene französische Voralpenland die Grenze, im Osten sind es die Staatsgrenzen zur Schweiz und zu Italien. Wenn wir das Areal in Kilometerangaben umreißen, so erstreckt sich unser Reisegebiet von Nord nach Süd über eine Distanz von rund 300 Kilometern und von West nach Ost sind es rund 150 Kilometer.

Das sieht auf den ersten Blick gar nicht so viel aus, aber genannt wurden die reinen Luftlinien. Die Strecken am Boden sind wesentlich länger, denn es geht unzählige Male die Berge rauf und runter. Die Straßen schlängeln sich oftmals in zahlreichen Serpentinen hinauf und hinunter. Wenn Sie alle vorgestellten Routen in vollem Umfang abfahren, sind Sie nicht weit von 4000 Kilometern entfernt. Ihre Anreise müssen Sie dann noch dazurechnen.

In der Grafik auf dieser Seite ist das Reisegebiet farblich hervorgehoben. Einige Städte wurden zur Orientierung hinzugefügt. Die wichtigsten Gebirgs- und Landschaftsnamen, die in diesem Werk immer wieder genannt werden, finden Sie in einer Übersicht am Ende des Buches auf der Seite 360 dargestellt. In den Tourenkarten, mit der jedes Kapitel begonnen wird, sind sie ebenfalls zu lesen, was Ihnen die Orientierung erleichtern soll.

Auch die politische Gliederung finden Sie in diesen Karten abgebildet. Frankreich ist in Regionen unterteilt, diese Regionen wiederum in Departements. Wir bewegen uns nur im östlichen Teil der Region Auvergne-Rhône-Alpes und im Norden der Region Provence-Alpes-Côte d’Azur, die in der Kurzform einfach nur PACA genannt wird. Aus darstellungstechnischen Gründen haben wir darauf verzichtet, diese Regionen in den Tourenkarten zu markieren. Dort finden Sie nur die Grenzen der Departements und die Namensnennungen dazu. Alle Regionsgrenzen finden Sie auf der Nebenkarte in der hinteren Umschlagklappe.

Wir beginnen im Norden mit den Departements Haute-Savoie (74) und Savoie (73). Es sind zwei Departements, die ihre eigene Historie haben und erst relativ spät zu Frankreich kamen, als das Herzogtum Savoyen aufgelöst wurde. Die Geschichte dazu haben wir an verschiedenen Stellen in unseren Reisebeschreibungen berücksichtigt, darauf wollen wir jetzt nicht näher eingehen.

Zu beachten sind die Flaggen dieser beiden Departements, denn in ihnen ist das Wappen Savoyens enthalten. Es ist ein weißes Kreuz auf rotem Grund und es sieht der Schweizer Nationalflagge zum Verwechseln ähnlich. Im Unterschied zu dieser geht das weiße Kreuz bis an den Rand. Das ist bei der Schweiz nicht der Fall. Sie werden diese "Savoyer Flagge" an vielen Orten sehen, wenn Sie in diesen beiden Departements unterwegs sind.

In diesen beiden Departements finden Sie die höchsten Gipfel unseres Reisegebietes und die bekanntesten Wintersportorte der französischen Alpen. Es ist kälter und schneereicher als in den weiter südlichen gelegenen Departements der Region Provence-Alpes-Côte d’Azur, die klimatisch betrachtet deutlich mediterraner sind. Die Winter sind hier kürzer, die Sommertemperaturen höher. Dies können Sie auch anhand der Vegetation beobachten, je weiter Sie nach Süden fahren.

Wir suchen in diesem Buch selbstredend die höchsten Berge auf, fahren mit vielen Bergbahnen auf die Höhen, unternehmen zahlreiche Wanderungen, begeben uns in die Nähe der Gletscher und lassen auch die tiefen Täler und Schluchten nicht außer Acht. Davon gibt es in dieser Region unzählige. Wir haben uns bemüht, die schönsten für Sie herauszusuchen. Wenn ich hier von "uns" spreche, dann meine ich damit neben mir auch meine Frau, die mich natürlich bei den Reisen unterstützt, auch wenn sie als Autorin nicht mehr in Erscheinung treten möchte.

Neben den Naturlandschaften, die in diesem Buch einen breiten Raum einnehmen, sind die Beschreibungen der Städte, Dörfer, Festungsanlagen und anderer vom Menschen geschaffenen Bauwerke von besonderer Bedeutung. Wir haben uns bemüht, Ihnen eine ausgewogene Mischung anzubieten, die die Besonderheiten und Vielfalt unseres Reisegebietes reflektiert.

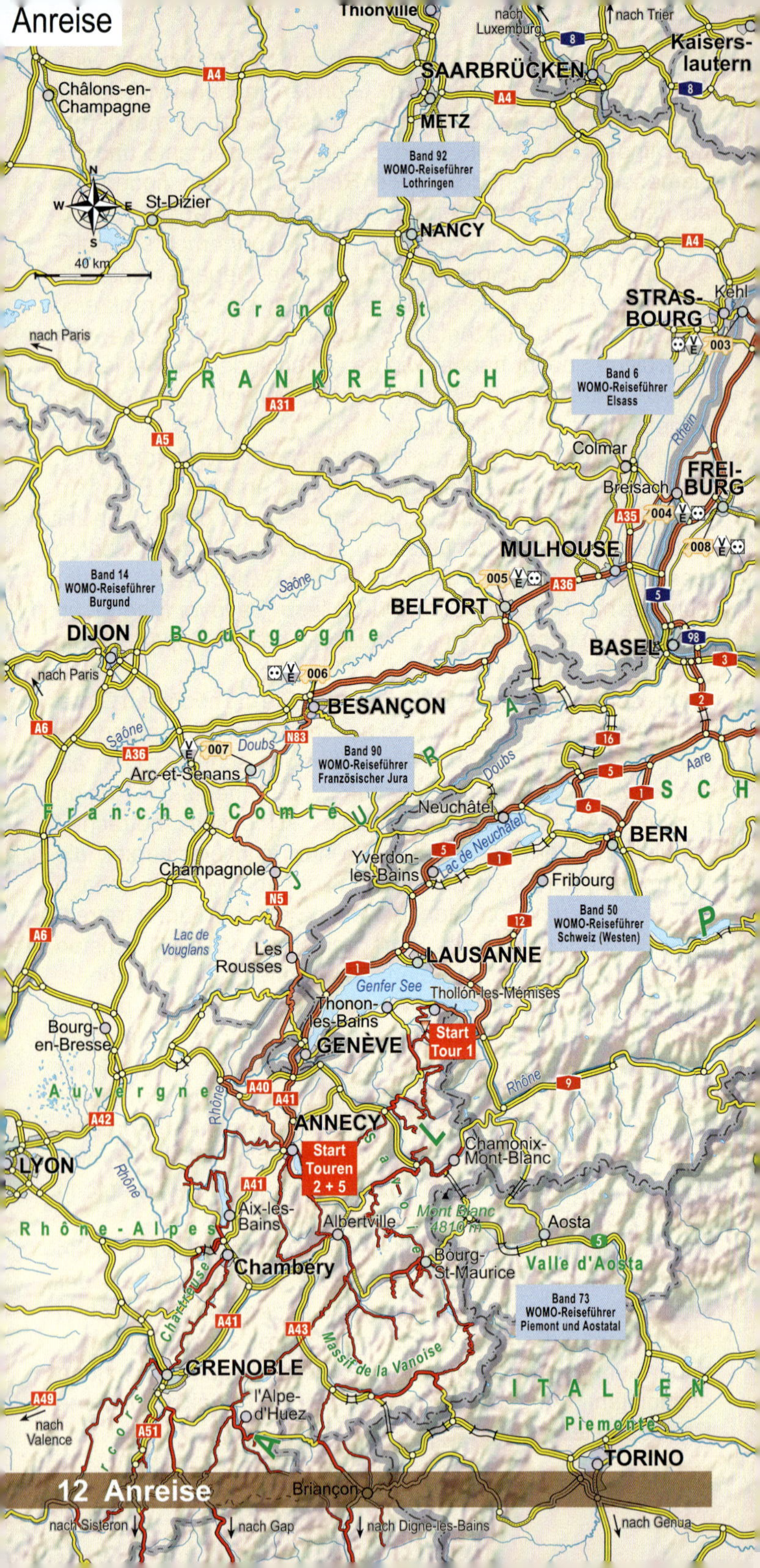

Thionville
nach Luxemburg
nach Trier
SAARBRÜCKEN
Kaisers-lautern
Châlons-en-Champagne
METZ
Band 92 WOMO-Reiseführer Lothringen
St-Dizier
NANCY
40 km
Grand Est
STRAS-BOURG
Kehl
003
nach Paris
FRANKREICH
Band 6 WOMO-Reiseführer Elsass
Rhein
Colmar
FREI-BURG
Breisach
004
A35
MULHOUSE
008
Band 14 WOMO-Reiseführer Burgund
005
A36
Saône
BELFORT
DIJON
Bourgogne
BASEL
006
nach Paris
BESANÇON
Saône
007
Doubs
N83
Band 90 WOMO-Reiseführer Französischer Jura
Doubs
Aare
Arc-et-Senans
JURA
SCHWEIZ
Franche-Comté
Neuchâtel
BERN
Lac de Neuchâtel
Yverdon-les-Bains
Fribourg
Champagnole
N5
Band 50 WOMO-Reiseführer Schweiz (Westen)
Lac de Vouglans
Les Rousses
LAUSANNE
Genfer See
Thollon-les-Mémises
Thonon-les-Bains
Bourg-en-Bresse
GENÈVE
Start Tour 1
Rhône
Auvergne
A40
A41
Rhône
A42
ANNECY
Savoie
Chamonix-Mont-Blanc
LYON
Start Touren 2 + 5
Rhône
A41
Mont Blanc 4810 m
Aix-les-Bains
Albertville
Aosta
Rhône-Alpes
Bourg-St-Maurice
Chambéry
Valle d'Aosta
Chartreuse
Band 73 WOMO-Reiseführer Piemont und Aostatal
A41
A43
Massif de la Vanoise
GRENOBLE
ITALIEN
A49
l'Alpe-d'Huez
nach Valence
Vercors
A51
Piemonte
TORINO
Alpes
Briançon
nach Sisteron
nach Gap
nach Digne-les-Bains
nach Genua

Wir wissen nicht, aus welcher Ecke Deutschlands, der Schweiz oder Österreichs Sie anreisen. Für einen Schweizer ist der Weg in den französischen Teil der Alpen kurz. Wenn Sie aus Deutschland oder Österreich kommen, haben Sie etliche Kilometer zurückzulegen, bevor Sie das in diesem Buch behandelte Gebiet erreicht haben. Es liegt also der Gedanke nahe, dass Sie nicht an einem Stück in unser Reisegebiet fahren werden und Zwischenstopps einlegen wollen.

Für den Südwesten Deutschlands, den Jura und die Westschweiz schlagen wir Ihnen deshalb einige aus unserer Sicht attraktive Zwischenziele vor, die sich für eine Übernachtung eignen und gleichzeitig Interessantes zu bieten haben. Wir machen das im Sauseschritt, denn für diese Regionen gibt es bereits WOMO-Bücher, die Detailbeschreibungen und ausführliche Informationen liefern. Wenn Sie also bei der Anreise über eines dieser Gebiete mehr wissen möchten, so finden Sie die Hinweise zu den jeweiligen Titeln auf den vorangegangenen Kartenseiten in blauen Kästen genannt. Unsere Kurzbeschreibungen orientieren sich an den Verkehrswegen, die in einem blassen Rot in dieser Karte dargestellt sind. Sie enden in **Thollon-les-Mémises,** wo wir unsere Reise durch die französischen Alpen beginnen oder in **Annecy**, den Startpunkten der 2. und der 5. Tour dieses Buches.

Alle genannten Stellplätze auf der Anreise sind groß genug, um wahrscheinlich einen freien Platz zu finden. Alle haben Ver- und Entsorgungseinrichtungen. Die allermeisten sind kostenpflichtig und haben auch Stromanschlüsse.

Über die A5 in Deutschland und A36 in Frankreich:

Diese Route umgeht die Schweiz. Damit wird auch die Vignette oder die Schwerverkehrsabgabe, die bei den Eidgenossen Pflicht ist, vermieden. Dafür sind auf der A36 in Frankreich Mautgebühren zu entrichten (bis nach Besançon ca. 17,00 €), die sich durch Nutzung der Departement- und Nationalstraßen ebenfalls vermeiden lassen.

Heidelberg ist eine der attraktivsten und interessantesten Städte in Deutschland. Sehenswert sind vor allem das **Schloss** und die Altstadt. Den hiesigen Stellplatz finden Sie im Harbigweg, vier Kilometer vom Zentrum entfernt, mit diesen Koordinaten [**001:** N49°23'30.4" E8°40'15.6"].

Ein beliebter und ruhiger Etappenplatz befindet sich in **Oberkirch**, 12 Kilometer von der Autobahn entfernt. Sie erreichen ihn in der Renchallee mit diesen Angaben [**002:** N48°31'46.5" E8°04'27.0"].

In **Kehl** ist der Stellplatz [**003:** N48°33'49.8" E7°48'50.0"] elf Kilometer von der A5 entfernt. Hier bietet sich ein Besuch von **Straßburg** an. Mit der Tram lässt sich die elsässische Metropole vom Bahnhof in Kehl bequem erreichen.

Die Fahrt zum Stellplatz in **Breisach** führt durch den schönen **Kaiserstuhl.** Um dorthin zu gelangen, nehmen Sie bitte die Abfahrt 59 Riegel. Verwenden Sie diese Angaben [**004:** N48°01'47.0" E7°34'33.9"]. Neben der Besichtigung des Städtchens bietet sich ein Besuch der **Festung** auf der anderen Seite des Rheins in **Neuf-Brisach** an. Sie ist eines der Meisterwerke des Festungsbaumeisters **Vauban**, dessen Werke uns im **Jura** und in den **Alpen** sehr oft begegnen, nur nicht in diesem absolut symmetrischen Grundriss.

Von Neuf-Brisach geht es über Mulhouse weiter nach **Belfort**, eine Stadt, die in der deutsch-französischen Geschichte eine besondere Bedeutung hat. Der örtliche Stellplatz [**005:** N47°38'31.1" E6°51'56.7"] liegt recht zentral.

Um die beeindruckende und von der UNESCO geadelte Vauban-Zitadelle in **Besançon** zu besichtigen, fahren Sie am besten diesen Platz **[006:** N47°14'13.9" E6°00'57.9"] an.

Wenn Sie auf dem weiteren Weg nach Annecy mit den **Salinen** von **Arc-et-Senans** ein weiteres UNESCO-Welterbe besichtigen möchten, so steuern Sie diesen nah gelegenen Platz **[007:** N47°01'57.2" E5°46'51.1"] an.

Über die A5 in Deutschland und A2 in der Schweiz:

Im ersten Teil der Autobahnfahrt verfolgen wir dieselbe Route mit denselben bereits genannten Etappenzielen. Nur geht es jetzt nach **Freiburg,** dessen Stellplatz Sie in der Suwonallee **[008:** N48°00'59.6" E7°50'05.2"] am neuen Stadion finden. Von hier aus sind es bis nach Thollon-les-Mémises noch 291, nach Annecy 360 Kilometer. Distanzen, die an einem Tag über die Autobahnen der Schweiz zu schaffen sind. Informationen über die notwendige Vignette oder Schwerverkehrsabgabe finden Sie auf der Seite 369.

Über die A81 in Deutschland und A1 in der Schweiz:

Wenn Sie über die A81 anreisen, finden Sie in **Bad Dürrheim** einen Stellplatz **[009:** N48°00'43.0" E8°32'03.8"], der gern von WOMO-Fahrern und Fahrerinnen mit einem Besuch der Therme verknüpft wird.

Wenn Ihnen dieser "Mammutplatz" nicht zusagt, haben Sie in **Hüfingen** **[010:** N47°55'23.8" E8°29'11.2"] eine beschauliche Alternative und in **Schaffhausen** können Sie von diesem Stellplatz **[011:** N47°40'27.9" E8°36'30.6"] dem **Rheinfall** einen Besuch abstatten.

Über die A7 in Deutschland und A4/A1 in der Schweiz

Wenn Sie über die A7 anreisen, lohnt sich ein Besuch in **Ulm** **[012:** N48°23'00.6" E9°59'10.5"] sowie eine Stippvisite in **Bad Buchau** **[013:** N48°04'12.7" E9°36'37.2"] am reizvollen **Federsee**.

Über die A9 und B2/B16 bis zur Schweizer Grenze:

Wer über die A9 aus dem Norden Deutschlands kommt, dem können wir Zwischenstopps in **Absberg** am Brombachsee **[014:** N49°08'16.9" E10°52'08.8"] oder in **Treuchtlingen** am Kurpark **[015:** N48°57'37.5" E10°55'03.7"] empfehlen.

Über die A12 und A14 in Österreich:

Wer aus Österreich anreist, findet in **Altstätten** in der Schweiz **[016:** N47°22'03.7" E9°33'11.8"] ausreichend Platz für einen Zwischenstopp.

Route des Grandes Alpes

Die Route des Grandes Alpes

Bei unserer Reise durch die französischen Alpen haben wir eine konsequente Fahrt vom Genfer See bis zum Mittelmeer auf der **Route des Grandes Alpes** nicht durchgeführt. Bei unserer Tourenplanung haben wir uns bemüht, kleinere Regionen aneinander zu hängen und ein großes Oval entworfen, das am Genfer See beginnt, sich durch die Voralpen in den Süden zieht und durch das Hochgebirge entlang der Landesgrenzen zu Italien und zur Schweiz fast zum Ausgangspunkt zurückführt. Dabei sind wir immer wieder auf diese große Alpenstraße gestoßen und es gibt nur ganz wenige Kilometer dieser langen Strecke, die wir nicht kennengelernt haben. Auf den Karten, mit denen jede Tourbeschreibung beginnt, ist die Route des Grandes Alpes mit einer gepunkteten Linie verzeichnet. Dies ist besonders deutlich bei den Touren 1, 8, 9 und 10. Die Streckenabschnitte sehen Sie in der nebenstehenden Karte markiert. Auf den Tourenkarten zu Beginn der jeweiligen Kapitel laufen die gepunkteten Linien der Alpenstraße und die roten Linien unserer Touren zusammen.

Die Route des Grandes Alpes in der Nähe des Col du Lautaret.

Da wir wissen, dass es WOMO-Fahrer gibt, die darauf brennen, die Tour vom Genfer See ans Mittelmeer in einer mehrtägigen Fahrt zu absolvieren, schreiben wir hier die wichtigsten Stationen von Nord nach Süd zusammen, ohne die Details zu wiederholen, die Sie bei den jeweiligen Touren beschrieben finden. Wir verweisen dabei auf die Orte und schreiben gleich die Seitenzahlen dazu, damit Sie es einfacher haben.

Bevor wir beginnen: Was muss man generell wissen über diese Straße?

Sie ist nur in den Sommermonaten durchgängig befahrbar. Die Wintersperren der höchsten Pässe reichen teilweise bis in den Juni hinein. Sie sind also nur in den Monaten von Juli bis September offen. Die Straße führt über 17 Pässe. Der höchste ist mit 2770 Metern der **Col de l'Iseran**. Oft wird auch der 2802 Meter hohe Col de la Bonette genannt, obwohl er im strengen Wortsinn kein Pass ist, sondern nur eine Umfahrung des 2860 Meter hohen Cime de Bonette.

Die große Alpenstraße ist fast 700 Kilometer lang. Sie beginnt in **Thonon-les-Bains** und endet in **Menton**. Sie führt nicht an **Chamonix** und dem 4810 Meter hohen **Mont Blanc** vorbei. Die Straße ist gleichermaßen beliebt bei Motorrad-, Rennrad-, Tourenrad-, Cabrio- und WOMO-Fahrern. Da alle mit sehr unterschiedlichen Geschwindigkeiten unterwegs sind, ist eine vorsichtige Fahrweise auf dieser Strecke mit dem WOMO besonders angebracht. Leitplanken oder andere Absturzsicherungen gibt es kaum. Oft führt die Straße dicht an tiefen Abgründen vorbei. Fahrfehler können also verheerende Folgen haben.

Starten wir in **Thonon-les-Bains**. Eine kleine, im Pflaster vor dem Rathaus eingelassene Windrose markiert den Beginn dieser großen Alpenstraße.

Vor dem Col du Galibier.

Erstes Highlight auf dem Weg nach Süden ist die **Gorges du Pont du Diable** (Seite 33). Wenige Kilometer hinter Les Gets empfehlen wir, einen Abstecher über Samoëns zu den **Cascades du Cirque du Fer-à-Cheval** zu machen (Seite 44). Dort gibt es auch eine gute Möglichkeit zu übernachten. Eine gute Alternative dazu ist wenige Kilometer entfernt an der Alpenstraße in **Le Reposoir** (Seite 52) zu finden. Im weiteren Verlauf erscheint uns ein Zwischenstopp am **Signal de Bisanne** reizvoll (Seite 335) und etwas weiter am **Lac de Roselend** (Seite 330). Im weiteren Verlauf der bislang einfach zu fahrenden Straße wird es auf der Strecke vor **Bourg-Saint-Maurice** erstmals deutlich enger und die Kurven schärfer. Die weitere Strecke nach **Val d'Isère** lässt sich dagegen wieder problemlos fahren. Hier muss man nur darauf achten, dass auch in den Tunnelstrecken Radfahrer unterwegs sind.

Der renommierte Skiort ist ein Zwischenstopp wert (Seite 320). Danach geht es hoch auf den **Col de l'Iseran** (Seite 318). Sehenswert sind die Festungsanlagen rund um **Aussois** im Haute Maurienne (Seite 309). Hinter Saint-Michel-de-Maurienne beginnt eine der schönsten Strecken der Route des Grandes Alpes. Mit dem **Col du Galibier** (Seite 304) und dem **Col du Lautaret** (Seite 303) überqueren Sie berühmte Pässe der Tour de France. Die Aussicht vom Galibier ist fantastisch. Der Lautaret eignet sich sehr gut für eine kostenlose Übernachtung. **Briançon** (Seite 289) als nächster Ort ist besonders sehenswert und einen Tagesaufenthalt wert. Mehr als beeindruckend ist der **Col d'Izoard** (Seite 280) mit der **Casse Déserte**. Auf dem Pass lässt es sich ebenfalls sehr gut übernachten. Wenn Sie das Queyrastal (Combe du Queyras) durchfahren und Guillestre erreicht haben, lohnt ein Abstecher nach **Mont-Dauphin** (Seite 232). Wenn Sie hier angekommen sind, ist es eine Überlegung wert, von der Route des Grandes Alpes abzuweichen und entlang des **Lac de Serre-Ponçon** (Seite 227) weiter nach **Barcelonnette** (Seite 241) zu fahren. Auch das ist eine sehr reizvolle Strecke. Die offizielle Routenführung geht über den **Col de Vars** (Seite 276).

Auf dem Col d'Izoard.

Abfahrt vom Col de la Bonette.

Ab **Barcelonnette** wird es mit der Befahrbarkeit der großen Alpenstraße etwas kompliziert. Wir empfehlen, hier auf die Strecke über den **Col de la Bonette** (Seite 272) auszuweichen. Sie ist nicht nur besser befahrbar, sie ist auch um ein Vielfaches spektakulärer als die offizielle Wegführung über den **Col de la Cayolle** (Seite 251). Wenn Sie in **Saint-Martin-Vésubie** angekommen sind, ist die weitere Fahrt nach **Menton**, dem Endpunkt der Route, kein Problem mehr.

Nach dieser kurzen Vorstellung der großen Alpenstraße wollen wir nun mit den einzelnen Tourbeschreibungen beginnen.

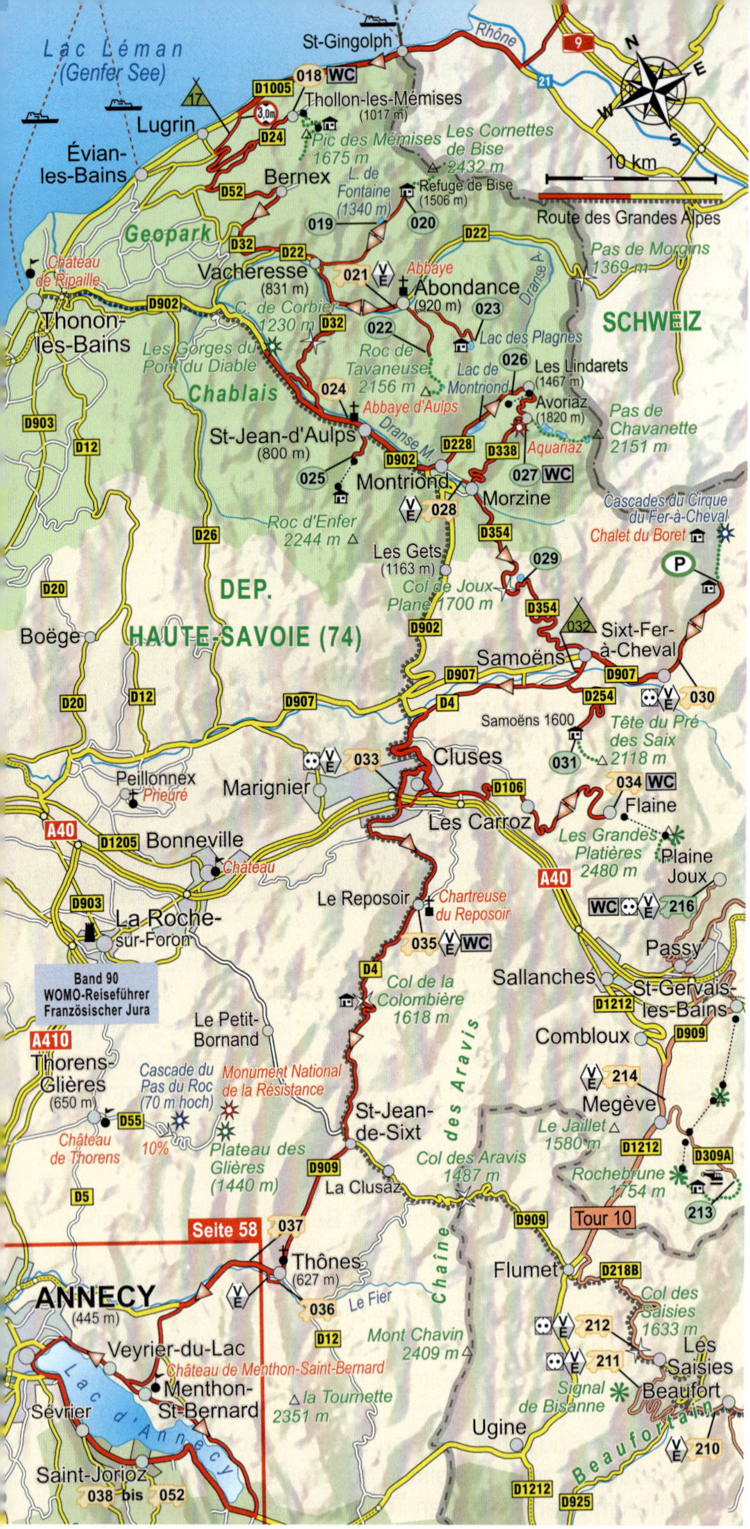

Lac Léman (Genfer See)
St-Gingolph
Rhône
Thollon-les-Mémises (1017 m)
Lugrin
Évian-les-Bains
Pic des Mémises 1675 m
Les Cornettes de Bise 2432 m
Bernex
L. de Fontaine (1340 m)
Refuge de Bise (1506 m)
10 km
Route des Grandes Alpes
Geopark
Château de Ripaille
Vacheresse (831 m)
Abbaye Abondance (920 m)
Pas de Morgins 1369 m
Thonon-les-Bains
C. de Corbier 1230 m
Lac des Plagnes
SCHWEIZ
Les Gorges du Pont du Diable
Chablais
Roc de Tavaneuse 2156 m
Lac de Montriond
Les Lindarets (1467 m)
Avoriaz (1820 m)
Abbaye d'Aulps
St-Jean-d'Aulps (800 m)
Pas de Chavanette 2151 m
Aquariaz
Montriond
Morzine
Cascades du Cirque du Fer-à-Cheval
Chalet du Boret
Roc d'Enfer 2244 m
Les Gets (1163 m)
Col de Joux Plane 1700 m
DEP. HAUTE-SAVOIE (74)
Boëge
Sixt-Fer-à-Cheval
Samoëns
Samoëns 1600
Tête du Pré des Saix 2118 m
Cluses
Peillonnex Prieuré
Marignier
Flaine
Les Carroz
Bonneville Château
Les Grandes Platières 2480 m
Plaine Joux
La Roche-sur-Foron
Le Reposoir
Chartreuse du Reposoir
Passy
Band 90 WOMO-Reiseführer Französischer Jura
Sallanches
St-Gervais-les-Bains
Col de la Colombière 1618 m
Le Petit-Bornand
Combloux
Thorens-Glières (650 m)
Cascade du Pas du Roc (70 m hoch)
Monument National de la Résistance
Megève
Château de Thorens
10%
Plateau des Glières (1440 m)
St-Jean-de-Sixt
Chaîne des Aravis
Le Jaillet 1580 m
Col des Aravis 1487 m
La Clusaz
Rochebrune 1754 m
Tour 10
Seite 58
Thônes (627 m)
Flumet
ANNECY (445 m)
Le Fier
Col des Saisies 1633 m
Mont Chavin 2409 m
Veyrier-du-Lac
Les Saisies
Château de Menthon-Saint-Bernard
Menthon-St-Bernard
Lac d'Annecy
Signal de Bisanne
Beaufort
Sévrier
la Tournette 2351 m
Ugine
Beaufortain
Saint-Jorioz
038 bis
052

TOUR 1 (420 km)

Saint-Gingolph – Lugrin – Thollon-les-Mémises – Refuge de Bise – Abondance – St-Jean-d'Aulps – Les Lindarets – Avoriaz – Morzine – Samoëns – Sixt-Fer-à-Cheval – Cluses – Flaine – Le Reposoir – Thônes – Annecy

Stellplätze:	Thollon-les-Mémises, Lac de Fontaine, Refuge de Bise, Abondance, St-Jean-d'Aulps, Les Lindarets, Avoriaz, Morzine, Col de Joux Plane, Samoëns, Sixt-Fer-à-Cheval, Cluses, Flaine, Le Reposoir, Thônes, Annecy.
Campingplätze:	Lugrin, Samoëns, Annecy.
Besichtigungen:	Saint-Gingolph (Uferpromenade), Abondance (Kloster und Kirche), Les Gorges du Pont du Diable, St-Jean-d'Aulps (Klosterruine), Les Lindarets (Ziegendorf), Le Reposoir (Kloster), Thônes (Musée départemental de la Résistance et de la Déportation), Annecy (Altstadt, Château Annecy, Château de Menthon-Saint-Bernard).
Wandern/Radtour:	Thollon-les-Mémises (Pic des Mémises), Refuge de Bise (Les Cornettes de Bise), Abondance (Rund um den Lac des Plagnes, Roc de Tavaneuse), St-Jean-d'Aulps (Wanderung am Roc d'Enfer), Col de Joux Plane (Spaziergang um den Bergsee), Avoriaz (Wanderung zum Pas de Chavanette), Sixt-Fer-à-Cheval (zu den Cascades du Cirque du Fer-à-Cheval), Flaine (Grandes Platières mit der Désert de Platé), Annecy (mit dem Fahrrad rund um de Lac d'Annecy, Wanderungen auf dem Semnoz-Plateau).
Baden/Wellness:	Lac d'Annecy.

Wir starten unsere Reise durch die französischen Alpen am Genfer See. Gleich danach geht es in die Höhe und wir schauen uns den See von oben an. Über mehrere Etappenorte geht es rauf und runter und es stehen mehrere Bergseen auf dem Besuchsprogramm. Wanderungen zu außergewöhnlichen Schluchten, Talschlüssen und auf Berggipfel machen diese erste Etappe äußerst abwechslungsreich. Den Mont Blanc nehmen wir dabei an verschiedenen Stellen in den Blick, fahren aber noch nicht hin. Er muss bis zum Schluss des Buches auf unseren Besuch warten.

Wir kurven durch das Chablais, fahren vielfach auf der Route des Grandes Alpes und beenden diese Tour am Lac d'Annecy, der mit seinen vielfältigen Angeboten zu einem mehrtägigen Aufenthalt einlädt.

Saint-Gingolph am Genfer See.

Wir reisen über die Schweiz an. Entlang des Ostufers des Genfer Sees nähern wir uns **Saint-Gingolph**. Der Doppelort, der beidseits der Grenze liegt und vom Flüsschen Morge geteilt wird, ist unser erstes Ziel.

Wenn Sie mit einem großen Wohnmobil unterwegs sind, werden Sie hier keinen Parkplatz finden. Wer mit einem Kastenwagen auf Reisen ist, kann auf französischer Seite einen der Parkplätze entlang der Uferpromenade nutzen. WOMOs mittlerer Größe versuchen es in der Nähe des Strandbades am Ortsende [GPS: N46°23'33.8" E6°47'43.0"]. Wenn Sie dort keinen bekommen, gibt es keine weiteren Möglichkeiten mehr. Alle anderen öffentlichen Parkplätze sind mit Höhenbeschränkungen versehen oder schlichtweg zu klein.

Beschaulich ist der Ort. Keiner der beiden Teilorte zählt 1000 Einwohner. Man lebt vom Tourismus, wie die zahlreichen Restaurants, Hotels und Ferienwohnungen andeuten.

Ein Spaziergang entlang der schön angelegten Uferpromenade wirkt entspannend. Nach einer langen Anreise genau richtig. Angler stehen am Ufer und hoffen auf einen guten Fang. Schwäne und Enten schwimmen im kristallklaren Wasser des Genfer Sees. Motorboote zischen in der Ferne vorbei und Paddler versuchen, auf ihren Brettern stehen zu bleiben. Der Ausflugsdampfer aus Lausanne zieht langsam vorüber. Spaziergänger flanieren im Schatten der Bäume entlang der Ufermauern. Hektik gibt es hier nicht. Bei den Restaurantangeboten wählen wir auf der französischen Seite das kleine Lokal **L'Oasis** direkt am Ufer. Bei den Eidgenossen machte das Restaurant **Bellevue** einen formidablen Eindruck. Das Preisniveau war aber auch entsprechend hoch, wie uns der Blick auf die Speisekarte gezeigt hat.

Nach einem Filet de Fera aus dem Genfer See, einem Nachtisch und einem Espresso setzen wir die Fahrt mit dem WOMO fort. Nächstes Ziel ist Thollon-les-Mémises.

Auf dem Weg dorthin kommen wir in **Lugrin** an einem Campingplatz vorbei, der für alle, die zwischen dem See und den Bergen ein reizvolles Plätzchen suchen, von Interesse sein wird.

(017) WOMO-Campingplatz: Lugrin – Camping Le Rys

GPS/Kontakt: N46°24'09.1" E6°40'37.6", (446m); 38 Route de Rys, 74500 Lugrin. Tel.: +33 450 760575, E-Mail: jeanmichael.blanc@wanadoo.fr, Web: https://campinglerys.fr.
Max. WOMOs: >20, max. Länge 12 m. **Öffnungszeit:** Mai bis September.
Ausstattung: Frischwasserversorgung, Abwasserentsorgung mit Bodeneinlass, WC-Kassettenentleerung, Stromanschlüsse, Müllentsorgung, WLAN, Baguetteservice, Duschen, WCs.
Beschreibung: Große sonnige, teilweise auch schattige, terrassierte Rasenplätze. Bis zum Badestrand am Genfer See sind es zu Fuß 10 Minuten. Evian-les-Bains ist 7 Kilometer entfernt.
Preise: Preise sind saisonabhängig. Für ein Wohnmobil mit zwei Personen sind 14,50 € in der Nebensaison und 16,50 € in der Hauptsaison zu zahlen. Für jede weitere Person werden 4,00 € in Rechnung gestellt. Für Kinder bis zum Alter von 8 Jahren 2,50 €. Strom kostet je nach Leistungsbedarf zwischen 3,50 € und 5,50 € pro Tag. Kurtaxe 0,25 € pro Person (ab 13 Jahren).
Zufahrt: Auf der D1005 in Richtung Évians-les-Bains fahren. Weit vor dem Ortseingang von Lugrin dem Hinweis zum Campingplatz auf der linken Seite folgen, wenn Ihr Fahrzeug nicht höher als 3 Meter ist. Wer ein höheres WOMO hat, muss bis in den Ort hineinfahren und sich von dort dem Platz nähern.

Von diesem Platz lassen sich bequem Ausflüge nach Évian, Thonon oder auch Yvoire unternehmen. Mehr zu diesen Orten finden Sie in unserem Jura-Buch.

Wenn Sie noch einmal zurückblättern, werden Sie auf der Tourenkarte den **Geopark Chablais** mit einer grünen Farbe markiert sehen. Er ist einer der mittlerweile 177 UNESCO-Geoparks (Stand 2022), die es weltweit in 46 Ländern gibt.

Die UNESCO hebt damit die besondere Bedeutung einzelner, räumlich begrenzter Gebiete hervor, in denen Landschaften von internationaler geologischer Bedeutung mit einem ganzheitlichen Konzept von Schutz, Bildung und nachhaltiger Entwicklung verwaltet werden. Bei Wanderungen in den französischen Alpen oder bei dem Besuch verschiedener Naturphänomene werden Sie immer wieder auf Werbe- und Erklärungstafeln stoßen, die auf Geoparks hinweisen. In unserem Reisegebiet sind es gleich drei. Neben Chablais gehören das Massif des Bauges (siehe Seite 160) und die Haute Provence (siehe Seite 214) dazu. In kurzen Beschreibungen werden jeweils die wesentlichen Merkmale dieser Parks dargestellt. Was ist nun das Besondere am Geopark Chablais?

UNESCO Géoparc Chablais

Geowissenschaftler erkennen im Chablais den Ablauf von dem Urmeer Tethys über die Gebirgsbildung der Alpen, der Entstehung von Gletschern bis zu der Entwicklung der heutigen Landschaftsformen. Damit werden die Geschichte der Erde und die Entstehung von Landschaften verständlich. Die Sedimente des Tethysmeeres wurden zu Gesteinen verfestigt und brachten Felsen hervor, die während der Entwicklung der Alpen aufgefaltet sowie verformt wurden und überall im Chablais ein beeindruckendes Schauspiel bieten. Eine geologische Geschichte, die über 250 Millionen Jahre reicht, kann hier abgelesen werden. Aus diesem Grund stellt das voralpine Massiv des Chablais ein außergewöhnliches geologisches Erbe dar.

Auf einzelne, besondere Phänomene werden wir noch hinweisen. Wer sich intensiver mit diesem Geopark beschäftigen möchte, dem sei diese Seite empfohlen www.Géoparc-chablais.com.

Wer unser Buch vom **Jura** kennt, dem wird der folgende Ort schon bekannt vorkommen. Im Jura-Buch war es der letzte Höhepunkt der Reise, hier ist es der erste.

(018) Offizieller WOMO-Stellplatz: Thollon-les-Mémises – Office de Tourisme

GPS: N46°23'25.5" E6°42'49.5", (1016 m); D24 74500 Thollon-les-Mémises.
Max. WOMOs: >8, max. Länge >10 m. **Öffnungszeit:** Ganzjährig.

Ausstattung: Stromanschlüsse, WC, Spielplatz, Mülleimer.
Beschreibung: Großer asphaltierter Platz vor einem kleinen Supermarkt unweit der Seilbahnstation und nah am Touristenbüro im Zentrum von Chez les Aires, einem Ortsteil von Thollon-les-Mémises. Nachts sehr ruhig.
Preise: 5,00 € pro Fahrzeug, die im Office de Tourisme zu entrichten sind.
Zufahrt: Ab der Grenze die D1005 entlang des Genfer Sees nutzen. In Lugrin auf die D24 wechseln und den Hinweisschildern zur Seilbahn folgen.

Thollon-les-Mémises ist ein kleiner Ort mit nicht einmal 1000 Einwohnern, der sich in den letzten Jahrzehnten von einem Bergbauerndorf zu einem Wintersportort entwickelt hat. Der Stellplatz erfüllt keine besonderen Ansprüche, es ist ein einfacher Asphaltplatz in der Nähe der Seilbahnstation, der in den Wintermonaten den Skitouristen als Parkplatz dient. In den Sommermonaten ist er recht leer. Für die Wohnmobiltouristen ist er für eine Wanderung auf den **Pic des Mémises** ein idealer Ausgangsort. Der Ort hat ansonsten nur wenig Interessantes zu bieten.

Am Rande des Stellplatzes bietet der Sherpa-Markt auf relativ kleiner Fläche gute Einkaufsmöglichkeiten für das, was unterwegs benötigt wird. Eine Art "Tante-Emma-Laden", der in den kleineren Orten der Alpen öfter anzutreffen ist.

Panoramablick vom Pic des Mémises auf den Genfer See.

Wanderung zum Pic des Mémises

Der Wanderweg führt an der Talstation der Seilbahn vorbei. Er ist zugleich die Zufahrt zur Bergstation der Kabinen-Seilbahn. Für den öffentlichen Verkehr ist diese Strecke gesperrt. Für den Wanderer heißt das: Der Weg ist breit, gut und gefahrlos zu gehen, wenn auch in einigen Teilen mit einer recht ordentlichen Steigung. Vom Parkplatz bis zur Bergspitze sind immerhin 685 Meter Höhenunterschied zu bewältigen, das treibt schon die eine oder andere Schweißperle auf die Stirn. Oben angekommen, bietet ein Restaurant neben kühlen Getränken einige kleine Gerichte zur Stärkung an. Neben der Bergstation befindet sich ein Startplatz für Gleitschirmflieger, von hier hat man schon einen sehr schönen Blick über den Genfer See. Noch besser ist der Blick allerdings vom Pic des Mémises. Um den zu erreichen, geht es von der Bergstation über einen klassischen Bergwanderpfad in Kammlage noch rund 900 Meter weiter. Zwischen den Sträuchern und Bäumen befinden sich Almwiesen, die im Sommer als Viehweiden genutzt werden. Ein kräftiges Kuhglockengeläut empfängt uns kurz hinter der Bergstation. Angst braucht man keine zu haben, denn die Almweide ist mit einem Elektrozaun vom Wanderweg getrennt. Neugierig kommen die Rinder uns Wanderern entgegen, bis der Zaun sie stoppt. Das Gipfelkreuz ist eine einfache, 5,5 Meter hohe Holzkonstruktion aus dem Jahre 2013, wie eine Tafel am Kreuz informiert. Fantastisch ist der Blick über den Genfer See. Man sieht Lausanne mit den Höhenzügen des Jura im Hintergrund und östlich von Lausanne die Weinberge des Lavaux, die seit 2007 zum Welterbe der UNESCO zählen. Einen Blick auf den Mont Blanc hat man von dieser Stelle nicht. Einige Berge, die höher sind als der Pic des Mémises, versperren die Sicht.

Der erste Höhepunkt dieser Reise.

Für die Wanderung sollte man mit einer Rast vier bis fünf Stunden einplanen. Einfacher ist es, mit der Bergbahn hochzufahren und nur von der Bergstation zum Gipfel zu gehen. Die Bergbahn ist allerdings nur in den Monaten Juli und August täglich in Betrieb. Außerhalb der Ferienzeit transportiert sie Wanderer, Gleitschirmflieger und VTT-Fahrer (siehe Seite 374) in den Monaten Mai, Juni und September mittwochs sowie samstags und sonntags nach oben. Diese Seite gibt weitere Auskünfte zu den Öffnungszeiten und den Beförderungspreisen https://ete.thollonlesmemises-tourisme.com.

Von Thollon geht die Fahrt weiter über **Bernex** und **Vacheresse** zum nächsten Ziel. Einer Alm am Ende des Tals des Flüsschens **Bise**. Es geht dabei teilweise über sehr schmale Straßen. Richtig eng wird es aber erst ab Vacheresse. Von der Ortsmitte bis zur Alm **Refuge de Bise** sind es von diesem Ort rund sieben Kilometer. Die Hinweisschilder **"Site de Bise"** weisen den Weg. Die Straße wurde in 2016 frisch asphaltiert. Sie ist gut befahrbar, aber – wie bereits erwähnt – sehr schmal. Ein Womo und ein PKW können schon langsam aneinander vorbeifahren. Wenn sich jedoch zwei breite Fahrzeuge begegnen, wird eines von beiden die nächstliegende Ausweichmöglichkeit suchen müssen. Schnell lässt sich diese Straße also nicht fahren, zudem ist sie kurvenreich und es geht stets bergan. 675 Höhenmeter erfahren wir uns auf diesen sieben Kilometern, bis wir auf 1506 Metern Höhe die große Alm erreichen.

Seeidylle am Lac de Fontaine.

Auf dem Weg dorthin passieren wir den **Lac de Fontaine** **[019:** N46°19'23.6" E6°44'32.1"]. Es ist ein Bergsee auf 1340 Metern Höhe, der geradezu zu einem Picknick einlädt. Hier wird man in der Nacht garantiert nicht gestört.

Kurz vor der Almwiese passieren wir ein in der Straße verbautes Viehgitter. Ab hier muss man mit Rindern rechnen, die den Weg kreuzen. Die Aufmerksamkeit wird also noch einmal um eine Stufe hochgefahren und hinter der nächsten Kurve treffen wir auch schon auf einige Kühe, die es sich auf dem von der Sonne erwärmten Asphalt bequem gemacht haben und uns recht verständnislos anschauen. Nur sehr langsam erheben sie sich, trotten behäbig von der Straße und geben den Weg frei. Angriffslustig sind sie nicht, wir haben keinen Moment befürchtet, sie könnten uns auf „die Hörner nehmen". Nur ein wenig Geduld ist gefragt, dann klappt die Durchfahrt. Als nächste Hürde erwartet uns ein Elektrozaun. Zwei mit Rückzugsfedern gesicherte Arme werden einfach mit dem Fahrzeug in Schrittgeschwindigkeit durchfahren. Das geht ganz einfach und dann ist die große Alm auch schon erreicht. Wozu der Elektrozaun benötigt wird, entdecken wir gleich. Kaum haben wir den Motor abgestellt, umringt uns ein vielbeiniges Begrüßungskomitee mit großem Gemecker und scheint Gastgeschenke zu erwarten. Die Ziegen schmeißen sich so richtig ran, reiben ihre Köpfe an unseren Beinen und lassen sich auch vom Gebell unserer Hunde keineswegs beeindrucken. Schnell erkennen wir, was sie suchen: Schatten! Auf der offenen Alm stehen kein Baum und kein Strauch und einen schattenspendenden Unterstand gibt es nicht. Kaum eine Wolke ist am Himmel zu sehen und das Thermometer zeigt fast 30°C an. Da kann man sich doch über so eine große Kiste freuen, die viel Schatten spendet. Sogleich machen es sich die Ziegen bequem, nicht ohne vorher an den Türfeststellern und Stoßstangen geknabbert zu haben, was ihnen aber offensichtlich nicht zu munden scheint.

Die Refuge de Bise.

(020) WOMO-Stellplatz: Refuge de Bise

GPS: N46°19'48.7" E6°45'54.2", (1502m); Chemin Rural Site de Bise, 74360 La Chapelle-d'Abondance. **Max. WOMOs:** >5, max. Länge >8 m.

Öffnungszeit: Ganzjährig.

Ausstattung: Keine wohnmobilspezifischen Einrichtungen.

Beschreibung: Mehrere befestigte, weitgehend naturbelassene Plätze ohne Markierungen neben dem Almbauernhof und einem Gasthof am Talschluss. Nachts absolut ruhig.

Preise: Gebührenfrei.

Zufahrt: Ab Vacheresse zunächst der D222A folgen, dann der Beschilderung "Site de Bise".

Der Weg zur Cornettes des Bise gewährt einen prächtigen Blick auf das Mont-Blanc-Massiv mit dem 4810 m hohen Mont Blanc als höchsten Punkt.

Auf der Alm gibt es allerlei Tiere, nicht nur Ziegen und Kühe. Eine bewirtschaftete Hütte sorgt in den Sommermonaten für das leibliche Wohl. Den vor Ort erzeugten leckeren Käse sollten Sie sich nicht entgehen lassen. Über die Öffnungszeiten und das Angebot informiert diese Seite https://refugedebise.com.

Die Refuge de Bise von oben.

Die Alm ist ein schöner Ausgangspunkt für Wanderungen. Vier Rundwanderwege sind hier markiert, die über verschiedene Pässe und durch benachbarte Täler führen. Hinzu kommt ein Weg auf den **Cornettes des Bise** auf 2432 Metern Höhe. Es sind klassische, steinige, zum Teil ausgewaschene Bergwanderwege, keine Klettersteige. Außer gutem Schuhwerk, einer guten Kondition, Trittsicherheit, ausreichendem Trinkvorrat und Vesper benötigt man nur noch einen Sonnenhut. Ganz gleich, welchen Weg man nimmt, Tagestouren sind es allemal, wenn man nicht zu den ganz durchtrainierten sportlichen Menschen gehört. Vom Cornettes des Bise hat man einen schönen Blick auf den **Mont Blanc**, der sich auch schon zeigt, wenn man den **Pas de la Bosse** auf 1819 Metern erreicht hat und dem Weg zum Cornettes des Bise folgt, ohne den Gipfel erklimmen zu wollen.

Auf allen Wegen wird man begleitet vom Rauschen der Bergbäche, die man zwar teilweise nur in großer Entfernung sieht, aber dennoch ebenso wahrnimmt wie das Geläut der Kuhglocken. Der Schall kriecht einfach die Hänge hinauf und wird nur manchmal übertönt vom Geschrei der Murmeltiere, die sich, wenn man weiter oben angekommen ist, vor den Wanderern gegenseitig warnen und schnell verstecken. Gezeigt hat sich keines, die Zahl der Bauten, an denen wir vorbeigekommen sind, war aber hoch. Bergziegen haben wir auch aufgeschreckt, sie ergriffen aber nicht die Flucht. Freundlicherweise stellte sich eine gleich fotogen für uns in die Sonne.

Bergziege auf dem Weg zur Cornettes.

Zum Übernachten ist die Alm ideal. Wenn auch das letzte Rind sich schlafen gelegt hat und damit das Geläut der Kuhglocken verstummt, kehrt Ruhe ein, absolute Ruhe! Am frühen Morgen geht es dann mit dem Geläut aber gleich wieder los. Zeit aufzubrechen!

Unser nächstes Ziel ist **Abondance**. Es ist ein charmantes kleines Städtchen mit einigen Restaurants, Cafes, Patisserien und Boulangerien. Ein guter Ort, um die Bordvorräte aufzufüllen. Der Stellplatz am Ortseingang ist bequem erreichbar.

(021) Offizieller WOMO-Stellplatz: Abondance

GPS: N46°16'50.2" E6°42'58.6", (923m); D22, 74360 Abondance
Max. WOMOs: 30, max. Länge >10 m. **Öffnungszeit:** Ganzjährig, max. Aufenthaltsdauer 7 Tage.
Ausstattung: Wasserver- und Abwasserentsorgung mit Bodeneinlass, WC-Kassettenentleerung (System Flot Bleu, siehe Seite 371), Müllentsorgung.
Beschreibung: Großräumig angelegter geschotteter, ebener Platz neben Tennisplätzen und einem Klettergarten, zentrumsnah, nachts ruhig.
Preise: Frischwasser und Entsorgung des WC-Inhaltes 2,50 €. Bezahlung nur mit EC- oder VISA-Karte.
Zufahrt: Über die D22 am Ortseingang im ersten Kreisverkehr mit der kunstvollen Kuh die erste Ausfahrt nehmen und dem Hinweis "borne camping-car" folgen.

Dass der Bau von Klöstern die Besiedelung in ehemals unwegsamen Bergregionen begünstigt und vorangetrieben hat, lässt sich auch in Abondance erkennen. Das hiesige Kloster und die Kirche wurden im 12. und 13. Jahrhundert errichtet, der Kreuzgang des Klosters im 14. Jahrhundert. Das Kloster beherbergt heute ein kleines Museum zur Religions- und Glaubensgeschichte des Ortes mit seiner Umgebung.

Kloster und Kirche von Abondance

Abondance entstand durch die Niederlassung von Ordensleuten der Augustiner im 11. Jahrhundert. Die Abtei wurde 1139 gegründet und erlebte bis in die Mitte des 15. Jahrhunderts unter der Führung von Augustiner-Mönchen seine Blütezeit. Die heute noch bestehenden Klostergebäude wurden in dieser Epoche errichtet, nur die Kirche ist jüngeren Datums. Nachdem über eine kleinere Periode Zisterzienser die Führung übernahmen, wurde das Kloster 1761 geschlossen. Es wurde verkauft und privat genutzt.

Die Klosteranlage in Abondance.

Erst ist jüngster Zeit, nachdem das Kloster zu verfallen drohte, besann sich die Gemeinde, kaufte die Anlage und richtete nach Restaurationsarbeiten ein Museum ein. Zu sehen sind insgesamt 1500 Exponate. Die liturgischen Gegenstände, Gewänder und Statuen stammen alle aus der aktiven Klosterzeit. Im Kreuzgang sind Wandmalereien aus dem 15. Jahrhundert zu sehen.

Der Kreuzgang des Klosters.

Die Kirche wurde 1633 durch ein Feuer zerstört. Der Neubau des Kirchturms ließ längere Zeit auf sich warten, er wurde erst Ende des 19. Jh. fertiggestellt. Die Innenausstattung wurde in den Jahren 1845-1846 von Casimir Vicario vorgenommen. Er war ein Künstler, der aus dem nahen Piemont kam und auch schon die Malereien in der Kathedrale von Chambéry ausgeführt hatte.

Weitere Informationen über das Kloster, viele Bilder und Videos finden Sie auf dieser Seite https://ete.abondance-tourisme.com. Sie müssen sich dazu über "decouverte" und "patrimoine-culturel" durchklicken. Auf der Seite finden Sie auch die aktuellen Öffnungszeiten und Eintrittspreise.

Aus dieser Klostersiedlung entwickelte sich ein kleiner pittoresker Ort, der heute rund 1500 Einwohner zählt und vom Tourismus sowie der Milch- und Käsereiwirtschaft lebt. Mit der Skulptur im Kreisverkehr am Ortseingang wird dies gleich deutlich gemacht. In der Nähe des Stellplatzes befindet sich passenderweise das **Maison du Fromage**. Dort erfahren Sie alles über die Almwirtschaft und die Käseherstellung in dieser Region. Sie können hier natürlich auch Käse probieren, einkaufen und sich einige Rezepte abholen, um Sie nach der Heimreise am heimischen Herd auszuprobieren. Öffnungszeiten und weitere Informationen finden Sie auf dieser Seite https://ete.abondance-tourisme.com. Sie erkennen die Lage des Hauses an einer weiteren großen Skulptur, die an einen Totempfahl erinnert. Das Haus befindet sich außerhalb des Ortes, noch vor der Einfahrt zum Stellplatz.

Abondance, pittoreskes Bergstädtchen.

Abondance ist nicht nur ein malerisches Klosterstädtchen. Die hiesige Bergwelt bietet auch für Wanderer einige Attraktionen. Mit dem WOMO sind zwei Wanderparkplätze sehr gut zu erreichen, die wir jetzt kurz vorstellen wollen:

Der erste ist der Wanderparkplatz **Prétairié** am Ende des Chemin Vicinal N°4 [**022:** N46°14'54.6" E6°43'20.0"] auf 1130 Metern Höhe. Von diesem Parkplatz führen mehrere Rundwege durch die Bergwelt, einer davon bis auf den 2156 Meter hohen **Roc de Tavaneuse**. Alle Rundwege sind mehr oder minder Tagestouren, für die die gleichen Bedingungen gelten, wie für die Wanderungen von der Refuge de Bise.

Abondance, Wanderparkplatz Prétairié.

Beim zweiten Wanderparkplatz in Abondance muss man mit deutlich mehr Besuchern rechnen als beim ersten. Hierher, an den **Lac de Plagnes,** kommen in den Sommermonaten sehr viele Tagesausflügler. Zahlreiche Angler schlagen am Ufer Klapptische und Stühle auf und freuen sich, wenn ein guter Fang gelingt. Das können Sie auch versuchen, wenn Sie über die notwendigen Kenntnisse sowie das entsprechende Equipment verfügen und sich eine Angelerlaubnis beim Office de Tourisme geholt haben. Als Alternative steht Ihnen diese

Lac de Plagnes, ein malerischer und fischreicher Bergsee in Abondance.

(023) WOMO-Stellplatz: Lac de Plagnes

GPS: N46°14'53.4" E6°45'17.3", (1205m);
Chemin Rural des Plagnes à Lens, 74360 Abondance
Max. WOMOs: >5, max. Länge 8 m. **Öffnungszeit:** Ganzjährig.

Ausstattung: Müllentsorgung, Tische und Bänke.
Beschreibung: Großer befestigter Platz zwischen Wald und See, nachts sehr ruhig. Einige Bereiche sind leicht geneigt. Einkehrmöglichkeiten in fußläufiger Entfernung.
Preise: Kostenlos.
Zufahrt: Vom Ortszentrum die Voie Communale N°3 fahren und der schmalen Straße bis zum Ende (5 km) folgen.

Seite https://de.cartedepeche.fr offen, auf der Sie einen Angelschein auch online erwerben können.

Dass der See mit Fischen reich besetzt ist, ist für jeden vom Ufer aus erkennbar. Es spricht also nichts dagegen, hier in alter Pfadfinder-Manier selbst Fische zu fangen und natürlich auch selbst für eine Mahlzeit zuzubereiten. Wer es gern bequemer hat, der geht in eines der beiden Restaurants, die in unmittelbarer Nähe des Sees ihre Fischgerichte anbieten. Geöffnet haben sie von Mai bis Oktober. Angeln darf man auch nur in diesem Zeitraum.

Vom Wanderparkplatz an diesem Karsee führen mehrere Rundwege in die Bergwelt. Einer geht an mehreren Kapellen und Wegkreuzen vorbei und spiegelt so ein wenig die Religiosität der Bergbauern wider. Er ist gleichzeitig der kürzeste, für den man aber immer noch mindestens drei Stunden braucht, wenn man von der einfachen Umrundung des Sees einmal absieht. Aber selbst dafür ist gutes Schuhwerk dringend geboten. Denn was zu Beginn wie ein bequemer und schöner Spazierweg aussieht, den man auch mit den Sonntagsschuhen gehen kann, entpuppt sich im hinteren Teil, dort, wo die Kaskaden in den See münden, als ein glitschiger Weg, der über Stock und Stein führt und teilweise richtig unwegsam wird. Reizvoll ist er aber allemal.

Bleibt noch zu erwähnen, dass dieser durch Gletscherkraft entstandene Karsee schon vor langer Zeit von Menschenhand durch einen Damm gesichert wurde, sonst hätte die ganz natürliche Erosionskraft des Wassers schon längst dafür gesorgt, dass dieser See sich entleert hätte. Was die Erosionskraft des Wassers anstellen kann, sehen wir mehr als eindrücklich bei unserem nächsten Etappenziel.

Gorges du Pont du Diable nennt der Volksmund eine besonders enge und in besonderer Weise geformte Schlucht an der **Dranse de Morzine,** die wir in der Karte einfach als Dranse M. abgekürzt haben, um sie von der **Dranse d'Abbondance** zu unterscheiden, die in der Karte als Dranse A. dargestellt ist. In der deutschen Sprache würde man die Gorges du Pont du Diable die Schlucht mit der Teufelsbrücke nennen.

Wir erreichen diese außergewöhnliche Schlucht, indem wir von Abondance die Dranse A. über die D22 flussabwärts fahren, etwa fünf Kilometer hinter Abondance abbiegen und auf der D32 der Wegweisung nach **Morzine** par **Col de Corbier** folgen. Nach der Überquerung des 1230 Meter hohen Passes geht es rasch hinunter in das Tal der Dranse M. und nun ist unser Etappenziel [GPS: N46°18'18.4" E6°36'54.9"] auch schon ausgeschildert.

Les Gorges du Pont du Diable und die Gebirgsbildung der Alpen

Die Schlucht kann nur im Rahmen einer Führung besucht werden. Diese dauert etwa 40 Minuten und erfolgt auf Französisch oder auch zweisprachig französisch/englisch, das richtet sich nach den Sprachfertigkeiten der Besucher. Über die Öffnungszeiten und Eintrittspreise informiert diese Seite https://lepontdudiable.com. Wartezeiten können Sie mit einem Kaffee überbrücken, der in dem relativ großen Kiosk am Eingang neben anderen Getränken angeboten wird. Hier befinden sich auch einige Tafeln, die die Geologie und die Geschichte der Erschließung dieser Schlucht illustrieren.

Während der Führung sind die Erläuterungen manchmal schwer zu verstehen, das liegt weniger an der Sprache, als an der Lautstärke des rauschenden Wassers, das sich reißend durch die enge Schlucht seinen Weg bahnt.

Der Besuch dieser Schlucht erinnert mich doch sehr an Exkursionen während meiner Studienzeit in Frankfurt, als meinen Kommilitonen und mir die Formungsvorgänge erklärt wurden. Das veranlasst mich doch, hier einmal einen kleinen Ausflug in die Geologie und Geomorphologie zu machen. Dann wird manche Landschaftsform, die es in den Alpen zu bewundern gilt, vielleicht verständlicher. Ich fasse mich kurz, es wird kein geologisch-geomorphologisches Seminar. Versprochen!

Der Einstieg in die Schlucht.

Wer sich einmal mit der Entstehungsgeschichte der Alpen beschäftigt hat, der weiß, dass hier während der Trias und des Jura (150 Mio. – 250 Mio. Jahre vor unserer Zeitrechnung) ein Meer, der Penninische Ozean, bestanden hat. In ihm lagerten sich kalkhaltige Sedimente von großer Mächtigkeit ab. Diese wurden einige Mio. Jahre später durch die Verschiebung der afrikanischen Platte nach Norden überlagert und teilweise gefaltet. Etwa vor 50 Mio. Jahren begann durch die Kollision der afrikanischen und der eurasischen Kontinentalplatten die Auffaltung der Alpen. Wie können wir uns das bildlich vorstellen? Legen Sie doch einmal ihre Hände in einem halben Meter Abstand auf ein Tischtuch und schieben sie die Hände dann zueinander. Das Tischtuch wird Falten aufwerfen. Wenn Sie den Versuch jetzt noch mit mehreren Tischtüchern, die übereinanderliegen, wiederholen, bekommen Sie ein Ergebnis, das der alpidischen Gebirgsfaltung entspricht. Das ist zugegebenermaßen sehr simpel erklärt, aber in der Vereinfachung werden die Formungsprozesse verständlicher. Was wir mit dem Tischtuch in Bruchteilen von Sekunden mit geringem Krafteinsatz geschafft haben, passiert in der Gebirgsbildung auf der Erde in Millionen von Jahren und das mit derart elementaren Kräften, die wir mit unserer Vorstellungskraft nicht ermessen können. Dies geschieht übrigens auch heute noch, die Erde ist nicht fertig. Die Formungsprozesse und das Driften der Kontinentalplatten halten an, auch wenn wir das im täglichen Leben nicht so richtig mitbekommen. Ein Menschenleben ist für diese Beobachtung einfach viel zu kurz. Nur gelegentlich, wenn mal wieder irgendwo auf der Welt an den Plattenrändern ein gewaltiges Erdbeben die Nachrichten für ein paar Tage bestimmt, werden wir daran erinnert.

Was wir praktisch an jedem Steilhang in den Alpen sehen, sind schief stehende und/oder verbogene Schichten im Gestein. Die Schichten sind mal dicker, mal dünner, mal härter, mal weicher. Das hängt ganz davon ab, welches Ausgangsmaterial zur Ablagerung kam und wie stark es im Laufe der Erdgeschichte gepresst wurde, bevor die Auffaltung begann.

Nun wird die Erdoberfläche nicht nur durch die Kräfte aus dem Erdinneren geformt, die Geomorphologen nennen das "endogene Kräf-

Les Gorges du Pont du Diable.

te", sondern die Erdoberfläche ist Witterungseinflüssen ausgesetzt, die eine ganz eigene Morphodynamik entfalten und zu einer Tal- und Flächenbildung führen. Das nennen die Geomorphologen "exogene Kräfte". Wasser ist dabei der Formbildner Nr.1, sei es in eisiger Form als Gletscher oder in flüssiger Form. Wasser findet immer seinen Weg. Wer einmal einen Wasserrohrbruch im Haus hatte, weiß das. Man ist überrascht, wo das überall rauskommt. Jede Spalte, jede Kluft, jede Hohlform wird genutzt. In der Natur nimmt das Wasser auch allerlei Dinge mit, die es auf seinem Weg vorfindet. Das können Bäume sein oder auch Steine, die am Boden eines Flusses solange durchgerollt werden, bis daraus runde Kieselsteine werden. Wenn wir Menschen durch unsere Bautätigkeit den Flüssen nicht genug Raum lassen, nimmt das Wasser nach sehr starken Niederschlagsereignissen auch mal Autos oder gar ganze Häuser mit. Weiches Material wird schnell verspült und führt zu breiten Talböden. Um harte Gesteinsriegel zu durchschneiden, braucht es etwas mehr Zeit. Wo das nicht so richtig gelingt, gibt es einen Überlauf, der zu einem Wasserfall führt. Der Sault du Doubs im Jura ist dafür ein gutes Beispiel. Im Oberlauf haben wir einen mäandrierenden Fluss in einem breiten Tal sowie einen natürlichen Stausee, dessen "Staumauer" aus hartem Gestein besteht und damit eine Barriere bildet. Das Wasser fließt darüber hinweg, stürzt zu Tal und liefert uns damit ein spektakuläres Naturschauspiel. Wir werden im Verlauf der Reise noch auf mehrere Wasserfälle stoßen, wo Sie das Beschriebene beobachten können.

Brücke in der Schlucht.

Hier am Gorges du Pont du Diable hat das Wasser irgendwann einen ersten Weg durch die harte Gesteinsschicht gefunden und sich dann kontinuierlich tiefer eingegraben. Geholfen haben dabei die mitgeführten Steine und Kiesel (das sind die Erosionswaffen des Flusses, wie ein Geomorphologie-Professor sie einmal genannt hat), die immer wieder aus dem festen Gestein Brocken herausklopfen und in Strudeln durch schnelle Drehung nahezu kreisrunde Löcher in das Gestein fräsen. An den steilen Wänden finden sich zahlreiche Belege dafür, man sieht es auch auf dem großen Foto auf der vorangegangenen Seite.

Der große Brocken, der in 30 Metern Höhe über der Talsohle zu sehen ist und eine Brücke bildet, ist ein Relikt der letzten Eiszeit. Von einem Gletscher mitgeführt, blieb er hier nach dem Abtauen der Eismassen hängen. Das konnten die Bergbauern, die in diesem ehemals unwegsamen Tal ein hartes Leben in Armut, Entbehrung und Aberglauben führten, noch nicht wissen. Für sie hatte der Teufel hier seine Hand im Spiel, so kam die Schlucht zu ihrem Namen.

Von der Gorges du Pont du Diable geht es auf der **Route des Grandes Alpes**, die wir auf der Seite 17 vorgestellt haben, weiter nach **Saint-Jean-d'Aulps**. Die kleine Gemeinde mit etwas mehr als 1000 Einwohnern hat sich zu einem Winter- und Wandersportort entwickelt. Im Sommer bringt eine Kabinenseilbahn Naturliebhaber auf 1500 Meter Höhe, von wo aus sich das Gebiet rund um den 2244 Meter hohen **Roc d'Enfer** erkunden lässt. Das schauen wir uns gleich noch etwas näher an.

Stellplatz in der Nähe der Klosterruine.

Sehenswert ist auch die **Klosterruine**, an der wir zunächst vorbeikommen. Sie kann von Juni bis September täglich zwischen 10.00 Uhr und 19.00 Uhr besichtigt werden. In den anderen Monaten ist ein Besuch nur nachmittags möglich. In dem Ausstellungsgebäude vor den Ruinen wird die Geschichte dieses ehemaligen Zisterzienserklosters ausführlich dargestellt. Der Parkplatz auf 807 Metern Höhe **[024:** N46°14'36.2" E6°38'51.1"] ist ein auch ein guter Ort, um den Klettersteig Rocher de la Chaux zu erreichen. Er ist nur 500 Meter entfernt. Eine Übernachtung auf dem geschotterten, leicht geneigten Platz ist erlaubt, auf dem benachbarten Besucherparkplatz der Klosterruine jedoch nicht.

Klosterruine Saint-Jean-d'Aulps.

Kommen wir nun zum Roc d'Enfer. An der Talstation der Kabinenseilbahn lässt sich das WOMO parken. Es gibt im Umfeld einige weitere Möglichkeiten, das Fahrzeug abzustellen. Dieser Platz **[025:** N46°13'34.4" E6°38'36.5"] befindet sich auf 953 Metern Höhe und ist nur 150 Meter von der Seilbahnstation entfernt.

Abenteuer am Roc d'Enfer

Kurz ist die Fahrt mit der Kabinenseilbahn bis zur Bergstation auf rund 1500 Metern Höhe. Bis zur Spitze auf 2244 Metern Höhe sind es je nach gewähltem Wanderweg entweder 4,5 oder 6 Kilometer. Da mehr als 700 Höhenmeter auf diesen Strecken zu überwinden sind, benötigen Sie schon ein wenig Kondition. Festes Schuhwerk, Trittsicherheit und Bergerfahrung sind für diesen Weg unabdingbar.

Blick vom Roc d'Enfer.

Mit dem Dreirad geht es den Berg hinunter.

Sehr in Mode gekommen sind verschiedene Fahrzeuge für Geländeabfahrten. Es gibt mehrere VTT-Strecken, auf denen junge wie ältere Radler die Berge hinabsausen. VTT steht für **V**elo **T**out **T**errain, was im Deutschen mit dem Anglizismus "Montainbike" übersetzt werden kann (siehe auch Seite 374). Es geht aber nicht nur den Berg runter, sondern auch die Berge hinauf, denn mit den VTT Electrique eröffnen sich heutzutage ganz neue sportliche Möglichkeiten. Wenn Sie zu denen gehören, die so ein Rad dabeihaben, werden Sie in diesem Gelände Ihre Freude haben. Für den Weg nach oben wird das Velo einfach an die Kabinenseilbahn gehängt.

Natürlich gibt es an der Bergstation auch die Möglichkeit, den Akku aufzuladen. Nicht nur den des Velos, sondern auch den eigenen, kulinarisch betrachtet, mit savoyardischen Gerichten (siehe Seite 370).

Wer kein Velo dabeihat, kann sich an der Bergstation eines leihen oder sich mit gemieteten E-Rollern (Trottinette Électrique) in den Bergen bewegen (gibt es auch ohne elektrische Unterstützung). Eine weitere Variante, die Berge hinabzusausen, bietet das "Mountain Kart", das auch "Kart descentes" genannt wird. Es handelt sich dabei um ein Dreirad für Erwachsene mit groben Reifen, mit dem Sie nur bergab fahren können.

Einen Überblick zu den Strecken, die für diese Fahrzeuge freigegeben sind, finden Sie auf dieser Seite www.rocdenfer.com.

Es ist also einiges los in dieser Bergwelt. Wenn Sie in aller Ruhe ungestört wandern möchten, dann sind Sie hier in der Vor- oder Nachsaison besser aufgehoben. Allerdings fährt dann die Bergbahn nicht und das Bergrestaurant ist geschlossen.

Weiter geht es mit dem WOMO von einem Berg zum nächsten. Über Montriond fahren wir in Richtung Avoriaz. Rund drei Kilometer hinter **Montriond** erreichen wir den nach dem Ort benannten See. Er liegt sehr reizvoll in dem engen Tal der **Dranse de Montriond** und bietet allerlei Wassersportmöglichkeiten, dazu Restaurants und ein kleines Hotel. Nur leider keinen Platz, auf dem ein normales WOMO abgestellt werden kann. Wenn Sie außerhalb des Ortes an der Straße an dieser Stelle [GPS: N46°12'31.2" E6°43'05.2"] keinen Parkplatz finden, werden Sie vermutlich auch im weiteren Verlauf kein Glück haben. Das vorhandene größere Parkareal ist in der Durchfahrtshöhe auf 2,10 Meter begrenzt. Die anderen kleineren Plätze sind so eng, dass an ein Abstellen eines „normalen“ WOMOs gar nicht zu denken ist. Wer mit einem Kastenwagen unterwegs ist, wird hier aber unter Umständen ein Plätzchen finden.

Lac de Montriond.

Der nächste Ort ist **Les Lindarets**. Er besteht vielleicht aus 20 Häusern, alle aus Holz und alle beherbergen entweder Restaurants oder Souvenirläden. Das Dorf wird auch **"Village des Chevres"** = Dorf der Ziegen genannt. Der Clou in diesem Ort sind die rund 40 freilaufenden Ziegen, die sich gern streicheln und füttern lassen oder füttern lassen müssen, denn sie sind der Touristenmagnet. Tüten mit Ziegenfutter können Sie vor Ort kaufen. Eine Fahrt durch das Dorf ist nur in Schrittgeschwindigkeit möglich. In den Ferienmonaten Juli und August ist das aber nur in den Abend- oder den frühen Morgenstunden gestattet. Zwischen 10:00 und 17:00 Uhr ist die Straße gesperrt. Um das Ziegendorf zu besuchen, können Sie das WOMO an der Seilbahnstation auf rund 1220 Metern Höhe abstellen **[026:** N46°12'51.4" E6°45'41.6"]. Hier befindet sich ein großer, kostenloser Parkplatz.

Stellplatz an der Talstation der Seilbahn zum Ziegendorf Les Lindarets.

Um zum Dorf zu gelangen, können Sie die Kabinenseilbahn nutzen, die in der Zeit, in der die Straße gesperrt ist, unablässig die Fahrgäste hinauf- und hinunterbefördert. Als Alternative stehen Ihnen Wanderwege zur Verfügung. Zu Fuß sind es auf dem kürzesten Weg etwa 1,5 Kilometer. Ein Höhenunterschied von 260 Metern ist dabei zu bewältigen. Doch Obacht! Auch hier müssen Sie aufpassen, keinem VTT in die Quere zu kommen, die auch hier mit Wucht und großen Geschwindigkeiten in Darkrider-Verkleidungen die Berge hinuntersausen.

Im Ziegendorf Les Lindarets.

Geschäfte und Restaurants des Ortes schließen ab 17:00 Uhr. Ein Abendessen mit anschließendem Abendspaziergang hinunter zum Stellplatz fällt also flach. Auch die Seilbahn stellt den Betrieb um 17:00 Uhr ein.

Ein großes Wandergebiet lässt sich von **Avoriaz**, einem Ort, den es vor 1966 noch gar nicht gab, erkunden. Diese Retortenstadt für den Wintersport ist die nächste Station auf unserer Reise. Hatten wir sonst manchmal das Problem, einen Platz zu finden, um das WOMO parken zu können, haben wir hier die freie Wahl. Hier könnten auch noch 100 weitere WOMOs stehen, es wäre trotzdem nicht eng. Reizvoll ist der Platz allerdings nicht. Im Winter dient er als Abstellfläche für die fahrbaren Untersätze der Skitouristen. Jetzt im Sommer ist er leer.

(027) WOMO-Stellplatz: Avoriaz

GPS: N46°11'49.9" E6°46'05.3", (1811m); 45 Route de l'Accueil, 74110 Morzine. **Max. WOMOs:** >100, max. Länge >10 m. **Öffnungszeit:** Ganzjährig.
Ausstattung: Keinerlei wohnmobilspezifische Einrichtungen.
Beschreibung: Sehr großer asphaltierter Platz am Ortseingang von Avoriaz, nachts absolut ruhig. Guter Standort für Wanderungen in die Bergwelt rund um den Wintersportort.
Preise: Gebührenfrei.
Zufahrt: Von Montriond der D228 bis zum Ende folgen.

Genauso leer sind auch die Hotelanlagen mit ihrer eigentümlichen Architektur. Nur Handwerker und Techniker sind unterwegs, um die Häuser zu reparieren oder zu renovieren. Wären sie nicht da und würden für ein wenig Leben in der autofreien Hotelstadt sorgen, wäre **Avoriaz** in der Zwischensaison eine reine Geisterstadt. In den Ferienmonaten Juli und August ist ein wenig mehr los, dann hat auch das **Aquariaz**, ein hypermodernes Freizeitbad, geöffnet, das ansonsten nur während der Skisaison in Betrieb ist. Wem der Drahtverhau der insgesamt 39 Skilifte nicht stört, kann auf gut begehbaren und nicht sehr steilen Wegen bis zum **Pas de Chavanette** auf 2151 Metern Höhe wandern. Der Weg ist 6,5 Kilometer lang, der Höhenunterschied auf dieser Strecke beträgt nur 330 Meter. Oben angekommen, stehen Sie am Osthang vor der **"Schweizer Mauer"**, einer Buckelpiste für die erfahrenen

Blick auf den Pas de Chavanette.

Skifahrer mit bis zu 76 Grad Gefälle. Nur ein kleiner Tipp für die wagemutigen Skifahrer unter Ihnen.

Uns zieht es weiter zu den spektakulären Kaskaden von Fer-à-Cheval. Vorher legen wir aber noch einen kurzen Zwischenstopp in **Morzine** ein. Hier bietet sich eine gute Gelegenheit, alle Ver- und Entsorgungsangelegenheiten auf bequeme Weise zu erledigen.

(028) Offizieller WOMO-Stellplatz: Morzine – Aire camping car

GPS: N46°11'26.7" E6°41'33.5", (1205m); 1320 Route de la Plagne, 74110 Morzine. **Max. WOMOs:** 20, max. Länge 10m. **Öffnungszeit:** Ganzjährig. **Ausstattung:** Frischwasserversorgung, Abwasserentsorgung mit Bodeneinlass, WC-Kassettenentleerung, Stromanschlüsse, Müllentsorgung.

Beschreibung: Eng beieinanderliegende parzellierte Stellflächen auf Asphalt. 1,5 Kilometer vom Office de Tourisme entfernt, wo es Jetons zu kaufen gibt, die für einen Stromanschluss benötigt werden. Die Ver- und Entsorgungsstation befindet sich oberhalb des Stellplatzes direkt an der Straße und lässt sich deswegen von WOMOs beliebiger Größe bequem anfahren.

Preise: 11,50 € für ein Fahrzeug pro Tag für die Monate Juli und August sowie Dezember bis April. In den übrigen Monaten kann kostenlos geparkt werden. Zu zahlen ist dieser Betrag an der Versorgungsstation mit der EC-Karte. Frischwasser und Toilettenentsorgung kosten 2,00 €, die Stromversorgung schlägt mit 2,00 € für 4 Stunden zu Buche.

Zufahrt: Nach der serpentinenreichen Abfahrt von Avoriaz Richtung Thonon fahren und dabei das Zentrum des Ortes passieren. Sie kommen am Office de Tourisme vorbei. Dort zu halten, um Jetons zu kaufen, ist aber leider nicht möglich.

Das Zentrum von Morzine ist etwa 1,5 Kilometer entfernt. Hier sind zahlreiche Restaurants zu finden. Der Ort ist auch in den Sommermonaten sehr belebt. Näher erkundet haben wir ihn nicht.

Nach einem kurzen Blick auf den Stellplatz fahren wir weiter. Die ganz sicher bequemere Route führt zurück auf die **Route des Grandes Alpes,** über **Les Gets** (beliebter Wintersportort und gleichzeitig 1163 Meter hoher Pass), bis zur Kreuzung mit der D907 und von dort über **Samoëns** und **Sixt-Fer-à-Cheval** zu den Kaskaden. Wir wählen jedoch die etwas engere, anspruchsvollere, aber auch sehr viel reizvollere Route mit schmalen Straßen über den 1700 Meter hohen **Col de Joux Plane**.

Es braucht eine Weile, bis wir uns auf der schmalen und wenig befahrenen Straße nach oben geschraubt haben. Einmal

Bergsee am Col de Joux Plane.

oben angekommen, werden wir mit einem fantastischen Blick auf das Mont-Blanc-Massiv belohnt. Der Pass ist eine große Almwiese, ein scharfer Scheitelpunkt ist nicht zu erkennen. Auf der Ebene in 1687 Metern Höhe befindet sich ein kleiner Bergsee [**029:** N46°07'47.0" E6°42'38.4"], der die Attraktivität dieses Ortes erheblich erhöht und natürlich zu einem Picknick und einer kleinen Wanderung einlädt. Übernachten kann man hier in aller Ruhe, im wahrsten Sinne des Wortes, und das kostenlos.

Blick vom Col de Joux Plane über den 2804 Meter hohen Tête à l'Âne auf den Mont Blanc.

Vom Pass geht die Fahrt hinunter nach Samoëns und von dort gleich weiter nach Sixt-Fer-à-Cheval. Auch wenn dieses Dorf zu den "Plus beaux villages de France" gehört, fahren wir

Cirque du Fer-à-Cheval

Eine Wanderung in dieses Tal sollten Sie nicht versäumen. Wer unten bleibt und nicht der Versuchung unterliegt, auf einen der zahlreichen Pässe hochzukraxeln, unternimmt eine anstrengungsfreie, aber visuell erlebnisreiche Wanderung. Wermutstropfen für all diejenigen, die einen Hund dabeihaben: Sie dürfen nicht in dieses seit 1977 unter strengen Naturschutz stehende 9200 Hektar große Areal. Auch dann nicht, wenn die Vierbeiner an der Leine geführt werden.

Mit 500 bis 700 Meter hohen Wänden ist der Cirque du Fer-à-Cheval der größte Bergkessel der Alpen. Beeindruckend sind die Steilwände, die sich auf einer Länge von rund fünf Kilometern in halbrunder Form hinziehen. Der Talboden liegt auf 700 Metern Höhe, die höchsten Erhebungen reichen hinauf auf 3100 Meter und bilden auch gleich die Grenze zur Schweiz. Im Frühling entspringen mehr als dreißig Wasserfälle, die von schmelzendem Schnee gespeist werden, von seinen Klippen und bilden kurze Flussläufe, die alle in den Giffre münden. So mancher Wasserfall verliert im Laufe des Jahres seine Kraft und stürzt nur noch mit reduzierter Wassermenge zu Tal. Wie Sie auf dem Foto erkennen können, das Ende Juni entstanden ist, ist es ein besonderes Naturschauspiel, die teilweise über Stufen zu Tal rauschenden Fälle anzuschauen. Aus der Distanz betrachtet, wirkt dies besonders beeindruckend.

Auf dem drei bis vier Kilometer langen Weg an das Talende weisen zahlreiche Schautafeln auf die Besonderheiten der Gebirgsbildung hin und erläutern die vom Talboden bis zu den Firnfeldern anzutreffende Flora und Fauna. Ein sehr beeindruckender Naturlehrpfad. Über 650 Pflanzenarten sind hier anzutreffen. Salamander, Molche, Gämsen, Steinböcke, Hirsche und auch der Steinadler sind hier heimisch. Je näher Sie dem Talende auf den naturbelassenen Wegen kommen, umso lauter wird es. Der Wildbach rauscht über viele kleine Kaskaden hinweg und bildet eine Geräuschquelle, die vielen Wasserfälle die andere. Als großer Resonanzkörper fungieren die Steilwände des Bergkessels, die den

Der Cirque du Fer-à-Cheval mit seinen Wasserfällen.

Schall verstärken. Über Stege und Brücken queren Sie den einen oder anderen Bach, der von den Seiten dem Giffre zufließt. Bei einigen Querungen werden Sie von Stein zu Stein hüpfen müssen, um trockenen Fußes weiterzukommen.

Wie weit Sie gehen, hängt von Ihrer Kondition ab. Der einfachste Weg führt entlang des Giffre hin und zurück und ist in den Steigungen moderat und deshalb leicht zu bewältigen.

Auch wenn die steilen Wände unüberwindbar wirken und vermuten lassen, dass es keinen Weg nach oben gibt, so findet sich doch der eine oder andere Pfad, der über Seitentäler aufwärtsführt. Sie sind zum Teil sehr schwer zu gehen und nichts für ungeübte Bergwanderer. Bis zum **Chalet du Boret**, einer bewirtschafteten Berghütte, geht es noch für die weniger Geübten, der weitere Weg zum **Lac de la Vogealle** ist da wesentlich anstrengender. Bis zur Berghütte sind es vom Wanderparkplatz nur rund vier Kilometer mit 450 Metern Höhenunterschied, bis zum See sind es mehr als 1000 Meter Unterschied auf einer Distanz von rund sieben Kilometern. Von der Hütte haben Sie einen sehr erhabenen Blick in diesen grandiosen Bergkessel.

Wanderweg im Cirque du Fer-à-Cheval

doch ohne zu halten durch, denn noch schöner als das Dorf ist der hufeisenförmige (Fer-à-Cheval = Hufeisen) Talkessel, der sich rund sechs Kilometer hinter dem Dorf befindet. Er ist geradezu spektakulär, wie Sie auf den Fotos der vorangegangenen Seiten bereits sehen konnten. Bleibt noch zu erläutern, wie Sie dorthin kommen und wo Sie Ihr Fahrzeug abstellen können. Hier haben wir einmal den offiziellen und kostenpflichtigen Stellplatz, der sich nur wenige Meter hinter dem Ort in Richtung Talkessel befindet. Dann gibt es den kostenpflichtigen Parkplatz [GPS: N46°04'37.8" E6°50'13.8"] im Talkessel ganz am Ende der Straße. Hier finden Sie allerdings keinerlei Versorgungseinrichtungen außer einem WC und dem Restaurant **Chalet du Fer-à-Cheval** in 200 Metern Entfernung, das allerdings um 18.00 Uhr schließt. Übernachten dürfen Sie auf diesem Parkplatz nicht.

(030) Offizieller WOMO-Stellplatz: Sixt-Fer-à-Cheval – Aire Camping-Car Park

GPS: N46°03'24.8" E6°46'49.6", (773m); D970, 74740 Sixt-Fer-à-Cheval

Max. WOMOs: 29, max. Länge 10 m, max. Aufenthaltsdauer 3 Tage. **Öffnungszeit:** Ganzjährig. **Ausstattung:** Wasserver- und Abwasserentsorgung mit Bodeneinlass, WC-Kassettenentleerung, Müllentsorgung. **Beschreibung:** Gut befestigter Platz am Ufer der Giffre. Ebene Stellflächen, 500 Meter bis zur Ortsmitte mit einigen kleinen Restaurants/Bars und einer Boulangerie. Bis zum Cirque du Fer-à-Cheval sind es 6 Kilometer. Ein Shuttle-Bus (1,00 € p.P.) fährt regelmäßig dorthin.
Preise: 12,50 € inkl. Abwasser, Frischwasser und Strom. Die Nutzung des Platzes mit der Karte Pass'Étapes ist obligatorisch. Sie kann vor Ort an einem Automaten erworben werden. Wie das System funktioniert, können Sie auf der Seite 368 nachlesen.
Zufahrt: Der SP liegt an der D907 und ist nicht zu verfehlen.

Auch wenn die Fotos für Sie als Leser vielleicht schon ganz beeindruckend erscheinen, die Wahrnehmung vor Ort ist um ein Vielfaches imposanter.

Das nächste Ziel ist auf andere Weise spektakulär. 22 Kilometer haben wir von **Sixt-Fer-à-Cheval** bis nach **Samoëns 1600** zu fahren. Es ist ein Skigebiet, das einige Hotel- und Appartementanlagen aufzuweisen hat. Zu Beginn geht es in der Ebene bis nach **Samoëns**, das auf ca. 700 Metern Höhe liegt. Eine fahrerische Herausforderung ist damit nicht verbunden. Danach geht es auf eine Serpentinenstrecke hoch auf 1600 Meter. Diese 900 Meter Höhenunterschied sind auf einer Strecke von 10 Kilometern zu bewältigen. Das geht sehr gut, denn die Straße zu diesem Skiort wurde ausgezeichnet ausgebaut. Er soll ja auch im Winter bequem erreichbar sein. Das ist auf breiten Straßen nun einmal am einfachsten für den Individualreisenden. Oben angelangt, empfängt uns ein fast leerer, großer, asphaltierter Parkplatz.

(031) WOMO-Stellplatz: Samoëns 1600

GPS: N46°02'57.0" E6°41'44.5", (1618m); D254 74340 Samoëns.
Max. WOMOs: 8, max. Länge >10 m. **Öffnungszeit:** Ganzjährig.
Ausstattung: Müllentsorgung.
Beschreibung: Trister asphaltierter Platz im Skigebiet auf dem Plateaux des Saix. In den Sommermonaten wird das Areal auch als Baustofflager für die Instandsetzungsmaßnahmen der Skianlagen genutzt. Nachts sehr ruhig. Das Restaurant Demoiselle des Saix hat auch in den Sommermonaten geöffnet.
Preise: Gebührenfrei.
Zufahrt: Die D254 bis zum Ende hinauffahren, dem braunen Hinweisschild "L'Aero 1600" folgen.

Blick von Samoëns 1600 auf den Cirque du Fer-à-Cheval.

Nur wenige Besucher haben wir hier angetroffen, die auf den 2118 Meter hohen **Tête du Pre des Saix** wandern wollen, von dem man einen schönen Blick auf den **Mont Blanc** hat. Es sind nur 3,5 Kilometer bis zum Gipfel, also mit ein wenig Kondition gut machbar. Natürlich fällt auch ein Blick zurück auf den **Cirque du Fer-à-Cheval**, der von diesem Flecken auch gut zu sehen ist.

Wem die Region als Wandergebiet zusagt und wer deshalb einen längeren Aufenthalt ins Auge fasst, dem können wir in dem reizvollen Städtchen Samoëns den Campingplatz an der Giffre empfehlen.

(032) WOMO-Campingplatz: Samoëns – Caravaneige Le Giffre

GPS/Kontakt: N46°04'37.4" E6°43'07.7", (693m); 1064 Route du Lac aux Dames, 74340 Samoëns. Tel.: +33 450344192, E-Mail: camping.samoens@wanadoo.fr, Web: www.camping-samoens.com.
Max. WOMOs: >20, max. Länge 12m. **Öffnungszeit:** Ganzjährig.
Ausstattung: Frischwasserversorgung, Abwasserentsorgung mit Bodeneinlass, WC-Kassettenentleerung, Stromanschlüsse, Müllentsorgung, WLAN, Duschen, WCs, Spielplätze, Pétanque, Freibad nebenan.
Beschreibung: Schattige und halbschattige Stellflächen an der Giffre in unmittelbarer Nähe zweier Seen und der Seilbahnstation. Restaurants und Einkaufsmöglichkeiten in fußläufiger Entfernung.
Preise: Für ein Fahrzeug mit zwei Personen je nach Größe und Ausstattung der Stellfläche zwischen 16,00 € und 40,50 €, Hund 2,90 €, Strom je nach Leistung und Saison zwischen 4,00 € und 10,40 € pro Tag. Entsorgung 6,00 €.
Zufahrt: Im Ort den Hinweisen zur "télécabine Grand Massif" folgen.

Wir fahren nun weiter über die D4 in Richtung **Route des Grandes Alpes** und nachdem wir sie erreicht haben, nach **Cluses**. Sie können auch ganz einfach den Hinweisschildern zur A40 folgen, dann kommen Sie automatisch nach Cluses, das wir als Zwischenziel für Einkaufsmöglichkeiten ausgesucht haben. Praktischerweise verfügt der Ort in Zentrumsnähe über eine gut anfahrbare Versorgungsstation.

(033) Offizieller WOMO-Stellplatz: Cluses

GPS: N46°04'08.4" E6°33'35.2", (473m); 2 Rue Joseph Depoisier, 74300 Cluses. **Max. WOMOs:** 5, max. Länge 8 m. **Öffnungszeit:** Ganzjährig, max. Aufenthaltsdauer 2 Tage.

Ausstattung: Wasserver- und Abwasserentsorgung mit Bodeneinlass, WC-Kassettenentleerung, System Flot Bleu (siehe „Toilettenentsorgung" auf Seite 371), Müllentsorgung.
Beschreibung: Asphaltierter Platz am Ufer der Arve, zentrumsnah, keineswegs leise. Als Stellplatz nicht unbedingt empfehlenswert, für die Ver- und Entsorgung aber gut zu erreichen.
Preise: Gebührenfrei, Abwasserentsorgung kostenlos, Frischwasser 2,00 €, Strom 2,00 €. Bezahlung nur mit EC-Karte.
Zufahrt: Über die Rue Pierre Trappie vor der Brücke über die Arve rechts abbiegen.

Die Möglichkeit, Vorräte und Frischwasser aufzufüllen, gibt es bei der nächsten Station in 30 Kilometern Entfernung nicht. Von Cluses geht es zunächst parallel zur A40 in Richtung Chamonix, dann ca. fünf Kilometer, nachdem wir den Ort verlassen haben, in der Nähe eines Super U über einen Kreisverkehr nach Arraches. Auf die Skigebiete Les Carroz und **Flaine** wird an diesem Kreisverkehr schon hingewiesen.

Nun liegen noch 25 kurvenreiche Kilometer vor uns, die sich aber auf den gut ausgebauten Straßen prima fahren lassen. Hier ist es nirgendwo zu eng, trotzdem braucht es ein wenig Zeit, hierher zu kommen, schließlich sind 1100 Höhenmeter zu bewältigen.

Wenn Sie diese Reise außerhalb der Ferienzeit Juli/August unternehmen, werden Sie den Skiort **Flaine** in 1600 Metern Höhe trostlos und verlassen vorfinden. Die Bettenburgen sind verwaist, auf den Parkplätzen herrscht gähnende Leere und die Kabinenseilbahn auf den 2480 Meter hohen **Grandes Platières** steht still.

(034) Offizieller WOMO-Stellplatz: Flaine

GPS: N46°00'15.6" E6°41'26.8", (1571m); Chemin Rural de la Plaine du Lac au Crêt, 74300 Magland. **Max. WOMOs:** >10, max. Länge 10 m.

Öffnungszeit: Ganzjährig.
Ausstattung: Keinerlei wohnmobilspezifische Einrichtungen.
Beschreibung: Asphaltierter Parkplatz der Seilbahnstation, nachts ruhig. Restaurants und Läden sind nur während der Sommer- und der Skisaison geöffnet.
Preise: 5,00 € pro Fahrzeug mit 2 Personen während der Feriensaison, sonst gebührenfrei.
Zufahrt: Von Les Carroz der D106 bis zum Ende folgen.

In den Sommermonaten fährt die Seilbahn unablässig rauf und runter und die Restaurants und Cafés am Fuße der Talstation sind gut gefüllt.

Diese Gebirgslandschaft ist besonders reizvoll, nicht nur wegen der Aussicht auf den Mont Blanc. Das schauen wir uns nun näher an.

Grandes Platières mit der Désert de Platé – ein geologisches Phänomen

In den beiden Ferienmonaten Juli/August ist es an der Talstation der Seilbahn sehr lebhaft. Es gibt ein breites Freizeitangebot für Kinder und Erwachsene, Hotels und Restaurants haben geöffnet. Die Cafés und Eisdielen sind gut besucht.

Die größte Attraktion an diesem Ort ist aber die Aussicht auf den Mont Blanc. Doch dazu muss man hoch auf den Berg. Ein Wanderweg führt von Flaine auf den Gipfel des 2480 Meter hohen Grandes Platières. Mit der Seilbahn lässt er sich wesentlich bequemer erreichen, die Fahrt dauert nur zwölf Minuten. Die wenigsten nehmen die Mühe auf sich, diesen Berg auf Schusters Rappen zu erklimmen, was eine mehrstündige schweißtreibende Wanderung bedeuten würde. Für all diejenigen, die es machen möchten: Es sind rund zehn Kilometer rauf und runter und 860 Meter Höhenunterschied. Karten und Wanderbeschreibungen (auch zu vielen anderen Wandermög-

lichkeiten in dieser Region mit den unterschiedlichsten Schwierigkeitsgraden) gibt es in einem Kiosk am Eingang zur Seilbahnstation. Wer es bequemer mag, der lässt sich für 16,50 € mit der Kabinenbahn hochfahren, wandelt ein wenig oben auf dem Berg oder genießt einfach nur von der Aussichtsterrasse der Seilbahnstation den Panoramablick auf das Mont-Blanc-Massiv bei einem Kaffee.

Wer auf dem Plateau ein wenig umhergeht, sollte sehr auf seine Schritte achten, denn in dem total zerklüfteten Gestein gibt es sehr viele Stolperfallen.

Das fast 2000 Hektar große Kalksteinplateau mit Blick auf den Mont Blanc besteht hauptsächlich aus Kalksteinpflaster, das von Gletschern und Schmelzwasser geformt wurde. Optisch werden Sie den Eindruck gewinnen, auf einem Steingletscher zu gehen oder sich in eine Mondlandschaft verirrt zu haben. Dabei gehen Sie nur auf den versteinerten Überresten eines Berges, der vor 30 Millionen Jahren einmal Meeresboden war und durch Lösungsverwitterung tiefe Furchen und scharfe Kanten im Gestein hat entstehen lassen. **Lapiaz** wird es in der französischen Sprache genannt, im Deutschen wird von **Karren** gesprochen. Diese Formen sind in Karstgebieten weit verbreitet, jedoch nur sehr selten so großflächig wie hier auf dem Grandes Platières. Es ist ein geologisches Phänomen, das zu durchstreifen Sie sich nicht entgehen lassen sollten.

Blick vom 2480 Meter hohen Grandes Platières auf den Mont Blanc.

In den tiefen Furchen schmilzt durch die Schattenlage auch in den Sommermonaten der Schnee nicht weg. Die Feuchtigkeit sorgt in den Mulden, wo sich ein wenig Humus angesammelt hat, dafür, dass sich eine ursprüngliche und bunte Hochgebirgsflora entwickeln konnte, darunter seltene und geschützte Arten. Inmitten der Karren entstand auch eine ebenso vielfältige Fauna. Mit einwenig Glück werden Sie majestätische Steinböcke, die allgegenwärtigen und deutlich hörbaren Murmeltiere, Hermeline und verschiedene Vogelarten entdecken können.

Durch diese auch **Désert de Platé** genannte Felswüste wurde ein Wanderpfad angelegt. Der Verlauf des Weges ist auf verschiedenen markant hervorstehenden Steinen mit gelber Farbe markiert, der allerdings nicht immer leicht nachzuvollziehen ist. Es ist eine erlebnisreiche Wanderung, die für Sie verständlicher wird, wenn Sie sich an der Seilbahnstation die Informationsbroschüren über dieses Gebiet besorgt haben.

Getoppt wird aber alles mit dem Blick auf das Mont-Blanc-Massiv mit seinen Gletschern und der Aiguille du Midi, die hier zum Greifen nah erscheinen, aber doch noch mehr als 20 Kilometer Luftlinie entfernt sind. Wir werden in der Tour 10 auf dieses Gebiet zurückkommen und es aus der Nähe betrachten.

Auch wenn es schwerfällt, sich von diesem erhebenden Anblick zu trennen, die Reise geht weiter. Wir fahren den ganzen Weg nach Cluses zurück und von dort auf die Route des Grandes Alpes nach **Le Reposoir**. Beschaulich liegt die **Chartreuse du Reposoir** unterhalb des nördlichen Ausläufers der Aravis-Bergkette am Rande des Dorfes mit rund 500 Einwohnern. Der Stellplatz ist etwa einen Kilometer vom Kloster entfernt.

(035) Offizieller WOMO-Stellplatz: Le Reposoir

GPS: N46°00'36.0" E6°32'10.3", (981m); Route Départementale N°204, 74950 Le Reposoir. **Max. WOMOs:** 10, max. Länge 10 m.

Öffnungszeit: Mitte März bis Ende Oktober, max. Aufenthaltsdauer 7 Tage.
Ausstattung: Wasserver- und Abwasserentsorgung mit Bodeneinlass, WC-Kassettenentleerung, modernes, selbstreinigendes WC, Mülleimer, Tische und Bänke.
Beschreibung: Am Ortsrand auf dem Weg zum Kloster, sehr ruhig. Restaurant in 200 Metern und kleiner Supermarkt in 400 Metern Entfernung.
Preise: Gebührenfrei, Entsorgung kostenlos, Frischwasser 2,00 €, Bezahlung erfolgt mit Jetons, die es im Ort zu kaufen gibt. Wo Sie diese bekommen, können Sie an der Versorgungssäule lesen.
Zufahrt: Von der D4 der Beschilderung zum Kloster folgen.

Im 12. Jahrhundert gründeten Kartäuser-Mönche das Kloster und trugen damit dazu bei, dass die Täler dieser Region besiedelt und urbar gemacht wurden. Heute lebt eine Karmeliterinnengemeinschaft in dieser Anlage. Es ist ein Ort der

Die Chartreuse du Reposoir am Fuße der Aravis-Bergkette.

Ruhe. Eine Ruhe, die man auch auf den zahlreichen Wanderwegen rund um das Kloster erleben kann.

Auf der Route des Grandes Alpes setzen wir die Reise fort, nächstes Ziel ist Thônes. Es geht zunächst stets bergauf, bis wir nach etwa sechs Kilometern mit dem **Col de la Colombière** den ersten wirklich nennenswerten Pass auf der Route des Grandes Alpes (siehe Seite 17) erreicht haben. Er liegt auf einer Höhe von 1618 Metern und ist ein beliebter Ausgangsort für Wanderungen in die umliegende Berglandschaft. Das Parkplatzangebot ist allerdings knapp, da müssen Sie schon sehr viel Glück haben, wenn Sie an sonnigen Tagen Ihr Fahrzeug abstellen wollen. Wir fahren weiter, verlassen in St-Jean-de-Sixt die Route des Grandes Alpes und erreichen nach 23 Kilometern den Stellplatz in **Thônes**.

Der Col de la Colombière.

(036) Offizieller WOMO-Stellplatz: Thônes – Route de Paradis

GPS: N45°52'51.8" E6°19'16.4", (626 m); 1 Route de Paradis, 74230 Thônes.
Max. WOMOs: 6, max. Länge 10 m. **Öffnungszeit:** Ganzjährig, max. Aufenthaltsdauer 2 Tage.
Ausstattung: Eine Versorgungsstation mit dem System "Flot Bleu" befindet sich etwas abseits, ca. 500 Meter entfernt in der Rue Saint-Blaise. (GPS: N45°53'04.1" E6°19'03.4"). Hier können Sie für 2,00 € Wasser tanken, Ihr WC entleeren und das Grauwasser über einen Bodeneinlass ablaufen lassen.
Beschreibung: Die Stellflächen in halbschattiger Lage am Fluss Le Fier sind mit Schotter befestigt und eben. In der Nacht ist nur das Rauschen des Flusses zu hören. Bis in die Ortsmitte sind es zu Fuß 500 Meter. In der Nähe finden Sie ein Freibad und eine öffentliche Toilette.
Preise: Gebührenfrei.
Zufahrt: Von der D909 nach dem Ortseingang im ersten Kreisverkehr Richtung Thônes-Centre fahren, nach einer Brücke und einem Park gleich rechts abbiegen, geradeaus bis zur Brücke über den Fier fahren und diesen überqueren.

Das 6000 Einwohner zählende Städtchen ist von einer Reihe von Berggipfeln umgeben, die über 2000 Meter Höhe reichen oder diese Marke nur knapp verfehlen. Vom Stellplatz an der Route de Paradis lassen sich – je nach Kondition, Zeit und

Interesse – diverse Wanderungen unternehmen. Sie können bis zum Tournette auf 2351 Metern Höhe gehen (anstrengende 2-Tages-Tour) oder sich einfach kürzere Strecken entlang des **Fier** vornehmen. Es gibt zahlreiche, sehr gut ausgeschilderte und leicht zu gehende Wanderwege, da ist sicher für jeden Geschmack etwas dabei.

(037) Offizieller WOMO-Stellplatz: Thônes – Lac de Thuy

GPS: N45°53'39.9" E6°18'22.8", (626 m); Route de Thuy, 74230 Thônes. **Max. WOMOs:** 20, max. Länge 10 m. **Öffnungszeit:** Ganzjährig, max. Aufenthaltsdauer 2 Tage.

Ausstattung: Keinerlei wohnmobilspezifische Einrichtungen. **Beschreibung:** Schattenlose, geschotterte Stellflächen an einem kleinen See. Baden ist hier nicht möglich. Der See ist ein reines Fischgewässer. Schattige Tische und Bänke unter Bäumen laden am Ufer zu einem Picknick ein. Auf einem rund einen Kilometer langen Weg kann der See umrundet werden. Nachts sehr ruhig.
Preise: Gebührenfrei.
Zufahrt: Auf der D909 in Richtung Annecy fahren. Sie passieren dabei auf der linken Seite ein Industrie- und Gewerbegebiet und kommen zu einem Kreisverkehr. Hier nehmen Sie die erste Ausfahrt und haben dann den Stellplatz nach wenigen Metern erreicht.

Église Saint-Maurice in der historischen Ortsmitte von Thônes.

Beschaulich geht es in Thônes zu. Zwar lebhafter als noch vor Kurzem im Kloster Reposoir, aber kein Vergleich mit dem Trubel in Annecy oder den stark von Touristen frequentierten Orten am Westufer des Lac d'Annecy, wie wir noch sehen werden. Hier können Sie in aller Ruhe in einem der Straßencafés vor den Arkaden im historisch geprägten Zentrum des Ortes Ihren "café au lait" schlürfen. Eine Fußgängerzone hat der Ort zwar nicht, aber die wenigen Autos, die hier durchfahren, stören kaum. Als historisches Baudenkmal ist die Kirche sehenswert, die ursprünglich im 17. Jh. im Barockstil erbaut wurde, dann aber im Laufe der Jahrhunderte mehrfach aus unterschiedlichen Gründen Umgestaltungen und bauliche Veränderungen erfahren hat.

Unter den Arkaden finden sich einige kleine Läden, in denen Sie nicht nur ein Baguette erstehen können, sondern auch verschiedene "Specialités de Montagne" mit denen diverse Wurst- und Käsevariationen gemeint sind, die wir an dieser Stelle nicht alle aufführen wollen.

Wir fahren nun weiter in das 20 Kilometer entfernte Annecy. Auf dem Weg dorthin befindet sich auf der linken Seite die **Site de Morette**. Was im Vorbeifahren nur so aussieht wie ein besonders gut gepflegter Soldatenfriedhof, entpuppt sich bei näherer Betrachtung als eine außergewöhnliche Gedenkstätte. Ein Parkplatz in unmittelbarer Nähe [GPS: N45°53'55.6" E6°17'20.3"] bietet sich für einen Zwischenstopp an. Die Gedenkstätte steht in engem Zusammenhang mit der Geschichte der **Résistance**. Hier haben die Widerstandskämpfer ihre letzte ehrenvolle Ruhestätte gefunden, die auf dem **Plateau des Glières** gegen die Deutsche Wehrmacht gekämpft und dabei ihr Leben verloren haben. Im **Musée départemental de la Résistance et de la Déportation**, das sich direkt neben der Gedenkstätte befindet, finden Sie weitere Informationen. In unserem Buch über den Jura haben wir das näher ausgeführt, hier werden wir das nicht wiederholen und auch nicht auf das Plateau fahren, wo eine weitere, monumentale Gedenkstätte zu sehen ist.

Ehrenfriedhof am Musée de la Résistance et de la Déportation in Morette.

Begeben wir uns nun zum letzten Ziel dieser Tour, nach **Annecy**. Rund 17 Kilometer sind es bis zum ersten Stellplatz. Ob Sie da einen Platz bekommen, ist unter anderem eine Frage der Jahreszeit. In den Sommermonaten ist in Annecy nämlich "die Hölle los", um es salopp zu formulieren.

Es ist voll hier, sehr voll und auf den Stellplätzen ist "Kuschelcampen" angesagt. Da stehen die Fahrzeuge in Aufbautürbreite nebeneinander. Damit Sie einen Platz finden, haben wir eine Reihe von Alternativen für Sie ausgesucht und dazu auch extra eine Karte (siehe Seite 58) angefertigt, die Ihnen die Orientierung erleichtern soll.

Zunächst führen wir nur die Stell- und Campingplätze in der Nähe des Sees auf. Dann schauen wir uns den See und die Altstadt mit ihren zahlreichen Sehenswürdigkeiten etwas näher an und machen einen Ausflug zum Château de

Menthon-Saint-Bernard. Ganz zum Schluss widmen wir uns dann dem Plateau du Semnoz.

(038) Offizieller WOMO-Stellplatz: Annecy

GPS: N45°53'26.8" E6°08'20.5", (451 m); Chemin de Colmyr, 74000 Annecy.

Max. WOMOs: 10, max. Länge 8 m.
Öffnungszeit: Ganzjährig, max. Aufenthaltsdauer 1 Tag.
Ausstattung: Frischwasserversorgung, Abwasserentsorgung mit Bodeneinlass, keine WC-Entleerung möglich, Müllentsorgung.
Beschreibung: Asphaltierter Platz am Ortsrand. Sehr enge Stellflächen. 100 Meter bis zum See, 1,5 km bis zur Altstadt. Gelegentlich ist die Schranke eines benachbarten größeren Parkplatzes geöffnet, dann ist auch dort eine Nutzung für Wohnmobile möglich.
Preise: Gebührenfrei, Frischwasser und Abwasser kostenlos.
Zufahrt: Über die Seeuferstraße Rue des Marquisats (D1508).

(039) WOMO-Campingplatz: Sevrier – Au Cœur du Lac

GPS/Kontakt: N45°51'16.8" E6°08'41.8", (456m);3233 Route d'Albertville, 74320 Sevrier. Tel.: +33 (0)4 50 52 46 45 E-Mail: cloyet@campingaucoeur-dulac.com, Web: www.campingaucoeurdulac.com.
Max. WOMOs: 96, max. Länge 8 m. **Öffnungszeit:** Anfang April bis Ende September.
Ausstattung: Frischwasserversorgung, Abwasserentsorgung mit Bodeneinlass, WC-Kassettenentleerung, Stromanschlüsse, Müllentsorgung, WiFi, Baguetteservice, Duschen, WCs, Waschmaschinen und Trockner, Spielplatz, Petanquespielfeld, Kanuverleih.
Beschreibung: Halbschattige Rasenflächen. Badestrand am See (nicht überwacht), nachts ruhig. Entfernung zur Altstadt von Annecy 6 km. Hunde in der Hauptsaison nicht erlaubt.
Preise: Gebühren, gestaffelt nach Saison, ab 18,00 € pro Fahrzeug mit zwei Personen.
Zufahrt: Über die Seeuferstraße Route d'Albertville (D1508).

(040) WOMO-Campingplatz: Sevrier – Les Rives du Lac

GPS/Kontakt: N45°50'55.6" E6°09'03.4", (453m); 331 Chemin des Communaux, 74320 Sevrier. Tel.: +33 (0)4 50 52 40 14 , E-Mail: contact@lesrivesdulac-annecy.com, Web: www.lesrivesdulac-annecy.com.
Max. WOMOs: 92, max. Länge 8 m.
Öffnungszeit: Ende März bis Ende September.
Ausstattung: Frischwasserversorgung, Abwasserentsorgung mit Bodeneinlass, WC-Kassettenentleerung, Stromanschlüsse, Müllentsorgung, WiFi, Baguetteservice, Duschen, WCs, Waschmaschinen und Trockner.
Beschreibung: Halbschattige Rasenflächen. Bootsstege und Badestrand am See, Spielplatz, nachts ruhig. Entfernung zur Altstadt von Annecy mit dem Rad 7 km. Hunde an der Leine erlaubt.
Preise: Gebühren, gestaffelt nach Saison, ab 21,70 € pro Fahrzeug mit zwei Personen.
Zufahrt: Über die Seeuferstraße Route d'Albertville (D1508).

(041) WOMO-Campingplatz: Saint-Jorioz – Europa

GPS/Kontakt: N45°49'48" E6°10'55", (457m); 1444, Route d'Albertville 74410 Saint-Jorioz. Tel.: +33 (0)4 50 68 51 01
E-Mail: info@camping-europa.com, Web: www.camping-europa.com.
Max. WOMOs: >10, max. Länge 7,5 m, keine Doppelachser.
Öffnungszeit: Anfang Mai bis Mitte September.
Ausstattung: Frischwasserversorgung, WC-Kassettenentleerung, Stromanschlüsse, Müllentsorgung, WiFi, Baguetteservice, Duschen, WCs, Waschmaschinen und Trockner.
Beschreibung: Halbschattige Rasenflächen. Schwimmbecken, Pool mit Lagune, Wasserspielplatz, Restaurant, Bar, Spielplatz, nachts ruhig. Entfernung zur Altstadt von Annecy 10 km. Hunde erlaubt. Abwasserentsorgung am Rande des Campingplatzes "Les champs Fleuris" in 800 Metern Entfernung. Hier gibt es eine öffentlich zugängliche Flot Bleu-Station (siehe „Toilettenentsorgung“ auf Seite 371). GPS: N45°49'36.7" E6°11'17.8".
Preise: Gebühren, gestaffelt nach Saison, zwischen 21,00 € und 52,00 € pro Fahrzeug mit zwei Personen.
Zufahrt: Über die Seeuferstraße Route d'Albertville (D1508).

(042) WOMO-Campingplatz: Duingt – Les champs Fleuris

GPS/Kontakt: N45°49'36.0" E6°11'19.6", (460 m); 631, Voie romaine, 74410 Duingt. Tel.: +33 (0)4 50 68 57 31 oder 06 78 99 20 74.
E-Mail: camping@duingt.fr, Web: www.camping-duingt.com.
Max. WOMOs: >20, max. Länge 10 m. **Öffnungszeit:** Ende März bis Ende September.
Ausstattung: Frischwasserversorgung, Abwasserentsorgung mit Bodeneinlass am Eingang, WC-Kassettenentleerung, Stromanschlüsse, Müllentsorgung, Duschen, WCs, Waschmaschinen, Trockner, WiFi, Baguetteservice.
Beschreibung: Halbschattige Rasenplätze abseits des Sees, sehr ruhig. Der Radweg nach Annecy führt direkt am Campingplatz vorbei. Die Altstadt liegt rund 11 km entfernt. Der Aufenthalt von Hunden ist auf dem Platz erlaubt.
Preise: Gebühren, gestaffelt für ein Fahrzeug mit zwei Personen, ab 20,00 €. Hinzu kommt die Kurtaxe (Taxe de séjour). Frischwasser gibt es bei Ankunft einmal gratis. Weitere Füllungen kosten 3,50 € (rund 80 Liter). Die Entsorgung ist kostenlos.
Zufahrt: Über die Seeuferstraße Route d'Albertville (D1508).

(043) Offizieller WOMO-Stellplatz: Lathuile – Les Jardins du Taillefer

GPS: N45°47'41.2" E6°12'28.6", (461m); 190 Route de la Porte, 74210 Lathuile. **Max. WOMOs:** 40, max. Länge 11 m. **Öffnungszeit:** Ganzjährig. Reservierungen sind nicht möglich.
Ausstattung: Frischwasserversorgung, Abwasserentsorgung mit Bodeneinlass, WC-Kassettenentleerung, Stromanschlüsse, Müllentsorgung, Bio-Hofladen.

Beschreibung: Sehr eng beieinanderliegende Stellflächen. Ortsrand, 700 Meter bis zum See, 16 km mit dem Rad in die Altstadt von Annecy.
Preise: 14,40 € incl. Frischwasser, Entsorgung und Strom. Die Zahlung erfolgt mit EC-Karte am Eingang.
Zufahrt: Über die Seeuferstraße Route d'Albertville (D1508) in Richtung Faverges/Albertville.

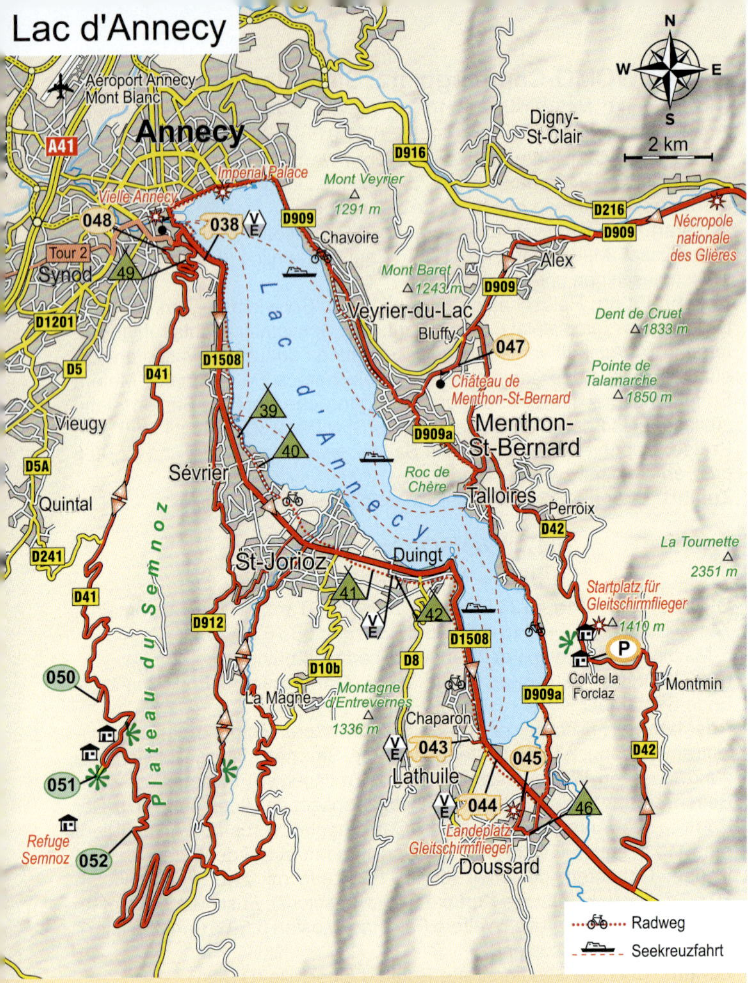

(044) Offizieller WOMO-Stellplatz: Doussard – Stade Marcel Talin

GPS: N45°47'20.8" E6°13'01.7", (470m); 30 Allée de la Nublière, 74210 Bout-du-Lac. **Max. WOMOs:** 7, max. Länge 10 m. **Öffnungszeit:** Ganzjährig. Maximale Aufenthaltsdauer 48h.

Ausstattung: Frischwasserversorgung, Abwasserentsorgung mit Bodeneinlass, WC-Kassettenentleerung, Müllentsorgung. **Beschreibung:** Eng beieinanderliegende, schattenlose Stellflächen. Ortsrand, 550 Meter bis zum See, 16 km mit dem Rad bis zur Altstadt von Annecy. **Preise:** 6,00 € für ein Fahrzeug, Frischwasser 3,00 €, Entsorgung kostenlos. Die Versorgungsstation kann auch angefahren werden, ohne den Stellplatz zu nutzen. Zahlung nur mit EC- oder VISA-Karte. **Zufahrt:** Über die Seeuferstraße Route d'Albertville (D1508) in Richtung Faverges/Albertville.

(045) WOMO-Stellplatz: Doussard

GPS: N45°46'58.9" E6°13'27.2", (468m); Route du Pont Monnet, 74210 Doussard. **Max. WOMOs:** 5, max. Länge 7 m. **Öffnungszeit:** Ganzjährig, max. Aufenthaltsdauer: 24 h.

Ausstattung: Keinerlei wohnmobilspezifische Einrichtungen.
Beschreibung: Parkplatz an einem Wäldchen mit Tischen und Bänken in Sichtweite des Gleitschirmlandeplatzes. Bis zum Badestrand am Südufer des Sees (mit Bistro) sind es rund 1,5 Kilometer.
Preise: Kostenlos.
Zufahrt: Über die Seeuferstraße Route d'Annecy (D1508).

(046) WOMO-Campingplatz: Doussard – La ferme de la Serraz

GPS/Kontakt: N45°46'29.5" E6°13'29.3", (482 m); Rue de la Poste, 74210 Doussard. Tel.: +33 (0)4 50 44 30 68
E-Mail: info@campinglaserraz.com, Web: www.campinglaserraz.com.
Max. WOMOs: 83, max. Länge 12 m. **Öffnungszeit:** Ende April bis Mitte September.
Ausstattung: Fünf-Sterne Platz mit Frischwasserversorgung, Abwasserentsorgung mit Bodeneinlass, WC-Kassettenentleerung, Stromanschlüssen, Müllentsorgung, WiFi, großem Pool, Planschbecken, Solarium, Restaurant, Fahrradverleih, Duschen, WCs, Waschmaschinen und Trockner.
Beschreibung: Abseits vom See, große, sonnige, teilweise auch schattige Rasenplätze bis 200 m², sehr ruhig. Hunde an der Leine erlaubt.
Preise: Gebühren, gestaffelt nach Saison und Komfortausstattung, zwischen 22,00 € und 42,00 € für ein Fahrzeug mit zwei Personen. Entsorgung 5,00 €, Hund 3,50 €.
Zufahrt: Über die Seeuferstraße Route d'Annecy (D1508) und Route de la Gare in die Rue de la Poste.

Auf dem Weg zum Plateau du Semnoz ist am südlichen Stadtrand von Annecy noch der Parkplatz an der Basilique de la Visitation in der Avenue de la Visitation zu nennen **[048: N45°53'33.0" E6°07'35.5"]**. Unweit davon befindet sich folgender Campingplatz.

(049) WOMO-Campingplatz: Annecy – Camping Municipal Le Belvédere

GPS/Kontakt: N45°53'25.7" E6°07'56.4", (523 m); 8 route du Semnoz, 74000 Annecy. Tel.: +33 (0)4 50 45 48 30, Web: www.annecy-camping-municipal.fr.
Max. WOMOs: 50, max. Länge 8 m. **Öffnungszeit:** Ende April bis Mitte Oktober.
Ausstattung: Frischwasserversorgung, Abwasserentsorgung mit Bodeneinlass, WC-Kassettenentleerung, Stromanschlüsse, Müllentsorgung, WiFi, Duschen, WCs, Waschmaschinen und Trockner.
Beschreibung: Abseits vom See, große, sonnige, teilweise auch schattige Rasenplätze, sehr ruhig. Entfernung zur Altstadt von Annecy 1,5 km.
Preise: Gebühren, gestaffelt nach Saison, zwischen 17,40 € und 25,70 € für ein Fahrzeug mit zwei Personen. Strom 4,00 €.
Zufahrt: Der Ausschilderung zum Campingplatz folgen.

Lac d'Annecy

Er ist der zweitgrößte durch einen eiszeitlichen Gletscher entstandene See in Frankreich. In Größe und Ausdehnung wird er nur vom Lac du Bourget, dem wir uns später noch widmen werden, übertroffen. Er gilt als eines der saubersten Gewässer Europas und wird oft als Juwel der Alpen gepriesen. Der See hat Trinkwasserqualität und einen extrem niedrigen Nitratgehalt, niedriger als im handelsüblichen Mineralwasser. Das Wasser ist klar, seine Sichttiefe beträgt 14 Meter. Der See ist so sauber, dass ein Rückgang des Zooplanktons zu verzeichnen ist, was dazu führt, dass die Saiblinge und andere Fische nicht mehr genug Nahrung finden und die Populationen zurückgehen oder die Fische kleiner werden. Sieben Flüsse und Bäche sowie eine Unterwasserquelle speisen den See. Der **Thiou**, der durch Annecy fließt und in den **Fier** mündet, ist der natürliche Abfluss des Sees.

Der See hat eine Länge von rund 15 Kilometern und misst an der breitesten Stelle etwa 3,4 Kilometer. An seiner schmalsten Stelle zwischen Duingt und Talloires sind es rund 800 Meter. Hier befand sich in historischer Zeit eine Landbrücke und trennte den See in zwei Teile. Pfahlbauten standen hier, von denen in Ufernähe (für Besucher nicht sichtbar und auch nicht zugänglich) noch Reste erhalten sind. Sie gehören zum UNESCO-Welterbe Prähistorische Pfahlbauten der Alpen.

Der See präsentiert sich mit dem Gipfel der Tournette (2351m) im Südosten und dem Semnoz-Plateau (1702 m) im Westen malerisch, wenn nicht gar atemberaubend, wenn man das mal pathetisch ausdrücken darf. Einen schönen Blick über den See gewinnen Sie, wenn Sie sich auf den **Col de la Forclaz** begeben. Auf der Passhöhe von 1157 Metern Höhe finden Sie gleich zwei Panoramarestaurants, von deren Terrassen Sie diesen Blick auf den See genießen können. Die Parkplätze (N45°48'30.5" E6°14'41.1") sind begrenzt und in den Sommermonaten bekommen Sie kaum einen Tisch in einem der beiden Restaurants, ohne vorher rechtzeitig reserviert zu haben (Le Balcon du Lac – www.lebalcondulac-annecy.com und Chalet La Pricaz – www.chaletlapricaz.com).

Aufgrund seiner außergewöhnlich schönen Lage in der Bergkulisse, seinem angenehmen Klima und seiner ausgezeichneten Wasserqualität hat sich der See zu einem Badeparadies und zu einem Zentrum

für Wassersportler entwickelt. Kein Wunder also, wenn hier im Sommer die "Hölle los ist".

Für eine erste Erkundung bietet sich das Fahrrad an. Ein Radweg führt rund um den See. Der Weg am Westufer, der auf dem Damm einer stillgelegten Eisenbahnlinie verläuft, ist besonders reizvoll. Am Ostufer ist er hauptsächlich entlang der Straßen angelegt. Von Doussard nach Annecy sind es 19 Kilometer. Wenn Sie im südlichen Bereich des Sees für Ihr WOMO einen Platz gefunden haben, dann ist die Fahrt mit dem Rad nach Annecy für einen Bummel in der Altstadt eine gute Option. Wenn Sie kein Fahrrad dabeihaben, so können Sie sich vor Ort eines leihen. Klassische Fahrräder oder E-Bikes werden an vielen Orten rund um den See angeboten. Der Radweg ist in den Sommermonaten allerdings sehr stark frequentiert.

Eine sehr geruhsame und bequeme Variante, den See zu erkunden, besteht darin, mit einem der Ausflugsschiffe in Etappen die einzelnen Anlegestellen anzufahren. Hierzu gibt es unterschiedliche Routen, Fahrzeiten und Preise, die Sie hier nachlesen können www.bateaux-annecy.com. Sie haben die Wahl zwischen einfachen Seerundfahrten und kulinarischen Ausflügen mit einem Restaurantschiff.

Die Anlegestellen und Routen finden Sie auch auf der Karte auf Seite 58 verzeichnet.

Für Gleitschirmflieger ist der Lac d'Annecy ein beliebtes Ziel, bietet der See mit den umliegenden Bergen doch optimale Voraussetzungen für eine gute Thermik und damit für lange Flüge. Von den genannten Aussichtsterrassen am Col de la Forclaz werden Sie bei gutem Wetter viele Flieger kreisen sehen, denn die Startrampe ist nur wenige Meter entfernt. Wenn Sie selbst fliegen oder einen Tandemflug buchen möchten: Auf dieser Seite erfahren Sie mehr www.annecy-parapente.fr.

Blick von der Aussichtsterrasse des Restaurants Balcon du Lac auf den Lac d'Annecy.

Vieille Ville Annecy – die Altstadt von Annecy

Ein Besuch der malerischen Altstadt von Annecy an einem Tag in den Sommermonaten hat seine eigene Faszination. Dicht gedrängt gehen die Besucher durch die Gassen entlang der Kaimauern und den anderen Straßen abseits des **Thiou**. Babylonisches Sprachgewirr dringt ans Ohr, neben Französisch hört man viel Italienisch, breites Schwyzerdütsch, Englisch natürlich und erstaunlich viel chinesisch. In den vielen Restaurants sind alle Plätze besetzt, kaum wird

Blick von der Pont Perrière über den Thiou in Richtung des Sees. Einige Stunden später und nach einer Drehung um 180° bietet sich das Bild, das Sie auf der rechten Seite sehen.

Eine der Altstadtgassen abseits des Thiou.

ein Tisch frei, ist er auch schon wieder belegt. Man setzt sich und bestellt ein Fondue Savoyardes (Käsefondue), ein Raclette oder ganz profan eine Pizza. Die Speisekarten, die wir studiert haben, lassen in der Auswahl eigentlich keine Wünsche offen. Es gibt klassische französische Restaurants, es gibt den Italiener, Sie können vietnamesische Küche genießen oder türkischen Kebab im Straßenverkauf erstehen. Die Vielfalt ist groß. Sie werden das für Sie Richtige finden. Die genaue Zahl der Restaurants haben wir nicht ermittelt, es dürften so 40 bis 50 sein, die hier dicht gedrängt um die Kundschaft buhlen. Zwischen den Lokalen befinden sich noch die üblichen Souvenirläden und Boutiquen.

Für Gaukler und Straßenmusiker ist dieses Gedränge eine wunderbare Gelegenheit, ihre Künste zu präsentieren. Sie werden mehrere davon auf den verschiedenen kleinen und größeren Plätzen in der Altstadt antreffen.

Der Spaziergang durch die Stadt steht im krassen Gegensatz zu einer Wanderung auf dem Semnoz-Plateau und zu den anderen ruhigen Zielen, die wir in diesem Buch schon beschrieben haben. Es soll halt für jeden etwas dabei sein.

Die Altstadt hat aber durchaus mehr zu bieten als nur die Fülle der Restaurants. Machen wir einen kleinen Bummel.

Zum Beispiel lohnt es sich, einen Blick auf das **Palais d'Isle** zu werfen. Es ist das Wahrzeichen der Stadt, das wie ein Schiffsbug auf der Insel im Thiou wirkt. Es wurde im 12. Jahrhundert errichtet, als Annecy noch ein unbedeutender Ort war. Später diente es als Münzwerkstätte, dann als Gerichtsgebäude und später einige Zeit als Gefängnis. Heute ist es ein historisches Museum. Die Öffnungszeiten und Eintrittspreise finden Sie hier http://musees.annecy.fr.

Unweit des Thiou steht die **Cathédrale St-Pierre**. In dem Kirchenschiff mit dem hohen gotischen Innenraum hielt einst Franz von Sales seine Predigten und Jean-Jacques Rousseau spielte hier während seines Aufenthaltes auf der Flöte, als er vor den Calvinisten aus der Schweiz fliehen musste.

Das Palais de l'Isle auf einer Insel im Thiou in Vieille Ville Annecy.

Die **Église St-François** aus dem 17. Jahrhundert steht am rechten Ufer des Thiou in unmittelbarer Nachbarschaft. Sie gehörte zum ersten Kloster der Salesianerinnen. Die Barockfassade wurde während der Revolution zum Teil zerstört, als sie zu einer Fabrik umfunktioniert wurde. Heute dient sie der italienischen Gemeinde der Stadt als Gotteshaus.

Schließlich ist bei den Sakralbauwerken in der Altstadt noch die **Église St-Maurice** zu nennen. Sie wurde im 15. Jahrhundert errichtet. Hier ist das breite gotische Kirchenschiff bemerkenswert.

Besonders sehenswert ist das **Château d'Annecy**, das über einen steilen Anstieg und Treppen von der Rue Ste-Claire zu erreichen ist.

Die ehemalige Residenz der Grafen von Genf ist eine einzigartige Mischung aus mittelalterlicher Verteidigungsarchitektur und der Eleganz der französischen Renaissance. Heute ist hier das **Musée-Château** eingerichtet, das über umfangreiche Kunstsammlungen verfügt. Der Eintrittspreis beinhaltet auch den Besuch des Regionalen Seen-

Château Annecy.

Observatoriums (ORLA), dass sich den alpinen Seen widmet und mit Exponaten den wissenschaftlichen Stand der Forschung im Bereich der Biologie, Ökologie, Ethnologie, Archäologie und Limnologie präsentiert. Weitere Informationen zu dem Museum mit Öffnungszeiten und Eintrittspreisen finden Sie hier http://musees.annecy.fr.

La Basilique de la Visitation d'Annecy.

Vom Château Annecy bis zur **Basilique de la Visitation** sind es nur 650 Meter. Die Kirche wurde zwischen 1922 und 1930 erbaut. Hier fanden Franz von Sales (*1567; †1622) und Johanna Franziska von Chantal (*1572; †1641), die in Annecy 1610 das Mutterhaus der Salesianerinnen gründeten, ihre letzte Ruhestätte.

Die Kirche steht auf einem Hügel, von dem man einen schönen Blick auf die Altstadt hat.

Wenn Sie aus der Altstadt den Thiou flussaufwärts in Richtung See gehen, dann gelangen Sie zu den kleinen Anlegestellen, von denen die Ausflugsschiffe ihre Runden auf dem See starten. Gleich daneben befinden sich die **Jardins de l'Europe**. Die idyllische Parkanlage stellt mit der **Pont des Amours** einen besonderen Anziehungspunkt für Paare dar, denn ein Kuss auf dieser Brücke soll der Sage nach die Liebenden auf ewig vereinen. Das auszuprobieren kann sicher nicht schaden.

Von dieser Brücke, die über den Canal du Vassé führt, geht es in den Pâquier. Es handelt sich dabei um eine sieben Hektar große Grünfläche, die auch gern als "Centralpark von Annecy" bezeichnet wird. Eine lange, sehr belebte und breite Promenade schließt sich am Nordufer des Sees an. Wenn Sie diesen

Weg gehen, haben Sie stets die Weite des Sees mit dem Gebirgspanorama im Hintergrund vor Augen. Nach rund einem Kilometer erreichen Sie das Imperial Palace, ein Grandhotel der Belle Époque aus dem Jahre 1912. Heute ist hier ein Casino untergebracht. Der Kaisergarten und die Voliére, die das Hotel umgeben, sind frei zugänglich. Nur wenige Meter weiter befinden sich frei zugängliche Badestrände.

Château de Menthon-Saint-Bernard

Malerisch liegt das Anwesen hoch über dem Lac d'Annecy. Es ist eine Mischung aus einer Festungsanlage und einem Schloss, die seit der Gründung im 11. Jahrhundert in Familienbesitz ist. Das Château befindet sich etwa in der Mitte des Sees am rechten Ufer. Auf der Karte Seite 58 ist es verzeichnet.

Die ursprünglich als Burg gebaute Anlage wurde in Laufe der Jahrhunderte mehrfach umgestaltet, zuletzt im 19. Jahrhundert im neugo-

Das Château de Menthon-Saint-Bernard vor der Bergkulisse am Lac d'Annecy.

tischen Stil. Die Burg kann von Mai bis September besichtigt werden. Die genauen Termine, Öffnungszeiten und Eintrittspreise entnehmen Sie bitte dieser Seite www.chateau-de-menthon.com. Wenn Sie die Seite öffnen, können Sie mit den vielen Fotos und Videos einen tieferen Eindruck gewinnen.

Die Räumlichkeiten können nur im Rahmen einer Führung besichtigt werden. Diese dauert etwa 45 Minuten. Gezeigt werden mehrere Räume, darunter das Schlafzimmer der Gräfin, die alte Küche aus dem 13. Jahrhundert, der große Saal mit Gemälden und vielen antiken Möbeln aus dem 16. bis 19. Jahrhundert. Herausragend ist die Bibliothek mit rund 12.000 Bänden, die aus der Zeit vor 1800 stammen. Es sind auch alte Schriften zu sehen, die auf Pergament, Schaf- oder Ziegenleder geschrieben wurden. Auch die kleine Parkanlage im Außengelände ist für Besucher zugänglich. Hunde müssen allerdings draußen bleiben. Sie dürfen wegen der frei laufenden Pfaue nicht in den Park.

Ihr WOMO können Sie an dieser Stelle [**047:** N45°51'59.8" E6°12'31.0"] auf einem geschotterten Parkplatz abstellen. Bis zum Schloss sind dann noch rund 500 Meter zu gehen.

(050) WOMO-Stellplatz: Plateau du Semnoz – Skilift-Nord

GPS: N45°48'27.7" E6°06'06.2", (1495m); D41 74540 Viuz-la-Chiésaz.
Max. WOMOs: > 50, max. Länge >10 m. **Öffnungszeit:** Ganzjährig.
Ausstattung: Keine.
Beschreibung: Auf dem Semnoz-Plateau. Große Asphaltfläche, die in den Wintermonaten als Parkplatz für das Skigebiet genutzt wird. Ein Höhenzug versperrt die Sicht auf die Alpen. Absolut ruhiger Platz.
In den beiden Ferienmonaten Juli und August ist die Kabinenseilbahn, die zum höchsten Punkt des Plateaus führt, in Betrieb.
Preise: Gebührenfrei.
Zufahrt: Über die D41/D110, 16 km von Annecy, 26 km von St-Jorioz (über D912).

(051) WOMO-Stellplatz: Plateau du Semnoz – Kamm

GPS: N45°47'33.5" E6°06'06.4", (1642m); D110 74320 Leschaux.

Max. WOMOs: mehr als10, max. Länge 9 m.
Öffnungszeit: Ganzjährig.
Ausstattung: Keinerlei wohnmobilspezifische Einrichtungen.
Beschreibung: Geschotterte Flächen, von Almwiesen umgeben. Großartiges Alpenpanorama, nachts sehr ruhig. Gutes, preiswertes Restaurant mit Aussichtsterrasse neben dem Platz. Ein weiteres Restaurant befindet sich in 1000 Metern Entfernung. Speisekarte: http://lesrochersblancs.com. Auf dem Weg dorthin geht es über eine Aussichtsplattform auf den Crêt de Châtillon auf 1702 Metern Höhe.
Preise: Gebührenfrei.
Zufahrt: Über die D41/D110, 20 km von Annecy, 23 km von St-Jorioz (über D912).

(052) WOMO-Stellplatz: Plateau du Semnoz – Skilift-Süd

GPS: N45°46'52.5" E6°06'29.1", (1412m); D110 74320 Leschaux.
Max. WOMOs: > 10, max. Länge 9 m. **Öffnungszeit:** Ganzjährig.
Ausstattung: Keinerlei wohnmobilspezifische Einrichtungen.

Beschreibung: Große, geschotterte Fläche, die in den Wintermonaten als Parkplatz für das Skigebiet genutzt wird. Ein kleiner Höhenzug und Bäume versperren die Sicht auf die Alpen und in das Umland. Deshalb ist der Platz in den Sommermonaten absolut ruhig. Bis zum Restaurant auf dem Plateau sind es über einen leicht zu gehenden Wanderweg rund 2,5 km. Das Bistro am Rande des Platzes ist nur in der Skisaison geöffnet.
Preise: Gebührenfrei.
Zufahrt: Über die D41/D110, 22 km von Annecy, 20 km von St-Jorioz (über D912).

Gleitschirmflieger über dem Plateau von Semnoz. Im Hintergrund ist der Lac du Bourget erkennbar.

Das Plateau von Semnoz

Für Wanderungen ist das Semnoz-Plateau ideal. Es ist sehr leicht, mit dem WOMO hochzufahren, wie Sie auf der Karte auf Seite 58 erkennen können. Wenn es Ihnen unten in Annecy zu heiß und zu trubelig ist, dann finden Sie hier auf der Höhe eine angenehme Ruhe und kühlere Temperaturen vor. Die mehr als 1000 Meter Höhenunterschied machen sich deutlich bemerkbar.

Auf dem fast kahlen Kamm benötigen Sie nicht einmal eine Wanderkarte, die Wege sind gut ausgeschildert und es gibt nichts, was die Orientierung erschwert. Die Fernsichten auf die Alpen, in den Jura und auf das Massif des Bauges sind einfach umwerfend. Der Lac d'Annecy ist von hier oben nur an wenigen Stellen in Ausschnitten zu sehen. Der Lac du Bourget und die dahinterliegende Bergkette sind dagegen gut erkennbar. Das Plateau ist bereits Teil des UNESCO-Geoparks Massif des Bauges, das wir auf der Seite 160 kurz vorstellen.

Die Wanderwege auf dem Semnoz-Plateau sind leicht zu gehen.

Bis auf 1702 Meter Höhe reicht das Plateau. Die Spitze ist von den Parkplätzen leicht zu erreichen. Die Steigungen in diesem Gelände sind sehr moderat.

Für die Einkehr gibt es zwei Restaurants und eine bewirtschaftete Hütte. Alle drei bewirten ihre Gäste mit regionalen Spezialitäten nur in der Mittagszeit und leider nicht am Abend. Das ist nicht weiter tragisch, wenn Sie, so wie wir bei unserem letzten Besuch, sich bei einem schönen Sonnenuntergang aus der Bordküche versorgen können. Mit Kuhglockengeläut als Abendmusik lässt sich der Tag auf angenehme Weise abschließen.

Mit diesen Eindrücken beschließen wir aber nicht nur den Tag, sondern auch die Tour. Morgen warten neue spannende Erlebnisse.

Band 90
WOMO-Reiseführer
Französischer Jura
10 km
DEP. HAUTE-SAVOIE (74)
ANNECY
(445 m)
DEP. Ain (01)
Bugey
Chanay
Seyssel
Seyssel
Clermont
Jardins Secrets (Geheime Gärten)
Vaulx
Château Montrottier
Lovagny
Les Gorges du Fier
Col du Grand Colombier 1501m
Gd. Colombier 1534m
Virieu-le-Petit
Cascade de Cerveyrieu (60 m hoch)
Machuraz
Fenestrez
Artemare
Cascades de Clairfontaine
Montveran
Virieu-le-Gd.
Lac de Virieu
Culoz
Ceyzérieu
Rés. Nat. du Marais de Lavours
Serrieres-en-Chautagne
Rumilly
Sévrier
Le Fier
Rhône
Chanaz
St-Félix
Albens
Alby-s-Chéran
1699 m
Gruffy
Pont de l'Abime
Cusy
Tour 5
Geopark
Lescheraines
Le Châtelard
Belley
Massignieu-de-Rives
Abbaye de Hautecombe
Lac du Bourget
Yenne
AIX-les-Bains
Belvédère du Revard
Belvédère de l'Orionde
du Massif des Bauges
Les Déserts
Le Bourget-du-Lac
DEP. SAVOIE (73)
Croix du Nivolet 1547m
Aillon-le-Jeune
CHAMBÉRY
Saint-Alban-de-Montbel
Lac d'Aiguebelette
Aiguebelette-le-Port
Myans
Massif de la Chartreuse
Isère
Grotte de Saint Christophe
Entre-deux-Guiers
Saint-Pierre-d'Entremont
Grand Cascade du Cirque de Saint Même
La Tour Percée (Felsentor) 1790 m
Parc Naturel Régional de Chartreuse
La Grande Chartreuse (Große Kartause)
Saint-Pierre-de-Chartreuse
DEP. ISÈRE (38)
Saint-Hugues-les-Egaux
Saint-Hilaire-du-Touvet

TOUR 2 (440 km)

Lovagny – Vaulx – Seyssel (Haute Savoie) – Seyssel (Ain) – Serries-en-Chautagne – Ceyzérieu – Grand Colombier – Artemare – Belley – Port de Virignin – Massignieu-de-Rives – Chanaz – Aix-les-Bains – Belvédere du Revard – Les Déserts – Le Bourget-du-Lac – Saint-Alban-de-Montbel – Grotte de Saint-Christophe – Chambéry – Saint-Pierre-d'Entremont – St-Pierre-de-Chartreuse – Saint-Hughes-les-Egaux

Stellplätze:	Lovagny, Vaulx, Seyssel (Ain), Serries-en-Chautagne, Ceyzérieu, Grand Colombier, Artemare, Belley, Port de Virignin, Massignieu-de-Rives, Chanaz, Aix-les-Bains, Belvédere du Revard, Les Déserts, Le Bourget-du-Lac, Saint-Alban-de-Montbel, Saint-Christophe-la-Grotte, Chambéry, Saint-Pierre-de-Chartreuse, Saint-Hughes-les-Egaux.
Campingplätze:	Artemare, Massignieu-de-Rives, Saint-Alban-de-Montbel.
Besichtigungen:	Lovagny (Château Montrottier), Vaulx (Jardins Secrets), Seyssel (Haute Savoie), Seyssel (Ain), Belley (Kathedrale), Abbaye de Hautecombe, Innenstadt von Aix-les-Bains, Grotte de Saint Christophe, Innenstadt von Chambéry, Museum der Grande Chartreuse (Große Kartause).
Wandern:	Durch die Gorges du Fier, in der Reserve Naturel du Marais de Lavours, rund um den Grand Colombier, rund um den Belvédere du Revard und zum Croix du Nivolet, rund um die Cascade de Cerveyrieu, durch die Voie Sarde an der Grotte de Saint Christophe, rund um die Grand Cascade du Cirque de Saint Même und zum Felsentor La Tour Percée.
Baden/Wellness:	Seyssel (Ain), Serries-en-Chautagne, Lac de Virieu, Massignieu-de-Rives, Le Bourget-du-Lac, Saint-Alban-de-Montbel (Lac d'Aiguebelette).

Ein dicht gedrängtes Programm erwartet uns in dieser Tour. Über einen außergewöhnlichen Garten, tiefe Schluchten, mehrere grandiose Aussichtspunkte, den größten natürlichen See Frankreichs, zwei bemerkenswerte Städte und einige Badeseen haben wir in diesem Kapitel zu berichten. Die Route führt uns vom Bugey, entlang der Rhône und des Lac du Bourget bis tief in das Massif de la Chartreuse mit dem berühmten Kartäuserkloster.

Das Château de Montrottier.

Nach all dem Trubel in und um Annecy wenden wir uns nun ruhigeren Zielen zu. Als ersten Ort steuern wir Lovagny an, das elf Kilometer von Annecy entfernt liegt. Als Sehenswürdigkeit haben wir das **Château Montrottier** auf dem Programm.

Das Schloss liegt in Sichtweite des asphaltierten Parkplatzes **[053:** N45°53'53.3" E6°02'29.6"**]**, der Weg dorthin ist einfach zu finden.

Dieser mittelalterliche Gebäudekomplex ist in seiner Architektur ein typisches Beispiel für eine Befestigungsanlage in Savoyen. Bei dieser Burganlage hatte Vauban, der große Festungsbaumeister Frankreichs (siehe Seite 232), seine Finger nicht im Spiel. Als er für Ludwig XIV. die Grenzsicherungsmaßnahmen durchführte, war Savoyen noch ein selbstständiges Herzogtum und gehörte nicht zum französischen Einflussbereich. Deshalb gibt es in den beiden Departements Savoie und Haute-Savoie, die praktisch das Gebiet des ehemaligen Herzogtums in Frankreich darstellen, keine einzige Vauban-Festung. Erst seit 1860 gehört dieses Gebiet zu Frankreich, da war Vauban schon mehr als 100 Jahre tot.

Im Innenhof des Schlosses.

Zurück zum Château. In seinem Erscheinungsbild entspricht es eher dem Bild einer klassischen Ritterburg als einer Festungsanlage. Markant ist der Bergfried mit

33 Metern Höhe und drei Meter dicken Mauern, die sich nach oben auf 1,5 Meter verjüngen. Er ist durch eine kernlose Wendeltreppe nach oben begehbar. In den Räumlichkeiten des Schlosses sind im Waffensaal Uniformen und Waffen aus verschiedenen Epochen zu sehen. In einem weiteren Raum sind Kunstgegenstände aus Asien, Afrika und Ozeanien ausgestellt. Der größte Raum ist der Rittersaal, in dem die Festlichkeiten der Schlossherren stattfanden. Möbel und weitere Waffen sind hier zu besichtigen.

Der Beginn der begehbaren Strecke.

Dass die Mode für die Damen des Mittelalters eine große Bedeutung hatte, jedenfalls für die adeligen, können Sie an den verschiedenen Spitzen, die in einem weiteren Raum präsentiert werden, sehen. Sie kamen aus Belgien und England. Es gibt also allerlei Sehenswertes in diesem gut erhaltenen Schloss.

Über die Öffnungszeiten und Eintrittspreise informiert diese Seite www.chateaudemontrottier.com.

Unser nächstes Ziel, die Schlucht **Gorges du Fier**, ist nicht weit entfernt. Luftlinie maximal 500 Meter. Da ist der Weg vom Parkplatz [GPS: N45°53'47.6" E6°02'38.6"] zum Eingang der Schlucht länger. Lange Zeit konnte man auf diesem Parkplatz auch für eine Nacht stehen bleiben. Das ist aber inzwischen untersagt worden.

Die Entstehungsgeschichte und die Formungsvorgänge in dieser Schlucht sind die gleichen, wie wir sie bereits bei der Gorges du Pont du Diable beschrieben haben (siehe Seite 33), deshalb werden wir das an dieser Stelle nicht wiederholen. Der Fier hat auf seinem Weg vom Lac d'Annecy zu seiner Mündung in die Rhône bei Seyssel eine gewaltige Schlucht gegraben. Den spektakulärsten Teil dieses tiefen Einschnitts begann man bereits 1868 für Besucher begehbar zu machen. Der Weg ist mit 250 Metern nicht lang, dafür aber sehr beeindruckend. Auf die Entstehungsgeschichte der Schlucht wird mit Schautafeln am Anfang und am Ende des Steges hingewiesen (französisch und englisch). An der Kas-

In der Gorges du Fier.

se ist auch eine deutschsprachige Beschreibung erhältlich. Fragen Sie danach, wenn man sich nicht sowieso nach Ihrer Nationalität erkundigt und sie Ihnen gleich anbietet.

Die Schlucht ist nur von Mitte März bis Mitte Oktober begehbar. Über die genauen Öffnungszeiten und Eintrittspreise informiert diese Seite www.gorgesdufier.com.

Im Eingangsbereich gibt es einen Biergarten mit Terrasse, das sei noch erwähnt.

Unser nächstes Ziel ist ein geheimnisvoller Ort, der zum längeren Verweilen einlädt.

Auf schmalen Straßen geht es dorthin. Bei der verwinkelten Straßenführung ist es viel zu kompliziert, eine Routenbeschreibung abzugeben. Hier müssen Sie sich einfach auf Ihr Navi verlassen. Die Adresse und die Koordinaten entnehmen Sie bitte der Stellplatzbeschreibung.

Ist **Vaulx** mit weniger als 1000 Einwohnern schon eine kleine Gemeinde, so ist der Teilort **Lagnat**, wo wir unser Etappenziel finden, eigentlich nur ein großes Gehöft.

(054) WOMO-Stellplatz: Jardins Secrets

GPS: N45°55'05.0" E5°59'09.9", (520m); 1561 Route de Lagnat, 74150 Vaulx

Max. WOMOs: 4, max. Länge 8 m. **Öffnungszeit:** Von April bis September, max. Aufenthaltsdauer 24h.
Ausstattung: Keinerlei wohnmobilspezifische Einrichtungen.
Beschreibung: Ebene, nicht parzellierte, geschotterte Stellflächen am Rande des Gartens. Nachts absolut ruhig.
Preise: Kostenlos.
Zufahrt: Über die Voie Communale N°2 de Lagnat à Hauteville.

Jardins Secrets – die geheimen Gärten

Für den Besuch dieser sehr außergewöhnlichen Gartenanlage sollte man sich ein wenig Zeit nehmen. Die Gestaltung ist fantasievoll und detailverliebt mit kleinen Gebäuden, Brunnen, Beeten, Ornamenten sowie Figuren. Eine einheitliche Stilrichtung gibt es nicht und die Materialauswahl könnte vielfältiger kaum sein. Mit diesem Garten haben **Nicole** und **Alain Moumen** ein bezauberndes Werk geschaffen. Reiseerinnerungen sind hier auf sehr kreative Weise in die Gartengestaltung eingegangen. Hier glaubt man etwas Orientalisches, dort etwas Asiatisches, an anderer Stelle wiederum etwas

Sitzplätze im üppigen Grün.

Le jardin du curé, der Priestergarten.

Alpenländisches oder Provenzalisches zu sehen. Doch nichts davon ist originalgetreu. Jede Ecke des Gartens hat ihre eigene individuelle Gestaltung, die Architekturelemente anderer Kulturen aufnimmt und durch kreative Arbeit künstlerisch in Szene setzt. Die verwendeten Materialien Holz, Kupfer, Kalkmörtel, Kalkstein, Ton oder Kieselsteine sind dabei unterschiedlich be- und verarbeitet, bemalt, lackiert oder einfach naturbelassen. Die Arrangements wirken verspielt und haben eine Unmenge an Details, die man nur sieht, wenn man sich Zeit lässt und in aller Ruhe durch den Garten geht. Es gibt eben sehr viel zu entdecken auf diesen 7000 Quadratmetern.

L'Isle joyeuse, die Insel des Glücks.

Wasser ist ein weiteres wesentliches Element in diesem Garten. Brunnen, Teiche, kleine Kanäle überall plätschert und murmelt das Wasser, das von überschwänglichem Grün umrahmt ist und je nach Jahreszeit eine andersfarbige Blütenpracht entfaltet, der Anlage in der Tat etwas Geheimnisvolles gibt.

Die einzelnen Abteilungen tragen unterschiedliche Namen. So gibt es den Garten der Wonnen, einen andalusischen Garten, einen Apothekergarten, einen Hof, wo der Wahnsinn wohnt, den Priestergarten, die Inseln des Glücks. Dazwischen zahlreiche individuell gestaltete Gebäude und Salons, Galerien, ein kleines Schwimmbad (was nicht benutzt werden kann) und andere Dinge mehr.

Allein die Aufzählung macht schon neugierig und zu jedem dieser Gärten oder Gebäude wären eine Fülle von Details aufzuzeigen, was den Rahmen dieses Buches allerdings deutlich sprengen würde.

Wenn Sie nicht nur mit dem Wohnmobil unterwegs sind und daheim vielleicht einen Garten haben, können Sie sich hier die vielfältigsten Anregungen für die Gestaltung Ihres Anwesens holen.

Anstehen und zuschauen, wie die beignets orientaux gebacken werden.

Am Ende des Rundgangs wartet ein salon de thé, in dem man gemütlich bei einer Tasse Kaffee die Eindrücke des Gartens verarbeiten kann. Und wer möchte, kann sich von Alain Moumen einen **"beignets orientaux"**, einen orientalischen Donut backen lassen. Unermüdlich und mit sehr viel Charme backt er einen nach dem anderen und scherzt mit den Besuchern.

Natürlich gibt es auch in dieser Anlage eine Boutique, in der es diverse Andenken zu kaufen gibt.

Sehr viel mehr Bilder und Informationen sowie die Öffnungszeiten und Eintrittspreise finden Sie auf dieser Seite www.jardins-secrets.com.

Für alle, die mit einem Hund unterwegs sind, sei noch darauf hingewiesen, dass die Spürnase überraschenderweise auch mit in die Gartenanlage genommen werden darf. Natürlich an der Leine.

Der nächste Ort, den wir anfahren werden, ist **Seyssel**, 20 Kilometer entfernt. Nur welches Seyssel? Den Ortsnamen gibt es gleich zweimal und bei flüchtiger Betrachtung könnte man meinen, es handle sich um eine Stadt, die links und rechts der Rhône liegt. Dem ist aber nicht so. Seyssel rechts der Rhône gehört zum Département Ain, Seyssel links der Rhône gehört zum Département Haute-Savoie. Die Rhône, über die eine wunderschöne alte Brücke führt, bildet die Grenze zwischen den Départements. In **Seyssel (Ain)** befinden sich zwei Stellplätze, in **Seyssel (Haute-Savoie)** gibt es keinen. Nur einen Campingplatz, den wir aber nicht näher betrachtet haben. Nähere Informationen dazu gibt es hier www.camping-seyssel.com.

Der Stellplatz im Süden der Gemeinde ist sehr beliebt. Wir waren hier schon öfter, auch auf dem älteren, als es diesen 2019 neu eingerichteten Stellplatz noch gar nicht gab. Das war zu einer Zeit, als wir noch nicht daran dachten, ein Buch über diese Region zu schreiben. An Atmosphäre hat der Platz leider deutlich eingebüßt und kostenpflichtig ist er nunmehr auch.

Wir haben den Platz immer gut gefüllt vorgefunden. Etwa einen Kilometer ist die alte Brücke entfernt, über die man in das gegenüberliegende Seyssel (Haute-Savoie) kommt.

Der zweite ist eher als Ausweichplatz für die Sommersaison anzusehen, wenn der erste mit WOMOs voll belegt ist.

(055) Offizieller WOMO-Stellplatz: Aire Camping-Car Park de Seyssel (Ain)

GPS: N45°56'58.4" E5°50'03.2", (258m); 10 Quai du Rhône, 01420 Seyssel. **Max. WOMOs:** 22, max. Länge 8 m. **Öffnungszeit:** Ganzjährig. **Ausstattung:** Frischwasserversorgung, Abwasserentsorgung mit Bodeneinlass, WC-Kassettenentleerung, Strom 6 A, WC, Müllentsorgung, WiFi.

Beschreibung: Weitgehend schattenlose, eng parzellierte Stellflächen im Süden von Seyssel direkt an der Rhône. Das Freibad und der Badesee befinden sich in unmittelbarer Nähe. In der Nacht ist es hier sehr ruhig.
Der Platz gehört zur CAMPING-CAR PARK-Kette, für deren Nutzung eine spezielle Karte benötigt wird (siehe Seite 368).
Preise: Vom 1.5. bis 30.09. 10,00 € pro Tag, vom 1.10. bis 30.4. 12,00 € inklusive Ver- und Entsorgung, Strom und WiFi. Kurtaxe 0,40 € pro Person.
Zufahrt: Über die D991B Route de Lyon bis zum Ortsende fahren, dann vor der Steigung, die zur neuen Brücke hochführt, links abbiegen.

(056) WOMO-Stellplatz: Seyssel (Ain)

GPS: N45°57'41.7" E5°49'56.5", (255m); 4 Quai Edouard Serullaz, 01420 Seyssel. **Max. WOMOs:** >10, max. Länge >10 m. **Öffnungszeit:** Ganzjährig.

Ausstattung: Ebene, geschotterte, schattenlose Fläche ohne Versorgungseinrichtungen.
Beschreibung: Am Ortsausgang mit freiem Blick auf die Rhône und Seyssel (Haute Savoie). Nachts etwas unruhig durch den Verkehr auf der direkt vorbeiführenden D991 und am frühen Morgen durch den Parkplatzverkehr und dem Bahnhof.
Preise: Kostenlos.
Zufahrt: Über die D991 in Richtung Bellegarde s/V. fahren. Der Platz befindet sich vor dem Ortsausgang auf der rechten Seite.

Die Hängebrücke wurde zwischen 1838 und 1840 erbaut und ersetzte eine Holzbrücke, die 1835 ein Hochwasser nicht überstand. Oben auf der Brücke steht eine Statue der Jungfrau Maria. Die schwarze Madonna aus dem 12. Jahrhundert, die sich vorher auf der Flussinsel befand, ist heute in der Kirche von Seyssel (Ain) zu sehen. Sehenswert ist auch die **Église Saint-Blaise** in Seyssel (Haute-Savoie). In unmittelbarer Nähe befindet sich im Hotel Beau Sejour das Restaurant **"Au fil de l'Eau"** mit einer schönen Aussichtsterrasse an der Rhô-

Blick von Seyssel (Ain) auf Seyssel (Haute-Savoie).

ne. Ohne reserviert zu haben, werden Sie allerdings keinen Platz finden. Nur wenige Stunden vorher anzurufen, wird dabei unserer Erfahrung nach nicht reichen. Hier erfahren Sie mehr über das Restaurant www.hotelseyssel.fr.

Seyssel (Haute-Savoie) bietet mehr Altstadtflair als sein Pendant gegenüber. Dafür ist der Blick von Seyssel (Ain) von einem Straßencafé auf die gegenüberliegende Seite reizvoll. Aber sehen Sie selbst!

Von Seyssel lassen sich schöne Rad- und Wandertouren in ein weiter südlich gelegenes Vogelschutzgebiet an der Rhône unternehmen. Wenn Sie kein Fahrrad dabeihaben, so können Sie sich ein modernes E-Bike am Freibad für einige Stunden oder einen ganzen Tag zu einem Preis zwischen 18,00 und 23,00 € leihen. Der Radweg, der durch den Ort führt, ist Teil der **Via Rhona**, einem 815 Kilometer langen Radwanderweg, der vom Genfer See bis ans Mittelmeer reicht.

Dieser Radweg geht auch direkt an dem Badesee vorbei, den wir jetzt ansteuern. **Serrieres-en-Chautagne** heißt der Ort, in dem er liegt und befindet sich zehn Kilometer südlich von Seyssel. Der hiesige Stellplatz befindet sich direkt neben einem Badesee, der an seiner tiefsten Stelle nur zwei Meter misst. Ein idealer Platz, wenn kleine Kinder dabei sind, die hier nach Herzenslust gefahrlos planschen können. Für Hunde sind der See und das Seeufer übrigens tabu. Die Wasserqualität ist gleichbleibend gut, auch wenn die Wassertemperatur die 20-Grad-Marke schon mal übersteigen kann. Ein kontinuierlicher Durchfluss von frischem Nass sorgt dafür, dass dieser See nicht kippt. Um Serrieres-en-Chautagne gibt es einige Châteaus, die aber alle nicht besichtigt werden können, da sie sich im Privatbesitz befinden. Sollte der Stellplatz am See komplett belegt sein, so finden Sie wenige Meter südlich einen Ausweichplatz. Der ist zwar in erster Linie für PKW angelegt, aber doch groß genug, um ein WOMO bequem abstellen zu können.

(057) Offizieller WOMO-Stellplatz: Serrieres-en-Chautagne

GPS: N45°52'46.4" E5°50'32.4", (245m); D991, 73310 Serrieres-en-Chautagne. **Max. WOMOs:** 18, max. Länge 10 m.

Öffnungszeit: April – Oktober, max. Aufenthaltsdauer 72 h.
Ausstattung: Ebener, geschotterter Platz mit Wasserver- und Abwasserentsorgung mit Bodeneinlass, WC-Kassettenentleerung, WC, Müllentsorgung.
Beschreibung: Ortsrand, direkt neben einem kleinen Badesee, sehr ruhig. Restaurant in der Nähe. Ortsmitte in fußläufiger Entfernung.
Preise: Gebührenfrei, 1,00 € für ca. 100l Wasser.
Zufahrt: Auf der D991 ab der Ortsmitte der Beschilderung zum WOMO-Stellplatz folgen.

Le plan d'eau in Serrieres-en-Chautagne.

Weiter geht die Fahrt in Richtung Süden. Bevor wir entlang des Lac du Bourget nach Aix-les-Bains fahren, machen wir noch einen Abstecher in den südlichen Bugey, westlich der Rhône. Die Topografie dieser Region weist zahlreiche tiefe, schluchtartige Täler und Wasserfälle auf und glänzt mit Aussichtspunkten, die wunderbare Blicke hinunter in das Rhônetal erlauben. Bei guter Fernsicht ist auch der Mont Blanc gut zu sehen. Höchster Punkt im südlichen Bugey ist mit 1534 Metern der Grand Colombier.

Als erstes nehmen wir uns jedoch das rund 500 Hektar große Naturschutzgebiet **Réserve Naturelle du Marais de Lavours** vor. Wir überqueren die Rhône bei **Culoz** und folgen der D904 in Richtung Artemare. Auf der rechten Seite ist das **Château de Montveran** auf einer Anhöhe zu sehen. Es ist ein altehrwürdiges Gebäude, über dessen Geschichte Sie mehr auf dieser Seite www.chateau-montveran.com erfahren können. Dort finden Sie auch die Öffnungszeiten. Wir haben es nicht besichtigt.

(058) WOMO-Stellplatz: Réserve Naturelle du Marais de Lavours

GPS: N45°50'02.8" E5°44'30.5", (237m); Rue Trichon, 01350 Ceyzérieu.

Max. WOMOs: 3, max. Länge 8 m. **Öffnungszeit:** Ganzjährig.
Ausstattung: Wanderparkplatz ohne wohnmobilspezifische Einrichtungen, WC.
Beschreibung: Ortsrand, 500 Meter bis zum Eingang des Naturreservats Réserve Naturelle du Marais de Lavours.
Preise: Gebührenfrei.
Zufahrt: In der Ortsmitte von Ceyzérieu der Beschilderung nach Aignoz und dem Maison de Marais folgen. Die schmale Straße führt am Friedhof vorbei. Bei Gegenverkehr wird es eng.

See im Naturschutzgebiet Marais de Lavours.

Die Beschilderung zu dem Naturschutzgebiet ist schon kurz hinter Culoz zu sehen. Wer ihr folgt, wird den Weg finden. Wer mit einem Hund unterwegs ist, wird auch hier mit dem Ziel nicht glücklich sein, denn ebenso wie an dem gerade beschriebenen See, dürfen auch hier die Vierbeiner nicht hinein. Das ist aber in allen Naturschutzgebieten und Nationalparks in Frankreich so. Es herrscht ein strenges Hundeverbot in diesen Gebieten. Wir erreichen diesen Ort nach 15 Kilometern. Die Zufahrt auf den letzten Metern in **Ceyzérieu** ist ein wenig eng, aber ansonsten lässt sich die Strecke bequem fahren. Adresse oder Koordinaten entnehmen Sie bitte der Stellplatzbeschreibung.

Das Naturschutzgebiet umfasst eine amphibische Landschaft, bestehend aus Seen und Sumpfgebieten sowie einigen Auenwäldern. Wer genug Zeit mitbringt, kann hier zu verschiedenen Tages- und Jahreszeiten ca. 200 Vogelarten beobachten oder im Frühjahr auch mal einem ordentlichen Froschkonzert lauschen. Die insgesamt 2,4 Kilometer langen Holzstege sind zu jeder Zeit frei zugänglich. Einlasskontrollen gibt es nicht und ein Eintritt muss auch nicht gezahlt werden. Nur ein Ranger schaut gelegentlich nach dem Rechten. Es gibt einige überdachte Aussichtsplätze, von denen Sie die Tierwelt in diesem Schutzgebiet ungestört beobachten können. Einen großen Besucherandrang haben wir nicht erlebt. Bei unseren Aufenthalten waren wir fast immer allein.

Aussicht vom Point du vue du Fenestrez.

Um in die Höhen des südlichen Bugey zu gelangen, fahren wir zurück nach Culoz. Nachdem wir das Château de Montveran erneut passiert haben, geht es die zweite Straße links ab. Massive und steile Felswände liegen vor uns. Über zahlreiche Serpentinen schrauben wir uns hoch. Erstes Highlight sind die **Schnürsenkel des Grand Colombier**, wie der Aussichtspunkt **Les Lacets du Grand Colombier** in der Übersetzung heißt. Sie erreichen ihn mit diesen Koordinaten [GPS: N45°51'44.2" E5°47'26.5"]. An dieser Stelle anzuhalten, ist allerdings nicht empfehlenswert, denn für unsere Kisten ist der Parkraum viel zu klein. Es empfiehlt sich nicht, am Rande der Straße in einer der Schleifen des "Schnürsenkels" stehenzubleiben. Genießen Sie den Blick in das Rhônetal und auf den Lac du Bourget im Vorbeifahren und arbeiten Sie sich auf dieser sehr beliebten Radfahrstrecke weiter bis zu diesem Punkt auf rund 1200 Metern Höhe vor [**059:** N45°51'56.3" E5°46'28.8"]. Hier treffen Sie nicht nur auf einen sehr ruhigen Wanderparkplatz, sondern bekommen in einigen Metern Entfernung einen noch viel besseren Blick in das Rhônetal und auf das Gletscherzungenbecken, in dem der Lac du Bourget liegt. **Point du vue du Fenestrez** heißt dieser Aussichtspunkt auf 1177 Metern Höhe. Auf einer Bank sitzend, können Sie dieses Landschaftspanorama auf sich wirken lassen oder die Schautafel studieren, die die einzelnen Landschaftselemente benennt.

Wanderparkplatz am Fenestrez.

Der nächste fantastische Aussichtspunkt ist nicht weit entfernt. Bis zum **Col du Grand Colombier** auf 1501 Metern Höhe sind es nicht einmal sechs Kilometer. Auch an dieser Stelle können Sie über Nacht bleiben. Allerdings stehen Sie hier direkt an der Straße. Was nicht viel heißt, denn in der Nacht gibt es kaum Verkehr. Sie erreichen den Pass mit diesen Koordinaten **[060:** N45°54'13.0" E5°45'43.9"] .

Die Aussicht vom **Croix du Colombier** ist perfekt. Das Stahlkreuz ist nur wenige Meter vom Parkplatz auf der Passhöhe entfernt. Kein Baum, kein Strauch behindert den Blick. Von dieser Stelle haben Sie eine 360°-Rundumsicht, bei klaren Wetterverhältnissen auch wieder bis zum 4810 Meter hohen Mont Blanc. Dafür benötigen Sie aber gute Augen und/oder ein Fernglas.

Gipfelkreuz Croix du Colombier.

Der höchste Punkt, der 1534 Meter hohe Grand Colombier, befindet sich auf der anderen Straßenseite und ist Teil einer Felsenkette, die nach Westen steil abbricht. Von kleinen Spaziergängen, um die wunderbare Fernsicht zu genießen, bis zu mehrstündigen Wanderungen auf diesem kahlen Plateau, das an seinen Rändern in Wälder und landwirtschaftliche Flächen übergeht, stehen Ihnen mehrere Möglichkeiten offen.

Nächster Punkt auf unserer Reise durch den südlichen Bugey ist der Besuch des Wasserfalls von Cerveyrieu **(Cascade Cerveyrieu)** in der Nähe des 1200 Einwohner zählenden Dorfes **Artemare**.

Cascade de Cerveyrieu ohne Wasser.

Wer den kleinen übernachtungsfähigen Parkplatz an den Wasserfällen direkt anfahren will, wählt diese Angaben **[061:** N45°52'48.5" E5°40'39.3"] und hat von dort nur einen kurzen Weg zu diesem imposanten und hohen Fall zurückzulegen. Bei Trockenheit kann er aber auch zu einem Rinnsal werden oder gar ganz versiegen, wie wir bei unserem letzten Besuch im Sommer 2022 erlebt haben. Der Gebirgsbach, der den Wasserfall normalerweise speist, war knochentrocken. Nur kleine Pfützen waren in den Strudellöchern noch zu sehen.

Wanderparkplatz an der Cascade Cerveryieu.

Um den Parkplatz anzufahren, sollte Ihr Fahrzeug kein zulässiges Gesamtgewicht über 3,5t haben, denn die Zufahrt ist für schwerere Fahrzeuge untersagt. Als Alternative bietet sich ein schöner Campingplatz an, von dem Sie den Wasserfall mit einer Wanderung erreichen können. Verlängern Sie die Wanderroute, so lässt sich auch gleich der Besuch der **Vierge de Fierloz**, der Statue der Jungfrau von Fierloz, damit verknüpfen. Sie wandern dabei durch Karstflächen und haben von der Statue einen wunderbaren Blick auf den Grand Colombier.

Vierge de Fierloz.

(062) WOMO-Campingplatz: Artemare – Le Vaugrais

GPS/Kontakt: N45°52'28.4" E5°41'02.0", (249m); 2 Chem. du Vaugrais, 01510 Artemare. Tel.: +33479873734, E-Mail: contact@camping-le-vaugrais.fr, Web: www.camping-savoie-levaugrais.com.
Max. WOMOs: >20, max. Länge 12m. **Öffnungszeit:** 1. April bis 30. September.
Ausstattung: Frischwasserversorgung, Abwasserentsorgung mit Bodeneinlass, WC-Kassettenentleerung, Stromanschlüsse, Müllentsorgung, WLAN/WiFi, Duschen, WCs, Waschmaschinen, Snack-Bar, Pool, Spielplatz.
Beschreibung: 3-Sterne-Campingplatz in Ortsrandlage mit parkähnlichem Charakter. Sonnige und halbschattige Stellflächen auf Rasen, mindesten 100 m² in der Größe. Geschotterte Zufahrten. Das Dorf mit einigen Versorgungsmöglichkeiten ist rund 800 Meter entfernt.
Preise: Für ein Fahrzeug mit 2 erwachsenen Personen je nach Saison, Größe und Komfortausstattung zwischen 15,00 € und 40,00 €. Kind bis 12 Jahre je nach Saison zwischen 4,00 € und 7,00 €, Hund 3,00 €.
Zufahrt: Ab der Mitte des Ortes den Hinweisen zum Campingplatz folgen.

Neben den Kaskaden in Cerveyrieu gibt es etwas weiter südlich bei Virieu-le-Grand mehrere kleine Wasserfälle. Sie heißen **Cascades de Clairefontaine** und sind allerdings nicht so spektakulär. Wanderwege durch den Wald führen zu diesen Kaskaden. Nur Parkplätze als Ausgangspunkte zu diesen Fällen sind leider Mangelware.

Sehr gut parken lässt es sich dagegen am **Lac de Virieu**, den Sie mit diesen Angaben [GPS: N45°49'49.3" E5°38'24.9"] erreichen können. Es ist ein schöner Platz für eine Kaffeepause und für einen Sprung ins kühle Nass, insbesondere dann, wenn Sie mit Kindern unterwegs sind. Der Badebetrieb ist nur

Lac de Virieu.

in einer begrenzten Uferzone möglich. Weite Bereiche des Ufers sind nicht zugänglich und der größere Teil des Sees bleibt der Fischzucht und den Anglern vorbehalten.

An diesem See gab es einen kleinen Campingplatz. Die Reste davon sind noch gut erkennbar. Zu diesem Platz gehörte vermutlich auch die Ver- und Entsorgungsstation im Bereich des Parkplatzes, die aber nicht mehr genutzt werden kann. Alle Einfüllstutzen sind fest verschlossen.

Parkplatz am Lac de Virieu.

In den Sommermonaten ist am See ein mobiler Kiosk in Betrieb. Kühle Getränke, Eis und kleine Gerichte werden angeboten. Hunde am Badestrand und eine Übernachtung im Wohnmobil auf diesem Parkplatz sind offiziell nicht gestattet.

Wenn Sie bei den letzten Stationen die Campingplätze vermieden haben, wird es sicher allmählich Zeit für eine Ver- und Entsorgung. Das lässt sich in **Belley**, der nächsten Station auf unserer Reise gut erledigen.

(063) Offizieller WOMO-Stellplatz: Belley – Aire Municipale

GPS: N45°45'19.5" E5°40'39.2", (285m); Route de Saint-Germain, 01300 Belley. **Max. WOMOs:** 20, max. Länge 12 m. **Öffnungszeit:** Ganzjährig, max. Aufenthaltsdauer 7 Tage.

Ausstattung: Wasserver- und Abwasserentsorgung mit Bodeneinlass, WC-Kassettenentleerung, große, im Boden eingelassene Tonnen für die getrennte Müllentsorgung. Ein Stromanschluss an der Versorgungssäule.

Beschreibung: Asphaltierter, ebener Platz neben Sportanlagen und einem Kinderspielplatz am Ortsrand. Er dient auch als PKW-Parkplatz für die Sportler.

Preise: Gebührenfrei, Wasser und Strom jeweils 2,00 €.

Zufahrt: In Belley der Beschilderung in Richtung "St Germain-les-P." folgen.

Dass es in Belley, der Hauptstadt des Bugey, eine schöne Kathedrale gibt, darauf möchten wir für die Freunde außergewöhnlicher sakraler Gebäude ausdrücklich hinweisen. Nach umfangreicher Sanierung erstrahlt die **Cathédrale Saint Jean Baptiste** in neuem Glanz. Sie ist nur rund einen Kilome-

Cathédrale Saint Jean Baptiste in Belley.

ter vom Stellplatz entfernt. Schon im 8. Jahrhundert wurde auf eine Kirche an dieser Stelle hingewiesen. Aus dieser Zeit sind aber keine Gebäudeteile mehr erhalten. Im Laufe der Jahrhunderte wurde sie mehrfach umgestaltet. Zuletzt Mitte des 19. Jahrhunderts, wo sie nahezu vollständig im neugotischen Stil umgebaut und mit zahlreichen Kunstwerken ausgestattet wurde. Sie hat eine Länge von 78,40 Metern und eine Breite von 32,10 Metern. Für den Ort mit nicht einmal 10.000 Einwohnern wirkt sie aus heutiger Sicht sehr überdimensioniert.

Weiter geht die Fahrt. Unweit von Belley finden Sie am Sportboothafen von **Virignin** diesen Stellplatz.

(064) Offizieller WOMO-Stellplatz: Aire CAMPING-CAR PARK du port de Virignin

GPS/Kontakt: N45°43'31.3" E5°42'14.7", (229m); Port de Virignin, 01300 Virignin. E-Mail: contact@campingcarpark.com, Web: www.campingcarpark.com. **Max. WOMOs:** 30, max. Länge 12 m. **Öffnungszeit:** Ganzjährig.

Ausstattung: Wasserver- und Abwasserentsorgung mit Bodeneinlass, WC-Kassettenentleerung, Müllentsorgung. Stromanschlüsse für alle Stellflächen.
Beschreibung: Geschotterter ebener, schattenloser Platz neben einem Sportboothafen an der Rhône. Der Platz gehört zur CAMPING-CAR PARK-Kette, für deren Nutzung eine spezielle Karte benötigt wird (siehe Seite 368). Reservierung über die Webseite ist möglich.
Preise: 12,55 € für ein Fahrzeug inkl. aller mitfahrenden Personen. Hunde sind auf dem Platz angeleint erlaubt.
Zufahrt: Von Belley über die Rhône in Richtung Virignin fahren und vor dem Ort den Hinweisen zum Hafen (Port de Virignin) folgen.

Wenn Sie von Belley dem Canal de Dérivation du Rhône folgen, gelangen Sie zum **Lac du Lit au Roi**. Dieser See entstand mit dem Bau des Entlastungskanals in den Achtzigerjahren. Heute ist der See ein beliebtes Freizeitparadies, an dem sich dieser Campingplatz befindet.

(065) WOMO-Campingplatz: Massignieu-de-Rives – Camping Lac du Lit du Roi

GPS/Kontakt: N45°46'07.1" E5°46'11.7", (242m); 922 route Montaplan La Tuillière, 01300 Massignieu-de-Rives. Tel.: +33 479421203, E-Mail: info@camping-savoie.com, Web: www.camping-savoie.com.

Max. WOMOs: >20, max. Länge 12m. **Öffnungszeit:** Ende März bis Anfang Oktober.
Ausstattung: Frischwasserversorgung, WC-Kassettenentleerung, Stromanschlüsse, Müllentsorgung, WLAN, Restaurant, Boulangerie, Pool, Duschen, WCs, Waschmaschinen und Trockner, Fahrrad + E-Bike-Verleih, Kanu-, Paddel- und Tretbootverleih, Bademöglichkeit im See, Spielplätze, Beachvolleyballplatz, Petanque-Platz.
Beschreibung: Große, sonnige, teilweise auch schattige Rasenplätze, zum Teil direkt am Seeufer. Die Abwasserentsorgung ist kompliziert. Es ist einfacher, dafür nach Belley zu fahren. Auf direktem Weg sind es 9 km.
Preise: Je nach Saison und Lage unterschiedlich, ab 32,00 € für ein Fahrzeug mit max. 6 Personen (ohne Strom), 43,00 € mit Strom, Hund 4,00 €.
Zufahrt: Von Belley in Richtung Culoz fahren. Am großen Kreisverkehr am Ortsausgang von Belley ist der Lac du Lit au Roi bereits ausgeschildert. Nach 4 km rechts und nach der Überquerung der Brücke sofort links abbiegen.

Attraktiv sind die Angebote zur Freizeitgestaltung, die mit Wassersport und Badegelegenheiten zu tun haben. Die finden Sie auf dem genannten Campingplatz mit Pool und Ka-

Ausflugsschiffe und Motorjachten bei Chanaz.

nuverleih in Massignieu-de-Rives, aber auch in **Chanaz**, wo Sie neben dem großen Wohnmobilstellplatz einen weiteren Campingplatz https://thelisresa.webcamp.fr vorfinden.

(066) Offizieller WOMO-Stellplatz: Chanaz – Base de Loisirs

GPS: N45°48'46.2" E5°47'15.9", (237m); Route de l'Ecluse, 73310 Chanaz.
Max. WOMOs: 50, max. Länge 8 m. **Öffnungszeit:** Ganzjährig.

Ausstattung: Wasserver- und Abwasserentsorgung mit Bodeneinlass, WC-Kassettenentleerung, Müllentsorgung vor der Campingplatzeinfahrt frei zugänglich. Bezug von Frischwasser nur über den Erwerb von Jetons möglich, die an der Rezeption des Campingplatzes zu erhalten sind.
Beschreibung: Gut befestigter, ebener Platz am Ortsrand. Direkt an der Rhône. In der Nebensaison sehr ruhig.
Preise: 5,00 € Tagespauschale. Für kurze Parkzeiträume gelten reduzierte Preise, mindestens jedoch 1,00 €.
Zufahrt: In Chanaz der Beschilderung "Port Ecluse" folgen, dort angekommen bis zum Kreisverkehr fahren und da die erste Ausfahrt nehmen.

In Chanaz finden Sie darüber hinaus eine pittoreske Uferpromenade mit Restaurants am **Canal de Savières**. Vom Stellplatz sind das zu Fuß nur etwas mehr als 500 Meter. Dieser Kanal verbindet die Rhône mit dem Lac du Bourget. In den Sommermonaten sind die Restaurants entlang der Wasserstraße sehr stark frequentiert.

Chanaz, malerischer Ausflugsort mit zahlreichen Restaurants am Canal de Savières.

Den **Lac du Bourget** haben wir nun schon mehrfach erwähnt. Wir haben ihn vom Semnozplateau bei Annecy aus der Ferne betrachtet (siehe Seite 66), sind ihm am Aussichtspunkt Fenestrez schon nähergekommen (siehe Seite 80) und nun haben wir ihn als nächstes Ziel auf dem Programm.

Eine der besonderen Sehenswürdigkeiten an diesem See ist die **Abbaye de Hautecombe**. Sie befindet sich am Westufer, nur rund zehn Kilometer von Chanaz entfernt. Der Weg dorthin ist vielfach ausgeschildert und einfach zu finden. Der Parkplatz [GPS: N45°45'10.2" E5°50'14.4"] ist nicht sehr groß. Nur im vorderen Bereich können Sie das WOMO abstellen, die Plätze direkt vor dem Kloster sind PKWs vorbehalten. Eine Übernachtung ist hier nicht gestattet. Auch auf dem vorgelagerten großen Picknickplatz dürfen Sie nicht nächtigen.

Abbaye de Hautecombe

Das Kloster wurde im 12. Jh. mit Unterstützung von Bernard de Clairvaux von Zisterziensermönchen gegründet. Nach einer Blütezeit, die bis in das 15. Jahrhundert reichte, ging die Bedeutung des Klosters zurück. Während der Französischen Revolution hat das Kloster

Die Abbaye de Hautecombe am Westufer des Lac du Bourget.

arg gelitten. Viele Gebäude wurden zerstört, die Mönche verjagt. Im frühen 19. Jahrhundert wurde die Klosterkirche auf Veranlassung von Karl Felix, der zu dieser Zeit König von Sardinien und Herzog von Savoyen war, im neugotischen Stil wieder hergerichtet. Sie wurde als Grablege für die Prinzen und Prinzessinnen des Hauses Savoyen eingerichtet. Auch der letzte König von Italien, Umberto II, fand nach den langen Jahren des Exils in Portugal hier im Jahre 1983 seine letzte Ruhestätte. Ihm zu Ehren halten jedes Jahr im März italienische Royalisten in der Klosteranlage eine Gedenkfeier ab.

Der Innenraum der Klosterkirche.

Der Eingang der Klosterkirche.

Die von piemontesischen Künstlern und Baumeistern geschaffene Architektur wirkt ein wenig überladen mit all ihren Ornamenten. Dies gilt für die Außenfassade und auch für den Innenraum, wo rund 300 Statuen aus Carrara-Marmor und Stuck über die Fürstengräber wachen.

Eine besondere Beachtung verdient die **Grande Batelière** am Landesteg. Die Erfindung der Zisterziensermönche diente als Lager für die Waren, die mit dem Schiff hierher transportiert wurden. Sie verfügt im Untergeschoss über ein Flutbecken und ein Trockendock. Das Obergeschoss diente als Lagerraum und wird heute als Ausstellungsfläche genutzt.

Mit einem Audioguide in deutscher Sprache erfahren Sie das Wichtigste über die Architektur und die Geschichte der Kirche. Den Rundgang können Sie in 30 Minuten absolvieren. Nicht alle Bereiche des Klosters sind für Besucher zugänglich.

Verschiedene Ordensgemeinschaften haben im Laufe der Geschichte in diesem Kloster gewirkt. Die Gemeinschaft Chemin Neuf führt seit 1992 auf Wunsch des Erzbischofs von Chambéry das Kloster, um dort das Leben des Gebets und der Gastfreundschaft fortzusetzen. Diese katholische Kongregation mit ökumenischer Berufung arbeitet für die Einheit von Christen. Jedes Jahr empfängt sie junge Menschen aus der ganzen Welt, die eine biblische und geistliche Bildung erhalten wollen.

Die Öffnungszeiten und Eintrittspreise erfahren Sie auf dieser Seite https://hautecombe.chemin-neuf.fr.

Das Kloster können Sie auch mit dem Schiff aus Aix-les-Bains erreichen.

Unsere Reise geht weiter nach **Aix-les-Bains** am Südostufer des Lac du Bourget. Die Straße führt direkt am See entlang. Die Hoffnung, an der Uferstraße irgendwo ein schönes Plätzchen zu finden, haben wir schnell aufgegeben. Es gibt keine oder sie sind schlicht und ergreifend zu klein. Nehmen wir also einfach die Fahrt entlang des Lac du Bourget als Attraktion und steuern dann den altehrwürdigen Kurort an, der seine Glanzzeit in der Belle Époque hatte. Der Stellplatz befindet sich im Norden der Stadt, in der Nähe des Sees und der Uferpromenade Esplanade du Lac.

(067) Offizieller WOMO-Stellplatz: Aire CAMPING-CAR PARK d'Aix-les-Bains

GPS/Kontakt: N45°41'47.6" E5°53'19.9", (237m); 5 Rue des Goëlands, 73100 Aix-les-Bains. E-Mail: contact@campingcarpark.com, Web: www.campingcarpark.com. **Max. WOMOs:** 86, max. Länge 8 m. **Öffnungszeit:** Ganzjährig.

Ausstattung: Wasserver- und Abwasserentsorgung mit Bodeneinlass, WC-Entleerung, Müllentsorgung, 78 Stromanschlüsse mit 6A, WiFi.

Beschreibung: Ebene, überwiegend schattige Stellflächen am Ortsrand neben einigen Sportanlagen. Nur wenige Meter von der Uferpromenade des Lac du Bourget entfernt. Die Bushaltestelle zum 4 km entfernt liegenden Stadtzentrum ist in 200 Metern zu erreichen. Der Platz gehört zur CAMPING-CAR PARK-Kette, für deren Nutzung eine spezielle Karte benötigt wird (siehe Seite 368). Reservierung über die Webseite ist möglich.

Preise: 15,15 € pro Fahrzeug mit 2 Personen, Wasserver- und Abwasserentsorgung sowie Strom sind im Preis enthalten, Internetzugang über WiFi ist kostenfrei, Waschmaschine 5,00 €, Trockner 3,00 €.

Zufahrt: Die Zufahrt für Fahrzeuge über 3,5t kann nur über die Av. du Petit Port erfolgen.

Aix-les-Bain – Thermalbad der Belle Époque

Die rund 30.000 Einwohner zählende Stadt liegt am Südostufer des Lac du Bourget. Sie liegt zu Füßen des 1538 Meter hohen Mont Revard, einem Berg am Rand des Massif des Bauges, den wir uns noch etwas näher anschauen werden.

Die Siedlungsgeschichte dieses Ortes reicht bis in das Neolithikum zurück. Am Ufer des Sees wurden Überreste von Pfahlbauten entdeckt, die Kelten siedelten hier und mit den Römern kam ein erster großer Entwicklungsschub. Sie nutzten die Thermalquellen, bauten die ersten Bäder und drumherum einige weitere Gebäude. Der Arc de Campanus, ein Ehrenbogen, ist das sichtbare Zeichen der römischen Bautätigkeit. Die genaue Größe und Ausdehnung der Stadt ist allerdings nicht bekannt.

Nach dem Ende der römischen Herrschaft fiel der Ort in einen Dornröschenschlaf. Zumindest liefern die historischen Quellen nur wenig

Die Place Maurice-Mollard in Aix-les-Bains mit dem Palasthotel Astoria.

Aussagen über die weitere Entwicklung des Ortes. Das ändert sich erst im 18. Jahrhundert mit einer Belebung der Badekultur und dem Bau eines Kurbades. Doch der Ort ist noch klein und zählt nicht einmal 2000 Einwohner.

Seine Glanzzeit erlebt Aix-les-Bains in der **Belle Époque**, eine Zeit, die nach dem Deutsch-Französischen Krieg von 1870/71 beginnt und mit dem Ausbruch des Ersten Weltkrieges endet. Es ist eine - für damalige Verhältnisse – lange Friedenszeit. Die industrielle Revolution ist in vollem Gange, Wirtschaft und Kultur befinden sich im Aufschwung. Das gehobene Bürgertum, das von der technischen und wirtschaftlichen Entwicklung am meisten profitierte, konnte nun ein sorgloses Leben führen. In der Architektur ist es die Zeit des Historismus und des Jugendstils, in der Malerei die Zeit von Toulouse-Lautrec.

Casino in Aix-les-Bains.

In dieser Zeit entstehen in Aix zahlreiche Hotels, die Stadt wächst und gedeiht mit ihren Kuranlagen, einem Spielcasino sowie Parkanlagen und ist ein Treffpunkt der Hautevolee dieser Zeit. Die Entwicklung der Verkehrsinfrastruktur machte Reisen einfacher. Mit der Eisenbahn konnten plötzlich weite Strecken auf bequeme Weise zurückgelegt werden. Aix wurde Ferienhochburg für fürstliche Familien und einem wohlhabenden Bürgertum. Man traf sich unter seinesgleichen in den luxuriösen Clubs und Hotels.

Zum Mont Revard wurde, ähnlich wie bei Chamonix mit der Tramway du Mont Blanc und der Chemin de Fer du Montenvers, eine dampfbetriebene Zahnradbahn, die **Chemin de fer du Mont-Revard**, gebaut. Sie war über neun Kilometer lang und wurde 1892 eröffnet. 1935 wurde sie aufgegeben und durch eine Luftseilbahn ersetzt. Diese wurde nur bis 1969 betrieben und nach einem größeren technischen defekt eingestellt. Eine Reparatur und ein weiterer Betrieb der Bahn erschien nicht mehr rentabel. Seit dieser Zeit ist der Mont Revard nur mehr über die Straße oder zu Fuß zu erreichen.

Kurbetrieb gibt es auch heute noch, doch liegt der wirtschaftliche Schwerpunkt der Stadt im Handel und Gewerbe. Reizvoll sind die scheinbar unendlich lange Uferpromenade und natürlich die Innenstadt mit ihren teilweise zu Fußgängerzonen ausgebauten schmalen Straßen mit Boutiquen, Restaurants und Cafés. Hier lassen sich auch einige Gebäude aus der Belle Époque betrachten, unter anderem das Casino.

In den Dreißigerjahren des letzten Jahrhunderts wurden die **Thermes nationaux d'Aix-les-Bains** gebaut. Über die Schönheit der Architektur lässt sich streiten. Sie finden das Gebäude an der Place Maurice-Mollard, in Sichtweite des Rathauses und des **Arc de Campanus**. Aber vielleicht wird die Innenstadt bald umgestaltet, wenn die Pläne, die Sie hier https://vincent.callebaut.org/object/190305_aixlesbains/aixlesbains/projects sehen können, tatsächlich umgesetzt werden.

Arc de Campanus mit dem Rathaus im Hintergrund.

Der angrenzende Parc floral des Thermes mit seinem alten Baumbestand lohnt noch ein Besuch, bevor es zum Stellplatz zurückgeht.

Aix ist von hohen Bergen umgeben. Hausberg der Stadt ist der 1538 Meter hohe **Mont Revard**, den Sie zu Fuß erklimmen können. Bequemer ist es hochzufahren. Die Strecke dorthin ist aber ziemlich lang, denn man kann ihn nur von der Ostseite ansteuern. Die Westseite bildet eine steile Flanke. Der Höhenunterschied vom Stellplatz unten in Aix-les-Bains bis zu diesem hier auf der Höhe beträgt immerhin 1277 Meter.

(068) Offizieller WOMO-Stellplatz: Aix-les-Bains – Belvédère du Revard

GPS: N45°41'03.4" E5°58'44.2", (1514m); 28 Boucle de Bellevue, 73100 Montcel. **Max. WOMOs:** 10, max. Länge 10 m. **Öffnungszeit:** Ganzjährig. **Ausstattung:** Wasserver- und Abwasserentsorgung mit Bodeneinlass, WC-Entleerung, Müllentsorgung.

Beschreibung: Leicht geneigte, asphaltierte Stellflächen am Rande eines PKW-Parkplatzes. Sehr gut erreichbare Ver- und Entsorgungsstation auf der gegenüberliegenden Seite des Stellplatzes. 500 Meter bis zum Aussichtspunkt Belvédère du Revard.

Preise: Die Übernachtung und die Entsorgung sind kostenlos. Für Frischwasser müssen 2,00 € gezahlt werden. Das geht nur mit der EC- oder Kreditkarte.

Zufahrt: Der Beschilderung "Le Revard" folgen.

Wanderungen rund um den Mont Revard

Der 1538 Meter hohe **Mont Revard** ist ein Teil des westlichen Gebirgszuges des Massif des Bauges. In diesem Gebirgszug ist nur der zwei Kilometer weiter nordöstlich gelegene **Tour de l'Angle Est** mit 1563 Metern ein wenig höher. Die exponierte Lage des Mont Revard an der steilen Flanke, die hinunter nach Aix-les-Bains zeigt, machte den Berg bei den Bewohnern und Besuchern der Stadt schnell zu einem besonderen Anziehungspunkt. Es ist ein weiteres lohnendes und aussichtsreiches

Aussicht vom Belvédère du Revard auf den unter den Wolken liegenden Lac du Bourget.

Ziel, das sich auch an dieser Stelle mit einem leckeren Essen auf der Aussichtsterrasse eines Restaurants kombinieren lässt. Allerdings nur in den Sommermonaten oder während der Skisaison. Geboten wird eine klassische, savoyardische Küche.

Skywalks sind in den Alpen groß in Mode gekommen. Es gibt ja mittlerweile die abenteuerlichsten Konstruktionen. Die beiden Stege, die hier angelegt wurden, sind architektonisch aber nichts Außergewöhnliches. Die ohnehin schon fantastische Aussicht wird aber deutlich verbessert. Somit erfüllen sie die ihr zugedachte Funktion. Von ihnen lassen sich auch sehr gut die Gleitschirmflieger beobachten, die ihren Startplatz gleich neben den Stegen haben. Im Herbst bei Inversionswetterlagen blicken Sie – so wie wir – auch einmal auf eine dicke Wolkendecke. Das hat seinen besonderen Reiz.

Durchsichtige Orientierungstafeln auf einer Anhöhe benennen, was Sie in der Ferne erkennen können, und verweisen auf ausgewählte Orte, die sich in Tausenden Kilometern Entfernung auf den angezeigten Längengraden befinden.

Nicht immer war es friedlich und vergnüglich auf dieser Hochebene. Ein Mahnmal auf dem Plateau erinnert daran, dass am 10. Juni 1944 an dieser Stelle 20 Mitglieder der Résistance und 13 Holzfäller von deutschen Truppen hingerichtet wurden.

Vom genannten Stellplatz ist der **Tour de l'Angle Est** gut zu erreichen. Die Aussicht ist eine ganz andere. Hier haben Sie ein Alpenpanorama mit dem Massif des Bauges vor sich. Wenn die Fernsicht gut ist, reicht der Blick bis zum Mont Blanc. Meistens ist er jedoch durch Wolken verdeckt. Eine weitere gute Aussicht auf den Lac du Bourget haben Sie vom **Belvédère boucle de Bellevue**. Der kurze Weg dorthin ist ausgeschildert, den können Sie nicht verfehlen.

Weitere schöne Wanderungen sind mit einem Standortwechsel verbunden. Fahren Sie weiter nach **Le Sire,** das sind nur acht Kilometer. Sie erreichen den Wanderparkplatz mit diesen Angaben [**069:** N45°38'12.1" E5°57'52.9"]. Es ist ein einfacher, geschotterter, leicht geneigter Platz, der aber auch halbwegs waagerechte Areale aufzuweisen hat.

Neben diesem Platz gibt es ein kleines Restaurant, das allerdings in der Vor- und Nachsaison nicht geöffnet hat.

Wanderparkplatz Le Sire.

Mehrere Touren können Sie von diesem Platz starten. Nach Süden führt ein rund drei Kilometer langer Weg zum **Croix du Nivolet** auf 1547 Metern Höhe. Da Sie von 1415 Metern Höhe starten, haben Sie keine großen Steigungen zu bewältigen, nur der erste Teil der Strecke, der parallel zum Skilift auf einem Schotterweg verläuft, hat eine ordentliche Steigung. Danach geht es überwiegend flachwellig durch einen Wald. Am Ende, wenn das 22 Meter hohe Kreuz in Sicht ist, erreichen Sie ein kahles Plateau mit einer Aussichtsplattform, die Ihnen fantastische Blicke auf Chambéry und in der Ferne auf den Lac du Bourget bietet.

Eine weitere kürzere Wanderung führt zum **Belvédère de l'Orionde**, der sich auf 1522 Metern Höhe befindet. Vom Wanderparkplatz dorthin sind es nicht einmal zwei Kilometer. Die Aussicht von dort entspricht in etwa der Aussicht vom Belvédère du Revard von dem er nur vier Kilometer entfernt ist.

Blick auf das Croix du Nivolet (links am Bildrand) und auf Chambéry.

Mit Badeplätzen geht es weiter. Der erste in **Le Bourget-du-Lac** ist in den Sommermonaten stark frequentiert, um nicht zu sagen, überfüllt. Es ist verlockend, mit dem WOMO fast direkt an den Strand zu fahren. Auf die Idee kommen aber natürlich viele und damit sind die Plätze ruckzuck belegt.

**(070) Offizieller WOMO-Stellplatz:
Aire de Camping-Car L'Ile aux Cygnes**

GPS: N45°39'11.4" E5°51'47.0", (235m); Sentier du Camping, 73370 Le Bourget-du-Lac. **Max. WOMOs:** 29, max. Länge 8 m. **Öffnungszeit:** Ganzjährig.

Ausstattung: Wasserver- und Abwasserentsorgung mit Bodeneinlass, WC-Kassettenentleerung, Müllentsorgung, WiFi.
Beschreibung: Ebene, überwiegend schattige Stellflächen auf Rasen, fast direkt am Ufer des Lac du Bourget. 350 Meter bis zum Badestrand.
Preise: Gestaffelt nach Saison, zwischen 6,50 € und 14,00 € pro Fahrzeug plus Kurtaxe. Wer nur die Versorgungsstation nutzt, zahlt 2,50 €. WiFi ist kostenfrei.
Zufahrt: Bequem, von der D1504 die Abfahrt Le Bourget du Lac nehmen, dann die zweite Straße rechts fahren, nach 850 Metern ist der Platz erreicht.

Wer hier keine Möglichkeit findet, sein Fahrzeug abzustellen, kann den Besucherparkplatz für das **Château de Thomas II** in unmittelbarer Nähe nutzen [GPS: N45°39'07.8" E5°51'41.0"] und das auch gleich mit einem Besuch dieses ehemaligen Jagdschlosses der Grafen von Savoyen verbinden.

Bade- und Wassersportvergnügen in Le Bourget-du-Lac.

Restaurant am Lac d'Aiguebelette. Im Bild rechts der Zugang zum See.

Der nächste Badeort ist am **Lac d'Aiguebelette**. Rund 20 Kilometer müssen wir dazu weiterfahren. Ausnahmsweise nutzen wir dazu die mautpflichtige Autobahn. Die Fahrt durch den 3200 Meter langen Tunnel ist bequemer und einfacher als die kurvenreiche Alternativroute von 30 Kilometern Länge über die l'Epine-Bergkette hinweg. Sie erreichen den See mit diesen Koordinaten **[071:** N45°33'19.2" E5°47'23.1"].

Direkt neben dem Parkplatz befindet sich ein Campingplatz mit allen üblichen Versorgungseinrichtungen. Wer mit einem Hund unterwegs ist, findet hier als besonderes Schmankerl einen abgetrennten Hundestrand. Strand ist allerdings etwas

(072) WOMO-Campingplatz: Camping Bellevue

GPS/Kontakt: N45°33'19.9" E5°47'29.3", (398m); 58, Chemin de Lavy, 73610 Saint Alban de Montbel. E-Mail: contact@camping-bellevue.fr, Web: http://bellevuecamping.com.

Max. WOMOs: 64, max. Länge 8 m. **Öffnungszeit:** 15.4. bis 15.10.

Ausstattung: Wasserver- und Abwasserentsorgung mit Bodeneinlass, WC-Kassettenentleerung, Müllentsorgung, Stromanschlüsse mit 6A-10A, WiFi, Bar, Bootsverleih, Badestrand, kleiner Hundebadestrand.

Beschreibung: Terrassenförmig angelegte, ebene Plätze oberhalb des Seeufers.

Preise: Je nach Saison 18,00 € oder 20,00 € pro Fahrzeug mit 2 Personen. Jede weitere Person je nach Alter und Saison zwischen 2,90 € und 6,40 €. Wasserver- und Abwasserentsorgung sowie Internetzugang über WiFi sind kostenlos. Strom pro Tag 6A 3,50 €, 10A 5,00 €, Hund 1,50 €.

Zufahrt: Von der D921 den Fahrtrichtungshinweisen nach Saint-Alban-de-Montbel folgen und vor dem Ort nach Le Sougey links abbiegen.

Die Voie Sarde.

übertrieben, sagen wir, es gibt einen Zugang zum Wasser. Auf dem Foto stehen wir mit unserem WOMO direkt davor.

Nach einem erfrischenden Bad im See setzen wir die Reise fort. Wir fahren die D921 weiter bis nach Entre-deux-Guiers, durchfahren den Ort in Richtung Chambéry und biegen außerhalb des Ortes in einem Kreisverkehr nach Saint Christophe ab, einem Dorf am Fuße einer schon längst sichtbaren, steil aufragenden Felswand. Ziel ist die Schlucht **"Voie Sarde"** mit den **Grottes de Saint Christophe**. Zwei Plätze gibt es, die wir anfahren können, der erste liegt unten am Ausgang der Schlucht, der zweite befindet sich oben am Eingang, wo der Ticketschalter für die Höhle in Kombination mit einem kleinen Informationszentrum anzutreffen ist. Darüber hinaus gibt es dort ein Café und eine frei zugängliche Toilettenanlage.

(073) WOMO-Stellplatz: Saint-Christophe (W)

GPS: N45°26'53.6" E5°47'03.0", (420m); D46, 73360 Saint-Christophe
Max. WOMOs: 2, max. Länge 7 m. **Öffnungszeit:** Ganzjährig, max. Aufenthaltsdauer 24h.
Ausstattung: Keinerlei wohnmobilspezifische Einrichtungen.
Beschreibung: Am Fuße der Steilwand am Ausgang der Voie Sarde. Enge Stellflächen mitten im Dorf von ca. 20 Häusern umgeben, sehr ruhig.
Preise: Kostenlos.
Zufahrt: Von der D1006 aus Entre-deux-Guiers kommend auf die D46 abbiegen und bis zum Fuße der Steilwand fahren.

(074) WOMO-Stellplatz: Saint-Christophe (O)

GPS: N45°27'11.6" E5°47'30.1", (601m); La Grotte, 73360 Saint-Christophe
Max. WOMOs: 4, max. Länge 8 m. **Öffnungszeit:** Ganzjährig, max. Aufenthaltsdauer 24h.
Ausstattung: Keinerlei wohnmobilspezifische Einrichtungen.
Beschreibung: Im Wald am oberen Eingang der Voie Sarde, sehr ruhig. Geschotterter Platz mit leichtem Gefälle.
Preise: Kostenlos.
Zufahrt: Über die D1006 aus Entre-deux-Guiers kommend nach der Tunnelausfahrt rechts.

Mit der Gorges du Pont du Diable und der Gorges du Fier haben wir schon zwei Schluchten beschrieben. Jetzt kommt die dritte hinzu. Im Unterschied zu den beiden erstgenannten haben wir hier neben der Schlucht noch zwei begehbare, schön ausgeleuchtete Felsgrotten, die Sie allerdings nur im Rahmen einer Führung besuchen können. Ein weiterer Unterschied ist die Breite. Hier hat die Natur so viel Vorarbeit geleistet, dass schon zu römischer Zeit eine fünf Meter breite Straße durch die Schlucht angelegt werden konnte. Zuletzt wurde sie auf Veranlassung des Herzogs Karl Emanuel II von Savoyen erneuert. Ein großes Denkmal im unteren Teil der Schlucht erinnert daran. Ihre Verkehrsfunktion verlor die Straße erst, als Napoléon einen 307 Meter langen Tunnel durch den Berg schlagen ließ. Die Fertigstellung 1820 konnte er nicht miterleben, denn da saß er schon längst in der Verbannung auf St. Helena. Über die Öffnungszeiten und Eintrittspreise der Grotte informiert diese Seite https://grottes-saint-christophe.com.

In der Grotte Saint Christophe.

Hätten wir eine Hierarchie in der Stellplatzgüte aufzustellen, wäre der in **Chambéry**, unserem nächsten Reiseziel, ein ganz heißer Kandidat auf den letzten Platz. Er hat zwar den Vorteil, kostenlos zu sein, allerdings gehört schon Glück dazu, einen freien Platz zu finden. Denn die wenigen markierten Plätze, die hier für WOMOs zur Verfügung stehen, sind

(075) Offizieller WOMO-Stellplatz:
Chambéry – Aire Municipale

GPS: N45°33'47.4" E5°55'57.7", (277m); 339 Rue Costa de Beauregard, 73000 Chambéry. **Max. WOMOs:** 5, max. Länge 7 m.
Öffnungszeit: Ganzjährig.
Ausstattung: Wasserver- und Abwasserentsorgung mit Bodeneinlass, WC-Kassettenentleerung, Müllentsorgung.
Beschreibung: Halbwegs ebene, schattige sowie sonnige Stellflächen auf Asphalt zwischen der Schule Gymnase Delphine et Jonathan und Sportanlagen. Ziemlich nah an der Stadtmitte. Sehr belebt, sehr eng. Die Aufnahme von Frischwasser ist nur über einen Wasserhahn ohne die üblichen Anschlüsse möglich.
Preise: Kostenlos. Auch für Frischwasser und die Entsorgung wird keine Gebühr erhoben.
Zufahrt: Siehe Stadtplan auf der folgenden Seite.

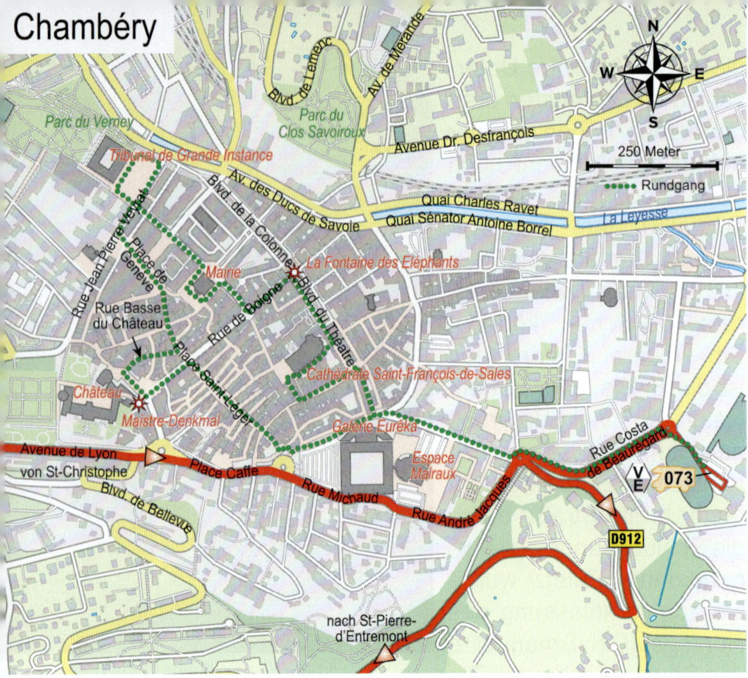

nicht nur recht klein, sondern werden auch noch durch PKW so zugeparkt, dass ein Rangieren schwierig wird. Schauen wir uns nun Chambéry ein wenig näher an.

Chambéry – Hauptstadt Savoyens

Im 13. Jh. ließen sich die Grafen von Savoyen in Chambéry nieder und bauten diesen ehemaligen kleinen Marktflecken zu Ihrer Hauptstadt aus. Bis zum Ende des 16. Jahrhunderts blieb die Stadt von ihrem französischen Nachbarn unbehelligt. Danach wird Chambéry

Das Château des Ducs de Savoie in Chambéry mit dem Maistre-Denkmal.

und damit ganz Savoyen über Jahrzehnte ein Spielball der damals Mächtigen. Es wird mehrfach von Frankreich besetzt, dann wieder dem Königreich Sardinien zugesprochen. Es geht eine Weile hin und her, bis es 1860 endgültig Frankreich zugesprochen wurde. Eine Gedenktafel am Rathaus erinnert daran.

La Fontaine des Eléphants zwischen dem Boulevard du Théatre und dem Boulevard de la Colonne.

Wenn Sie sich vom Stellplatz zu Fuß auf den Weg in diese reizvolle Stadt machen, so kommen Sie zunächst an der **Cathédrale Saint-François-de-Sales** vorbei. Nicht weit davon entfernt befindet sich der Elefantenbrunnen **La Fontaine des Eléphants,** der an die indischen Abenteuer des Benoît de Boigne, Sohn und Mäzen der Stadt, erinnert. Von hier aus ist es nicht weit zum Rathausplatz, wo Sie neben dem Rathaus (Mairie) zahlreiche Cafés und Restaurants finden, die regionale Spezialitäten auf der Karte haben. Samstags wird in den Straßen der große Wochenmarkt abgehalten. Neben Obst und Gemüse werden allerlei regionale Produkte angeboten.

Rue Basse du Château. Malerische Gasse die zum Schloss führt.

Gehen wir weiter. Die Altstadt ist mit ihren schmalen dunklen Gassen unterhalb des Châteaus sehr verwinkelt. Links und rechts von der Place Saint-Léger führt so manche romantische Gasse durch die dichte Altstadtbebauung. Die Rue Basse du Château ist eine davon und führt direkt zur Rückseite des Châteaus, dem ehemaligen Sitz der Grafen und Herzöge von Savoyen, das später den Königen von Sardinien als Zweitresidenz diente. Heute ist hier die Präfektur von Savoyen untergebracht, also die oberste Verwaltungsbehörde des Departements Savoie. Nur wenige Räume des mittelalterlichen Schlosses stehen Besuchern offen. Wie fast immer, ist auch hier ein Besuch nur im Rahmen einer Führung möglich. Reservierungen können über diese Seite www.Chamberymontagnes.com vorgenommen werden. Auf der Seite können sich Eisenbahnfans auch für den Besuch der **rotonde ferroviaire** anmelden. Dieses Industriedenkmal ist ein einzigartiger Ringlokschuppen, der zu Beginn des letzten Jahrhunderts errichtet wurde. Er hat einem Durchmesser von 110 und eine Höhe von 34 Metern.

Wir beenden unseren Besuch in Chambéry und machen uns auf den Weg in das **Massif de la Chartreuse**. Das nächste Ziel ist die **Cirque de Saint-Meme** in der Nähe von **Saint-Pierre d'Entremont**.

Von der Hoffnung, auf dem Wanderparkplatz nach einer längeren Wanderung zur **Grand Cascade** und dem faszinierenden Felsentor Tour Percée über Nacht stehen bleiben zu können, mussten wir uns bei Ankunft auf dem Parkplatz [GPS: N45°24'04.3" E5°53'25.5"] auf 855 Metern Höhe gleich verabschieden. Unmissverständlich weist ein Schild darauf hin, dass Wohnmobile über Nacht nicht stehen bleiben dürfen und verweist auf den örtlichen Campingplatz als Alternative.

Eine der Kaskaden in der Cirque de Saint Même.

In direkter Nachbarschaft des Parkplatzes findet sich auf dem breiten Talboden des Gebirgsbaches **Guiers Vif** ein großes Picknickareal mit Spielmöglichkeiten für Kinder in und an dem kühlen Nass. Da werden Dämme gebaut, Wasser umgeleitet und auf den großen Wiesen Feder- oder Fußball gespielt. Hier wird die Spielekonsole zur Seite gelegt und eine Runde rumgetobt.

Wanderungen in diesem Gebiet können körperlich sehr anstrengend sein. Zu den mehrstufigen Kaskaden führen mehrere Wege in unterschiedliche Höhen. Für den kürzesten benötigt man eine halbe Stunde, auf dem längsten ist man gleich fünf Stunden unterwegs und das mit sehr ordentlichen Steigungen.

Noch härter wird es, wenn man zu dem nur schwer zu erreichenden **Tour de Percée** wandern will. Nur erfahrene und konditionsstarke Wanderer sollten den Versuch wagen, dorthin zu gelangen. Der offene Steinbogen hat eine Spannbreite von 32 Metern und ist der größte dieser Art, der in den Alpen bekannt ist. Dass dieser markante Felsen erst im Jahre 2005 entdeckt wurde, spricht für die verborgenen und geheimnisvollen Naturwunder dieser Region. Eine Wanderung vom Parkplatz Cirque de Saint-Meme zum Tour de Percée ist möglich, aber wie gesagt nicht einfach. Der Weg dorthin ist etwa zehn Kilometer lang und es sind dabei rund 1000 Höhenmeter zu überwinden. Wir selbst sind diesen Weg nicht gegangen und verlassen uns hier auf die Angaben von Lionel Tassan, einem Bergsteiger und Naturfotografen aus Grenoble, der uns auch freundlicherweise das nebenstehende Foto zur Verfügung gestellt hat.

La Tour Percée, der größte natürliche Steinbogen der Alpen wurde erst 2005 entdeckt.

Da man auf dem Wanderparkplatz nicht übernachten darf und der Campingplatz in Saint-Pierre d'Entremont (sieht aus wie eine Gemeinde, sind aber zwei, eine im Département Savoie, die andere im Département Isère) uns nicht zusagt, geht es weiter zum nächsten offiziellen WOMO-Stellplatz nach **Saint-Pierre-de-Chartreuse**. Vom Wanderparkplatz hierher sind es rund 15 Kilometer.

(076) Offizieller WOMO-Stellplatz: Saint-Pierre-de-Chartreuse – Aire CAMPING-CAR PARK

GPS: N45°20'34.2" E5°48'44.5", (877m); Plan de Ville, 38380 St. Pierre de Chartreuse. **Max. WOMOs:** 16, max. Länge 8 m. **Öffnungszeit:** Ganzjährig. **Ausstattung:** Wasserver- und Abwasserentsorgung mit Bodeneinlass, WC-Kassettenentleerung, Müllentsorgung. Die Einrichtungen befinden sich hinter der Schranke neben der Zufahrt.

Beschreibung: Ebene Stellflächen in Ortsrandlage am Waldrand. Der Platz gehört zur CAMPING-CAR PARK-Kette, für deren Nutzung eine spezielle Karte benötigt wird (siehe Seite 368). Eine Platzreservierung über die Webseite ist möglich.
Preise: 12,50 € pro Fahrzeug mit 2 Personen, Wasserver- und Abwasserentsorgung sowie Strom sind im Preis enthalten, Internetzugang über WiFi ist kostenfrei.
Zufahrt: Nach dem Ortseingang rechts halten. Nach ca. 500 Metern ist der Platz erreicht.

Wanderweg bei Saint-Pierre-de-Chartreuse.

St-Pierre-de-Chartreuse ist eine kleine, touristisch orientierte Gemeinde mit rund 1000 Einwohnern. Ein guter Ort, um von hier aus die **Grande Chartreuse**, das Mutterkloster des **Kartäuserordens**, zu besuchen oder Wandertouren zu starten. Im Office de Tourisme hält man eine ganze Reihe an Vorschlägen für die Gäste bereit. Von anspruchsvoll und anstrengend bis zum einfachen Spaziergang ist alles dabei. Landschaftlich reizvoll ist die Chartreuse allemal. Um dieses Gebiet auf Wanderungen näher zu erkunden, können Sie hier eine ganze Woche verbringen, ohne dass es langweilig wird. Eine große Menge an weiteren Informationen und Bildern nicht nur über diesen Ort, sondern über den gesamten Naturpark (Parc Naturel Régional de Chartreuse) erhalten Sie hier: http://chartreuse-tourisme.com.

Viel beachtet und oft besucht ist das Mutterkloster des Kartäuserordens [GPS: N45°21'03.4" E5°47'22.5"], das hier ver-

La Grande Chartreuse.

steckt in den Bergen des Chartreuse-Massivs auf 852 Metern Höhe liegt. Das Kloster selbst kann nicht besichtigt werden, nur ein Museum, das die Geschichte des Ordens erzählt, der hier 1084 vom heiligen Bruno gegründet wurde.

Das Museum will seinen Besuchern mit Alltagsgegenständen des Klosterlebens, Bildern, Filmen und anderen Ausstellungsstücken das Mysterium des Kartäuserordens näherbringen. Wie in fast allen Museen in Frankreich üblich, bietet am Ende ein Shop eine Reihe von Büchern und sonstigen Souvenirs an. Als Besonderheit wird der hier im Kloster produzierte Chartreuse-Likör verkauft, ein Kräuterlikör, der mit 55 % vol. schon recht kräftig ausfällt und als "Elixier des langen Lebens" gilt. Wir gehen davon aus, dass man mit diesem Likör recht vorsichtig umgehen muss und "viel hilft viel" bei dem Alkoholgehalt wohl eher kontraproduktiv wäre. Aber wir wollen nicht abschweifen. Kehren wir zum Klosterleben zurück: Es gibt einen großartigen Film **"Die große Stille"** von Philip Groning, den Sie sich auf youtube anschauen können. Über zwei Stunden wird das Klosterleben dargestellt. Wer ihn gesehen hat, bekommt eine bessere Vorstellung von der Klosterwelt, als das Museum vermitteln kann.

Was Sie im Film allerdings nicht erleben können, ist eine Wanderung oder ein Spaziergang in dieser zur Kontemplation einladenden Naturlandschaft. Schon dafür lohnt es sich herzukommen. Schade nur, dass Sie für eine Übernachtung zurück auf den Stellplatz in Saint-Pierre-de-Chartreuse fahren müssen, denn hier am Kloster dürfen Sie nicht stehen bleiben. Als Alternative bietet sich ein Parkplatz in **Saint-Hugues-les Egaux** an. Er ist nur sieben Kilometer vom Kloster entfernt. Hier stehen Sie absolut ruhig und genießen eine fantastische Aussicht.

(077) WOMO-Stellplatz: Saint-Hugues-les Egaux – Skilift

GPS: N45°19'01.8" E5°48'12.4", (943m); D57B, 38380 Saint-Hugues-les Egaux. **Max. WOMOs:** 10, max. Länge 8 m. **Öffnungszeit:** Ganzjährig.

Ausstattung: Tische und Bänke, Mülleimer.

Beschreibung: Ortsrandlage, sehr ruhig, geschottertes Wiesengelände, schöne Aussicht.

Preise: Kostenlos.

Zufahrt: Über die D57B, eine wenig befahrene Nebenstrecke der D512, von Saint Pierre in Richtung Grenoble fahren und dabei den Hinweisen zum Skigebiet "Les Égaux" und dem Ort Cherlieu folgen.

Alternativroute für WOMOs über 3,5t
La Chapelle-en-Vercors
Léoncel
Col de la Bateille 1313 m
Mémorial de la Résistance en Vercors
Vassieux-en-Vercors
Col du Rousset 1254 m
Vallée de la Gervanne
Beaufort-sur-Gervanne
Pontaix
Drôme
Die
Pont-de-Quart
Saillans
Aouste-sur-Sye
Vallée de la Drôme
10 km
Umweltzone Grenoble
Voreppe
Mautstation Voreppe
Saint-Pierre-de-Chartreuse
Saint-Hugues-les-Egaux
Chamechaude 2082 m
Col de Vence 782 m
Meylan
Isère
Fort de la Bastille
Sassenage
Domène
GRENOBLE
Grotte les Cuves de Sassenage
Seyssins
Fort de Comboire
Le Pont-de-Claix
Claix
Lans-en-Vercors
DEP. ISÈRE (38)
Grotte de Choranche
Gorges de la Bourne
Pont-en-Royans
Choranche
Villard-de-Lans
Corrençon-en-Vercors
Champ-sur-Deac
Vizille
Notre-Dame-de-Mésage
Vif
Le Drac
Mautstation Le Crozet/Vif
Hochseilgarten
Laffrey
Prairie de la Rencontre
Grand Lac de Laffrey
La Fayolle
Grand Moucherolle 2284 m
Saint-Théoffrey
Lac de Notre-Dame-de-Commiers
Lac de Petichet
Lac de Pierre-Chatel
La Chapelle-en-Vercors
2029 m
Grotte de la Draye Blanche
Sinard
Saint-Agnan-en-Vercors
Réserve naturelle des Hauts-Plateaux du Vercors
Monestier-de-Clermont
Treffort
Susville
La Mure
Mémorial de la Résistance en Vercors
Lac de Monteynard-Avignonet
Gresse-en-Vercors
Ponsonnas
Vassieux-en-Vercors
Grotte de la Luire
Grand Veymont 2341 m
Saut à l'élastique
Le Drac
Vallée du Drac
Musée de la Préhistoire du Vercors
L'Ébron
Mont Aiguille 2087 m
Tour 4
Belvédère du Col du Rousset
Col du Rousset 1254 m
Richardière
Bassin du Trièves
Chichilianne
Mens
Prebois
Vercors
Col de Menée 1402 m
Lalley
Die
Justin 975 m
Tour 4
Pont-de-Quart
Châtillon-en-Diois
10 km
Route Napoléon
Le Buëch
Drôme
DEP. DRÔME (26)
DEP. HAUTES-ALPES (05)

TOUR 3 (350 km, Alternativroute 430 km)

Grenoble – Sassenage – Lans-en-Vercors – Villard-de-Lans – Corrençon-en-Vercors – Choranche – Pont-en-Royans – La Chapelle-en-Vercors – Vassieux-en-Vercors – Col du Rousset – Die – Chichilianne – Richardière – Treffort – Laffrey – Saint-Théoffrey – Susville

Stellplätze:	Sassenage, Lans-en-Vercors, Villard-de-Lans, Corrençon-en-Vercors, Choranche, Pont-en-Royans, Vassieux-en-Vercors, Col du Rousset, Die, Chichilianne, Richardière, Treffort, Laffrey, Susville.
Campingplätze:	La Chapelle-en-Vercors, Die, Laffrey, Saint-Theoffrey.
Besichtigungen:	Grenoble (Altstadt, Festung), Sassenage (Schloss, Grottes les Ouves), Choranche (Grotte de Choranche), Pont-en-Royans (Stadt, Wasserfall), Vassieux-en-Vercors (Mémorial de la Résistance, Necropole, Grotte de la Luire), Die (Altstadt), Laffrey (La Prairie de la Rencontre, Napoleondenkmal).
Wandern/Radwandern:	Corrençon-en-Vercors, Vassieux-en-Vercors, Col du Rousset, Col de Menée, rund um den Lac de Monteynard-Avigonet.
Baden/Wellness:	Lac de Monteynard-Avigonet, Grand Lac de Laffrey.

Mit Grenoble besuchen wir in diesem Kapitel einen der bekanntesten Wintersportorte in den französischen Alpen. Die Stadt ist auch ein Vorreiter in Bezug auf die Einrichtung von Umweltzonen. Hier benötigen Sie die Crit' Air-Plakette. Wie Sie die bekommen, haben wir auf Seite 372 erläutert.

Von Grenoble geht es in den Vercors. Es ist eine fantastische Gebirgslandschaft mit schroffen Felsen, weiten Hochtälern und tiefen Schluchten. Wir führen Sie zu mehreren Stellen, wo Sie diese in ihrer gesamten Schönheit auf besondere Weise betrachten und erleben können.

Dieser nur dünn besiedelte Raum hat darüber hinaus einige außerordentliche Höhlen aufzuweisen. Die schönste und bekannteste unter ihnen werden wir uns etwas näher ansehen. Hinzu kommen einige Blicke in die jüngere Geschichte. Im weiteren Verlauf der Tour werden wir auch noch auf Napoléon treffen. Wir besuchen den denkwürdigen Platz, an dem auf seiner Reise nach Paris Geschichte geschrieben wurde. Davor gibt es noch eine kleine Wanderung über hohe schwingende Drahtseilbrücken, die über einen großen Stausee führen.

Das Stadttor Porte de France am westlichen Eingang von Grenoble.

Wir fahren von Saint-Hugues-les Egaux über den **Col de Vence** in Richtung Grenoble weiter. Mit 782 Metern Höhe stellt der Pass keine besonderen Ansprüche an Mensch und Material. Die rund 25 Kilometer lange Strecke hat zwar etliche Kurven, ist aber gut und einfach zu fahren.

Umweltzone Grenoble

Die Umweltzone von Grenoble umfasst eine Fläche von rund 600 km². Sie gilt flächendeckend auf allen öffentlichen Straßen, Land- und Schnellstraßen. Auf den Autobahnen beginnt die **Crit´Air-Pflicht** (siehe Seite 372) im Norden auf der A48 an der Mautstation Voreppe, im Süden auf der A51 an der Mautstation Le Crozet/Vif und im Osten auf der A41 an der Mautstation Crolles. Auf der Tourenkarte, die zu Beginn dieses Kapitels zu sehen ist, ist die Umweltzone markiert.

In der Praxis haben wir bislang keine Einschränkungen erlebt. Der Verkehr rollt durch die Stadt und über die Autobahnen wie eh und je.

In **Grenoble** angekommen, steuern wir den großen Parkplatz [GPS: N45°11'40.1" E5°43'06.5"] am **Boulevard de l'Esplanade** an. Bei der Einfahrt müssen Sie aufpassen. Der Parkplatz ist zweigeteilt in einen gebührenpflichtigen vorderen Teil und einen gebührenfreien hinteren Bereich. Nur letzterer kann mit Reisemobilen angefahren werden. Die Zufahrt ist mit großen Natursteinen abgegrenzt. Einen Stellplatz für WOMOs bietet die Stadt nicht an. Man nimmt entweder diesen Platz oder sucht sich sonst einen in den Straßen und auf den Plätzen im Ort. Wir haben diesen gewählt, weil er für einen kurzen Besuch der Stadt ideal liegt und wegen der Größe eine sehr hohe Wahrscheinlichkeit bietet, das Fahrzeug abstellen zu können. Übernachten wollen wir hier nicht, da haben wir uns schon einen angenehmeren Platz ausgesucht.

Schauen wir uns nun die Stadt etwas näher an. Zur besseren Orientierung haben wir wieder einen Stadtplan eingefügt.

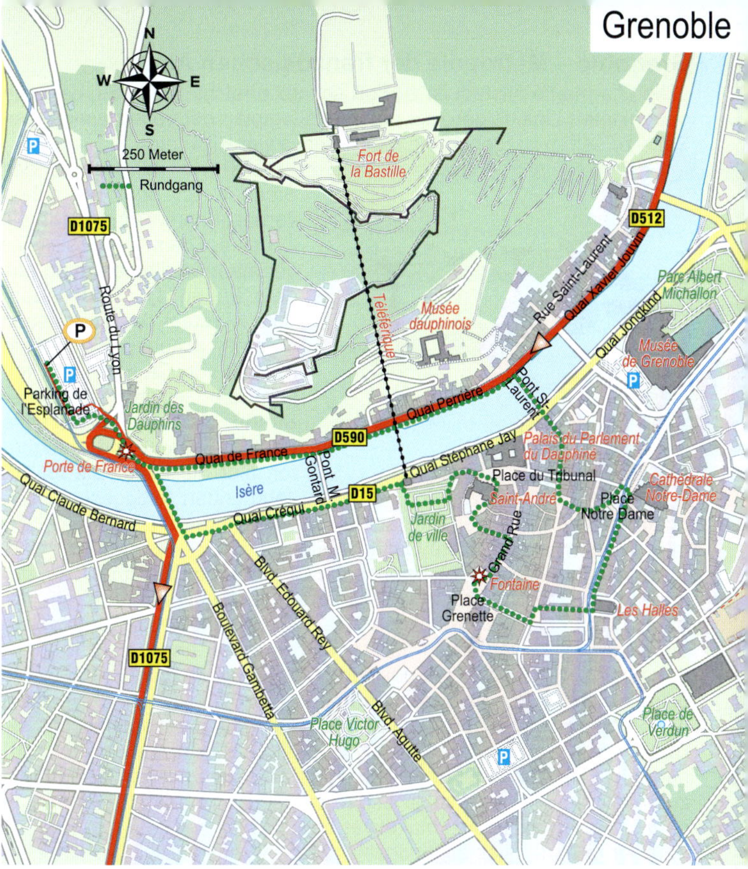

Der imposante Brunnen auf der Place Grenette.

Place du Tribunal mit der Kirche Saint André.

Grenoble – Metropole der französischen Alpen

Die charmante Altstadt ist zu Fuß schnell erreicht. Wenn Sie der grün gepunkteten Linie folgen, die auf dem Stadtplan der vorangegangenen Seite zu sehen ist, gehen Sie mit uns etwa vier Kilometer.

Gondeln der Seilbahn.

Die **Porte de France**, das Stadttor, an dem wir schon vorbeigefahren sind, liegt als Erstes auf dem Weg. Es ist Teil der alten Stadtbefestigung aus dem frühen 17. Jahrhundert. Vom Nordufer der Isère haben wir einen schönen Blick auf die Altstadt von Grenoble. Wir folgen dem Gehweg entlang der Straße bis zur Hängebrücke Pont St-Laurent und überqueren hier die Isère. Die im 16. Jahrhundert fertiggestellte Kathedrale im romanischen Stil hat uns nicht beeindruckt. Es gibt architektonisch sehr viel reizvollere Gotteshäuser.

Wer die Bordküche mit kulinarischen Genüssen auffüllen möchte, der findet einige Meter weiter in der Markthalle **Les Halles** leckere regionale und überregionale Produkte. Käse, Fleisch- und Wurstwaren sowie erlesene Weine werden an den Verkaufsständen angeboten. Hier finden wir auch die Walnüsse, für deren Anbau die Region um Grenoble bekannt ist. Mit der **Noix de Grenoble** hat man inzwischen sogar ein AOC-Schutzsiegel (Appellation d'Origine Contrôlée) bekommen, das die Qualität und Werbewirksamkeit fördern soll. Durch die Markthalle zu gehen, ohne die Einkaufstasche zu füllen, fällt schon schwer. Überflüssig zu erwähnen, dass hier keine Supermarktpreise zu erwarten sind. Kulinarisch Exquisites ist nun mal etwas teurer.

Weiter geht der kleine Rundgang durch die Altstadt mit der zuweilen recht schönen Bausubstanz, die überwiegend Ende des 19. Jahrhun-

Blick von der Aussichtsterrasse auf Grenoble, die Isère und den Vercors.

derts entstanden ist. Nach der **Place Granette**, die mit einem imposanten Brunnen auffällt, erreichen wir die Kirche **Saint-André** und kommen danach zum **Place du Tribunal**. Optisch wirkt die Kirche, deren Gründung auf das 13. Jh. zurückgeht, sehr harmonisch. Ihr Kirchturm dominiert die Silhouette der Altstadt wesentlich mehr als der Turm der Kathedrale, der kaum auffällt. Durch den **Jardin de Ville**, eine mit Blumenrabatten angelegte Gartenanlage, erreichen wir dann die Seilbahnstation.

Für 9,00 € p.P. erstehen wir Tickets (aller/retour) und lassen uns in einer dieser kugelförmigen Gondeln, hier umgangssprachlich „bulles“ genannt, zur Festung hochfahren.

Oben angekommen, geht es natürlich gleich zielstrebig zur Aussichtsterrasse der Bastille. Uns zu Füßen liegt Grenoble mit seinen Vorstädten. Im Laufe der Jahre ist eine große Agglomeration mit mehr als 500.000 Einwohnern entstanden. Wir sehen die Isère und am rechten Bildrand die Mündung des Drac in diesen Fluss. Beide Flüsse bzw. deren Täler werden uns im weiteren Verlauf unserer Reise an anderen Stellen noch mehrmals begegnen. Im Hintergrund auf der rechten Seite ist der Vercors deutlich sichtbar. Mit diesem Gebirge werden wir uns auf den nächsten Seiten noch eingehend beschäftigen.

Auf der Aussichtsterrasse finden Sie eine ganze Reihe von Schautafeln, die Erläuterungen zu den Baumeistern geben und die Gründe für den Bau dieser Festung darlegen, die übrigens nie angegriffen wurde. **Lesdiguières**, der die Porte de France unten am Parkplatz im frühen 17. Jh. errichten ließ, ist einer von ihnen. **Vauban** darf natürlich nicht fehlen, der hier einen Plan für die Befestigung der Stadt zur Verteidigung gegenüber Savoyen entwarf, das zu seiner Zeit noch nicht zu Frankreich gehörte. Und dann ist noch **General Haxo** zu nennen, der die Festung später "uneinnehmbar" umgestalten ließ. Nach dem Deutsch-Französischen Krieg von 1870/71 wurde sie dann mit anderen Forts in der Umgebung in das **Système Séré de Rivières** integriert und nochmals umgebaut und erweitert.

Heute hat die Anlage für Verteidigungszwecke keine Bedeutung mehr. Die militärische Nutzung wurde schon vor langer Zeit aufgegeben. Früh

erkannte man in Grenoble den touristischen Wert der Festung und ließ schon 1934 eine Seilbahn errichten. Heute fahren pro Jahr mehr als 300.000 Besucher mit den „bulles“ nach oben und nach unten, in denen übrigens auch Hunde mitfahren dürfen. Die Besucher genießen die Aussicht und viele davon lassen sich im Restaurant der Festung verwöhnen, dessen Speisekarte Sie hier https://02-restaurant.fr einsehen können. Wie viele den Weg zu Fuß zum Fort de la Bastille durch den Jardin des Dauphins oder von den im Stadtplan ersichtlichen zwei weiteren Zugangsmöglichkeiten wählen, ist nicht bekannt.

Auf das **Musée dauphinois**, das in einem aufgegebenen Kloster aus dem 17. Jahrhundert untergebracht ist, wollen wir für alle archäologisch und historisch interessierten WOMO-Fahrer hinweisen. Mehr zu diesem und weiteren Museen der Region finden Sie hier https://musees.isere.fr.

Kunstinterssierte werden das **Musée de Grenoble** mit seinen zahlreichen Werken der klassischen und zeitgenössischen Kunst besuchen wollen. Es zählt zu den besten Museen, die Frankreich zu bieten hat. Einen Eindruck gewinnen Sie hier www.museedegrenoble.fr.

Wir wollen es mit diesem kurzen Rundgang bewenden lassen und kehren zum WOMO zurück.

Wenn es spät geworden ist in **Grenoble** und ein Übernachtungsplatz gesucht wird, dann können wir den kostenlosen Stellplatz in **Sassenage** empfehlen. Er ist rund 10 Kilometer vom Parkplatz l‘Esplanade entfernt.

(078) Offizieller WOMO-Stellplatz: Sassenage – Aire Municipale

GPS: N45°12'49.5" E5°40'07.8", (202m); Rue Pierre de Coubertin, 38360 Sassenage. **Max. WOMOs:** 18, max. Länge 12 m. **Öffnungszeit:** Ganzjährig, maximale Aufenthaltsdauer 48h.

Ausstattung: Wasserver- und Abwasserentsorgung mit Bodeneinlass, WC-Kassettenentleerung, Müllentsorgung. **Beschreibung:** Ortsrand, neben Sportanlagen und einem Fischgewässer in einer parkähnlichen Anlage in unmittelbarer Nähe. Eine Seite des Platzes ist geschottert, die andere ist eine teilweise schattige Rasenfläche. Der beliebte Stellplatz ist schnell und frühe belegt. Bis nach Grenoble sind es nur 7 km. Von der Haltestelle Château Sassenage (700 Meter vom Stellplatz entfernt) fährt alle 20 Min. ein Bus ins Zentrum.

Preise: Kostenlos.

Zufahrt: Von der Hauptstraße D1532 der Wegweisung zum "Ensemble Sportif Pierre de Coubertin" folgen.

Es ist angenehm ruhig hier und der See mit der Parkanlage in unmittelbarer Nähe lädt zu einem kleinen Spaziergang ein. Sehenswert sind das Schloss **Château de Sassenage** www.chateau-de-sassenage.com, das Sie vom Stellplatz nach einem Fußweg von 800 Metern erreichen können, und die **Grotte les Cuves de Sassenage** www.grenoble-tourisme.com/fr/catalogue/detail/grotte-les-cuves-de-sassenage-142542, die sich einen Kilometer hinter dem Schloss befindet. Mit dem WOMO können Sie dort nicht hinfahren, Sie werden keinen Parkplatz finden. Darüber hinaus ist zu beachten, dass die letzten Meter des Fußweges zur Grotte mit einer ordentlichen Steigung verbunden sind. Auf kurzer Distanz sind 100 Höhenmeter zu überwinden.

See und Parkanlage in unmittelbarer Nähe des Stellplatzes Sassenage.

War die Fahrt durch das Massif de la Chartreuse landschaftlich schon sehr beeindruckend, so bietet die Fahrt in den **Vercors** noch eine deutliche Steigerung im Anblick von spektakulären Schluchten und Gebirgszügen. Das beginnt schon mit der 22 Kilometer langen Fahrt von Sassenage nach Lans-en-Vercors. Langsam schraubt sich die D531 in die Höhe. Bis das Hochtal erreicht ist, sind einige enge Schluchten zu durchfahren. Ein sehr schönes Erlebnis! Auf den gut ausgebauten Straßen ist die Fahrt problemlos zu bewältigen. Im Hochtal angekommen, wird es schon fast wieder langweilig. Der Höhenunterschied ist recht ordentlich. Befanden wir uns in Sassenage an der Isère noch auf ungefähr 200 Metern Meereshöhe, so sind wir hier im Hochtal auf rund 1000 Metern. Das ist ein Unterschied, der in den Temperaturen deutlich zu spüren ist. Hier oben ist es drei bis vier Grad frischer als unten im Tal. Der Vercors wurde verkehrstechnisch recht spät erschlossen, erst im 20. Jh. wurden richtige Straßen in diese Höhenlage gebaut. Den olympischen Winterspielen von 1968 in Grenoble verdankt der Vercors den gut ausgebauten Zugang im Norden, also die Straße, die von Sassenage nach Lans führt. Hier oben herrschen z.B. für den Skilanglauf im Winter gute Bedingungen. Das haben die Organisatoren der Winterspiele genutzt und hier einige Wettbewerbe ausgerich-

Schlucht im Vercors.

tet. Um einen reibungslosen Ablauf zur gewährleisten, musste allerdings der Zugang in das Hochtal verbessert werden. So wurde für die Besucher und Sportler die Straße dorthin verbreitert und gut ausgebaut, wovon man heute noch etwas hat. Der Vercors hat in seiner touristischen Attraktivität dadurch sicher gewonnen. Auch heute stehen sportliche Aktivitäten im Vordergrund, denn Schlösser und Burgen werden Sie hier vergeblich suchen. Gleitschirmfliegen, wie in **Lans-en-Vercors,** gehört dabei zu den neueren Trendsportarten.

(079) Offizieller WOMO-Stellplatz: Lans-en-Vercors – Aire Municipale

GPS: N45°07'27.2" E5°35'29.8", (1017m); Route de Saint Donat, 38250 Lans-en-Vercors. **Max. WOMOs:** >20, max. Länge 12 m. **Öffnungszeit:** Ganzjährig.

Ausstattung: Wasserver- und Abwasserentsorgung mit Bodeneinlass, WC-Kassettenentleerung (System Flot Bleu siehe Seite 371), Müllentsorgung, WC.

Beschreibung: Sehr große, geschotterte Fläche, bei Trockenheit staubig, bei Nässe teilweise schlammig. Ortsrand neben einem Skilift und einem Übungsgelände für Gleitschirmflieger. Nachts sehr ruhig.

Preise: Kostenlos.

Zufahrt: Am ersten Kreisverkehr nach der Ortseinfahrt die dritte Ausfahrt nehmen. Nach 650 Metern vor der Kirche über den Marktplatz fahren und der Straße weitere 500 Meter folgen.

Sie können Anfänger und erfahrene Flieger vom Stellplatz aus beobachten. Wandern, Bergsteigen, Rad fahren, im Winter natürlich der Skilanglauf, das sind die klassischen sportlichen Aktivitäten, die hier nach wie vor betrieben werden. Eine weitere ist der Dauerlauf. Hier ist **Villard-de-Lans** der ideale Ort, um das eigene Lauftraining zu perfektionieren.

Auf dem Marktplatz von Lans-en-Vercors.

Mehrere ausgeschilderte Strecken aller Schwierigkeitsgrade stehen zur Wahl, ob 5 oder 50 Kilometer, ob mit starken Steigungen oder weniger starken, es ist alles dabei. Wer erst einmal üben möchte, der nimmt den Hügel in Sichtweite des Stellplatzes und läuft eine der markierten Strecken.

(080) Offizieller WOMO-Stellplatz: Villard-de-Lans – Aire de Camping-Car

GPS: N45°03'58.9" E5°33'20.7", (1026m); Chemin des Bartavelles, 38250 Villard-de-Lans. **Max. WOMOs:** 20, max. Länge 12 m, max. Aufenthaltsdauer 2 Tage.
Ausstattung: Tische und Bänke, Mülleimer, Wasserhahn.

Beschreibung: Ruhig gelegene, ebene, asphaltierte und schattenlose Stellflächen am Ortsrand neben einer Lauftrainingsanlage. 800 Meter bis zu den Restaurants im Zentrum des Touristenortes.
Preise: Kostenlos.
Zufahrt: Am dritten Kreisverkehr nach der Ortseinfahrt die dritte Ausfahrt nach Villard-Centre nehmen. Nach 600 Metern vor dem Hotel La Roseraie rechts abbiegen und noch weitere 300 Meter fahren.

Sie sind Teil des Trainingszentrums, das sich in unmittelbarer Nähe des Stellplatzes befindet. Mehr Informationen dazu finden Sie hier: https://stationdetrail.com/de/stations/vercors-villard-de-lans.

Die beiden Städtchen Lans-en-Vercors und Villard-de-Lans weisen keine markanten Unterschiede auf. Entscheidend ist hier allein die Naturlandschaft und welcher Betätigung man nachgehen möchte. Wandern können Sie überall, die Zahl der Wanderwege ist kaum überschaubar. Dennoch gibt es den einen oder anderen, der besonders spektakulär ist. Einer führt hoch zu einem der höchsten Berge des **Vercors,** zum 2284 Meter hohen **Grand Moucherolle**. Um dorthin zu gelangen, fahren wir von Villard-de-Lans noch acht Kilometer weiter nach **Corrençon-en-Vercors**.

(081) Offizieller WOMO-Stellplatz: Corrençon-en-Vercors – Le Clos de la Balme

GPS: N45°01'15.8" E5°31'44.1", (1233m); Le Clos de la Balme, 38250 Corrençon-en-Vercors. **Max. WOMOs:** >10, max. Länge 12 m. **Öffnungszeit:** Ganzjährig.
Ausstattung: Mülleimer, WC wenige Meter abseits des Platzes.
Beschreibung: Geschotterter/asphaltierter Platz mit leichtem Gefälle am Waldrand. Kaum Schatten. Skilift und Wintersporthotel in unmittelbarer Nähe.
Preise: Kostenlos.
Zufahrt: Von Corrençon-en-Vercors die D215 am Golfplatz vorbei bis zum Ende durchfahren.

Wir stellen das WOMO auf dem riesigen Parkplatz in der Nähe eines Skiliftes ab, der auch als Ausweichparkplatz dienen kann, wenn die beiden vorgenannten Stellplätze belegt sein sollten. Der Parkplatz hier wirkt recht trist, aber wir sind nicht hergekommen, um hier zu verweilen und die Stühle rauszustellen und Camping zu machen. Vielmehr wollen wir die Wanderschuhe schnüren und den Hang zum Grand Moucherolle hochgehen, den man übrigens auf dem Stellplatzfoto auf der vorangegangenen Seite gut sehen kann. Dabei ist es nicht das Ziel, ganz oben auf dem 2284 Meter hohen Berg anzukommen. Die Nähe reicht schon, um die Kette des Vercors in ihrer ganzen Pracht bewundern zu können.

Um in diesen Genuss zu kommen, ist eine Wanderung von fünf Kilometern Länge nötig. Diese Distanz in der Ebene zu gehen, ist ja nahezu anstrengungsfrei möglich. Das ist hier allerdings etwas anders, denn es geht stetig bergan. Vom Platz zum Aussichtspunkt sind 800 Meter Höhenunterschied zu bewältigen und das zumeist auf grob geschotterten Wegen. Nur die ersten Meter, die an Pferdekoppeln vorbeiführen, sind noch ohne Anstieg. Man wird hier also den einen oder anderen Schweißtropfen verlieren und tut gut daran, den Rucksack mit ausreichendem Getränkevorrat und einer kleinen Vesper dabeizuhaben. Unter 5 bis 6 Stunden ist dieser Weg hin und zurück für den normal geübten Wanderer nicht zu machen.

Blick aus der Nähe des Grand Moucherolle auf die Gebirgskette des Vercors.

Der Blick auf dem Bild unten geht nach Süden. Auf der linken Seite sehen Sie im Hintergrund den Mont Aiguille wie einen Tafelberg säulenhaft aus seiner Umgebung hervortreten. Den werden wir auf der weiteren Reise noch näher betrachten (siehe Seite 129). Das Hochtal des Vercors ist auf diesem Bild nicht zu sehen, es befindet sich rechts hinter der schräg abfallenden Gebirgskette. Diese zeigt einmal mehr, welche unvorstellbaren Kräfte an dieser Stelle gewirkt haben müssen, um die ehemals waagerechten Flächen zu kippen. Denn wie an anderen Orten auch, handelt es sich hier um einen alten Meeresboden, der vor Jahrmillionen, als die afrikanische Platte Mitteleuropa immer näherkam, dazu führte, dass die Alpen und damit auch der Vercors hochgequetscht wurden. Die Erosion durch Wasser führte dann sogleich zu Einschnitten in das Gestein. Die Flüsse kreierten malerische Täler und Schluchten. Wasser löste auch unterirdisch das kalkhaltige Gestein und ließ eine ganze Reihe von Höhlen entstehen. Den Besuch einer besonders spektakulären Grotte haben wir nun als nächsten Programmpunkt auf unserer Liste.

Wir kehren zum WOMO zurück und nach einer Rast und einer ruhigen Nacht geht die Fahrt weiter. Zunächst geht es wieder nach Villard-de-Lans. Dort fahren wir in dem großen Kreisverkehr am nordwestlichen Rand der Stadt in Richtung A49 (Valence) und sehen, dass die "Grottes de Choranche",

In der Gorges de la Bourne.

die unser Ziel darstellen, hier bereits ausgeschildert sind. Vom Kreisverkehr bis zum Parkplatz vor den Höhlen sind es noch 18 Kilometer. Es geht auf der D531 durch die **Gorges de la Bourne**. Die Fahrt hinunter ist mit den vielen Felsvorsprüngen und steil aufragenden Felswänden für sich schon spektakulär, wie Sie auf dem nebenstehenden Foto erahnen können. Es wird auf dieser Strecke an keiner Stelle problematisch eng, die Straße lässt sich sehr gut fahren. Sie erreichen die asphaltierten, leicht geneigten Stellflächen, auf denen Sie auch übernachten dürfen, mit diesen Koordinaten **[082:** N45°04'12.8" E5°23'53.8"]. Es wird darum gebeten, gleich einen der ersten Plätze anzufahren.

Nur die letzten Kilometer, nachdem Sie die D531 verlassen haben, sind recht steil (15% Steigung), die Straße schmal.

Grotte de Choranche

Sie zählt ganz gewiss zu den eindrucksvollsten Karsthöhlen, die Sie in den französischen Alpen besuchen können. Sie ist ganzjährig geöffnet und gut zu begehen. Auf den breiten Wegen, die in dieser Höhle angelegt wurden, können Sie sogar Ihren Kinderwagen durchschieben, wenn Sie mit einem Baby unterwegs sein sollten. Jedenfalls sind sie zugelassen. Praktisch ist das allerdings nicht, denn es gibt auch einige Stufen zu überwinden. Ein Tragetuch ist sicher die bessere Empfehlung. Außergewöhnlich ist auch, dass Sie Ihren Hund (natürlich angeleint) mit in die Höhle nehmen dürfen. Das ist sehr selten.

Sie werden durch die Höhle in französischer Sprache geführt. An der Kasse gibt es deutschsprachige Erläuterungen, die Sie zur Lektüre in die Höhle mitnehmen können. Nacheinander betreten Sie die unterschiedlichen Räume und Gänge. Zum Schluss geht es über Stufen in die majestätische Halle der Kathedrale, die mit einer farbenfrohen Ton- und Lichtshow präsentiert wird. Überall plätschert es, Flüsschen durchziehen die Höhlen und in einem großen kristallklaren See spiegeln sich die Kalksteinformationen, die durch Tröpfchen von der Decke in konzentrischen Kreisen verschwimmen.

Faszinierend sind die verschiedenen Formen der Stalaktiten und Stalagmiten. Die feinsten Formen sind die Sinterröhrchen (auch Makkaroni genannt), die zu Tausenden an der Decke hängen und durch

Fazinierende Kalksteinformationen in der Grotte von Choranche.

das Licht erst zur Geltung kommen. Ohne die Beleuchtung wäre es natürlich stockdunkel, denn Tageslicht dringt hier nicht hinein.

Die dunklen Höhlen sind der Lebensraum des Grottenolms. Er gehört zur Familie der Schwanzlurche. Grottenolme sind depigmentiert, wirken durchsichtig und haben funktionslose degenerierte Augen. Während der Führung wird auf diese kleinen Tierchen besonders hingewiesen. Sie kamen bislang nur noch in den slowenischen Karstgebieten vor. Seit geraumer Zeit wird zur Arterhaltung versucht, sie auch in anderen Höhlen anzusiedeln. In Deutschland findet man sie in der Hermannshöhle im Harz bei Rübeland. In unserem Buch über den Harz haben wir darüber berichtet.

Wenn Sie einen Besuch in Choranche planen, sollten Sie die Eintrittskarten vorher reservieren. Das geht über diese Seite www.visites-nature-vercors.com. In den Sommermonaten ist das Gedränge nämlich groß. Alle 20 Minuten startet eine Führung mit einer begrenzten Besucherzahl. Wenn Sie keine Karten reserviert haben, müssen Sie unter Umständen lange warten. Auf der genannten Seite finden Sie auch die Eintrittspreise und weitere Fotos und Videos, die die Höhle illustrieren.

Und wenn Sie dann endlich hineinkönnen, vergessen Sie nicht, einen Pullover oder eine Jacke mitzunehmen, denn in der Höhle ist es jahreszeitunabhängig 10°C frisch.

Les maisons suspendues de Pont-en-Royans in der Abendsonne.

Nach diesem Höhlenbesuch können Sie auf der nahen Aussichtsterrasse noch einen Kaffee trinken und eine Kleinigkeit zu sich nehmen, bevor es nach **Pont-en-Royans** weiter hinuntergeht. Das Tal weitet sich zunehmend, die Plateaus des Gebirgsmassivs rücken immer weiter von der Straße weg. Nach elf Kilometern ist der Ort mit rund 800 Einwohnern erreicht. Er befindet sich schon am Ausgang des Vercors auf rund 200 Metern Höhe. Bis nach Valence im Rhônetal sind es nur noch 45 Kilometer. Man kann hier die Provence praktisch schon riechen. Parken können Sie Ihr Fahrzeug auf diesem Stellplatz.

(083) Offizieller WOMO-Stellplatz: Pont-en-Royans – Aire de Camping-Car

GPS: N45°03'47.3" E5°20'10.9", (197m); La Plage, 38680, Pont-en-Royans.
Max. WOMOs: 28, max. Länge 12 m, max. Aufenthaltsdauer 3 Tage.
Ausstattung: Wasserver- und Abwasserentsorgung mit Bodeneinlass, WC-Kassettenentleerung, Dusche, WC, Mülleimer, Bänke am Flussufer.

Beschreibung: Ausreichend große Stellflächen unter Bäumen am Ufer der Bourne. Der Platz ist ein Teil der örtlichen Campinganlage, mit der er sich die Ver- und Entsorgungsanlage teilt. Es stehen 28 Elektroanschlüsse zur Verfügung.
Preise: 10,00 € pro Tag, inkl. aller mitreisenden Personen und Haustiere. Frischwasser 1,00 €. Entsorgung ist kostenlos. Der Zugang ist nur mit der EC- oder einer Kreditkarte möglich.
Zufahrt: In der Ortsmitte in Richtung A49 fahren. Dann am Ortsausgang in der Höhe des Friedhofs links abbiegen.

Charakteristisch für den Ort sind die Häuser, die in dem steilen Tal der Bourne an den Felsen zu kleben scheinen. Ein Wasserfall, der über Terrassen sein kühles Nass in den Fluss spült, ist als Badeplatz nicht nur bei den Kindern sehr beliebt.

Wasser ist auch das Thema des Wassermuseums. Das **Musée de l'Eau** betrachtet diese lebensnotwendige Flüssigkeit von allen Seiten. Natürlich gibt es auch hier eine "dégustation", wie Sie auf der Webseite des Museums sehen können https://musee-eau.fr. Dort finden Sie auch die Öffnungszeiten und die Eintrittspreise.

Nach dem Besuch dieses Ortes am Fuße des Vercors geht es nun wieder die Berge hinauf. **La Chapelle-en-Vercors** ist das nächste Ziel.

Diese kleine Gemeinde mit ihren 670 Einwohnern ist, wie die anderen beschriebenen Orte im Vercors, ebenfalls ein guter Standort für Wanderungen oder Radtouren in die landschaftlich reizvolle Umgebung. Auf diesem Campingplatz in der Mitte des Ortes können Sie sich für all diese Unternehmungen einquartieren.

(084) WOMO-Campingplatz: La Chapelle-en-Vercors – Les Bruyères

GPS/Kontakt: N44°58'07.2" E5°24'59.5", (945m); 85 Avenue des Gentianes, 26420 La Chapelle-en-Vercors. Tel.: +33 686448078, E-Mail: camping@lachapelleenvercors.fr, Web: https://campingmunicipallesbruyeres.blog4ever.com. **Max. WOMOs:** 80, max. Länge 9 m.

Öffnungszeit: Von Ende April bis Anfang September.

Ausstattung: Duschen, WCs, Waschmaschine, Fernsehraum, Spielplatz, Stromanschlüsse an allen Plätzen.

Beschreibung: Ortsrand, sehr ruhig. Ver- und Entsorgung (System Flot Bleu, siehe Seite 371) vor dem Campinggelände. Die Anlage kann auch angefahren werden, ohne den Campingplatz zu nutzen. Jetons für die Nutzung müssen jedoch auf dem Campingplatz oder im Office de Tourisme in der Ortsmitte gekauft werden.

Preise: 15,50 € pro Fahrzeug mit 2 Personen, ab zwei Nächten 14,00 €. Wasserver- und Abwasserentsorgung sind im Preis enthalten, Strom 3,50 €.

Zufahrt: In der Ortsmitte am Marktplatz links abbiegen und rechts an der Kirche und dann links am Rathaus vorbeifahren, 300 Meter.

Rund um **Vassieux** warten eine ganze Reihe interessanter Ziele darauf, von Ihnen entdeckt zu werden. Einen einfachen Wanderparkplatz finden Sie in unmittelbarer Nähe des **Col de la Chau** auf 1337 Metern Höhe. Auf dem Weg dorthin kommen Sie an der **Nécropole de la Résistance** vorbei. Es ist ein Nationale Gedenkstätte, in der 187 weiße Kreuze

Nécropole de la Résistance.

die Gräber der Opfer des Widerstands, den die Résistance 1944 im Vercors führte, zu sehen sind.

Die ganze Geschichte der Widerstandsbewegung in diesem Raum und die historischen Ereignisse der Kriegsjahre erfahren Sie im **Mémorial de la Résistance en Vercors.** Auf dieser Seite https://parc-du-vercors.fr/Résistance/home können Sie sich zur Vorbereitung einlesen.

Mémorial de la Résistance en Vercors.

Wanderparkplatz am Col de la Chau.

Wir wollen die Geschehnisse an dieser Stelle nicht darstellen. Es ist schlicht und ergreifend zu umfangreich, eine einigermaßen sachgerechte Darstellung in wenigen Zeilen zu verfassen. Wir sind überzeugt, dass der historische interessierte Wohnmobilist dafür Verständnis hat und diesen Platz aufsucht, um sich selbst ein Bild zu machen. Es lohnt sich ganz sicher. Parken können Sie an dieser Stelle **[085:** N44°54'26.8" E5°21'22.8"].

Wenn Sie das Mémorial besuchen, werden Sie unweigerlich auch einen Blick in die innere Hochebene des Vercors werfen. Den landschaftlichen Reiz dieser Region konnten die Widerstandskämpfer der Résistance während des Zweiten Weltkrieges sicher nicht genießen. Ihnen steht jedoch an dieser Stelle sowohl ein Spaziergang durch die Geschichte als auch durch eine fantastische Naturlandschaft offen.

Neben dem Mémorial und der Nécropole gibt es auch noch das **Résistance-Museum** in Vassieux. Er befindet sich unweit dieses Stellplatzes.

(086) Offizieller WOMO-Stellplatz: Vassieux – Aire de Camping-Car

GPS: N44°53'50.2" E5°22'08.6", (1067m); Av. du Mémorial, 26420 Vassieux-en-Vercors. **Max. WOMOs:** >20, max. Länge 12 m. **Öffnungszeit:** Ganzjährig.

Ausstattung: Wasserver- und Abwasserentsorgung mit Bodeneinlass, WC-Kassettenentleerung, Mülleimer.
Beschreibung: Ruhige Lage am Ortsrand. Überwiegend schattenlose, geschotterte Stellflächen. 500 Meter bis zum Musée départemental de la Résistance du Vercors, zwei Kilometer hangaufwärts bis zum Mémorial.
Preise: Kostenlos. Frischwasser 2,00 €. Es funktionieren nur 2-Euro-Münzen.
Zufahrt: Über die D76 am Ortseingang auf der linken Seite.

Neben den ganzen historischen Stätten gibt es weitere sehenswerte Orte auf dieser Hochebene. Dazu gehören das **Musée de la Préhistoire du Vercors** außerhalb des 300 Seelen zählenden Dorfes Vassieux https://parc-du-vercors.fr/prehistoire/home [GPS: N44°51'56.9" E5°21'26.4"], die **Grotte de la Draye Blanche** www.drayeblanche.com an der D178 zwischen La Chapelle-en-Vercors und Vassieux [GPS: N44°56'21.4" E5°23'06.6"] sowie die **Grotte de la Luire** www.grottedelaluire.com, die Sie mit diesen Koordinaten [GPS: N44°53'25.6" E5°25'42.5"] erreichen können. Alle genannten Orte lassen sich auch sehr gut mit dem Rad vom Stellplatz in Vassieux anfahren. Die genannten Grotten sind zwar nicht so spektakulär wie die in Choranche, sehenswert sind sie aber dennoch.

Die weitere Fahrt hinunter nach Die und damit hinaus aus dem Hochtal des Vercors ist keineswegs langweilig. War die Fahrt von Sassenage hoch in das Tal schon sehr beeindruckend, so ist die Fahrt jetzt geradezu atemberaubend. Leider kann man nicht überall dort halten, wo man möchte. Zu eng

Blick vom Belvédère du Col du Rousset auf einen Gebirgsstock des Vercors.

Kurvenreich geht es vom Col du Rousset hinunter nach Die.

sind die Straßen. Parkplätze am Rand gibt es kaum, nur die eine oder andere Nothaltebucht und die sollten den Notfällen vorbehalten bleiben. So muss man sich leider auf die wenigen Plätze beschränken, die zum Halten und Aussteigen geeignet sind.

Der **Belvédère du Col du Rousset** ist so ein Platz. Er liegt oberhalb der serpentinenreichen Strecke, die hinunter nach Die führt. Von hier aus sind noch etwas mehr als 20 Kilometer in die Kleinstadt an der **Drôme** zu fahren. Doch ist diese Strecke seit Kurzem nur noch für Fahrzeuge bis 3,5t zulässigem Gesamtgewicht erlaubt. Wer ein schwereres Fahrzeug fährt, kann die Alternativroute wählen, die wir auf der Seite 106 mit einer rot gepunkteten Linie in der Nebenkarte oben links markiert haben. Auch diese Strecke ist nicht langweilig und bietet zahlreiche Aussichtspunkte. Eine weitere reizvolle Alternative wäre theoretisch die **Route touristique de Combe Laval**, aber auch diese dürfen Fahrzeuge über 3,5t nicht befahren. Bleibt der vorgeschlagene Weg über den 1313 Meter hohen Col de la Bateille hinunter in das **Vallée de la Gervanne**.

Bevor Sie sich auf den Weg machen, wollen wir noch auf zwei Wanderparkplätze hinweisen. Der eine ist die große Asphaltfläche am **Col du Rosset**, zu der Sie mit diesen Koordinaten **[087:** N44°50'29.4" E5°24'20.0"] gelangen. Die Stellfläche auf 1246 Metern Höhe ist trist. Dafür ist der Weg zum Belvedère kurz. Von ihm haben Sie einen fantastischen Blick hinunter nach Die. Eine 760 Meter lange Rodelbahn gibt es obendrauf. Sie sorgt für Vergnügen bei all denjenigen, die mit hoher Geschwindigkeit auf einer Schiene in zahlreichen Kurven einen Hang hinuntersausen möchten.

Den zweiten, etwas höher gelegenen Parkplatz, finden Sie mit diesen Angaben **[088:** N44°50'32.9" E5°25'21.0"]. Hier stehen Sie auf rund 1385 Metern Höhe und haben es nicht weit bis zum Steilhang, von dem Sie ebenfalls tief in das Tal der Drôme blicken können.

Nun geht es aber hinunter nach Die. Nach einer kurvenreichen Fahrt steuern wir den offiziellen Stellplatz an. Wer etwas länger bleiben möchte, dem empfehlen wir den Campingplatz, den wir Ihnen gleich im Anschluss an die Stellplatzbeschreibung vorstellen.

(089) Offizieller WOMO-Stellplatz: Die – Aire de Camping-Car

GPS: N44°45'03.3" E5°22'23.8", (401m); 3 Boulevard du Maréchal Leclerc, 26150 Die. **Max. WOMOs:** 20, max. Länge 12 m. **Öffnungszeit:** Ganzjährig, max. Aufenthaltsdauer 24h.

Ausstattung: Wasserver- und Abwasserentsorgung mit Bodeneinlass, WC-Kassettenentleerung, Mülleimer.

Beschreibung: Ebene, geschotterte Stellflächen auf einem abgeschrankten Platz am Ortsrand, 500 Meter bis zum historischen Zentrum. Die Ver- und Entsorgungsstation (System Flot Bleu, siehe Seite 371) befindet sich außerhalb des Platzes, ist frei zugänglich und kostenlos zu nutzen.

Preise: (nur für den Stellplatz) 5,00 € für 4, 10,00 € für 24 Stunden.

Zufahrt: Zu erreichen ist der Platz über die Ortsentlastungsstraße D238, die südlich um das Städtchen herumführt. Folgen Sie den Parkplatzhinweisen zum Aire de Meyrosse.

(090) WOMO-Campingplatz: Die – Camping de Justin

GPS/Kontakt: N44°45'02.4" E5°21'58.9", (400m); 74 Chem. du Pont Rompu, 26150 Die. Tel.: +33 475221477, E-Mail: camping@mairie-die.fr, Web: www.camping-die.com.

Max. WOMOs: > 10, max. Länge 8 m. **Öffnungszeit:** April bis Oktober.

Ausstattung: Drei Sanitärgebäude mit WCs und Duschen, Naturstrand am Ufer der Drôme, Pool, kleines Restaurant mit überdachter Außenterrasse. Es sind auch Kinder-, Volleyball- und Pétanque-Spielplätze vorhanden.

Beschreibung: Ruhige Lage am Ortsrand am Ufer der Drôme. 600 Meter bis zum historischen Zentrum. Sie finden schattige und sonnige Stellflächen vor, die überwiegend auf Rasen angelegt sind.

Preise: Je nach Saison zwischen 14,50 € und 20,00 € für ein Fahrzeug mit 2 Personen, Strom 4,00 €. Die Entsorgung und die Frischwasserversorgung sind kostenlos.

Zufahrt: Zu erreichen ist der Platz über die Ortsentlastungsstraße D238, die südlich um das Städtchen herumführt.

Markt auf der Place de la République in Die.

Die – Gallo-römischer Ort mit Flair

Die Ursprünge des Ortes reichen weit zurück. Schon vor der römischen Zeit bestand hier eine Siedlung. Unter der römischen Herrschaft wurde eine Stadtbefestigung angelegt und **Dea Augusta Vocontiorum,** wie die Römer diese Stadt nannten, gelangte zu einer ersten Blütezeit. Noch heute sind Reste der römischen Stadtmauer zu sehen. Einigermaßen erhalten ist das Stadttor **Porte Saint Marcel** am Nordrand der Stadt. Die größeren Teile der römischen Stadtmauer befinden sich aber in einem eher beklagenswerten Zustand. Beachtenswert ist die Kathedrale, die mit ihrer offenen Stahlkonstruktion als Turmspitze auf einem neugotischen Unterbau recht kurios wirkt. Mehr zur Geschichte dieser Stadt erfährt man im **Musée Archéologique de Die et du Diois**, das sich in der Rue Camille Buffardel befindet. Ob sich ein Besuch des Museums lohnt, können Sie hier nachschauen: www.museededie.org.

Kathedrale von Die.

Rund um den Platz der Republik (Place de la République), der die Mitte des provenzalisch anmutenden Ortes bildet, befinden sich einige Restaurants, die ihren Gästen auch draußen ihre Menüs und ihre Getränke anbieten. Mittwochs und samstags findet auf diesem Platz ein Markt statt, auf dem überwiegend regionale Produkte angeboten werden. Eine gute Gelegenheit, sich mit Käse, Wurst, Wein und frischem Obst und Gemüse einzudecken.

Wie bei all den anderen Orten im Vercors, können Sie auch dieses Städtchen als guten Ausgangspunkt für Ausflüge mit dem Rad oder mit den Wanderschuhen betrachten. Für eine Wanderung vom Campingplatz Justin zum Kreuz des Berges Justin auf 975 Metern Höhe benötigen Sie etwa zwei Stunden. Auch wenn die Höhe deutlich niedriger ist, als die im Vercors, so ist die Aussicht vom Hausberg des charmanten Ortes dennoch fantastisch.

Beliebt ist dieser Berg auch bei Gleitschirmfliegern, die hier von einer Plattform starten.

Größtes überregional bekanntes Fest ist die **Fête de la Transhumance**, das Mitte Juni stattfindet. An anderen Orten in den Alpen gibt es im Herbst den Almabtrieb, hier ist es der Almauftrieb von Schafen. Alljährlich traben mindestens 1500 Schafe durch die Altstadt und starten dort ihren Weg zum Col de Rousset und von dort weiter auf das Hauts Plateaux du Vercors, wo sie den Sommer verbringen. Was Sie auf dem Fest erwartet, können Sie hier nachlesen https://fete-transhumance.com.

Porte Saint Marcel.

Wir packen unsere Sachen zusammen und setzen unsere Reise mit dem WOMO fort. Parallel zur Drôme fahren wir flussaufwärts zunächst sechs Kilometer durch eine Obst- und Weinbaulandschaft bis zu dem kleinen Ort Pont-de-Quart. Hier biegen wir direkt vor der Brücke über die Drôme links ab. An dieser Kreuzung ist unser Ziel, der Col de Menée, bereits ausgeschildert. Im weiteren Verlauf der Strecke werden die landwirtschaftlich genutzten Flächen immer kleiner, Wälder schließen sich an und die Straße schraubt sich immer höher. 30 Kilometer haben wir von der Drôme bis zum **Col de Menée** zu fahren und gewinnen dabei etwas mehr als 1000 Höhenmeter.

Unter dem Pass, der auch die Grenze zwischen den Departements Drôme und Isère markiert, führt seit langer Zeit ein Tunnel hindurch. Direkt vor der Tunneleinfahrt gibt es auf der rechten Seite einen kleinen Parkplatz [GPS: N44°45'25.2" E5°36'08.4"], den steuern wir an.

Der Wanderweg zum Col de Menée. Unten ist der Wanderparkplatz zu sehen.

Es ist ein Ort, der sich unserer Ansicht nach nicht für eine Übernachtung eignet. Es wäre zwar nicht verboten, aber attraktiv ist er nicht.

Der Weg zu dem Aussichtspunkt ist kurz. Einmal die Straße überqueren und den schmalen Pfad hinaufgehen, oben auf dem eigentlichen Pass nach links orientieren und dem Trampelpfad folgen und schon ist man da und hat eine Aussicht vor Augen, wie sie auf dem Bild unten zu sehen ist. Vorausgesetzt, das Wetter spielt mit.

Im linken Teil des Bildes ist der 2087 Meter hohe **Mont Aiguille** zu sehen, im Hintergrund die Bergkette, die wir bereits aus der Nähe des Grand Moucherolle (siehe Seite 116) gesehen haben. Ging die Blickrichtung dort von Nord nach Süd, so ist es jetzt umgekehrt.

Der Mont Aiguille (wörtlich übersetzt = Felsnadel) ist der Paradeberg des Vercors und wohl in allen Werbeprospekten für diese Region abgebildet. Seine markante, pultartige Form mit 300 Meter hohen Steilwänden und einer Blumenwiese auf dem Plateau ist für einen normalen Wanderer nicht zu erreichen. Um auf diesen Klotz zu kommen, brauchen Sie schon Erfahrung als Bergsteiger und natürlich auch die entsprechende Ausrüstung dazu. Nichts für uns. Aber wenn

Sie das können, vom Stellplatz Hameau Richardière (siehe nächste Seite) können Sie starten. Bestiegen werden darf dieser Gebirgsblock. Im Alpinismus hat dieser Berg sogar Geschichte geschrieben, denn seine Erstbesteigung zählt zu den ganz frühen Ereignissen der Klettersportler. Im Mittelalter gab man ihm den Namen **"Mons Inaccessibilis"**, weil er als unbesteigbar galt. Nun hatte man zu dieser Zeit sicherlich auch wenig Sinn für Freizeitgestaltung dieser Art und natürlich stand in keinem Freizeitmagazin oder Reiseführer eine Beschreibung dieses Berges. Das gab es eben alles noch nicht. Aber man berichtete König Karl VIII. von Frankreich von diesem wundersamen Berg, und er ließ im Jahre 1492 eine Besteigung mit einer groß angelegten Expedition vornehmen und oben auf dem Plateau ein Gipfelkreuz errichten. Erst im Jahr 1834 wurde der Mont Aiguille zum zweiten Mal bestiegen. Mit dem Beginn des modernen Alpinismus baute der Club Alpin Français 1878 die Westroute, den Weg der Erstbesteigung, teilweise zu einem Klettersteig aus. Dieser Weg ist immer noch der leichteste, der zum Plateau führt. Mittlerweile gibt es aber auch einige weitere mit den unterschiedlichsten Schwierigkeitsgraden. Nähere Infos dazu finden Sie auf dieser Seite www.chichilianne.fr.

Blick vom Aussichtspunkt am Col de Menée auf den Vercors.

Für uns bleibt der Gebirgsklotz ein "Mons Inaccessibilis". Wir freuen uns darüber, in **Chichilianne**, einem Ort, den wir vom Col de Menée nach 10 Kilometern erreichen, einen wunderbaren und ruhigen Stellplatz vorzufinden, der selbst in der Hochsaison noch freie Plätze aufweist, und genießen auch von hier den Blick auf den Mont Aiguille.

(091) Offizieller WOMO-Stellplatz:
Chichilianne – Aire de Services de Passières

GPS: N44°48'44.3" E5°34'31.1", (983m); Lieu-dit l'Eglise, 38930 Chichilianne

Max. WOMOs: 10, max. Länge 8 m. **Öffnungszeit:** März bis Oktober.
Ausstattung: Wasserver- und Abwasserentsorgung mit Bodeneinlass, WC-Kassettenentleerung, Müllentsorgung am Ortseingang.
Beschreibung: Ruhige Lage in der Mitte des kleinen Ortes mit Blick auf den Mont Aiguille.
Preise: 10,00 € pro Fahrzeug mit 2 Personen, Abwasserentsorgung kostenlos, Frischwasser 3,00 €. Bezahlung kann nur mit Jetons erfolgen, die es bei der "Mairie" oder im Restaurant "Le Randonneur" in der Ortsmitte (250m) zu kaufen gibt.
Zufahrt: Der Stellplatz befindet sich 300 m hinter dem Ortseingangsschild.

Die Kirche in Chichilianne.

Der Ort ist ein kleines Bergdorf mit 275 Einwohnern. Die Häuser gruppieren sich im Wesentlichen eng um die für die Bevölkerungszahl erstaunlich große Kirche. Darüber hinaus gibt es auf der Gemarkung einige Gehöfte, darunter auch einige Höfe, die Reiterferien anbieten. Zwei Weiler, Les Oches und Richardière, vervollständigen den Ort. Da er fernab der großen Straßen liegt, gibt es keinen Durchgangsverkehr. Es ist einfach nur ein schöner, verträumter und abseits gelegener Flecken. Wäre bei unserem Besuch nicht gerade Markt gewesen, wir hätten vermutlich kaum jemanden auf der Straße angetroffen. Dennoch wird auch hier für das leibliche Wohl gesorgt. **Le Randonneur** ist allerdings das einzige Restaurant des Ortes.

Auch beim zweiten Stellplatz befindet sich in unmittelbarer Nähe ein Restaurant. Es ist größer und die Wahrscheinlichkeit, hier kurzfristig einen Tisch zu bekommen, höher. Über diese Seite www.hotelgaisoleil.com können Sie reservieren und sich die Speisekarte ansehen.

(092) Offizieller WOMO-Stellplatz: Chichilianne – Hameau Richardière

GPS: N44°49'22.5" E5°32'43.1", (1082m); Richardière, 38930 Chichilianne
Max. WOMOs: 5, max. Länge 8 m. **Öffnungszeit:** März bis Oktober.

Ausstattung: Wasserver- und Abwasserentsorgung mit Bodeneinlass, WC-Kassettenentleerung, Stromanschlüsse, Mülleimer.

Beschreibung: Leicht geneigte, asphaltierte Flächen. Die Ver- und Entsorgung ist sehr individuell gelöst. Einige Meter weiter gibt es einen weiteren geschotterten Parkplatz, der für eine Übernachtung genutzt werden kann. Er liegt etwas versteckt hinter Büschen.

Preise: 10,00 € pro Fahrzeug mit 2 Personen, Strom 3,00 €. Bezahlt wird im Hotel/Restaurant Au Gai-Soleil.

Zufahrt: Von Chichilianne über die D7B weiterfahren bis zum Weiler Donnière, dann weiter über eine schmale Brücke. Sofort danach links abbiegen in den Weiler Richardière und an dem Hotel/Restaurant vorbeifahren.

Wer gern mit einem Tourenrad oder Mountainbike unterwegs ist, der findet hier in der hügeligen Landschaft um und am Mont Aiguille eine Fülle von Wegen, die sich gut befahren lassen. Man kann dabei diesen Berg aus allen Richtungen immer wieder neu betrachten.

Wir machen uns nunmehr auf den Weg zum nächsten Ziel. Die schmale D7 führt uns rasch zur D1075, der ehemaligen RN75, eine breite und gut ausgebaute Straße, die das Ende der A51 südlich von Grenoble mit Sisteron im Süden verbindet, wo man wieder Anschluss an die A51 hat. Eine viel befahrene Hauptdurchgangsstraße also, auf der großer LKW-Verkehr herrscht. Wir nutzen diese Straße aber nur 14 Kilometer, dann beginnt bereits die Autobahn. Wir fahren im Kreisverkehr an der Autobahnzufahrt vorbei und halten uns an die Richtungshinweise nach Monestier-de-Clermont, durchqueren den Ort in Richtung Sinard und rollen von dort weiter nach Treffort.

Treffort steuern wir nicht direkt an, sondern nehmen die Zufahrt zur Base touristique, die um den Ort herumführt. Hatten wir am Mont Aiguille noch Ruhe und Stille, so ist es jetzt damit vorbei. Dicht gedrängt stehen hier die WOMOs und die Tagestouristen aus Grenoble und anderen Orten mit ihren PKW.

(093) Offizieller WOMO-Stellplatz: Lac de Monteynard Avignonet

GPS: N44°54'19.3" E5°40'18.8", (494m); Parking de la Salette, 38650 Treffort
Max. WOMOs: 100, max. Länge 10 m. **Öffnungszeit:** Mai bis Oktober, max. Aufenthaltsdauer 7 Tage.

Ausstattung: Wasserver- und Abwasserentsorgung mit Bodeneinlass, WC-Kassettenentleerung, Müllentsorgung, 8 Stromanschlüsse an einfachen Säulen auf der mittleren Ebene.
Beschreibung: Direkt am Lac de Monteynard-Avignonet. Hinter der Schranke mehrere weitgehend ebene Plätze auf drei Ebenen. Wer den Platz auf der mittleren Ebene durchfährt und dem Asphaltsträßchen am Ende des Platzes folgt, gelangt zu einem weiteren, sehr viel ruhigeren Platz am Ufer des Sees. Hier ist die Böschung allerdings sehr steil und der Zugang zum See nicht so einfach.
Preise: 16,00 € pro Fahrzeug mit 2 Personen, zahlbar mit Münzen oder EC-Karte, Wasserver- und Abwasserentsorgung sowie Strom sind im Preis enthalten. Die Preise gelten nur für die Hauptsaison. In der Vor- und Nachsaison ist der Platz an den Wochentagen nahezu verwaist. Dann sind die Schranken offen und man kann ungehindert auf den Platz fahren. Strom und Wasserversorgung funktionieren aber trotzdem kostenlos. Das untere Bild links zeigt den Platz im Oktober.
Zufahrt: Ab Sinard auf der D110B den Hinweisschildern "Le Lac, Base touristique" folgen.

Alle treibt es auf das Wasser und in die umliegenden Berge. Baden ist offiziell nicht gestattet. Also bleibt es mehrheitlich beim "Sonnenbad" am kiesigen Strand. Wassersport darf auf diesem See aber betrieben werden. So geben sich die "normalen" Windsurfer hier ein Stelldichein und die Kitesurfer flitzen in großer Zahl in einem derart atemberaubenden Tempo über den See, dass einem schon vom Zusehen schwindelig wird. Die Windverhältisse auf dem See sind ideal für diesen Sport.

Kitesurfer auf dem Lac de Monteynard-Avignonet in voller Fahrt.

In den Sommermonaten und an den Wochenenden in der Vor- und Nachsaison ist eine Seekreuzfahrt mit einer anschließenden Wanderung rund um den See eine sehr beliebte Unternehmung, der die wanderfreudigen Franzosen gern nachgehen. Mit Rastzeiten können Sie dafür getrost einen ganzen Tag einplanen. Wir haben diese lohnenswerte Wanderung unternommen und können sie Ihnen empfehlen. Mit dem allseits beliebten VTT können Sie diese Strecke übrigens nicht befahren. Sie bleibt den Wanderern vorbehalten.

Wanderung am Lac de Monteynard-Avignonet

Am Eingangsbereich des Stellplatzes befindet sich der Ticketschalter für das Schiff **La Mira**. Für 8,00 € können Sie sich auf die andere Seite des Sees schippern lassen und dort in Mayres-Savel die fast 13 Kilometer lange Wanderung beginnen. Die Überfahrt dauert ca. 15 Minuten.

Waldwanderweg am Lac de Monteynard Avigonet.

Die Wanderung führt durch Wälder und Wiesen und über Stock und Stein. Eine ganze Reihe von Steigungen und Gefällstrecken gilt es dabei zu meistern. Ein einfacher Spazierweg ist das nicht. Aber der Weg ist spannend, sehr spannend. Nach drei Kilometern ist die Brücke **Passerelle Himalayenne du Drac** über den Drac erreicht. Ein Steg mit 1,2 Metern Breite und einer Länge von 220 Metern führt in einer Höhe zwischen 45 und 85 Metern über den See. Bei Wind schwingt die Brücke ein wenig. Wenn viele Wanderer unterwegs sind, findet sich auch gern jemand, der durch Wippbewegungen die Schwingungen ein wenig verstärkt. Nach dieser Brücke geht

Die Passerelle de l'Ebron. *Blick vom Wanderweg auf den See.*

es fünf Kilometer wieder über Stock und Stein weiter, bis die nächste Brücke, die **Passerelle de l'Ebron**, erreicht ist. Sie ist nur 180 Meter lang. Das Spiel mit den Schwingungen wiederholt sich und es ertönt auch schon mal ein Angstschrei. Entlang der Waldwege gibt es einige Rastplätze, die zum Teil eine schöne Aussicht auf den See bieten und zum Verweilen einladen. Hat man die zweite Brücke überquert, sind es nochmal fünf Kilometer, bis der Stellplatz wieder erreicht ist.

Nach dieser Wanderung ist eine längere Pause vonnöten, bevor es auf unserer Reise weitergeht. Wir probieren eines der kleinen Restaurants am Rande des Platzes aus, die nur in der Hochsaison geöffnet haben, und bedauern die Entscheidung, denn die Qualität war nicht berauschend.

Am nächsten Tag fahren wir vom Lac de Monteynard-Avignonet über Treffort zurück nach Sinard und von dort über die D1075 parallel zur Autobahn nach Vif. Ziel ist der Grand Lac de Laffrey. Hinter Vif führt auf der D529 eine Brücke über den Drac. Vorher gibt es keine Möglichkeit, den Fluss zu überqueren. Wer mit einem Fahrzeug unter 2,4 m Höhe unterwegs ist, kann im weiteren Verlauf die Abkürzung nach Notre-Dame-de-Mésage nehmen, alle anderen bleiben auf der D529, bis diese auf die N85 trifft, erst dann geht es rechts ab. Nun befinden wir uns auf der **Route Napoléon**. Die Straße folgt der Marschroute, die **Napoleon I.** (1769–1821), von der Insel Elba kommend, 1815 durch den Süden Frankreichs nahm, um nach Paris zu eilen und seine verlorene Macht zurückzuerobern. In **Laffrey** kam es dabei zu einer denkwürdigen

Route Napoléon

Wie ein Adler wollte Napoléon fliegen, um in Paris zurück an die Macht zu kommen. Deshalb ist die Route Napoléon teilweise mit diesem Signet des napoleonischen Adlers beschildert.

Da er den bequemeren Weg durch das Rhônetal wegen der vielen königstreuen Truppen fürchtete, wählte er mit seinen Anhängern die beschwerliche Route durch die Alpen. In Tagesmärschen von bis zu 50 Kilometern kämpft er sich Anfang März 1815 bei Schnee und Eis durch die Berge. Ungehindert kann er bis nach Laffrey durchmarschieren. Hier treten ihm königstreue Truppen entgegen, die ihm den weiteren Weg versperren wollen. Nach einer kurzen Aussprache mit dem Befehlshaber der Truppen kann er ihr Vertrauen gewinnen und sie schließen sich ihm an. Den weiteren Weg nach Grenoble und nach Paris konnte nun niemand mehr aufhalten. Wie es wenig später in Waterloo endete, ist bekannt.

Reiterstandbild Napoléons auf der Prairie de la Rencontre.

Begegnung. Ein großes Reiterstandbild erinnert daran. Für Besucher ist das "Feld der Begegnung", die **"Prairie de la Rencontre"** leicht zu finden. Ein großer Besucherparkplatz befindet sich an der N85 südlich des Ortes, der sich bei näherer Betrachtung als idealer Übernachtungsplatz mit Seezugang erweist. Wenige Meter von diesem Platz entfernt befindet sich eine Freizeitanlage mit Campingplatz, Badestrand und Hochseilgarten. Das Reiterstandbild Napoléons ist nur 500 Meter entfernt. Im Vorfeld des Standbildes steht ein ganzer Schilderwald mit zahlreichen Tafeln, auf denen die Kommentare von Zeitzeugen dieses Ereignisses in französischer und englischer Sprache wiedergegeben werden. Auch eine Karte mit der Marschroute und den Übernachtungsorten **Napoléons** ist hier vorzufinden. Auf unserer Karte am Beginn dieses Kapitels ist der Verlauf der Route Napoléon mit einer gepunkteten Linie markiert.

(094) WOMO-Stellplatz: Laffrey – Prairie de la Rencontre

GPS: N45°01'16.2" E5°46'31.8", (920m); Route Napoléon, 38220 Laffrey.

Max. WOMOs: >10, max. Länge 10 m. **Öffnungszeit:** Ganzjährig. **Ausstattung:** Keine, Restaurant an der Einfahrt, WC am Waldrand.

Beschreibung: Schattige und sonnige Stellflächen am Ortsausgang von Laffrey in Richtung Grenoble. 150 Meter bis zum See Grand Lac de Laffrey mit einer Bademöglichkeit. Kurzer Fußweg zum Reiterstandbild Napoléons.

Preise: Kostenlos.

Zufahrt: Über die Route Napoléon (N85) den Hinweisen zur Prairie de la Rencontre folgen.

Der **Grand Lac de Laffrey**, an dem wir uns hier befinden, ist ein natürlicher See eiszeitlichen Ursprungs. Er ist der größte von vier Seen, die hier – jeweils getrennt durch einen Moränenwall – hintereinanderliegen. Der See hat eine maximale Tiefe von 39 Metern und ist etwa 130 Hektar groß. Die Ufer sind teilweise sumpfig und Brutplätze für die Vogelwelt. Ein Schutzgebiet, das sich auch auf angrenzende Wälder erstreckt, bewahrt vor weiteren menschlichen Eingriffen und gibt dem Naturliebhaber mit einem Feldstecher genügend Möglichkeiten, Vögel zu beobachten. Auf einem zehn Kilometer langen Weg können Sie den See umrunden. Die Steigungen sind moderat.

Blick vom Belvédère Olivier Messiaen auf den Grand Lac de Laffrey.

(095) WOMO-Campingplatz: Saint-Theoffrey – Camping Ser-Sirant

GPS/Kontakt: N45°00'01.6" E5°46'39.6"; Chemin du Lavoir, 38119 St-Theoffrey. Tel.: +33 476839197, E-Mail: info@campingsersirant.com, Web: www.campingsersirant.fr.

Max. WOMOs: >20, max. Länge 12 m. **Öffnungszeit:** Ende April bis Anfang Oktober.

Ausstattung: Wasserver- und Abwasserentsorgung mit Bodeneinlass, WC-Kassettenentleerung (System Flot Bleu siehe Seite 371), Müllentsorgung, Stromanschlüsse, WiFi, WCs, Duschen, Waschmaschine, Trockner, Badestrand, Bootsverleih, MTB-Verleih (E-Bike), kleiner Lebensmittelmarkt, Cartes de pêche.

Beschreibung: Überwiegend halbschattige Rasenstellflächen in unmittelbarer Nähe des Seeufers. Mehrere Restaurants in fußläufiger Entfernung.

Preise: Saisonabhängig, zwischen 19,50 € und 26,50 € pro Fahrzeug mit 2 Personen. Strom 5,00 € für 24 h, WiFi kostenfrei, Waschmaschine 4,00 €, Trockner 4,00 €, Hund 2,00 €, Kanu 28,00 € und E-Bike 33,00 € pro Tag.

Zufahrt: Am Ende des Grand Lac de Laffrey links abbiegen und der Beschilderung zum Campingplatz folgen.

Nur an wenigen Stellen ist der Weg zum See frei. Eine schöne Stelle mit Seezugang ist der Campingplatz Ser-Sirant. Hier können Kinder am seichten Badestrand bei Wassertemperaturen zwischen 18° und 20° C im Sommer gefahrlos planschen. Segeln und Surfen ist möglich, aber man kann sich hier auch ein Boot mieten und auf das Wasser hinausfahren. Wenn man vorher eine "carte de pêche" erworben hat, ist es auch möglich, vom Boot die nächste Mahlzeit selbst zu fischen. Für passionierte Angler sicher eine leichte Aufgabe. Wer, wie wir, mit einer Angelrute nicht umzugehen weiß, der deckt sich im nächsten Supermarkt mit den notwendigen Vorräten ein. Da haben wir auch schon einen in neun Kilometern Entfernung aus der Rubrik "nicht schön, aber praktisch" anzubieten **[096: N44°55'29.1" E5°46'57.1"]**. Hier, in **Susville**, im Supermarché Casino, können Sie alles Notwendige an einer Stelle erledigen. Die Bordküche mit Vorräten füllen, das Wasser wechseln, die Toilette entleeren (System Flot bleu, siehe "Seite 371) und auch tanken.

Eine Übernachtung wäre hier am Rande des Platzes zwar theoretisch möglich, aber schön ist es wirklich nicht. Wir empfehlen daher, zum Startpunkt der nächsten Tour zu fahren und schon mal in sich hineinzuhorchen, ob Sie einen ordentlichen Adrenalinstoß vertragen können. Wir reden hier von einem der bekanntesten Orte für Bungee-Jumping in Frankreich.

DEP. ISÈRE (38)
DEP. DRÔME (26)
DEP. HAUTES-ALPES (05)
DEP. ALPES-DE-HAUTE-PROVENCE (04)
Massif du Dévoluy
Massif du Bochaine
UNESCO Géoparc de Haute-Provence
Massif des Monges
Bassin du Trièves
Vallée du Drac
Mens
Gap
Sisteron
Veynes
Serres
Corps
La Mure
Tour 4
Tour 5
Tour 6
Tour 7
10 km
Route Napoléon

TOUR 4 (120 km, mit Dévoluy 160 km)

Ponsonnas – Aspres-sur-Buëch – Dévoluy – La Roche-des-Arnauds – Céüse – Veynes – Serres – Laragne Monteglin – Les Armands – Sisteron

Stellplätze:	Ponsonnas, Gorges d'Agnielles, Aspres-sur-Buëch, Superdévoluy, La Roche-des-Arnauds, Céüse, Veynes, Serres, Laragne Monteglin, Les Armands, Sisteron.
Campingplätze:	Keine.
Besichtigungen:	Aspres-sur-Buëch (Altstadt), Serres (Altstadt), Sisteron (Altstadt und Zitadelle).
Wandern:	In der Gorges d'Agnielles, im Dévoluy-Massiv, rund um den Pic de Céüse.
Baden/Wellness:	Veynes (Base de Loisirs des Iscles), Serres (am Fluss Le Buëch und in der Base de Loisirs de la Germanette).

Diese Tour ist zweigeteilt. Wer es eilig hat, nach Sisteron und weiter in den Süden zu kommen, der wählt die westliche Variante, die durch das **Bassin du Trièves** zur D1075 führt. Diese Straße ist gut ausgebaut und lässt sich entspannt fahren, obwohl sie viel Verkehr aufzuweisen hat. Es handelt sich bei diesem Verkehrsweg um die ehemalige RN75. Sie ist die kürzeste Verbindung vom Autobahnende bei Grenoble zum Autobahnanfang bei Sisteron.

Wer mit mehr Zeit unterwegs ist, der wählt die östliche Route, die durch das Massif du Dévoluy und in das Massif du Bochain führt. Malerische Fels- und Berglandschaften warten darauf, entdeckt zu werden. Es sind siedlungsarme Gebiete, in denen nur wenig Landwirtschaft betrieben wird und Industrieanlagen nicht zu finden sind. Natur pur, die in den Höhenlagen des Dévoluy für den Wintersport genutzt wird. In den Sommermonaten ist sie den Wanderern und VTT-Fahrern sowie den Klettersportlern vorbehalten, die in diesen beiden Regionen die Felsen hinaufkraxeln.

Stark frequentiert sind diese Gebiete nicht. Hier können Sie in aller Ruhe die Bergwelten genießen. Die Ruhe und Abgeschiedenheit bringt es aber auch mit sich, dass das Angebot an Restaurants recht dünn ist und die Versorgungsmöglichkeiten eingeschränkt sind. Es ist also keine schlechte Idee, in Susville, am Ende der Tour 3, im Supermarkt die Bordvorräte noch einmal aufzufüllen, Entsorgungen vorzunehmen und Frischwasser zu bunkern, bevor die Reise in diese wunderbare Berglandschaft beginnt.

Wir verlassen dazu kurz hinter La Mure die Route Napoléon in Richtung Mens. Auch die **Pont de Ponsonnas**, unser erstes Ziel auf dieser Tour, finden wir hier schon ausgeschildert. Es geht bergab und schon nach 2,5 Kilometern haben wir die Brücke über den **Drac** auf 595 Metern Höhe erreicht **[097:** N44°52'56.9" E5°47'39.0"]. Sie ist keine leicht schwingende Fußgängerbrücke in einer Stahlkonstruktion wie am Lac de Monteynard-Avignonet, sondern eine solide Betonbrücke für den Autoverkehr, die in 103 Metern Höhe über den Fluss führt.

Parkplatz an der Brücke über den Drac.

103 Meter in die Tiefe. Bungeespringen von der Pont de Ponsonnas.

Wer wagemutig genug ist, der kann sich von dieser Brücke nur mit einem Gummiseil am Fuß oder am Körper in die Tiefe stürzen. Für diesen **Saut à l'élastique du pont de Ponsonnas**, den Sprung von der Brücke, der für den einen oder anderen der ultimative Kick zu sein scheint, zahlt man 89,00 €. Mehr darüber erfahren Sie hier www.vertige38.com. Wenn es gefallen hat und man mehrmals springen möchte, gibt es Rabatt. In den Sommermonaten Juli und August ist die Anlage täglich in Betrieb, in der Vor- und Nachsaison nur an den Wochenenden und im Winter ist sie geschlossen. Das Seil und eine Einweisung erhalten Sie in dem kleinen Holzhaus auf dem großen Parkplatz. Natürlich bekommen Sie das nicht einfach in die Hand gedrückt, sondern werden zur Absprungstelle von erfahrenem Personal begleitet und abgesichert. Leider hat sich während unseres Aufenthalts niemand gefunden, der einen

Sprung wagen wollte. Wir hätten gern zugeschaut. Aber da das für uns ohnehin nicht infrage kommt, haben wir die Reise fortgesetzt.

In **Mens** erreichen wir das **Bassin du Trièves** und befinden uns nunmehr im Übergangsgebiet zwischen den Nord- und den Südalpen.

Hier gilt es zu entscheiden. Nehmen wir die schnelle Route nach Sisteron oder kurven wir durch die Gebirgslandschaft des Dévoluy. Wir haben beides zu unterschiedlichen Zeitpunkten ausprobiert. Nehmen wir zunächst die schnellere Route und hören mit der Beschreibung hinter Aspres-sur-Buëch auf. Denn dort kommen wir auch wieder an, wenn wir die längere Route wählen, wie Sie mit einem Blick auf die Karte zu Beginn dieses Kapitels sehen können.

In der Ortsmitte von Mens geht es am Office de Tourisme in Richtung Lalley und nach rund 16 Kilometern treffen wir auf die sehr gut ausgebaute D1075, die Hauptverbindung zwischen Grenoble und Sisteron.

Unser Weg führt weiter nach Süden und man glaubt schon, die Provence riechen zu können. Nach rund 20 Kilometern auf der D1075 sehen wir auf der linken Seite markante Felsplatten bei dem Weiler **La Rochette**, auf denen, kaum erkennbar, eine Burgruine thront. Von hier sind es noch sechs Kilometer bis zur **Gorges d'Agnielles**. Die Einfahrt zu dieser Schlucht ist recht

Senkrechte Felsplatten bei La Rochette an der D1075.

unscheinbar, man ist schnell daran vorbeigefahren. Achten Sie auf das Hinweisschild am linken Straßenrand. Man durchfährt die Eisenbahnunterführung und nach 500 Metern holperiger Wegstrecke ist der Wanderparkplatz erreicht.

In der Gorges d'Agnielles.

Das enge Tal ist schattig und in den Sommermonaten angenehm frisch, im Herbst und im Frühjahr recht kühl. Besucher gibt es kaum, wir waren bereits mehrmals dort und haben nur einmal eine Gruppe angetroffen, die sich hier für eine Wanderung verabredet hatte. Hier eine große Wanderung oder Radtour zu starten ist kein Problem. Denken Sie nur daran, ausreichend Proviant und Getränke mitzunehmen, denn Sie werden auf dem Weg keine Einkehrmöglichkeiten finden. Wenn Sie die Einsamkeit mögen und für eine Übernachtung gern allein stehen, dann ist dieser Platz für Sie der richtige Ort.

(098) WOMO-Stellplatz: Gorges d'Agnielles

GPS: N44°33'25.5" E5°46'21.0", (830m); **Max. WOMOs:** 2, max. Länge 7 m. **Öffnungszeit:** Ganzjährig.
Ausstattung: Keinerlei wohnmobilspezifische Einrichtungen.
Beschreibung: Weitgehend ebene, geschotterte Stellflächen in einer bewaldeten kühlen Schlucht. Weit abseits größerer Orte. Klettersteige in der Nähe. In der Nacht sehr einsam und absolut ruhig.
Preise: Kostenlos.
Zufahrt: Die Zufahrt erfolgt von der D1075. Die Höhe für die Unterquerung der Bahnlinie ist auch für Alkovenfahrzeuge ausreichend.

Wenn Sie die Einsamkeit nicht mögen und lieber in Gesellschaft mit anderen WOMOs stehen, dann fahren Sie sechs Kilometer weiter nach **Aspres-sur-Buëch**. Der kleine Ort zählt etwas mehr als 800 Einwohner. Die Häuser scharen sich eng um die Kirche aus dem 12. Jahrhundert und schmiegen sich an die Felsen. Die wenigen Gassen am Hang über dem Fluss **Buëch** haben Sie schnell durchstreift. Viel gibt es zwar nicht zu sehen, trotzdem versprüht dieser Ort einen gewissen mediterranen Charme.

(099) Offizieller WOMO-Stellplatz: Aspres-sur-Buëch – Aire de Camping-Car

GPS: N44°31'12.8" E5°45'14.4", (766m); Avenue de la Gare, 05140 Aspres-sur-Buëch. **Max. WOMOs:** 6, max. Länge 7 m. **Öffnungszeit:** Ganzjährig, max. Aufenthaltsdauer 48 h.

Ausstattung: Wasserver- und Abwasserentsorgung mit Bodeneinlass, WC-Kassettenentleerung, Mülleimer.

Beschreibung: Ebene, überwiegend schattige Stellflächen am Ortsrand in Bahnhofsnähe. Nebenan befinden sich Sportanlagen und ein Pétanque-Spielfeld. Nachts ruhig. Die Einkaufsmöglichkeiten im Ort sind sehr begrenzt. Besser nicht mit leerem Kühlschrank herfahren.

Preise: Kostenlos, WC-Kassettenentleerung, Wasserver- und Abwasserentsorgung ebenfalls kostenlos.

Zufahrt: Im Zentrum den Hinweisschildern zum Office de Tourisme folgen. Der Platz befindet sich ca. 150 Meter hinter der Touristinformation.

Eglise St Géraud in Aspres-sur-Buëch.

Eine der Sonnenuhren im Ort.

Historisch bedeutsam waren die Kämpfe der Résistance in und um diesen Ort gegen die deutsche Wehrmacht während des Zweiten Weltkriegs. Ein Monument zu Ehren der gefallenen Soldaten auf der Bergkuppe in der Mitte des Ortes erinnert daran. Ebenso wird hier der Toten weiterer Kriege gedacht (1. Weltkrieg, Indochinakrieg). An den Häusern werden Sie beim Rundgang die eine oder andere Sonnenuhr entdecken. Sie sind typisch für die Ortschaften in dieser Region.

Soweit die kurze Route. Wir kehren nun nach Mens zurück und fahren den längeren Weg durch das Massif du Dévoluy.

Dort biegen wir am Office de Tourisme im Gegensatz zur kurzen Wegführung nach Sisteron nicht rechts, sondern scharf links ab und fahren auf der D66 in Richtung Corps. Der Ort liegt im Vallée du Drac am Lac du Sautet. Schauen Sie dazu auch in die Karte auf der Seite 138. Wenn Sie nach rund 18 Kilometern Fahrt den Hinweis nach Superdévoluy sehen, so folgen Sie diesem. Über mehrere Kilometer geht es kurvenreich durch ein bewaldetes Gebiet stets bergan, bis Sie die Schlucht **Défile de la Souloise** erreicht haben. Die Straße wird enger und steil aufragende Felsen begleiten Ihren Weg. Irgendwann weitet sich das Tal. Mit der Gebirgslandschaft des Dévoluy vor Augen fahren Sie weiter zum Ort **Dévoluy** und von dort hoch nach **Superdévoluy**, einer 1966 gegründeten Retortenstadt auf 1488 Metern Höhe, die in erster Linie als Skiresort gebaut wurde. Dort können Sie den Stellplatz anfahren, den wir auf der Seite 146 beschrieben haben. Auf dem Weg dorthin durchfahren Sie eine atemberaubende Berglandschaft, die immer wieder dazu animiert, Fotos wie das auf dieser Seite zu machen. Sehr viele Parkplätze entlang der Straße gibt es allerdings nicht. Nur vereinzelt treffen Sie auf kleine Siedlungen und Gehöfte, die in dieser Landschaft eingebettet sind.

Im Gegensatz zu den nördlichen Gebieten der französischen Alpen rund um den Mont Blanc herrschen im Dévoluy

Gebirgslandschaft im Massif du Dévoluy.

schon andere Temperatur- und Niederschlagsverhältnisse. Das Klima steht stärker unter einem südlichen, mediterranen Einfluss. Die Temperaturen sind höher, die Niederschlagsintensität geringer. Das hat erhebliche Auswirkungen auf die Vegetation und die landwirtschaftliche Nutzung, die deutlich extensiver ist als weiter im Norden. Hier finden Sie nicht so viele Almen mit Kühen, es sind eher die genügsameren Schafe und Ziegen anzutreffen. Kahle Berge sind keine Seltenheit, Gletscher oder Gletscherreste gibt es nicht.

Die Skisaison ist in dieser Region kürzer als in anderen Skigebieten der Alpen. Im Massif du Bochaine wurde der Wintersportbetrieb gar ganz eingestellt. Groß war er ohnehin nie, wie die Hotelanlagen in Céüze zeigen. Nun rosten die Liftanlagen vor sich hin, wie Sie noch sehen werden, wenn Sie unseren Beschreibungen folgen.

In Superdévoluy ist das etwas anders. Hier gibt es eine große Hotelanlage sowie etliche Appartementhäuser und Skiliftanlagen, die auf einen regen Winterbetrieb schließen lassen. In den Wintermonaten werden Schneehöhen von über einem Meter erreicht. Relativ wenig, wenn wir das zum Beispiel mit Flaine (siehe Seite 49) in Sichtweite des Mont Blanc vergleichen. Dort sind es rund drei Meter.

Klare Luft, gute Witterungsverhältnisse, kein Streulicht durch künstliche Beleuchtung und eine gute Höhenlage

(100) Offizieller WOMO-Stellplatz: Superdévoluy – Aire de Camping-Car

GPS: N44°40'39.3" E5°55'52.7", (1488m); 05250 Le Dévoluy. **Max. WOMOs:** 8, max. Länge 10 m. **Öffnungszeit:** Ganzjährig.

Ausstattung: Wasserver- und Abwasserentsorgung mit Bodeneinlass, WC-Entleerung (System Flot Bleu, siehe Seite 371), Mülleimer.

Beschreibung: Schattenlose, asphaltierte Stellflächen. Bis zum Hauptgebäude, in dem ein Hotel, zahlreiche Sportgeschäfte und Restaurants untergebracht sind, sind es 500 Meter. Kurz dahinter befindet sich der Sessellift, der auch in den Monaten Juli und August in Betrieb ist.

Preise: Hier parken und entsorgen Sie kostenlos. Frischwasser kostet 2,00 €

Zufahrt: In Superdévoluy im ersten Kreisverkehr die erste Ausfahrt nehmen. Nach 300 Metern ist der Stellplatz auf der rechten Seite erreicht.

Blick auf den Pic de Bure.

haben mit dazu geführt, dass in der Nähe des 2709 Meter hohen **Pic de Bure** das **Institut de Radioastronomie Millimétrique (IRAM)** Radioteleskope aufgestellt hat. Es ist das größte international organisierte astronomische Projekt auf europäischem Boden, das mit leistungsstarken Teleskopen wesentliche Beiträge zur Erforschung von aufstrebenden und sterbenden Sternen sowie von Schwarzen Löchern am Rande des Universums leistet. Wenn Sie sich auf den Weg zu Pic de Bure machen, werden Sie daran vorbeikommen. Wer mehr über die Arbeit des Instituts wissen möchte, kann sich hier informieren www.iram-institute.org.

Hinter der großen Hotelanlage befindet sich der Sessellift, der auch in den Sommermonaten in Betrieb ist und die VTT-Fahrer nach oben transportiert, die dann flugs den Berg wieder hinuntersausen. Es ist eine beliebte Freizeitbeschäftigung in den Bergen Frankreichs.

Bei unserem letzten Besuch fand ein großer Wettbewerb mit Hunderten von Teilnehmern statt, die in mehreren Alters- und Leistungsgruppen gegeneinander angetreten sind. Schon die Kleinen sind eifrig dabei. Das nebenstehende Foto zeigt einen der Radler in Aktion.

Über Stock und Stein dem Ziel entgegen, VTT-Fahrer in Aktion.

Wer nicht mit dem Sessellift hochfahren möchte, nimmt einen der Wanderwege. Bis zur Bergstation Jas sind es zwei bis drei Kilometer, je nachdem, welchen Weg Sie wählen. Auf dieser Distanz haben Sie etwas mehr als 400 Höhenmeter zu überwinden. Abgesehen von dem Höhenunterschied sind die Wege einfach zu gehen.

Wer sich die Wanderung bis zum 2709 Meter hohen Pic de Bure vornimmt, sollte nicht nur über ausreichende Kondition verfügen, sondern auch über Trittsicherheit und Bergerfahrung. Diese fast zehn Kilometer lange Bergwanderung (plus Rückweg) mit einem Höhenunterschied von mehr als 1200 Metern ist nichts für den ungeübten Bergwanderer.

Auf der Höhe werden Sie auch die Station einer Kabinenseilbahn entdecken. Sie wird nicht für den allgemeinen Publikumsverkehr genutzt, sondern bleibt den Wissenschaftlern des IRAM vorbehalten.

Im und am Fuße der Hotelanlage befinden sich einige Restaurants und ein Lebensmittelmarkt, die allerdings nur in der Skisaison und in den Sommermonaten Juli und August geöffnet haben.

Eine Wanderung auf den 2046 Meter hohen **Pic de Céüze** im **Massif du Bochaine** ist im Vergleich zum Pic de Bure einfacher zu bewältigen. Um **Céüze,** den Ort am Fuße des Berges, zu erreichen, verlassen wir das Massif du Dévoluy

Blick vom Pic de Céüze auf des Massif du Dévoluy mit dem Pic de Bure in der Bildmitte.

und fahren entlang des Gebirgsflusses Le Beoux hinunter in das Tal der Petit Buëch. Im Tal angekommen, geht es in Richtung Gap und in **Roche-des-Arnauds** hinauf in das Bergmassiv. Aus dem Tal bis nach Céüze sind es kurvenreiche neun Kilometer, auf denen das WOMO 600 Meter Höhenunterschied zu bewältigen hat.

Oben angekommen [**101:** N44°31'07.5" E5°56'12.7"], erwartet uns ein einfacher Parkplatz, der umgeben ist von einem ehemaligen Hotel und Apartementhäusern mit Ferienwohnungen, die in erster Linie dem Wintertourismus dienten. Verwaist wirkt der Ort nicht nur im Sommer, denn das Skigebiet wurde aufgegeben.

Falter am Wegesrand zum Pic de Céüze.

Für Wanderungen und ruhige Übernachtungen ist der Platz dagegen ideal, auch wenn Sie auf Einkehrmöglichkeiten verzichten müssen. Auf diesem plateauartigen Berg, der von oben betrachtet die Form eines Hufeisens hat, sind vielerlei Wanderungen möglich. Die steil abfallenden Felsen sind darüber hinaus ein Eldorado für Kletterfreunde, die sich insbesondere an der südlichen Flanke des Berges aufhalten.

Der höchste Punkt dieses Gebirgsmassivs befindet sich am Ostrand. Von diesem Punkt geht der Blick hinunter auf die **Furche von Gap**, einem breiten Tal, das während der letzten Eiszeit, dem Würm-Glazial, vom Durance-Gletscher geformt wurde. Mittendrin liegt die 40.000 Einwohner zählende Stadt Gap, die wir in der Tour 7 (siehe Seite 208) besuchen werden.

Es sind nicht immer nur die Aussichtspunkte, die faszinieren. Manchmal sind es auch Falter oder urwüchsige Bäume in den unteren Bereichen der Berglandschaften, die Wanderungen in diesen Gebieten abwechslungsreich machen.

Knorriger Baum am Wegesrand zum Pic de Céüze.

Weiter geht die Fahrt mit dem WOMO in Richtung Sisteron. In Roche-des-Arnauds, dem kleinen Städtchen mit 1500 Einwohnern, gibt es noch diesen kleinen Stellplatz **[102: N44°33'40.6" E5°57'21.9"]**, der sich als Parkgelegenheit für Einkäufe in der örtlichen Boulangerie oder für den Besuch in einem der beiden Restaurants des Ortes eignet.

Nächste Station auf unserer Reise ist das elf Kilometer entfernte **Veynes**. Die Kleinstadt mit etwas mehr als 3000 Einwohnern erlebte ihre wirtschaftliche Blütezeit mit dem Ausbau zu einem Eisenbahnknotenpunkt ab Ende des 19. Jahrhunderts, als Dampflokomotiven für den Transport von Gütern in dieser Region eine große Bedeutung hatten. Eine große Wandmalerei in der Rue Léon Cornand erinnert daran. Heute ist der Tourismus ein bedeutender Wirtschaftsfaktor. Im Ort gibt es eine Versorgungsstation für Wohnmobile.

(103a) Offizielle Versorgungsstation Veynes

GPS: N44°31'59.3" E5°49'21.6", (822m); 4 Avenue du Commandant Dumont, 05400 Veynes. **Max. WOMOs:** 3, max. Länge 8 m. **Öffnungszeit:** Ganzjährig.

Ausstattung: Frischwasserversorgung, Abwasserentsorgung mit Bodeneinlass, WC-Kassettenentleerung.
Beschreibung: Normaler Parkplatz, in dessen hinterem Bereich sich am Rande eines Häuschens die etwas versteckt liegende und individuell gestaltete Ver- und Entsorgungsstation befindet.
Zufahrt: Auf der D994 nach Veynes hineinfahren und im ersten Kreisverkehr die zweite Ausfahrt wählen. Nach 150 Metern auf der linken Seite auf den Parkplatz fahren.
Preise: Die Ver- und Entsorgung ist kostenlos.

Im Sommer tummeln sich die Gäste am Badesee des Freizeitparks **Base de Loisirs des Iscles** oder unternehmen Wanderungen in die Umgebung, z.B. auf den 1608 Meter hohen **Pic d'Oule**, der eine schöne Aussicht auf das Massif du Dévoluy bietet.

(103b) Offizieller WOMO-Stellplatz: Veynes – Parking Plan d'Eau

GPS: N44°31'03.5" E5°47'53.3", (789m); Les Rives du Lac, 05400 Veynes.

Max. WOMOs: 30, max. Länge 12 m. **Öffnungszeit:** April bis September, max. Aufenthaltsdauer 48 h.
Ausstattung: Mülleimer, sonst keinerlei Einrichtungen. Eine Ver- und Entsorgungsstation ist in der Stadt zu finden (siehe vorangegangene Seite).
Beschreibung: Der Platz liegt am Rande des Badesees. Dort gibt es ein gutes kleines Restaurant, das bis in die späten Abendstunden geöffnet ist.
Preise: 6,50 € pro Fahrzeug mit 2 Personen. Die Gebühr wird durch einen Platzwart einmal am Tag kassiert.
Zufahrt: Von der D994 den Hinweisschildern zum Campingplatz Les Rives du Lac folgen. Der Stellplatz befindet sich direkt neben dem Campingplatz.

Badesee in der Base de Loisirs des Iscles.

Nach einem erfrischenden Bad geht es weiter. Auf der D994 fahren wir zurück, bis wir nach etwa elf Kilometern in einem Kreisverkehr wieder auf die D1075 stoßen. Ab hier rollen wir entlang des **Buëch** weiter in Richtung **Sisteron**. Nach nur etwas mehr als einem Kilometer erreichen wir einen Picknickplatz, an dem wir nicht achtlos vorbeifahren können. Auch

(104) WOMO-Stellplatz am Buëch

GPS: N44°26'30.3" E5°42'50.3", (674m); D1075, 05700 Serres.
Max. WOMOs: 4, max. Länge 7 m. **Öffnungszeit:** Ganzjährig.
Ausstattung: Wasserversorgung, WC, Tische, Bänke, Mülleimer.

Beschreibung: Unterhalb der D1075, direkt am Fluss Buëch. Idealer, überwiegend schattiger Platz für einen Zwischenstopp auf der Fahrt in die Provence. Trotz der Nähe zur Straße sehr ruhig. Im hinteren Bereich ist es sehr eng. Wendemanöver sind dort mit größeren Fahrzeugen nicht einfach. In der Ferienzeit gibt es am Parkplatzrand einen Kiosk, der kühle Getränke und Snacks anbietet.
Preise: Kostenlos.
Zufahrt: 1,5 Kilometer vor Serres, direkt an der D1075.

Fußbad im Buëch neben dem Wanderparkplatz kurz vor Serres.

wenn er dicht an der Straße liegt, ist er ein schöner schattiger Ort, der vom Verkehrslärm nicht so stark beeinträchtigt wird, weil er unten am Flussufer liegt.

Malerisch präsentiert sich **Serres**, der nächste Ort auf unserer Reise am Fuß des Felsens Pignolette. Besonders reizvoll ist die Altstadt mit ihren engen Gassen, die man von dem Parkplatz hinter dem Office de Tourisme schnell erreicht. Wie in Aspres-sur-Buëch ist sie nicht groß und sehr viel Zeit benötigen Sie nicht, um hier einmal durchzuschlendern. Angenehm ist auch, dass im unteren Bereich der Stadt eine kleine Auswahl an Restaurants vorzufinden ist. Spitzengastronomie dürfen Sie hier allerdings nicht erwarten, es handelt sich um einfache Lokale.

(105) WOMO-Stellplatz: Serres – Parking Office de Tourisme

GPS: N44°25'46.7" E5°43'04.8", (662m); Place du Lac, 05700 Serres
Max. WOMOs: 8, max. Länge 8 m. **Öffnungszeit:** Ganzjährig.

Ausstattung: Mülleimer, sonst keinerlei wohnmobilspezifische Einrichtungen.
Beschreibung: Ortsrand am Ufer der Buëch, 250 bis 500 Meter bis zum alten Ortskern. Dort gibt es einige Restaurants. An Markttagen ist der Platz für Wohnmobile gesperrt.
Preise: Kostenlos.
Zufahrt: Nach Ankunft in der Ortsmitte im Kreisverkehr die dritte Ausfahrt nehmen.

Häuserfront der Altstadt von Serres.

Als nächste Station haben wir wieder ein großes Freibad auf dem Programm, das **Base de Loisirs de la Germanette**, südlich von Serres **[106:** N44°24'23.9" E5°43'35.9"] (638 Meter Höhe) an der Route de Sisteron. Fahren Sie bis zu dem Hinweisschild Barrage de St. Sauveur, Domaine de Germanette und biegen dort rechts ab. Jede Abfahrt vorher, die das Navi angibt, wenn Sie die Koordinaten eingegeben haben, führt über extrem holprige Wege. Die große Anlage verfügt neben dem Freibad auch über einen See, auf dem Sie Boot fahren und/oder angeln können.

Mit den nächsten beiden Orten, die wir anfahren werden, verbinden wir keine Wandervorschläge, Stadtbesichtigungen oder Ähnliches. Wir betrachten sie als reine Übernachtungs- und Versorgungsstandorte. Beide Stellplätze sind kostenfrei, beide sind ganzjährig anfahrbar und in beiden Orten kann man in den jeweiligen Supermärkten alles Notwendige für die Bordküche einkaufen. In **Les Armands** ist eine Übernachtung eher zu empfehlen als in **Laragne Monteglin**, der Stellplatz liegt einfach ruhiger. Er kann auch als Ausweichplatz für Sisteron dienen, wenn Sie dort keinen Übernachtungsplatz mehr finden oder es Ihnen dort zu laut ist.

Gut gerüstet und ausgeruht geht es nun nach Sisteron, dem letzten Etappenort dieser Tour. Die Stadt liegt 11 Kilometer von Les Armands und 17 Kilometer von Laragne Monteglin entfernt.

(107) Offizieller WOMO-Stellplatz: Laragne Monteglin – Aire Municipale

GPS: N44°18'45.0" E5°49'34.0", (562m); Rue du Souvenir, 05300 Laragne Monteglin. **Max. WOMOs:** >20, max. Länge 12 m. **Öffnungszeit:** Ganzjährig. **Ausstattung:** Wasserver- und Abwasserentsorgung mit Bodeneinlass, WC-Kassettenentleerung, Müllbehälter.

Beschreibung: Einfache, ebene, überwiegend schattige Stellflächen in der Nähe der Ortsmitte. Direkt daneben befinden sich LKW-Parkplätze. Gelegentlich weichen Brummifahrer auch auf den Stellplatz aus, wenn die LKW-Parkplätze belegt sind.
Preise: Kostenlos.
Zufahrt: Von der D1075 in die Rue du Souvenir abbiegen, 150 Meter.

(108) Offizieller WOMO-Stellplatz: Les Armands – Aire de Camping-Car

GPS: N44°15'55.7" E5°51'26.8", (613m); Les Armands Sud, 04200 Mison.
Max. WOMOs: > 4, max. Länge 8 m. **Öffnungszeit:** Ganzjährig.
Ausstattung: Wasserver- und Abwasserentsorgung mit Bodeneinlass, WC-Kassettenentleerung, WC, Müllentsorgung.

Beschreibung: Ortsrand, an einem Wäldchen neben Sportanlagen und Kindergarten.
Preise: Alles kostenlos.
Zufahrt: Hinter der Post vor einem kleinen Gemischtwarenladen rechts abfahren, dann sind es noch 250 Meter bis zum Ziel.

In Sisteron gibt es eine Reihe von Standorten, wo Sie mit dem Wohnmobil einen Platz finden können. Wir stellen sie Ihnen auf den folgenden zwei Seiten vor, bevor wir uns der Stadt widmen.

(109) WOMO-Versorgungsort: Sisteron – Super U

GPS: N44°11'28.8" E5°56'44.7", (483m); 24 Avenue de la Libération, 04200 Sisteron. **Max. WOMOs:** 10, max. Länge 8 m. **Öffnungszeit:** Ganzjährig, maximale Aufenthaltsdauer 7 Tage.

Ausstattung: Wasserver- und Abwasserentsorgung mit Bodeneinlass, WC-Kassettenentleerung, Müllentsorgung, Autowaschanlage, Waschmaschinen, Supermarkt, Tankstelle.
Beschreibung: Asphaltierte Flächen am Rande des Parkplatzes des Supermarkts Super U. Für eine Übernachtung nicht empfehlenswert, aber für den Einkauf, die Fahrzeugpflege, Tanken und Wäsche waschen ideal.
Preise: Kostenlos, WC-Kassettenentleerung, Wasserver- und Abwasserentsorgung, System Flot bleu (siehe Seite 371) 3,00 € mit Münzeinwurf.
Zufahrt: Direkt an der Avenue de la Libération (D4085).

(110) Offizieller WOMO-Stellplatz: Sisteron – Aire Municipale Melchior Donnet

GPS: N44°12'01.2" E5°56'37.9", (485m); Cours Melchior Donnet, 04200 Sisteron.**Max. WOMOs:** 5, max. Länge 7 m. **Öffnungszeit:** Ganzjährig.

Ausstattung: Wasserver- und Abwasserentsorgung mit Bodeneinlass, WC-Kassettenentleerung, Müllentsorgung, ganzjährig geöffnet.
Beschreibung: Halbwegs ebene Plätze am Ortsrand der Oberstadt. Es ist laut hier. Der Platz liegt direkt an der Cours Melchior Donnet, eine der Hauptstraßen, die in die Altstadt führen. Für den Besuch der Stadt ist er gut geeignet, für eine Übernachtung nicht empfehlenswert.
Preise: 7,00 € für ein Fahrzeug inkl. aller mitfahrenden Personen. WC-Kassettenentleerung, Wasserver- und Abwasserentsorgung 3,00 € mit Münzeinwurf oder EC-Karte.
Zufahrt: Am Ortseingang nach Überquerung der Brücke über den Buëch links abbiegen, dann im folgenden Kreisverkehr die erste Ausfahrt wählen.

(111) WOMO-Stellplatz: Sisteron – Zitadelle

GPS: N44°11'56.7" E5°56'22.8", (552m); Allée du Souvenir Français, 04200 Sisteron. **Max. WOMOs:** 10, max. Länge 8 m. **Öffnungszeit:** Ganzjährig.
Ausstattung: Keinerlei wohnmobilspezifische Einrichtungen.
Beschreibung: Weitgehend ebene Flächen am Fuße der Zitadelle. Für größere Fahrzeuge ist der asphaltierte Parkplatz am Friedhof empfehlenswert, der allerdings ein leichtes Gefälle hat. Kleinere Fahrzeuge können am Friedhof vorbei auf eine höher gelegene Terrasse fahren. Der Platz ist eben, der Untergrund eine Mischung aus Gras und Steinen. Ein idealer Übernachtungsplatz! Auf dem Foto, das von der Zitadelle aufgenommen wurde, sind beide Plätze gut sichtbar.
Preise: Kostenlos.

Zufahrt: Die Zufahrt scheint auf den ersten Blick ein wenig kompliziert, ist sie aber nicht. Am Kreisverkehr in der Stadtmitte neben dem hohen Wehrturm der Parkplatzbeschilderung zur Zitadelle folgen, das sind ungefähr 400 Meter. Am Parkplatz angekommen, hier nicht abbiegen (der ist nur für PKW), sondern geradeaus fahren, nach 180 Metern ist der untere Platz am Friedhof erreicht.

(112) Offizieller WOMO-Stellplatz: Sisteron – Aire Municipale Gare SNCF

GPS: N44°11'28.8" E5°56'44.7", (483m); 24 Avenue de la Libération, 04200 Sisteron. **Max. WOMOs:** 10, max. Länge 8 m. **Öffnungszeit:** Ganzjährig, maximale Aufenthaltsdauer 7 Tage.

Ausstattung: Wasserver- und Abwasserentsorgung mit Bodeneinlass, WC-Kassettenentleerung, Müllentsorgung.

Beschreibung: Ortsmitte, laut, zwischen der Hauptstraße, die in die Altstadt führt, und Bahngleisen. Für eine Übernachtung nur bedingt empfehlenswert.

Preise: 7,00 € für ein Fahrzeug inkl. aller mitfahrenden Personen, WC-Kassettenentleerung, Wasserver- und Abwasserentsorgung, System Flot bleu (siehe Seite 371) 3,00 € mit Münzeinwurf, Strom 4,00 €.

Zufahrt: Direkt an der Avenue de la Libération (D4085).

Sisteron – Festungsstadt der Haute-Provence

Das Durchbruchstal der Durance wird von hoch aufragenden Felsen flankiert. Auf einem der Felsen thront die **Zitadelle**. Ihr gegenüber bilden die senkrecht stehenden Platten des **Rocher de la Baume** auf der anderen Seite des Flusses eine besonders beeindruckende Felslandschaft.

Was wir heute in der Festung sehen, ist eine Mischung wehrtechnischer Bauwerke aus verschiedenen Epochen. Natürlich hatte auch Vauban (siehe Seite 232) hier seine Finger im Spiel. Wir erinnern uns: Frankreich in den Grenzen, wie wir es heute kennen, gab es zu seiner Zeit noch nicht. Savoyen war noch ein selbstständiges Herzogtum bzw. Teil des Königreichs Sardinien. Die Grenze zwischen diesen beiden Reichen

Einer der Türme der alten Stadtmauer. Daneben links die Église Notre-Dame.

war nicht sehr weit entfernt, deshalb hatte die Zitadelle über Jahrhunderte eine besondere strategische Bedeutung auf dem Weg von den Dauphinealpen in die Provence. Schon in römischer Zeit befand sich hier in **Segustero**, wie die Römer dieser Ort nannten, ein Castrum. Erst mit dem Anschluss Savoyens an Frankreich im Jahre 1860 verlor Sisteron seine strategische Bedeutung. Die Zitadelle wurde aus militärischer Sicht nutzlos. Doch von der Armee wurde sie erst 1920 endgültig aufgegeben und steht seitdem zivilen Zwecken zur Verfügung.

Gekrönt wird die Zitadelle von der Kapelle **Notre-Dame du Château** aus dem 15. Jh., die heute als Ausstellungsraum dient. Von der Aussichtsterrasse hinter der Kapelle haben Sie einen wunderbaren Blick auf die gegenüberliegende Felslandschaft **Rocher de la Baume**, auf Sisteron und in das Tal der Durance.

Innerhalb der Festungsmauern wurde ein Museum eingerichtet. Ein in einer Kasematte gestalteter Raum ist der Rückkehr Napoleons von der Insel Elba gewidmet. Er zog auf seinem Weg von Elba nach Paris mit seinen Gefolgsleuten im März 1815 durch diese Stadt und hatte dabei sehr viel Glück, denn es waren keine königlichen Truppen zugegen, die ihn an dieser engen Stelle bequem hätten abfangen können. Er wechselte hier nur kurz die Pferde und zog noch am gleichen Tag weiter in das 50 Kilometer entfernt liegende Gap und setzte von dort seinen Weg zu dem denkwürdigen Platz fort, den wir auf Seite 135 beschrieben haben.

Die Zitadelle ist von Mitte März bis Mitte November täglich für Besucher geöffnet. Sie kann ohne Führung besichtigt werden. Hunde dürfen angeleint mitgenommen werden. Weitere Informationen zu diesem Bauwerk finden Sie hier www.citadelledesisteron.fr. Der Eintritt kostet 6,80 € pro Person.

Auf der Rückseite der Zitadelle wurde 1928 ein Freilichttheater mit 1500 Sitzplätzen eingerichtet, das die prächtige Kulisse der Festung als Bühnenbild nutzt. Hier finden jährlich von Mitte Juli bis Mitte August die **Nuits de la Citadelle** statt. Das Programm besteht aus Musik- und Theaterveranstaltungen. Was geboten wird, können Sie hier einsehen www.nuitsdelacitadelle.fr. Wegen der Veranstaltungen kann es bei der Nutzung des Stellplatzes an der Zitadelle zu Einschränkungen kommen.

Nun besteht Sisteron nicht nur aus der Zitadelle. Es hat noch einige Sehenswürdigkeiten mehr zu bieten. Um bei den Verteidigungsanlagen zu bleiben, wollen wir zunächst die Türme erwähnen, die so prägnant im Stadtbild zu sehen sind. Fünf sind noch erhalten. Sie waren Teil der alten Stadtmauer und entstanden bereits Ende des 14. Jahrhunderts. Hinter diesen Türmen befindet sich die Altstadt **Vieux Sisteron** mit sehr engen dunklen Gassen. Ebenfalls sehr dunkel ist das Innere der **Église Notre-Dame**, die zwischen 1160 und 1220 im Stil der provenzalischen Romanik erbaut wurde. Das Portal mit den weißen und schwarzen Bogensteinen zeigt den lombardischen Einfluss in der Architektur dieser Zeit. Auch in der Apsis dieses fast fensterlosen Gebäudes finden sich die schwarzen und weißen Steine wieder.

Rocher de la Baume.

Wer sich für die gallo-römische Geschichte des Ortes interessiert, dem empfehlen wir einen Besuch des **Musée Gallo-Romain Sisteron**, das sich in der Rue Saunerie befindet. In dieser Gasse sind auch die meisten Restaurants der Stadt anzutreffen.

Wir wollen nun den Besuch dieser Stadt beenden und verweisen darauf, das es mit der Tour 7 auf Seite 210 weitergeht. Die Tour führt durch die grandiose Schlucht Clues de Barles und zum Lac de Serre-Ponçon. Wenn Sie in die Provence weiterreisen möchten, so empfehlen wir Ihnen den Band 38 des WOMO-Verlages. Ab Sisteron finden Sie dort alle notwendigen Informationen für einen Besuch der östlichen Provence.

Wenn Sie umblättern, sehen Sie, dass wir nach Annecy zurückkehren und uns von dort auf anderen Wegen in zwei Touren durch die Alpen erneut nach Sisteron vorarbeiten.

Blick vom linken Ufer der Durance auf Sisteron und die Zitadelle.

Seite 58
ANNECY
(445 m)
Lac d'Annecy
Veyrier-du-Lac
Sévrier
Menthon-St-Bernard
Saint-Jorioz
Thônes
(627 m)
St-Jean-de-Sixt
Tour 1
Monument National de la Résistance
Nécropole nationale des Glières
Route des Grandes Alpes
10 km
DEP. HAUTE-SAVOIE (74)
2351 m la Tournette
1699 m
Pont de l'Abîme
Lathuile
Doussard
Geopark
Le Fier
2409 m Mont Chavin
Flumet
Tour 10
Faverges
Château de Faverges
Ugine
Lescheraines
Le Châtelard
Cascade du Pissieu
Grotte et Cascade de Seythenex
Abbaye Notre-Dame de Tamié
du Massif des Bauges
Fort de Tamié
Albertville
Signal de Bisanne
Col des Saisies 1633 m
Les Saisies
Beaufortain
Villard-sur-Doron
Fromagerie
Beaufort
Cité Médiévale de Conflans
Fort du Mont
2463 m
Arêches
Col du Pré 1703 m
École
Pointe d'Arcalod 2197 m
Mont d'Arménaz
Frontenex
2041 m
2158 m
Dent d'Arclusaz
Roche Parstire 2108 m
Lac de Roselend
Lac de St-Guérin
Ref. de la Coire
Grésy-s-Isère
St-Pierre-d'Albigny
Basse Tarentaise
Val-d'Arc
Le Grand Mont 2686 m
DEP. SAVOIE (73)
Argentine
Massif Lauzière
La Léchère
Moyenne Tarentaise
Aime
Tour 10
Montalbert
Aime La Plagne
La Plagne
2829 m
Moûtiers
Basse-Maurienne
Épierre
Col de la Madeleine 2000 m
Valmorel
Salin-les-Thermes
Saint-François-Longchamp
Saint-Jean-de-Belleville
Courchevel
Saint-Etienne-de-Cuines
La Chambre
Saint-Martin-de-Belleville
Meribel
Mont Bonchor 2023 m
Pralognan la Vanoise (1422 m)
Tour 6
Massif de la Vanoise
Aiguille du Fruit 3048 m
Saint-Colomban-des-Villards
Les Menuires
St-Jean-de-Maurienne
Moyenne-Maurienne
Val Thorens (2300 m)
Dôme de l'Arpont 3599 m
Aiguille de Peclet 3561 m
Cime de Caron 3195 m
Parc National de la Vanoise

TOUR 5 (Variante 1 330 km, Variante 2 260 km)

Variante 1: Lescheraines – Albertville – La Léchère – Pralognan la Vanoise – Les Menuires – Val Thorens – Col de la Madelaine – La Chambre

Variante 2: Faverges – Seythenex – Tamié – Albertville – La Léchère – Pralognan la Vanoise – Les Menuires – Val Thorens – Col de la Madelaine – La Chambre

Stellplätze:	Lescheraines, Faverges, Abbaye Notre Dame de Tamié, Fort de Tamié, Albertville, La Léchère, Pralognan la Vanoise, Les Menuires, Val Thorens, Col de la Madelaine, La Chambre.
Campingplätze:	Keine.
Besichtigungen:	Faverges (Château), Grotte et Cascade de Seythenex, Abbaye Notre Dame de Tamié, Fort de Tamié, Albertville (Cité Médiévale de Conflans), La Léchère (Kurpark), Pralognan la Vanoise.
Wandern:	Lescheraines (zur Cascade du Pissieu), Pralognan la Vanoise, Val Thorens.
Baden/Wellness:	Lescheraines (Badesee), La Léchère (Therme).

Für die Fahrt von **Annecy** in das Tal der **Isère,** genauer in die westliche **Tarentaise**, bieten wir zum Start zwei Varianten an, die in **Albertville** zusammentreffen. Die erste führt durch das **Massif des Bauges**, die zweite durch die Tallandschaft südlich des **Lac d'Annecy** am Rande des genannten Bergmassivs vorbei. Bei der zweiten Variante haben Sie am Lenkrad deutlich weniger Arbeit zu leisten und die Höhenunterschiede auf dieser Strecke sind nicht so groß wie die der ersten Variante. Interessant sind sie beide.

Nachdem wir das mittelalterliche Städtchen oberhalb von Albertville besucht haben, geht es in nacheinander in zwei Täler des Vanoisemassivs. Wir suchen jeweils den letzten Ort in diesen Senken auf und fahren dann mit Seilbahnen weiter. Bei gutem Wetter dürfen Sie prachtvolle Blick auf die Gebirgslandschaften erwarten. Die Fahrt mit der Seilbahn auf den Cime de Caron ist für sich genommen schon ein besonderes Erlebnis.

Auf der Rückfahrt können Sie in Moûtiers überlegen, die Reise durch die französischen Alpen abzukürzen und zur Tour 10 zu wechseln. Ist Ihr Zeitbudget groß genug, geht es über den Col de la Madeleine nach La Chambre weiter, wo diese Tour endet.

Blick aus der Nähe des Ortes École auf den 2158 Meter hohen Mont d'Arménaz.

Bevor wir mit der ersten Variante beginnen, werfen wir einen Blick auf den UNESCO Géoparc Massif des Bauges.

UNESCO Géoparc Massif des Bauges

Seit der Ernennung zum UNESCO Géoparc im Jahre 2011 wurden in dem ehemaligen Naturpark verstärkt Untersuchungen und Inventarisierungen des 856 Quadratkilometer großen Naturraumes durchgeführt, zu dem auch das Semnoz-Plateau und das Gebiet um den Belvédère du Revard gehören, die wir bereits besucht haben. Das Semnoz-Plateau haben wir bereits ab der Seite 160 beschrieben, den Belvédère du Revard ab Seite 94.

Das Massif des Bauges ist eine verkarstete Landschaft mit tief eingeschnittenen Tälern und steilen Felsen, deren Gipfel zum Teil über 2000 Meter hoch sind. Die hier abgebildete Pont de l'Abîme nordwestlich von Lescheraines überspannt eines dieser tiefen Täler. Die Niederschläge in diesem Gebiet fließen zum großen Teil ober- wie unterirdisch in die beiden größten natürlichen Seen Frankreichs, den Lac d'Annecy und den Lac du Bourget. Neben den tiefen Schluchten bereichern Wasserfälle und Höhlen die Naturlandschaft und sind Ziele von Wanderern und Sportlern, die hier nicht nur mit Rädern unterwegs sind, sondern in den tiefen Schluchten auch Canyoning betreiben, wie nördlich von Lescheraines.

Dicht besiedelt ist dieser Raum nicht. Dort, wo es die Flächen zulassen, wird Landwirtschaft betrieben. Weidewirtschaft steht im Vordergrund. An vielen Orten wird Käse produziert. Der Tome de Bauges, ein AOC-Käse (Appellation d'Origine Contrôlée), hat dabei überregionale Bekanntheit erlangt.

Mehr zum Géoparc erfahren Sie auf dieser Seite http://missions.parcdesbauges.com.

Starten wir nun mit der ersten Variante. Wenn Sie auf dem Semnoz-Höhenzug genächtigt haben, geht es nach **Lescherains** zunächst kurvenreich hinunter. Wenn Sie irgendwo am See ihren Platz gefunden haben, geht es leicht bergan. Lescherains liegt auf etwa 600 Metern Höhe. Das Bergbauerndorf zählt rund 750 Einwohner. Lebten die Bewohner des Ortes lange Zeit nur von der Landwirtschaft, so hat sich dies in den letzten Jahrzehnten geändert. Auch hier im Hinterland

(113) Offizieller WOMO-Stellplatz: Lescheraines – Base de Loisirs

GPS: N45°42'12.4" E6°06'40.1", (611m); Base de Loisirs, 73340 Lescheraines. **Max. WOMOs:** 10, max. Länge 9 m. **Öffnungszeit:** April – Sept. Max. Aufenthaltsdauer 48h.
Ausstattung: Wasserver- und Abwasserentsorgung mit Bodeneinlass, WC-Kassettenentleerung, Müllentsorgung.
Beschreibung: Im Vorfeld des Campingplatzes L'Île du Chéran www.savoie-camping.com. Der Platz liegt in einem Wald am Ortsrand, Entfernung zum See 50 bis 100 Meter, nachts sehr ruhig.

Preise: 4,00 € pro Fahrzeug mit 2 Personen, Frischwasser 1,50 € (nur mit Jetons, die es an der Rezeption des Campingplatzes gibt, dort ist auch die Stellplatzgebühr zu entrichten), Abwasserentsorgung kostenlos. Kurtaxe 0,80 € pro Person. Die Nutzung der Einrichtungen auf dem Campingplatz ist im Preis nicht enthalten. In der Nachsaison ist der Platz kostenlos.
Zufahrt: Ab der Ortsmitte von Lescheraines der Beschilderung "Base de Loisirs" folgen.

Blick auf einen der Seen in Lescheraines in der Nachsaison.

des viel besuchten Lac d'Annecy hat man den Tourismus für sich entdeckt. Die vorhandenen natürlichen Bergseen wurden zu einer **Base de Loisirs** umfunktioniert. Hier finden Sie alle möglichen Einrichtungen für sportliche Aktivitäten und an den Seen alles, was kleine und große Wasserratten lieben. Vom Planschbecken über Rutschen, Tretboote und Liegewiesen ist alles dabei. Die Güte der Wasserqualität unterliegt ständigen Kontrollen. Die Ergebnisse der Analysen werden für jedermann sichtbar an der Sanitätsstation ausgehängt, die allerdings nur in den Sommermonaten besetzt ist. Kurzum: Eine schöne, ruhige und qualitätsorientierte Anlage, die für Familien mit Kindern einen idealen Urlaubsort darstellt. Wenn Sie länger als 48 Stunden hier verweilen wollen, dann werden Sie gebeten, den Campingplatz zu nutzen.

Cascade du Pissieu.

Für eine Wanderung zur vier Kilometer entfernten **Cascade du Pissieu** benötigen Sie etwa eine Stunde. Der Wasserfall ist in den Prospekten in der Regel als großes rauschendes Gewässer abgebildet. Seien Sie nicht enttäuscht, wenn Sie ihn nur als Rinnsal vorfinden. In trockenen Sommern führt er nur wenig Wasser. Aber immerhin hatte er noch Wasser und war nicht so knochentrocken wie die Cascade de Cerveyrieu, die wir in der Tour 2 aufgesucht haben (siehe Seite 83).

Wir fahren nun weiter durch die schöne Gebirgslandschaft des **Massif des Bauges** nach Albertville. Einen weiteren Zwischenstopp legen wir auf dieser Route nicht ein. Wenn Sie dieser Route gefolgt sind, geht es auf der Seite 167 mit dem Stellplatz nahe der Cité Médiévale de Conflans weiter.

Mit **Faverges** beginnt die zweite Variante auf unserem Weg in die westliche Tarentaise. Vom Südrand des Lac d'Annecy bis zu dieser rund 7000 Einwohner zählenden Kleinstadt sind es nur acht Kilometer, die fast ohne eine Kurve auf der Strecke sehr schnell zu bewältigen sind.

Bis zum schön eingerichteten Zentrum des Ortes mit zahlreichen Läden, Cafés und Restaurants sind es vom Stellplatz zu Fuß rund 800 Meter. Auf dem Weg dorthin sieht man den Wehrturm des Châteaus über dem Ort aufragen. Über eine schmale Gasse ist dieser nach weiteren 500 Metern erreicht. Der Anstieg ist nicht schwierig, der Höhenunterschied beträgt rund 140 Meter. Der Wehrturm oder **"Donjon"**, wie er im

Der Wehrturm des Châteaus ist das Wahrzeichen von Faverges.

(114) Offizieller WOMO-Stellplatz: Faverges

GPS: N45°44'58.4" E6°17'10.1", (511m); 352 Route d'Annecy, 74210 Faverges. **Max. WOMOs:** > 10, max. Länge >10 m. **Öffnungszeit:** Ganzjährig.

Ausstattung: Wasserver- und Abwasserentsorgung mit Bodeneinlass, WC-Kassettenentleerung, Müllentsorgung.
Beschreibung: Befestigter, staubiger Platz neben einem Sportplatz, Supermarkt in der Nähe, nicht ruhig.
Preise: Gebührenfrei, Frischwasser und Abwasserentsorgung kostenlos. Max. Aufenthaltsdauer 7 Tage.
Zufahrt: Den ersten Kreisverkehr der Stadt mit der zweiten Ausfahrt Richtung „Centre" verlassen. Nach 1,5 Kilometern ist der Platz auf der rechten Seite erreicht.

Französischen genannt wird, kann bestiegen werden. Er ist nachmittags von 14:30 bis 18:30 Uhr geöffnet. Der Eintritt kostet 2,00 €. Wer einen Museumstag verbringen möchte, der kauft sich ein Sammelticket für 7,00 € und kann dann neben der Besteigung des Turms auch gleich das **Schmetterlingsmuseum** besuchen, das sich neben dem Wehrturm befindet, und das **Archäologische Museum** in der Route de Viuz. In drei Sälen werden dort Exponate gezeigt, die von der Jungsteinzeit bis in das 18. Jahrhundert reichen. Ob das alles für Sie interessant ist, können Sie hier https://museumfaverges.fr und hier http://viuz.sav.org nachschauen.

Der Stellplatz in Faverges eignet sich auch gut für einen Radausflug nach Annecy, denn hier beginnt der Radweg, der auf der stillgelegten Eisenbahnstrecke entlang des Sees angelegt wurde.

Die **Grotte et Cascade de Seythenex** stehen nun auf dem Programm. Um dorthin zu gelangen, verlassen wir Faverges über die D12, die Route de Tamié. Wir achten auf den Wegweiser zur Grotte und Kaskade, der uns rechts abbiegen lässt. Nach einem Kilometer haben wir den kleinen Parkplatz [GPS: N45°43'55.8" E6°17'57.5"] an der Voie Communale N°112 in 74210 Seythenex erreicht. Die Kaskaden haben eine Gesamthöhe von 45 Metern und stürzen über mehrere Stufen zu Tal. Mit einem Blick lassen sie sich nicht erfassen. Auf dem nebenstehenden Foto ist nur der untere Teil des Wasserfalls zu sehen.

Der Wasserfall in Seythenex.

Die Grotte ist etwa einen Kilometer lang, davon sind rund 250 Meter begehbar. Es ist keine Tropfsteinhöhle, sondern ein ehemaliger unterirdischen Wasserlauf, durch den Sie geführt werden. Eine weitere Attraktion dieses Ortes sind zwei Zip-Lines, Seilrutschen mit einer Länge von 150 Metern, die in 40 Metern Höhe am Wasserfall vorbeiführen. Die Kaskade und die Grotte sind nur von April bis September für Besucher zugänglich. Ebenso ist die Zip-Line nur zu dieser Zeit in Betrieb. Über die genauen Öffnungszeiten und Eintrittspreise informiert diese Seite www.grotte-cascade-seythenex.com.

Und weiter geht die Fahrt mit dem WOMO. Der Weg führt uns zurück auf die D12 und über die Départementgrenze hinweg zur Trappisten-Abtei **Notre-Dame de Tamié**. Dieses recht abseits gelegene Kloster ist ein spiritueller Rückzugsort. Für den „normalen“ Besucher ist nur die Kirche zugänglich. Wer für ein paar Tage oder auch für längere Zeit aus dem Alltag aussteigen möchte und Besinnung sucht, der kann hier aufgenommen werden, ohne gleich dem Orden beitreten zu müssen. Ansonsten ist die Klostergemeinschaft für ihre Käseproduktion bekannt. Der **"Abbaye de Tamié"**, ein Camembert, kann neben vielen anderen Produkten in dem modernen Shop vor dem Kloster erworben werden. Ein leckerer Käse,

Die Abbaye Notre-Dame de Tamié.

(115) Offizieller WOMO-Stellplatz: l'Abbaye Notre-Dame de Tamié

GPS: N45°40'55.0" E6°18'18.1", (889m); 406 Chemin de Martignon, 73200 Plancherine. **Max. WOMOs:** 2, max. Länge 9 m. **Öffnungszeit:** Ganzjährig.

Ausstattung: Keine.
Beschreibung: Asphaltierter, leicht geneigter Platz vor der Zufahrt zum Kloster. Nachts sehr ruhig.
Preise: Gebührenfrei, max. Aufenthaltsdauer 24h.
Zufahrt: Ab Seythenex der bereits mit "Abbaye de Tamié" ausgeschilderten Straße D12 folgen. Die D12 geht nach dem Überschreiten der Departementgrenze in die D201C über.

jedenfalls nach unserem Geschmack. Dazu ein Baguette und ein Glas Rotwein und das Abendessen ist schon fast perfekt. Ausruhen und übernachten können Sie auf dem Parkplatz vor dem Kloster oder rund zwei Kilometer weiter am Fort de Tamié. Hier ist es in der Nacht absolut ruhig.

Von beiden Standorten können Sie Wanderungen in das Massif des Bauges unternehmen. Am Kloster wie am Fort finden Sie dazu auf großen Tafeln einige Wandervorschläge und auch VTT-Routen. Wanderkarten für die Region können Sie im Shop vor dem Kloster erwerben.

Das **Fort de Tamié** ist eine der Befestigungsanlagen, die dem **Système Séré de Rivières** angehören, dem Grenzsicherungssystem, das Frankreich nach dem verlorenen Krieg 1870/71 gegen Deutschland errichtete. Fort de Tamié ist das größte dieser Region und sollte das breite Isèretal, das Tamietal und Albertville schützen. Das Fort ist tagsüber frei zugäng-

Blick vom Fort de Tamié in das Tal der Isère.

(116) WOMO-Stellplatz: Fort de Tamié

GPS: N45°40'18.7" E6°18'39.3", (977m); 5966 Route du Collet de Tamié, 73200 Mercury. **Max. WOMOs:** 3, max. Länge 7 m. **Öffnungszeit:** Ganzjährig. **Ausstattung:** Keine.

Beschreibung: Geschotterte, waagerechte Flächen am Waldrand vor dem Eingang zum Fort. Nachts absolut ruhig.
Preise: Gebührenfrei, max. Aufenthaltsdauer 24h.
Zufahrt: Vom Kloster Abbaye de Tamié kommend der D201C weiter folgen und nach ca. einem Kilometer links in die D104 abbiegen. Fort de Tamié ist ausgeschildert, die Straße sehr schmal.

Geschütz im Fort de Tamié.

lich. Seit 2013 wird das weitläufige Gelände innerhalb der Festungsmauern als Freizeitpark mit Hochseilgarten, Spiel- und Picknickplätzen genutzt. Die Geschützstellungen und Festungsgebäude dienen dabei als Kulisse. Über das gesamte Angebot informiert diese Seite www.fort-de-tamie.com.

Vom Fort der Tamié bis zur **Cité Médiévale de Conflans** in **Albertville** sind es rund 15 Kilometer. Die Straßen dorthin sind gut ausgeschildert, es ist kein Problem, den richtigen Weg zu finden.

Albertville wurde 1836 von König Karl Albert I. von Sardinien-Piemont und Herzog von Savoyen gegründet. Die neue Stadt wurde neben dem bereits bestehenden Ort Conflans im Tal am Zusammenfluss von Arly und Isère angelegt. Die wirtschaftliche Entwicklung konzentrierte sich von nun an auf das neu gegründete Albertville. Conflans verlor an Bedeutung, blieb in seinen mittelalterlichen Strukturen erhalten und unbeachtet, bis der moderne Tourismus diesen Ort wiederentdeckt hat. Heute finden sich zahlreiche Besucher ein, wie man unter anderem an den dicht gedrängt stehenden Wohnmobilen auf dem Stellplatz erkennen kann.

(117) Offizieller WOMO-Stellplatz: Albertville – Cité Médiévale de Conflans

GPS: N45°40'25.8" E6°23'48.6", (375m); Montée Adolphe Hugues, 73200 Albertville. **Max. WOMOs:** > 10, max. Länge > 10 m. **Öffnungszeit:** Ganzjährig. Max. Aufenthaltsdauer 24h.

Ausstattung: Wasserver- und Abwasserentsorgung mit Bodeneinlass, WC-Kassettenentleerung, Mülleimer.
Beschreibung: Überwiegend schattiger Platz neben einem Friedhof, 400 Meter bis zur Altstadt. Nachts sehr ruhig.
Preise: Gebührenfrei, Frischwasser und Abwasserentsorgung kostenlos.
Zufahrt: Den Hinweisschildern zur Cité Médiévale folgen.

Cité Médiévale de Conflans

Die Port de Savoie ist das Eingangstor der mittelalterlichen Altstadt. Sie ist nur 200 Meter vom Stellplatz entfernt. Hat man das Tor durchschritten, befindet man sich in der Rue Gabriel-Pérouse. Hier fallen sofort die vielen Zunftschilder auf. Sie schmücken die Gasse und unter so manchem Schild finden sich Handwerker, die dem Beruf der angezeigten Zunft tatsächlich nachgehen, allerdings nicht in mittelalterlicher Weise.

Die **Église Notre Dame de l'Assomption** steht ein wenig abseits der Gasse, die einige Meter weiter auf einen kleinen malerischen Platz führt, der das Zentrum der mittelalterlichen Stadt bildet. Hier gibt es mehrere Restaurants, darunter das Ô Besoin d'Air, das sich der Haute Cuisine, der klassischen französischen Küche, verpflichtet fühlt. Auf dieser Seite www.obesoindair.com können Sie einen Blick in die Speisekarte werfen. Das **Maison Rouge**, das Sie von die-

Place de Conflans in der Cité Médiévale. Links das Maison Rouge.

sem Restaurant im Blick haben, diente einst als Kloster und ist heute das Stadtmuseum. Es ist das einzige Gebäude der Stadt, das mit roten Backsteinen gebaut wurde. Hier erfahren Sie alles über die Geschichte des Ortes und der Region. Das **Musée d'art et d'histoire**, wie es offiziell heißt, geht bis in die römische Zeit zurück und widmet sich auch den Anfängen des Wintersports, für den Albertville nicht erst seit den Olympischen Winterspielen von 1992 sehr bekannt ist. Auf dieser Seite www.albertville.fr können Sie das Museum und den Ort virtuell besichtigen, wenn Sie Culture & Patrimoine aufrufen.

Wenn Sie hinter dem Maison Rouge gleich rechts weiter hochgehen, gelangen Sie zu der Aussichtsterrasse **La Grand Roche**. Die Aussicht reicht auf der einen Seite über Albertville und das Tal der Isère hinweg bis in das Massif de la Chartreuse. Auf der anderen Seite geht der Blick tief in die Basse Tarentaise in Richtung La Léchère und dann ist da noch der Blick auf die Altstadt mit der Kirche und dem Tour Sarrasine zu nennen, wie Sie es auf diesem Foto sehen.

Tour Sarrasine und Église Notre Dame in der Cité Médiévale de Conflans.

Nach dem schönen Rundgang durch die Altstadt begeben wir uns nun auf den Weg in die Basse Tarentaise nach La Léchère. Tarentaise? In den Broschüren der Tourismusämter dieser Region sowie in Werbeprospekten und auf Plakaten wird Ihnen der Begriff immer wieder begegnen. Aber was ist das eigentlich genau? Klären wir doch erst einmal, was darunter zu verstehen ist.

La Tarentaise

Als Tarentaise bezeichnet man den Oberlauf der Isère von der Quelle bei Val d'Isère bis nach Albertville mit all ihren Nebentälern. Die Isère verläuft hier in einer sinusförmigen Welle und trennt das Mont-Blanc-Massiv im Norden vom Massif de la Vanoise im Süden. Die Tarentaise war gleichzeitig eine der historischen Provinzen Savoyens. Sie wird in drei Abschnitte gegliedert. Die Basse Tarentaise reicht von Albertville bis nach Moûtiers. Der mittlere Teil, die Moyenne Tarentaise, befindet sich zwischen Moûtiers und Bourg-Saint-Maurice. Der letzte Teil, die Haute Tarentaise, reicht bis zur Quelle der Isère. Auf unseren Tourenkarten sind die Begriffe entsprechend verzeichnet, ein Blick darauf macht die Orientierung leichter.

Nun aber auf in die Tarentaise! Wir fahren rund 22 Kilometer von Conflans bis zum Kurort La Léchère. Der kleine Ort mit nicht einmal 2000 Einwohnern verfügt über ein Thermalbad sowie über verschiedene Einrichtungen der Gesundheitsvorsorge und der Rehabilitation. Spezialisiert ist man hier auf Rheumaerkrankungen. Neben den klassischen Kuranwendungen werden auch "Minikuren" angeboten. Falls es also auf der Reise mal aus irgendeinem Grunde zwickt, können Sie hier mit dem WOMO vorfahren und es wird Ihnen sicher mit Massagen und Bädern geholfen. Mehr über das Angebot des Kurbetriebs erfahren Sie hier: www.thermes-lalechere.com.

(118) Offizieller WOMO-Stellplatz: La Léchère

GPS: N45°31'09.8" E6°29'04.0", (441m); Village 92, 73260 La Léchère.
Max. WOMOs: 12, max. Länge >10 m. **Öffnungszeit:** Ganzjährig, Max. Aufenthaltsdauer 21 Tage.

Ausstattung: Wasserver- und Abwasserentsorgung mit Bodeneinlass etwas abseits des Parkbereichs, WC-Kassettenentleerung, Müllentsorgung.
Beschreibung: Asphaltierte Flächen am Rande des PKW-Parkplatzes. Der Kurpark an der Isère ist 500 Meter entfernt.
Preise: Die ersten 48 h kostenlos, danach 3,00 € pro Fahrzeug mit 2 Personen, Frischwasserversorgung sowie Abwasserentsorgung sind kostenlos.
Zufahrt: Über den Kreisverkehr an der Straße D97, die zur Therme führt.

Wir haben uns hier nicht lange aufgehalten und auch keine Minikur gemacht. Nach einem Spaziergang durch den schönen Kurpark, bei dem wir den Pétanquespielern ein wenig zugeschaut haben, sind wir weitergefahren. Wir wenden uns nun dem Hochgebirge zu. Noch ein Tipp vorweg: Wenn Sie unserer Routenführung folgen, ist es gut, an dieser Stelle alle Ver- und Entsorgungen zu erledigen. Auf dem weiteren Weg wird es eine Weile dauern, bis Sie dafür erneut die Gelegenheit haben werden.

Pétanque ist ein Volkssport in Frankreich, auch im Kurpark von La Léchère.

Die Liste der Orte, die im Hochgebirge der Tarentaise aufgesucht werden können, ist zwar nicht unendlich, aber sie ist lang. So lang, dass damit ein ganzes Buch gefüllt werden könnte. Alle werden wir nicht besuchen. Bekannte Skiorte wie Valmorel, Meribel und Courchevel haben wir ausgelassen und stattdessen eine Auswahl an Orten getroffen, die uns aus verschiedenen Gründen interessant erscheinen. In der Tour 10 finden Sie übrigens weitere Städte der mittleren und der oberen Tarentaise beschrieben, darauf sei an dieser Stelle hingewiesen.

Für diese Tour haben wir als ersten Hochgebirgsort **Pralognan la Vanoise,** am Rande des Parc National de la Vanoise ausgesucht, der rund 33 Kilometer von La Léchère entfernt liegt. Nach kurvenreicher Fahrt steuern wir diesen Stellplatz an.

(119) Offizieller WOMO-Stellplatz: Pralognan la Vanoise – Parking du Bouquetin

GPS: N45°22'59.4" E6°43'09.3", (1416m); Route des Grands Prés, 73710 Pralognan la Vanoise. **Max. WOMOs:** 4, max. Länge 8 m. **Öffnungszeit:** Ganzjährig.

Ausstattung: Wasserversorgung, WC.

Beschreibung: Ebene, asphaltierte Plätze entlang der Friedhofsmauer am Rande des PKW-Parkplatzes in der Ortsmitte.

Preise: Kostenlos.

Zufahrt: Im Ort bis zum ersten Kreisverkehr fahren, dort den Hinweisschildern zum Parking du Bouquetin folgen und dann die zweite Straße rechts nehmen.

Pralognan ist im Gegensatz zu so manchem Skiort in dieser Region keine Retortenstadt. Es ist eine kleine Gemeinde, die auf eine mehr als hundertjährige Tradition als Luftkur- und Wintersportort zurückblicken kann. Der Ort ist ein guter Ausgangspunkt für Wanderungen in den nahe gelegenen **Parc National de la Vanoise**. Den 2023 Meter hohen **Mont Bochor** können Sie in einer rund dreistündigen Wanderung erklimmen. Die Kabinenseilbahn schafft die 600 Meter Höhenunterschied bis zum Gipfel in drei Minuten. Hin und zurück mussten dafür im Jahr 2022 11,00 € pro erwachsener Person gezahlt werden. Oben angekommen, bietet sich Ihnen ein fantastisches Panorama, das sich noch steigern lässt, wenn Sie zum 2517 Meter hohen **Col de la Vanoise** weitergehen. Um diesen Sattel mit mehreren Bergseen zu erreichen, benötigen Sie mindestens zwei Stunden. Bevor Sie den Rückweg antreten, können Sie sich in der bewirtschafteten Hütte stärken. Für

Pralognan la Vanoise, Kabinenseilbahnstation zum Mont Bochor.

Einer der Bergseen am Col de la Vanoise.

Blick vom Cime de Caron auf Val Thorens.

diese und alle anderen Hütten im Nationalpark finden Sie hier weitere Informationen: www.refuges-vanoise.com. Für die Orientierung vor Ort empfehlen wir, die Wanderkarte **Parc National de la Vanoise** in einem der Shops in Pralognan zu erwerben.

Wir fahren nunmehr weiter zu unserem nächsten Ziel **Val Thorens**, das rund 55 Kilometer entfernt liegt. Zunächst geht es wieder hinunter in Richtung Moutiers bis nach Salin-les-Thermes und von dort weiter nach Val Thorens. Auf dem langen und kurvenreichen Weg kommen wir in Les Menuires an einem Stellplatz vorbei, auf den wir bei der Rückfahrt noch eingehen werden.

Jetzt fahren wir erst einmal hoch nach Val Thorens, einem der höchstgelegenen Skiorte in Europa. Der riesige Parkplatz am

Aussicht vom Cime de Caron auf 3195 Metern Höhe. Im Hintergrund ist das Massif des Écrins mit dem Gletscher des Grand Pic de la Meije erkennbar. Er liegt in der Nähe des Col du Lautaret. Luftlinie etwa 37 km.

Ortseingang **[120:** N45°17'51.7" E6°33'52.1"] auf 2075 Metern Höhe ist in den Sommermonaten fast verwaist. Im Sommer kommen nur Bergsteiger und VTT-Fahrer hierher. Letztere steigen an der Zwischenstation der Seilbahn aus, die zum 3195 Meter hohen **Cime de Caron** führt, um dann in halsbrecherischem Tempo den Hang hinunter zu sausen. Ein beliebter Sport, den kennen wir schon und Sie mittlerweile auch. Wir haben erst gar nicht angefangen zu zählen, wie viele VTT-Strecken in den Sommermonaten in den französischen Alpen in Betrieb sind, dennoch weisen wir immer wieder darauf hin.

Seilbahnstation auf dem Cime de Caron.

Die Seilbahn ist eine interessante Konstruktion. Kleine Gondeln bringen uns von unten zur Zwischenstation. Von dort geht es mit einer großen Seilbahn weiter. Bis zu 150 Personen passen in eine Kabine. In den Sommermonaten ist sie nie ganz gefüllt. Sie wurde in erster Linie für den Transport der Skifahrer in den Wintermonaten gebaut, die in diesem hohen und schneesicheren Gebiet ihren Skiurlaub verbringen und denen dabei 600 Pistenkilometer zur Verfügung stehen. Mehr dazu finden Sie auf dieser Seite www.valthorens.com.

Fantastisch ist die Aussicht von der Bergspitze auf die Gebirgslandschaft der Alpen, die Sie von den eingerichteten

Auf dieser Seite ist am rechten Rand das vergletscherte Massiv Grandes Rousses mit dem Pic du Lac Blanc, dem Hausberg von Alpe d'Huez, in einer Entfernung von rund 38 Kilometern zu sehen.

Aussichtspunkten mit Orientierungstafeln oder von der Terrasse des Bergrestaurants genießen können. Auf der einen Seite schauen Sie in Richtung des Massif des Écrins und auf die Grandes Rousses und auf der anderen Seite geht der Blick über Val Thorens hinweg bis zum Mont Blanc, dessen Spitze leider allzu oft in Wolken gehüllt ist.

Fahren wir wieder hinunter und setzen die Tour mit dem WOMO fort. Auf dem Rückweg in das Tal schauen wir noch, wie angekündigt, bei diesem Stellplatz vorbei.

(121) Offizieller WOMO-Stellplatz: St. Martin de Belleville – Station Les Menuires

GPS: N45°19'30.1" E6°32'03.9", (1739m); Preyerand, 73440 St. Martin de Belleville. **Max. WOMOs:** 40, max. Länge 8 m. **Öffnungszeit:** Ganzjährig. **Ausstattung:** Wasserver- und Abwasserentsorgung mit Bodeneinlass, WC-Kassettenentleerung, Müllentsorgung, Stromanschlüsse.

Beschreibung: Ebene, asphaltierte Plätze auf einer Anhöhe über der D117 am Ortsrand. Skiliftanlagen in der Nähe. Die Versorgungsstation befindet sich erfreulicherweise außerhalb des Stellplatzgeländes, sodass man sie auch anfahren kann, ohne die Gebühren für den Platz entrichten zu müssen.

Preise: 11,00 € pro Fahrzeug, 0,66 € Kurtaxe pro Person, Wasserver- und Abwasserentsorgung sowie Strom 2,00 €. Die Zahlung der Stellplatzgebühr erfolgt mit der EC- oder Visakarte. Die Zahlung an der Versorgungsstation mit dem System Flot Bleu (siehe Seite 371) erfolgt entweder mit der EC-Karte oder mit Jetons.

Zufahrt: Über die D117.

Haben wir bei anderen Routenplanungen doch zumeist das Glück, ohne zurückzufahren von Ort zu Ort weiterziehen zu können, so funktioniert das hier in den Alpen oft nicht. Fährt man in ein Tal hinein, das in einem Kessel endet, muss man wohl oder übel denselben Weg zurückfahren. Das können lange Strecken sein, so ist es auch hier auf unserem weiteren Weg zum nächsten Ziel. Bis an die Isère bei Moutiers sind 37 Kilometer zurückzulegen und weitere 33 bis zum **Col de la Madeleine** [**122:** N45°26'07.2" E6°22'32.8"], unserem nächsten Etappenziel. Die Pass-Straße ist nicht nur bei Radfahrern sehr beliebt, sondern auch bei Cabrio- und Motorradfahrern. Bei der Aussicht auf die Bergwelt, insbesondere auf den Mont Blanc, ist das kein Wunder. Der kleine Parkplatz ist bei gutem Wetter in den Sommermonaten so mit PKW gefüllt, dass es schwierig werden kann, einen Platz für das WOMO zu finden. Unzählige Radler und Motorradfahrer haben ihre Zweiräder in der Nähe der kleinen Restaurants und Cafés abgestellt und sitzen drau-

Blick vom Col de la Madeleine auf das Mont-Blanc-Massiv.

ßen bei einem Becher Eis, einem Kaffee oder einer Pizza. So lässt sich leibliches Wohl mit Augenschmaus verbinden.

Wanderungen sind sowohl im Massif Lauzière wie im Massif de la Vanoise in Richtung Valmorel möglich.

Im Jahre 1969 führte die Tour de France zum ersten Mal über diesen Pass. Seit dieser Zeit scheint der Col de la Madeleine ein Dauerabo auf die Teilnahme an diesem Radsport-Großereignis zu haben. Mindestens 25 weitere Male mussten sich die Radrennfahrer hier hochquälen. Rekordhalter für den Aufstieg von La Chambre bis zum Pass ist Richard Virenque. 56 Minuten nach dem Start war er oben. Wenn wir uns Mühe geben, schaffen wir das bergab auch in der Zeit.

Auf dem Col de la Madeleine.

Auch diese Radfahrerfamilie hat den Col de la Madeleine als Etappenziel erreicht.

Tarentaise-Rinder auf der Alm am Col de la Madeleine.

Wir lassen uns aber Zeit, werfen noch einen Blick auf die vielen Tarentaise-Rinder, die an ihrer rotbraunen Farbe gut erkennbar sind, und schauen ihnen beim Grasen zu. Diese jahrhundertealte Rasse ist in der Lage, auch in großen Höhen zu leben und in steilem Gelände und rauem Terrain zu weiden. Auf dem weiteren Weg durchfahren wir die Bettenburgen des Skiortes St-François-Longchamp und nach rund 20 Kilometern haben wir den Stellplatz am Ortsrand von **La Chambre** erreicht. Wie der Beaufort von der Milch der Tarentaise-Rinder schmeckt, können Sie bei einem Einkauf in der **Laitière** in Sichtweite des Platzes herausfinden. Es sind aber noch mehr Käsesorten sowie Fleisch- und Wurstwaren im Angebot wie Sie auf dieser Seite www.coop-delachambre.fr sehen können, auf der Sie auch die Öffnungszeiten erfahren. Auf der Seite wird auch der Herstellungsprozess des Käses erläutert. Die Besichtigungen mit Käseverkostungen, wie es sie vor der Pandemie gegeben hat, finden offensichtlich nicht mehr statt. Die Laitière ist übrigens eine der Verkaufsstellen, in der Sie Jetons für die WC-Kassettenentleerung erhalten können.

Die Ortsmitte von La Chambre.

(123) Offizieller WOMO-Stellplatz:
La Chambre – Aire Municipal de Camping Cars

GPS: N45°21'46.5" E6°17'50.5", (474m); Place du Champ de Foire, 73130 La Chambre. **Max. WOMOs:** 10, max. Länge 8 m. **Öffnungszeit:** Mitte April bis Mitte Oktober. Max. Aufenthaltsdauer 72 h.

Ausstattung: Wasserver- und Abwasserentsorgung mit Bodeneinlass, WC-Kassettenentleerung System Flot Bleu (siehe Seite 371), Müllentsorgung.

Beschreibung: Ebene, asphaltierte Plätze am Ortsrand in der Nähe des Flusses Arc, einem Nebenfluss der Isère.

Preise: Kostenlos, Abwasserentsorgung ist ebenfalls kostenlos. Für die WC-Kassettenleerung und für Frischwasser sind 2,00 € zu entrichten. Das funktioniert nur mit Jetons, die es in mehreren Läden in der Stadt zu kaufen gibt. Welche das sind, ist an der Versorgungsstation vermerkt.

Zufahrt: Über die D76A, die Fortsetzung der Grand Rue, die mitten durch den Ort in Richtung Albertville führt.

Das nette Städtchen verfügt darüber hinaus über kleine Restaurants, die in der Ortsmitte 500 Meter vom Stellplatz entfernt zu finden sind. In 100 Metern Entfernung vom Stellplatz können Sie im **Boulodrome** (Richtung Col de la Madelaine) in einem weiteren Restaurant französische Küche genießen. Das Lokal sieht zwar von außen recht unscheinbar aus, bietet aber einen guten, preiswerten und freundlichen Service. Hier beenden wir mit einem **Fondue Savoyarde** und einem Vin de Savoie diese Tour.

Im nächsten Kapitel werden wir unter anderem das Gebirgsmassiv Grandes Rousses, das wir vom Cime de Caron schon aus der Ferne gesehen haben, etwas näher betrachten.

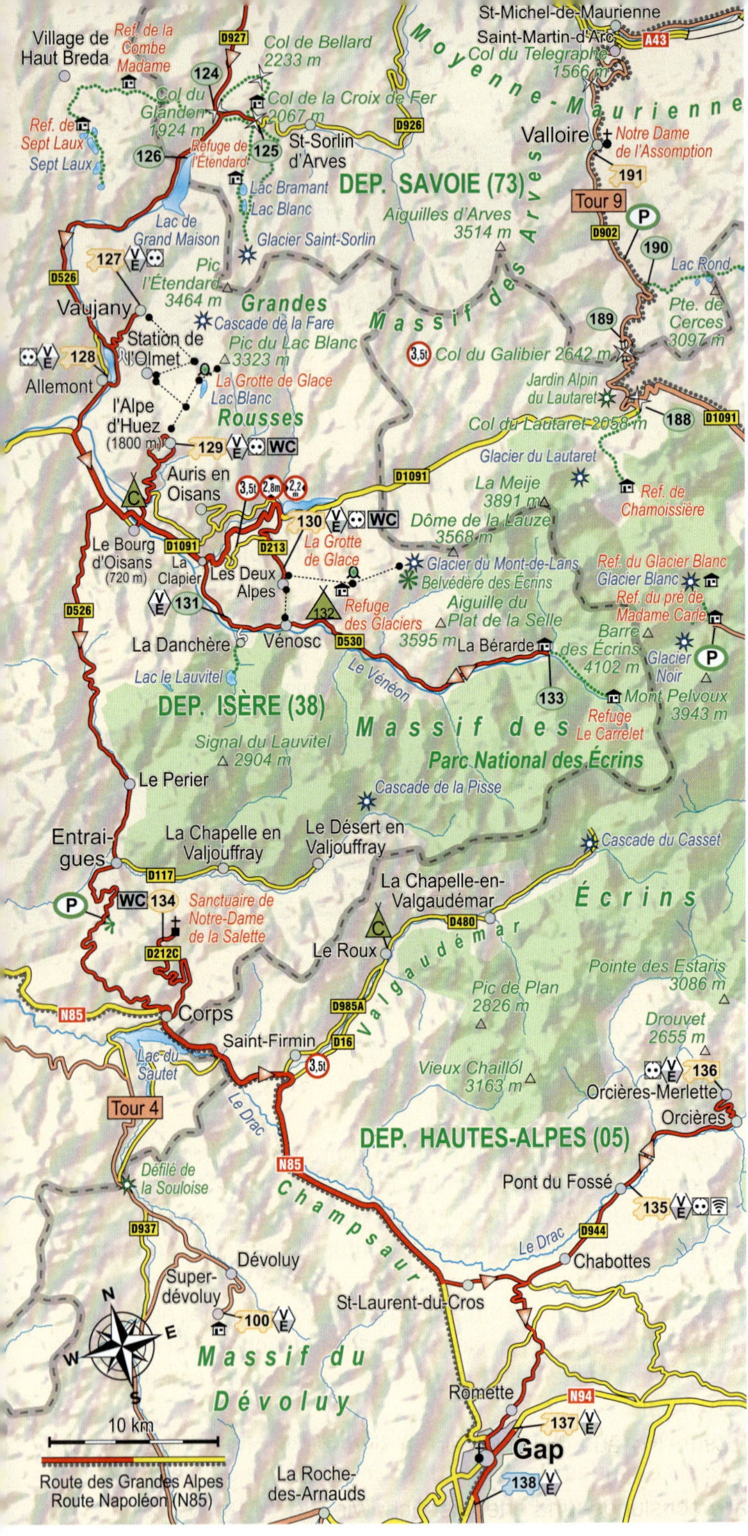

St-Michel-de-Maurienne
Saint-Martin-d'Arc
Col du Telegraphe 1566 m
Moyenne-Maurienne
Village de Haut Breda
Ref. de la Combe Madame
Col de Bellard 2233 m
Col du Glandon 1924 m
Col de la Croix de Fer 2067 m
Ref. de Sept Laux
Sept Laux
Refuge de l'Étendard
St-Sorlin d'Arves
Valloire
Notre Dame de l'Assomption
Lac Bramant
Lac Blanc
DEP. SAVOIE (73)
Tour 9
Lac de Grand Maison
Glacier Saint-Sorlin
Aiguilles d'Arves 3514 m
Massif des Arves
Pic l'Étendard 3464 m
Lac Rond
Pte. de Cerces 3097 m
Vaujany
Grandes Rousses
Cascade de la Fare
Pic du Lac Blanc 3323 m
Station de l'Olmet
Col du Galibier 2642 m
Allemont
La Grotte de Glace
Lac Blanc
Jardin Alpin du Lautaret
l'Alpe d'Huez (1800 m)
Col du Lautaret 2058 m
Glacier du Lautaret
Auris en Oisans
La Meije 3891 m
Ref. de Chamoissière
Dôme de la Lauze 3568 m
Le Bourg d'Oisans (720 m)
La Clapier
La Grotte de Glace
Les Deux Alpes
Glacier du Mont-de-Lans
Belvédère des Écrins
Ref. du Glacier Blanc
Glacier Blanc
Ref. du pré de Madame Carle
Refuge des Glaciers
Aiguille du Plat de la Selle 3595 m
Barre des Écrins 4102 m
Glacier Noir
La Danchère
Vénosc
La Bérarde
Le Vénéon
Lac le Lauvitel
DEP. ISÈRE (38)
Mont Pelvoux 3943 m
Refuge Le Carrelet
Massif des Écrins
Signal du Lauvitel 2904 m
Parc National des Écrins
Cascade de la Pisse
Le Perier
Entraigues
La Chapelle en Valjouffray
Le Désert en Valjouffray
Cascade du Casset
La Chapelle-en-Valgaudémar
Sanctuaire de Notre-Dame de la Salette
Le Roux
Valgaudémar
Pointe des Estaris 3086 m
Pic de Plan 2826 m
Corps
Drouvet 2655 m
Saint-Firmin
Lac du Sautet
Vieux Chaillól 3163 m
Orcières-Merlette
Orcières
Tour 4
Le Drac
DEP. HAUTES-ALPES (05)
Défilé de la Souloise
Pont du Fossé
Champsaur
Le Drac
Chabottes
Dévoluy
Super-dévoluy
St-Laurent-du-Cros
Massif du Dévoluy
Romette
Gap
10 km
Route des Grandes Alpes
Route Napoléon (N85)
La Roche-des-Arnauds

TOUR 6 (400 km)

Col du Glandon – Col de la Croix de Fer – Vaujany – Allemont – l'Alpe d'Huez – Les Deux Alpes – La Danchère – Vénosc – La Bérarde – Sanctuaire de Notre-Dame de la Salette – Pont du Fossé – Orcières – Gap

Stellplätze:	Col du Glandon, Col de la Croix de Fer, Lac de Grand Maison, Vaujany, Allemont, l'Alpe d'Huez, Les Deux Alpes, La Danchère, La Bérarde, Sanctuaire de Notre-Dame de la Salette, Pont du Fossé, Orcières, Gap.
Campingplätze:	Vénosc.
Besichtigungen:	l'Alpe d'Huez (Ausgrabungsstätte, Grotte de Glace), Les Deux Alpes (mit der Seilbahn zur Grotte de Glace und zum Belvédère des Écrins), Vénosc (Bergbauerndorf), Wallfahrtsort Sanctuaire de Notre-Dame de la Salette, Pont du Fossé, Gap (Altstadt).
Wandern:	Rund um die Pässe Col du Glandon und Col de la Croix de Fer, rund um l'Alpe d'Huez, von La Danchère zum Lac de Lauvitel, von La Bérarde in den Parc National des Écrins.
Baden/Wellness:	Gap (Freizeitbad).

In diesem Kapitel überqueren wir einige Pässe, die nicht zur Route des Grandes Alpes gehören. Sie werden sehen, dass auch diese ihren Reiz haben. Wenn Sie es dennoch zu dieser großen Alpenstraße treibt, so haben Sie ab La Clapier die Möglichkeit, über die D1091 auf einer gut ausgebauten Straße zum Col du Lautaret zu fahren. Dort treffen Sie in der Tour 9 auf diese Straße.

Wer bei unserer gewählten Routenführung bleibt, bekommt mit dem Anstieg auf l'Alpe d'Huez eine Ahnung davon, was es wohl bedeuten mag, mit dem Rad diese Steigung hochzufahren. Fahrerisch ist das mit dem WOMO kein Problem, da wird Sie die Fahrt nach La Bérarde im Zentrum des Écrin-Gebirges vor größere Herausforderungen stellen.

Danach geht es den weiten Weg durch das Tal der Vénéon wieder zurück und wir fahren Richtung Süden. Die Gipfel sind nicht mehr so hoch, das Klima wird deutlich milder, mediterraner. Den Besuch der Täler Valjouffray und Valgaudémar lassen wir aus. Wir werden in der nächsten Auflage darauf zurückkommen. Diese Tour nach Gap ist auch so schon sehr abwechslungs- und erlebnisreich, wie Sie sehen werden.

Wir verlassen den Stellplatz in La Chambre, fahren an der Laitière vorbei, durchfahren den Ort und stoßen nach zwei Kilometern auf einen Kreisverkehr. Dort folgen wir den Hinweisschildern zur A43, sehen aber auch schon hier auf dem untersten Schild den Hinweis auf den Col du Glandon, unser nächstes Ziel. Es folgt ein weiterer Kreisverkehr, hier liegt verkehrsgünstig ein Intermarché mit Tankstelle. Die Bordvorräte werden aufgefüllt und das WOMO bekommt einen ordentlichen Schluck Diesel. Danach geht es weiter Richtung Col du Glandon. Wir fahren die Straße bis zum Ende durch, biegen rechts ab und wenig später in dem Örtchen Saint-Étienne-de-Cuines geht es links weiter. Nun schrauben wir uns auf der D927 kontinuierlich den Berg hoch. Wie an den anderen Pass-Straßen auch, sehen wir in Kilometerabständen die Hinweise für die Radfahrer mit Steigungs- und Höhenangabe sowie die Zahl der Restkilometer bis zum Pass. Die Frage "Wie weit ist es denn noch?" bekommen wir damit fortlaufend beantwortet.

Es ist schon ein erhebender Augenblick, wenn Sie nach der langen Fahrt aus dem WOMO aussteigen und im Blick zurück dieses Panorama vor Augen haben, das Sie auf diesem großen Foto abgebildet sehen. Einige Stationen der letzten Tage lassen sich gut erkennen, wie der Col de la Madeleine, mit dem Skiort St-François-Longchamp darunter. Das mächtige

Blick zurück vom Col du Glandon auf den Col de Madeleine, dahinter ist das vergletscherte Mont-Blanc-Massiv zu sehen. Auf der rechten Seite ragt im Mittelgrund das Vanoise-Massiv mit dem 3295 Meter hohen Cime de Caron hervor.

(124) WOMO-Stellplatz: Col du Glandon

GPS: N45°14'22.3" E6°10'32.0", (1924m); 73130 Saint-Colomban-des-Villards. **Max. WOMOs:** 5, max. Länge 8 m. **Öffnungszeit:** Mai bis Oktober.
Ausstattung: Keine.
Beschreibung: Ebene, geschotterte Plätze auf dem Pass zwischen der Arc (Maurienne) und der Romanche. Nachts absolut ruhig.
Preise: Kostenlos.
Zufahrt: Von La Chambre (Maurienne) über die D927, von Allemont (Romanchetal) über die D526.

Vanoise-Massiv, wo wir noch vor wenigen Tagen waren und vom Cime de Caron hierhergeblickt haben, ist auch mehr als deutlich zu sehen. Und als Sahnehäubchen präsentiert sich heute das Mont-Blanc-Massiv wolkenfrei. Eine fantastische Aussicht, von der man sich gar nicht trennen mag.

Die Wahrscheinlichkeit, hier einen Platz zur Übernachtung zu finden, ist sehr hoch. Sollte dennoch alles mit PKW besetzt sein, kommen als Ausweichmöglichkeiten der benachbarte Pass oder der Lac de Grand Maison infrage. Die beiden Plätze stellen wir auf den nächsten Seiten vor.

Wanderungen am Col du Glandon

Rund zehn Kilometer lang ist ein Rundweg, der **"circuit des trois cols"**, der, wie der Name schon sagt, über drei Pässe führt, den Glandon mit eingeschlossen. Der Weg auf den 2233 Meter hohen Col de Bellard als höchsten Punkt der Wanderung ist ca. vier Kilometer lang. Ein Panoramaweg erster Güte. Hat man den Col de Bellard erreicht, geht es über drei Kilometer hinunter zum 2067 Meter hohen Col de la Croix de Fer und von dort zurück zum Col du Glandon. Für diese Wanderung benötigen Sie drei bis vier Stunden.

Etwa gleich lang ist der Weg zum **Col de la Croix**, der nach Westen führt. Es ist kein Rundweg, Sie gehen denselben Weg wieder zurück. Eine gleichmäßige Steigung, auf der Sie rund 650 Höhenmeter erklimmen müssen, führt entlang des Gebirgsbaches Glandon bis zu dem Bergsee **Lac de la Croix**. Bis zum Pass ist dann noch ein steiniger Anstieg zu bewältigen. Haben Sie es geschafft, blicken Sie hinunter in das Tal der Isère und auf das Massif de la Chartreuse.

Lac Cottepens, einer der Sept Laux im Massif d'Allevard.

Wenn Sie diesen Pass überquert haben und durch das Combe Madame in Richtung Village de Haut Breda weitergehen, können Sie nach einem erneuten Anstieg von rund 1400 Metern im Massif d'Allevard zu den **Sept Laux** gelangen. Eine Hochgebirgslandschaft mit sieben größeren und kleineren Seen. Rund 20 sehr anstrengende Kilometer müssen Sie dafür gehen und für eine oder zwei Nächte auf das bequeme Bett im WOMO verzichten. Ohne Übernachtung in einer der beiden Schutzhütten **Refuge de la Combe Madame** (siehe http://www.combemadame.com) und **Refuge de Sept Laux** (siehe https://refugedes7laux.jimdofree.com) ist das nicht zu bewältigen. Für diese Wanderung brauchen Sie eine sehr gute Kondition und Bergerfahrung. Auf beiden genannten Webseiten finden Sie noch eine Fülle von Bildern über diese fantastische Berglandschaft und Sie können sich in den Hütten anmelden, wozu wir in der Hauptsaison Juli/August dringend raten. Die Refuge de la Combe Madame wird nur von Mai bis September bewirtschaftet. Sie bleibt aber in den Wintermonaten geöffnet und es kann darin übernachtet werden. Die Refuge de Sept Laux ist ab September verschlossen. Die genauen Öffnungszeiten der Hütten erfahren Sie auf deren Webseiten.

Vom Col du Glandon bis zum Col de Croix de Fer sind es auf der Straße zur 2,5 Kilometer. Er liegt auf einer Höhe von 2067 Metern, die Steigung dorthin ist kaum zu bemerken. Auch hier finden sich in den Sommermonaten zahlreiche Rad- und Motorradfahrer ein, machen Selfies mit dem Schild der Passhöhe im Hintergrund und versenden es auch gleich per WhatsApp. Ein Ritual, das Sie auf den Pässen immer wieder sehen werden. Da braucht man manchmal schon Geduld, wenn man ein Foto machen möchte, ohne dass jemand im Bild steht, den man nicht kennt. Die einen brausen nach dem Fototermin gleich weiter, andere gehen in das kleine Chalet am Col und trinken etwas oder essen eine Kleinigkeit.

(125) WOMO-Stellplatz: Col de la Croix de Fer

GPS: N45°13'39.9" E6°12'10.0", (2067m); 73530 St. Sorlin d'Arves.
Max. WOMOs: 10, max. Länge 8 m. **Öffnungszeit:** Mai bis Oktober.
Ausstattung: Tische und Bänke.
Beschreibung: Ebene, geschotterte und asphaltierte Plätze auf dem Pass zwischen Col du Glandon und Saint-Jean-de-Maurienne. Nachts absolut ruhig. Gegenüber befindet sich ein bewirtschaftetes Chalet mit Getränken, Eis, Kuchen und kleinen Gerichten.
Preise: Kostenlos.
Zufahrt: Vom Col du Glandon und von St-Jean-de-Maurienne über die D926.

Wer mit Begeisterung Alpenpässe fährt, für den mag der **Circuit des Grand Cols** vielleicht von Interesse sein. Die Rundfahrt führt über den Col de Croix de Fer, den 1566 Meter hohen Col du Télégraphe, den 2642 Meter hohen Col du Galibier und den Col du Lautaret auf 2056 Metern Höhe. Dazu rollen Sie von hier im Uhrzeigersinn über die D926 hinunter in das mittlere Maurienne, fahren im Tal bis nach Saint Michel, von dort über den Telegraphe zum Galibier und dann über den Lautaret auf der D1091 in Richtung Grenoble. Bevor Sie dann über die D526 wieder zum Ausgangspunkt zurückkehren, lässt sich auf dieser Runde auch noch ein Besuch von l'Alpe d'Huez dazwischenschieben. Auf der Tourenkarte zu

Das Chalet du Col de la Croix de Fer.

Beginn dieses Kapitels sind die Pässe alle verzeichnet. Die Strecke ist rund 150 Kilometer lang.

Wir machen das nicht, denn unsere Routenführung sieht das so nicht vor. Dass die genannten Pässe, die Teil der Route des Grandes Alpes sind, einen besonderen Reiz haben, ist fraglos richtig. Wir heben sie uns aber für den Rückweg auf und haben sie in Tour 9 integriert.

Am Col de Croix de Fer haben wir uns noch eine kleine Wanderung vorgenommen. Zunächst genießen wir aber das Panorama, nachdem wir das WOMO auf dem relativ großen Platz hinter der Passmarkierung abgestellt haben.

Wanderungen am Col de la Croix de Fer

Den "circuit des trois cols", können Sie von hier genauso gehen wie vom Col du Glandon, die Beschreibung müssen wir hier nicht wiederholen. Zwei andere Wege sind noch interessant. Zum einen ist das der **"circuit des petits lacs"**, eher ein Spaziergang als eine Bergtour. Zum anderen die **"Tour des Trois Lacs"** eine Wanderung, die zu zwei größeren Bergseen führt. Der ca. zwei Kilometer lange "circuit des petits lacs" ist zu einem großen Teil auf dem oberen Panoramafoto zu sehen.

Für die Tour des Trois Lacs benötigen Sie mindestens einen halben Tag. Der Weg zum ersten See, an dem die Refuge de l'Étendard auf 2428 Metern Höhe steht, ist etwas mehr als vier Kilometer lang. Hier am **Lac Bramant** wird der Weg erst richtig interessant. Man kann

Blick nach Süden auf das Massif des Arves, mit den spitzen Felsnadeln Aiguilles d'Arves die bis zu 3514 Meter hoch in der Mitte des Bildes zu sehen sind. Dahinter verbergen sich die berühmten Pässe Col du Galibier und Col du Lautaret. Am rechten Rand des Fotos sind die Ausläufer des Grandes Rousses erkennbar. Bekanntester Ort dieses Gebirgsmassivs ist l'Alpe d'Huez unterhalb des 3323 Meter hohen Pic du Lac Blanc.

um ihn herumgehen oder gleich weiter zum nächsten, etwas höher gelegenen **Lac Blanc** wandern. Wenn Sie umblättern, sehen Sie das passende Foto dazu. Wie Sie auf dem Foto erkennen können, ist das nicht weit und die Steigung sehr gering. Wenn Sie dann noch nicht müde sind, folgen Sie dem Pfad zum **Gletscher Saint-Sorlin** an der Nordabdachung des Massivs Grandes Rousses, unterhalb des 3464 Meter hohen **Pic l'Étendard**. Er ist vom Seeufer bereits gut zu sehen. Das sind noch einmal drei Kilometer und es geht noch einmal 200 Meter höher. Die beiden Seen befinden sich in einem Gletschertal, das der einst viel mächtigere Saint Sorlin geschaffen hat. Um 1913 wurden hier kleine Staudämme errichtet und die Seen aufgestaut. Sie dienen der Trinkwasserversorgung und als Fischgewässer. Baden können Sie in den Seen nicht.

Auf dem Weg zurück zum Lac Bramant dürfen Sie sich auf ein Gratin freuen, das in der Refuge de l'Étendard neben Getränken angeboten wird. Denken Sie daran, dass Sie in den Hütten gewöhnlich nur mit Bargeld zahlen können. Bleibt noch zu erwähnen, dass der Blick nach Westen auf die Chaîne de Belledonne, in der sich die Skigebiete Grenobles befinden, sehr beeindruckend ist. Aber was ist hier in dieser Landschaft eigentlich nicht beeindruckend?

Nähere Informationen über die Hütte finden Sie hier https://refuge-deletendard.ffcam.fr.

Im Vordergrund ist der Lac Bramant zu sehen, dahinter der kleinere Lac Blanc. Beide werden vom Schmelzwasser des Gletschers Saint Sorlin gespeist, der im Hintergrund zu sehen ist.

Das Schmelzwasser des Saint Sorlin Gletschers, das die soeben bei der Wanderung beschriebenen Seen durchfließt, stürzt in einem malerischen Wasserfall weiter zu Tal. An diesem Wasserfall kommen Sie vorbei, wenn Sie vom Col de Croix de Fer die D926 in das **Vallée de l'Eau d'Olle** in Richtung Allemont hinunterfahren. Der Wasserfall geht in den Gebirgsbach l'Eau d'Olle über und speist den Stausee **Lac de Grand-Maison**. Dieser fungiert zusammen mit dem 926 Meter tiefer liegenden **Lac du Verney** als Pumpspeicherwerk und dient somit in erster Linie der Gewinnung von Elektrizität. Beide sind über lange Stollen miteinander verbunden, in denen das Wasser hinuntergelangt, um Turbinen anzutreiben. Bei Energieüberschuss wird es wieder hochgepumpt, um bei Bedarf erneut wieder zur Verfügung zu stehen. Wer sich über die Funktionsweise und über die Hydro-

Wasserfälle des l'Eau d'Olle.

elektrizität näher informieren will, der findet unten am Lac du Verney ein interessantes, relativ neu eingerichtetes Museum dazu (Musée EDF Hydrélec, Route du Lac, 38114 Vaujany, GPS: N45°08'43.8" E6°03'12.3").

Wie bei fast allen Stauseen herrscht auch am Lac de Grand-Maison ein striktes Badeverbot. Nicht verboten ist es, die Plätze am Rande des Sees für Picknicks oder Übernachtungen zu nutzen. Wir waren überrascht, den Platz hier so leer vorzufinden. Hier können Sie mit dem WOMO so stehen, wie es in den Verkaufsprospekten der Herstellerfirmen gern gezeigt wird, ganz einsam und allein. Verblüffend, nur wenige Meter von

Wie im Verkaufsprospekt der Wohnmobilhersteller.

den fast überfüllten Pässen dergleichen vorzufinden. Auf eine Fernsicht muss man hier allerdings verzichten. Hier bleibt nur der Blick auf den See und die umliegenden Berge. Trotzdem ein wunderbarer Platz, so ganz nach unserem Geschmack.

(126) WOMO-Stellplatz: Lac de Grand Maison

GPS: N45°13'28.7" E6°08'45.6", (1700m); 73130 Saint-Colomban-des-Villards. **Max. WOMOs:** 10, max. Länge 8 m. **Öffnungszeit:** Mai bis Oktober.

Ausstattung: Keine.

Beschreibung: Ebene, asphaltierte und/oder nahezu naturbelassene Plätze unterhalb des Col du Glandon. Nachts absolut ruhig.

Preise: Kostenlos.

Zufahrt: Von La Chambre (Maurienne) über die D927 und den Col du Glandon, von Allemont (Romanchetal) über die D526 erreichbar.

Oben auf den Pässen finden Sie keine Versorgungseinrichtungen für Wohnmobile. Wer sich längere Zeit hier aufhält, wird irgendwann dringend eine Station aufsuchen müssen. Mit den nächsten Plätzen wird das Problem gelöst.

Wir fahren die D526 weiter hinunter in Richtung Allemont. Nach rund 20 Kilometern treffen wir auf den bereits genannten Lac du Verney und fahren hier am Nordufer des Sees links ab in Richtung Vaujany. Nun geht es fünf Kilometer hoch bis zum offiziellen Stellplatz des Ortes.

(127) Offizieller WOMO-Stellplatz: Vaujany – Aire Municipale

GPS: N45°09'24.8" E6°04'48.8", (1194m); Route des Combes, 38114 Vaujany. **Max. WOMOs:** 10, max. Länge 8 m. **Öffnungszeit:** Ganzjährig.

Ausstattung: Wasserver- und Abwasserentsorgung mit Bodeneinlass, WC-Kassettenentleerung, Müllentsorgung, Stromanschlüsse.

Beschreibung: Leicht geneigte und sehr eng beieinanderliegende asphaltierte Plätze am Ortsrand unter der Kabinenseilbahn, die auf das Gebirgsmassiv Grandes Rousses führt. Schwimmbad, Restaurants und Einkaufsmöglichkeiten in unmittelbarer Nähe.

Preise: 16,20 € für 24h inkl. Ver- und Entsorgung sowie Strom. Die Zahlung erfolgt über einen Parkscheinautomaten.

Zufahrt: Nach dem Ortseingang teilt sich 100 Meter hinter der Kirche die Straße. Hier die Straße nehmen, die bergab führt, und diese bis zum Ende durchfahren.

Die Cascade de la Fare.

Das Bergbauerndorf hat sich zu einem reinen Touristenort entwickelt. Hier wurde darauf geachtet, die Architektur der Gebäude im alpenländischen Stil zu halten. Scheußliche Bettenburgen wie in manch anderen Skiorten sehen Sie hier nicht. Im Süden des Ortes haben Sie einen schönen Blick auf den Wasserfall **Cascade de la Fare**, der hier am Fuße des **Pic l'Étendard** fast 1000 Meter in die Tiefe stürzt.

Eine Seilbahn führt auf den 2810 Meter hohen **Dôme des Petites Rousses**. Von dort können Sie zu Fuß nach l'Alpe d'Huez weiterkommen oder Sie fahren im Seilbahnzickzack über die Station de l'Olmet durch die Bergwelt zu diesem berühmten Ort.

Allemont, die nächste Station, die wir mit dem WOMO anfahren, liegt an der Südwestecke des Lac du Verney. Hier herzufinden ist nicht schwer. Der Ort wirkt ein wenig verschlafen. Vielleicht, weil viele der Häuser am Hang wochentags die Fensterläden geschlossen haben. Längst von den eigentlichen Bewohnern verlassen, dienen sie heute als Wochenend- oder Ferienhäuser. Der Stausee ist nicht stark belebt. Auch im Hochsommer paddeln hier nur wenige Besucher oder fahren Tretboot. Im Restaurant La Guingette direkt am Seeufer können Sie sehr gut essen und dabei den Stehpaddlern zuschauen.

(128) Offizieller WOMO-Stellplatz: Allemont – Aire de camping-car Point Bleu

GPS: N45°07'56.9" E6°02'34.5"; Barrage du Verney, 38114 Allemont.
Max. WOMOs: 8, max. Länge 8 m. **Öffnungszeit:** April bis November, maximale Aufenthaltsdauer 72h.

Ausstattung: Wasserver- und Abwasserentsorgung mit Bodeneinlass, WC-Kassettenentleerung, Müllentsorgung.
Beschreibung: Asphaltierter Platz am Ortsrand oberhalb des Stausees. Leichtes Gefälle.
Preise: Kostenlos, WC-Kassettenentleerung und Grauwasserentsorgung kostenlos, Wasserversorgung sowie Strom 2,00 € (55 Minuten). Dazu wird ein Jeton benötigt, den man im Office de Tourisme in der Ortsmitte kaufen kann (Entfernung 1200 Meter. Adresse: 400 Route des Fonderies Royales, 38114 Allemont).
Zufahrt: Über die D526, die am See entlang und über die Staumauer führt. Am Ende der Staumauer rechts abbiegen.

Lac du Verney in Allemont.

Allemont wird auch mit einem "d" am Ende geschrieben. Die Schreibweisen gehen munter durcheinander. In der Beschilderung vor Ort finden Sie es mit "t", auf Werbetafeln mit "d".

Wir setzen unsere Reise fort und fahren die D526 weiter hin-unter in das Tal der **Romanche**. Nach 3,5 Kilometern haben wir die D1091 erreicht und biegen links ab nach Bourg-d'Oisans. In dem Städtchen angekommen, füllen wir unsere Bordvorräte im örtlichen Supermarché Casino auf und machen uns danach auf den Weg nach **l'Alpe d'Huez**, einem der bekanntesten Wintersportorte Frankreichs.

Mehr als 1000 Meter haben wir nun hochzufahren. Nicht weniger als 21 Kehren und 14 Kilometer liegen ab dem Kreisverkehr an der D1091 kurz hinter dem Supermarkt in Bourg-d'Oisans vor uns. Jede dieser Kehren trägt ein Schild mit dem Namen eines Etappensiegers, der diesen gefürchteten Streckenabschnitt der **Tour de France** für sich entscheiden konnte. Da die Organisatoren l'Alpe d'Huez nun schon mehr als 21-mal als Etappenort ausgewählt haben, hat man begonnen, die Kehren doppelt zu benennen. Der schnellste Fahrer für diesen Streckenabschnitt von unten nach oben schaffte es, unter 38 Minuten zu bleiben. Diese Zeit wurde 1997 von **Marco Patani** (*13.1.1970; †14.2.2004) erzielt. So schnell sind wir mit dem WOMO nicht. Mag seine Zeit damals auch nur durch die Einnahme von Dopingmitteln möglich gewesen sein, so ist sie dennoch beachtlich. Oben angekommen, fahren wir an dem Ortseingangszeichen vorbei, einem Rennrad mit dem Schriftzug der Gemeinde, und suchen den Weg zum Stellplatz. Lesen Sie dazu bitte den letzten Absatz der Stellplatzbeschreibung auf der folgenden Seite.

Am Ortseingang von l'Alpe d'Huez.

Bleiben wir noch einen Moment beim Radsport, dem man sich hier gar nicht entziehen kann. Neben der Tour de France gibt es in diesem Ort mehrere Veranstaltungen pro Jahr für Nachwuchsfahrer oder für Radsportler, die es nicht schaffen, in ein Tour de France-Team aufgenommen zu werden. Diese Veranstaltungen ziehen nicht so viele Zuschauer an, aber auch sie werden mit großem Aufwand betrieben und sind international besetzt. Straßensperrungen sind deshalb nicht selten und wenn Sie Pech haben, dann stehen Sie mit dem WOMO vor einer dieser Sperren und kommen nicht weiter.

(129) Offizieller WOMO-Stellplatz: l'Alpe d'Huez – Parking de Brandes

GPS: N45°05'13.8" E6°04'46.4", (1809m); Chemin de Fond Morelle, 38750 l'Alpe d'Huez. **Max. WOMOs:** 65, max. Länge 9 m. **Öffnungszeit:** Ganzjährig. **Ausstattung:** Wasserver- und Abwasserentsorgung mit Bodeneinlass, WC-Kassettenentleerung, Müllentsorgung, Stromanschlüsse an den zwei Versorgungssäulen im Eingangsbereich, WC.
Beschreibung: Fast topfebener, asphaltierter und schattenloser Platz am Ortsrand neben Sportanlagen und einem Flugplatz.
Preise: 10,80 € pro Fahrzeug mit 2 Personen. Nur mit EC-Karte zahlbar. Mit der Bezahlung wird ein Nummerncode ausgedruckt, den man nach der automatischen Öffnung der ersten Schranke vor der zweiten Schranke an einer Säule über eine Tastatur eingeben muss. Dabei so weit vorfahren, dass die erste Schranke wieder automatisch geschlossen wird, sonst funktioniert die Öffnung der zweiten Schranke nicht.

WC-Kassettenentleerung, Wasserver- und Abwasserentsorgung sowie Strom sind im Preis enthalten (nur jeweils zwei Steckdosen an den Versorgungssäulen).
Zufahrt: Bei der Ankunft in l'Alpe d'Huez in Richtung "Quartier Bergers" fahren und der Beschilderung mit dem Womo-Zeichen folgen. Das ist allerdings relativ klein und kann schnell übersehen werden.

Auch als Fußgänger oder Wanderer müssen Sie Obacht geben, wenn Sie in den Bergen unterwegs sind. Die Downhill-VTT-Strecken sollten Sie tunlichst meiden. Während sich die Radrennfahrer fast nur die Serpentinen hinaufquälen, tummeln sich am Berg unzählige Mountainbiker, die sich mit der Seilbahn inklusive dem Rad eine oder zwei Stationen nach oben transportieren lassen, um dann den Weg auf ausgeformten Naturstrecken nach unten zu brausen. Gleich mehrere Bahnen mit unterschiedlichen Schwierigkeitsgraden ste-

Anfeuerungen auf dem Asphalt.

VTT-Downhillfahrer in Aktion.

hen zur Verfügung. Mit Helm und Schutzkleidung versehen, fangen schon die Kleinsten damit an.

Auch der Nachwuchs ist schon dabei.

Mit der Seilbahn (Téléphérique du Pic Blanc) können Sie sich bis auf 3330 Meter Höhe bringen lassen. Zu Fuß sind das neun bis zehn Kilometer. Je nachdem, welchen Weg Sie wählen, sind Sie mindestens drei Stunden unterwegs, um die 1000 Meter Höhenunterschied zu bewältigen. Mit der Seilbahn geht das natürlich schneller und ist bequemer. Drei Bergstationen gibt es auf der Fahrt nach oben. Sie liegen in 2100, 2700 und 3300 Metern Höhe. Eine Mischung aus Seilbahnfahrten und Wanderungen ist damit auch möglich. Die Höhe von 2100 Metern wird von den Mountainbikern genutzt. Auf der mittleren Höhe geht es zum **Lac Blanc**, einem Bergsee mit **Alpengarten**. Von dieser Station haben Sie auch einen leichten Zugang zur **Grotte de Glace**, einer künstlich geschaffenen Höhle mit bizarren Fabelwesen. Es gibt mehrere Eishöhlen in

Der Lac Blanc oberhalb von l'Alpe d'Huez.

dieser Region, die sich unterschiedlichen Themen widmen. Um einen Überblick zu gewinnen, rufen Sie am besten diese Seite auf www.grottedeglace.com.

Im Alpengarten finden Sie einige Schautafeln, die unter anderem Bezug nehmen auf die Geologie und die Entstehung

Aussicht vom Lac Blanc auf l'Alpe d'Huez.

der Alpen. Die Gartenanlage ist nicht sehr groß. Verschiedene Gräser und Blütenpflanzen sind zu sehen. Schilder weisen auf die Namen der Pflanzen hin.

Alpenwollgras am Lac Blanc.

Wer mit der Seilbahn ganz nach oben fährt, hat bei gutem Wetter einen wunderbaren Blick auf das Massif des Écrins mit dem Meije und dem Pelvoux im Süden (siehe Tour 9). Im Westen erkennt man die Chaîne de Belledonne und dahinter das Massif de la Chartreuse und im Nordosten das Massif de la Vanoise. Man kann sogar den Gletscher La Grand Motte bei Tignes sehen.

Kratzdistel im Alpengarten.

Mit den vielen Bettenburgen macht l'Alpe d'Huez den Eindruck einer Retortenstadt wie viele andere Skiorte in dieser Region auch, die wir bereits kennengelernt haben. Das ist sie aber nicht. Über die mittelalterliche Stadt, die sich hier einst befand, wird wenig berichtet. Sie ist als Ruinenstätte noch vorhanden und nur wenige hundert Meter vom Stellplatz entfernt. Die wollen wir jetzt besuchen.

Site archéologique de Brandes – mittelalterliches Bergbaudorf bei l'Alpe d'Huez

Um die Ruinen dieses mittelalterlichen Dorfes zu besuchen, folgen wir dem Sträßchen am Flugplatz in südliche Richtung. Die Schilder mit dem Hinweis auf die "Site archéologique de Brandes" weisen uns den Weg. Schnell sehen wir die blau-gelbe Fahne der ehemaligen Provinz Dauphiné über der Burgruine flattern, die zu dieser Ruinenstätte gehört. Über Jahrzehnte wurde hier intensiv geforscht und die mittelalterlichen Anlagen des Silberbergbaus aus dem 12. bis 14. Jahrhundert freigelegt. Der Ort erstreckt sich über eine Länge von einem Kilometer und gibt Einblick in die Organisation eines Dorfes dieser Zeit mit seinen Wohnungen und Arbeitsstätten. Alle Stufen des Bergbaues konnten von den Archäologen nachgewiesen werden. Es beginnt mit der Extraktion des Erzes und geht weiter mit der Verarbeitung in den Zerkleinerungs-, Mahl- und Waschanlagen.

Aufstieg zur Burgruine Brandes.

Die Erze wurden im Tagebau und durch in den Berg gegrabene Stollen abgebaut, die an mehreren Stellen in Höhen zwischen 1700 und 2700 Metern vorgefunden wurden.

Sehr viel Erz konnte offensichtlich nicht gewonnen werden. 174 Kilogramm Silber werden als Obergrenze für eine Jahresproduktion angegeben. Das ist ein bescheidenes Ergebnis für all die Mühen mit den einfachen Arbeitsmitteln in dieser Höhe. Im Vergleich zu anderen Silberbergwerken in dieser Epoche, die es in Europa gab, war das Ergebnis mager. Für die damaligen Herrscher im Dauphiné hatte die Silbergewinnung aber dennoch eine zentrale Bedeutung in ihrer Wirtschaftspolitik und sie ließen aus den gewonnen Metallen Münzen in Grenoble prägen. Mit der Burg und der St. Nicolas-Kirche, die als Ruinen noch erhalten sind, demonstrierten sie auch ihre politische und religiöse Macht.

Mauerreste eines Gebäudes der Silbermine.

Anhand der ausgegrabenen Wohnhäuser, Werkstätten und geborgenen Begleitfunden konnte die Arbeits- und Lebenswelt der Bergleute gut rekonstruiert werden. Bei den Fundobjekten handelt es sich um Gebrauchsgegenstände, wie Arbeitsgeräte, Schmiedewerkzeug und anderes mehr. Mit einigen Schautafeln an den Ruinen wird die Bedeutung und Funktion der Gebäude erklärt. Da benötigen Sie eine Weile, um das alles zu studieren.

1339 wurde der Bergbau aufgegeben und die 200 Dorfbewohner verließen den Ort. Die rund 80 Häuser wurden sich selbst überlassen und verfielen im Laufe der Jahrhunderte.

Eine Auswahl der Fundstücke sind im **Musée d'Huez et de l'Oisans** in der ersten Etage des Palais des Sports et des Congrès ausgestellt. Das Museum ist einen Kilometer vom Stellplatz entfernt in der Stadtmitte zu finden. Es ist in den Sommermonaten Juli und August vormittags von 10:00 bis 12:00 Uhr und nachmittags von 14:00 bis 19:00 Uhr geöffnet. In der Vor- und in der Nachsaison ist es geschlossen.

Mehr Informationen über das Museum, das sich auch mit dem Skisport beschäftigt, bietet diese Seite: www.isere-tourisme.com/patrimoine-culturel/musee-dhuez-et-de-loisans.

Die Burgruine Brandes.

Die Ruine der Kirche St. Nicolas.

In unmittelbarer Nähe des Museums gibt es zahlreiche Restaurants. Sie werden das für Sie passende finden, um bei einem gemütlichen Abendessen den nächsten Tag zu planen. So kommen wir gleich zum nächsten Ziel.

Die zwei benachbarten Almdörfer **L'Alpe-de-Mont-de-Lans** und **L'Alpe-de-Venosc** haben sich zusammengeschlossen und sich unter dem kurzen Namen **Les Deux Alpes** einen guten Ruf unter den Wintersportorten in den Alpen erworben. Da auch für die Sommertouristen einiges geboten wird, haben wir uns diesen Ort als nächstes Ziel erkoren. Dazu geht es wieder hinunter in das Tal der Romanche und unten im Kreisverkehr angekommen, auf der D1091 weiter in Richtung Briançon. Wenn Ihr Navi Sie hinter La Clapier lockt, scharf rechts abzubiegen, um die kürzeste Verbindung nach Les Deux Alpes zu fahren, so beachten Sie bitte die Durchfahrtsbeschränkungen auf der Tourenkarte zu Beginn dieses Kapitels. Wir kommen da nicht hoch, wir sind zu breit und zu schwer und müssen deshalb einen längeren Weg in Kauf nehmen. Wir fahren weiter bis zu dem Stausee **Barrage du Chambon** und von dort hoch nach Les Deux Alpes. Nach 21 Kilometern haben wir den Stellplatz gleich am Ortseingang erreicht.

(130) Offizieller WOMO-Stellplatz: Les Deux Alpes – Aire Municipale

GPS: N45°01'25.8" E6°07'17.3", (1594m); Avenue de la Muzelle, 38860 Les Deux Alpes. **Max. WOMOs:** 58, max. Länge 8 m. **Öffnungszeit:** Ganzjährig, maximale Aufenthaltsdauer 7 Tage.
Ausstattung: WC, Wasserver- und Abwasserentsorgung mit Bodeneinlass, WC-Kassettenentleerung, Müllentsorgung im Eingangsbereich, mehrere Stromsäulen auf der linken Seite des Platzes.

Beschreibung: Trister, ebener asphaltierter Platz am Ortsrand neben Skianlagen.
Preise: 12,00 € pro Fahrzeug, WC-Kassettenentleerung, Wasserver- und Abwasserentsorgung sowie Strom sind im Preis enthalten. Ohne Stromversorgung 8,00 € pro Tag. Zahlung nur mit EC- oder Visa-Karte möglich. Kurtaxe 0,61 € pro Person.
Zufahrt: Über die D213 am Ortseingang von Les Deux Alpes auf der linken Seite.

Am Stellplatz gibt es eine Bushaltestelle. Ein kostenloser Shuttlebus (Navette) fährt alle 30 Minuten in den lang gezogenen, längst zusammengewachsenen Doppelort. Er fährt mehrere Stationen der Gemeinde an und hält auch vor dem Maison du Tourisme. Von hier sind es nur wenige Meter bis zur Seilbahnstation des **Jandri-Express**. Die erste Station dieser Seilbahn liegt auf 2600 Metern Höhe. Dann heißt es umsteigen in die zweite Bahn, die auf 3200 Meter Höhe führt.

Extravagantes Lokal in Les Deux Alpes.

Hier kann eine weitere **Grotte de Glace** besucht werden. Ein besonderes Erlebnis ist die Fahrt mit der Funiculaire des deux Alpes, deren Stationsgebäude unweit der Seilbahnstation zu sehen ist. Über 1722 Meter Länge führt sie durch den Gletscher **Mont-de-Lans**. Auf 3400 Metern steigt man auf dem Gletscher aus. Wem das noch nicht hoch genug ist, der marschiert einen Kilometer weiter auf den 3568 Meter hohen **Dôme de la Lauze**. Hier erscheint das Massif des Écrins zum Greifen nah. Danach geht es den ganzen Weg mit den Seilbahnen wieder hinunter.

Einen schönen Blick auf den **Grande Roche de la Muzelle** mit seinem Gletscher und in das tiefe Tal des **Vénéon** haben

Zum Greifen nah, das Massif des Écrins.

Sie von einem Aussichtspunkt mit Orientierungstafel in der Nähe der Seilbahnstation, die zu dem malerischen Bergbauerndorf **Vénosc** hinunterführt. Wer mit einem großen Fahrzeug unterwegs ist und diesen schönen Ort besuchen möchte, dem empfehlen wir, die Seilbahn von hier oben zu nutzen (6,00 €). Unten im Tal werden Sie nur schwer einen Parkplatz finden, wie Sie noch sehen werden. Es führt auch ein Wanderweg hinunter, er ist drei Kilometer lang, Höhenunterschied 620 Meter.

Les Deux Alpes. Im Hintergrund der 3465 Meter hohe Grande Roche de la Muzelle mit seinem Gletscher.

Die weitere Fahrt wird nun ein wenig abenteuerlich. Die 22 Kilometer bis zu dem Stellplatz Les Ougiers gehen ja noch, aber ab Vénosc ist man als Fahrer im Tal des Vénéon ganz schön gefordert.

In Les Ougiers wurde am Rande eines aufgelassenen Steinbruchs eine Wasserver- und Abwasserentsorgungsanlage für Wohnmobile eingerichtet. Diese kann auch von großen Fahrzeugen angefahren werden. An der Straße wurden auf der rechten Seite große Stellflächen geschaffen, die mit dem WOMO bequem erreichbar sind. Bis zum Uferrand des schönen Bergsees **Lauvitel** sind von dieser Stelle rund fünf Kilometer zu gehen. Der Höhenunterschied beträgt 670 Meter, es geht stetig bergan.

(131) Offizieller WOMO-Stellplatz: Vénosc – Les Ougiers

GPS: N44°59'44.3" E6°04'35.8", (864m); Les Ougiers, 38520 Vénosc
Max. WOMOs: >10, max. Länge 10 m. **Öffnungszeit:** Ganzjährig.

Ausstattung: Wasserver- und Abwasserentsorgung mit Bodeneinlass, WC-Entleerung.
Beschreibung: Außerorts liegender, ebener, geschotterter Platz auf der rechten Seite der Straße. Zur Ver- und Entsorgungsstation in die gegenüberliegende Einfahrt fahren und links halten.
Preise: Kostenlos.
Zufahrt: In La Clapier in einer scharfen Rechtskurve links in Richtung Vénosc und La Bérarde abbiegen und der Straße etwas mehr als fünf Kilometer bis zum Zielpunkt folgen.

Lauvitel bei La Danchére.

Der reizvolle **Lauvitel** liegt auf 1530 Metern Höhe und ist der größte See im Massif des Écrins. Er hat eine Fläche von 25 bis 35 Hektar und eine Tiefe von maximal 65 Metern. Die Seespiegelhöhe schwankt. Im Sommer verliert er Wasser durch Verdunstung und durch das poröse Gestein im Untergrund. Mit der Schneeschmelze wird er durch die ihm zufließenden Gebirgsbäche wieder aufgefüllt. Er selbst ist abflusslos, es gibt keinen Bach oder Wasserfall, der den See verlässt.

Vom See bis zu dem schon genannten malerischen Bergdorf **Vénosc** ist es nur ein Katzensprung. Die vier Kilometer sind schnell bewältigt. Stellt sich nur noch die Frage, wo man parken kann. Wer mit einem Kastenwagen unterwegs ist, kann in den Ort hineinfahren und hier [GPS: N44°59'24.2" E6°07'01.2"] sein Fahrzeug abstellen. Wer mit einem größeren Fahrzeug unterwegs ist, der parkt beim Office de Tourisme an der Seilbahnstation [GPS: N44°59'12.8" E6°06'57.9"], wenn noch ein Platz zur Verfügung steht, denn das Dorf wird gern besucht. Wer einen längeren Aufenthalt ins Auge fasst, kann sich diesen Campingplatz näher anschauen.

(132) WOMO-Campingplatz:
Vénosc – le Champ du Moulin

GPS/Kontakt: N44°59'09.9" E6°07'11.5", (934m); 102 route du Grand Pré, 38520 Vénosc. E-Mail: info@champ-du-moulin.com, Web: www.champ-du-moulin.com, Tel: (+33) 0476800738 **Max. WOMOs:** 40, max. Länge 8 m.
Öffnungszeit: Zwischen Mitte Dez. und Ende April sowie zwischen Mitte Mai und Mitte September.
Ausstattung: Dusche, WC, Sauna, Waschmaschine, Ausguss für die Chemietoilette, Restaurant, Baguetteservice, kleiner Shop.
Beschreibung: Ebene, zumeist schattige Stellflächen zwischen 80 und 150 m² am Ufer des Vénéon. Sehr ruhige Lage. Die Einrichtungen der Anlage sind in die Jahre gekommen. Von diesem Platz ist man schnell mit der Seilbahn in Les Deux Alpes und kann das umfangreiche Angebot des Ortes nutzen. In der Nähe des Campingplatzes befinden sich ein Schwimmbad und eine Station für Raftingtouren.
Preise: Je nach Saison zwischen 26,00 und 30,00 € für ein Fahrzeug mit 2 Personen, Strom, Wasserver- und Abwasserentsorgung inklusive.
Zufahrt: Über die D530, 500 Meter hinter der Seilbahnstation und dem Office de Tourisme auf der rechten Seite am Ufer des Vénéon.

Hart muss das Leben der Bauern gewesen sein, die hier in den Bergen von der Subsistenzwirtschaft lebten, d.h. alles, was sie konsumiert haben und zum Leben benötigten, auch selbst anbauen oder erzeugen mussten.

Gasse mit Restaurant in Vénosc.

Das änderte sich Ende des 19. Jahrhunderts mit dem Beginn der touristischen Entwicklung. Immer mehr Gäste kamen, wollten in den Bergen wandern, Ski fahren und

Bauernhaus in Vénosc.

die Natur erleben. So wurden aus vielen Einwohnern dieses Ortes Bergführer oder Skilehrer und die Landwirtschaft wurde weitgehend aufgegeben. Da die Gäste irgendwo unterkommen und verpflegt werden mussten, entwickelte sich nach und nach auch die Hotellerie und Gastronomie in diesem, wie in anderen Orten dieser Region. Einen richtigen Schub für diese Entwicklung gab der Bau der Straße nach la Bérarde und der Bau der Seilbahn nach Les Deux Alpes, die noch mehr Touristen ins Tal lockten. Vénosc hat gegenüber anderen Orten den Charme der alten Bausubstanz bewahrt. Heute sind in den alten Bauernhäusern Restaurants, Souvenirshops und dergleichen untergebracht.

Saint Christophe-en-Oisans.

Wer den Mut hat, nach La Bérarde weiterzufahren, steht nun vor einer fahrerischen Bewährungsprobe. Mag die Strecke nach **St-Christophe-en-Oisans** noch halbwegs gut zu fahren sein, so wird die Straße nach diesem Ort eng und schmal, sehr schmal! Wenn einem dann noch der Omnibus entgegenkommt, der im Pendelverkehr in den Sommermonaten Bergwanderer hin- und herfährt, stehen einem schnell die Schweißperlen auf der Stirn. Wir wollen Ihnen damit keine Angst machen, nur darauf hinweisen, dass es eng und knifflig werden kann.

Blick auf den 3595 Meter hohen Aiguille du Plat de la Selle.

Bei der Ankunft werden Sie dafür mit einem Platz belohnt, der einsam im Tal liegt. Hier beginnt der **Parc National des Écrins**. Die Straße ist zu Ende und es geht nur noch zu Fuß weiter. Nur zehn Kilometer (Luftlinie) trennen uns von dem Platz in Pelvoux, von dem wir eine Wanderung zum Glacier Noir in der Tour 9 gemacht haben (siehe Seite 201). Den kann man auch von diesem Platz erreichen, was aber eine sehr anstrengende mehrtägige Bergtour mit Hüttenübernachtungen voraussetzt. Denn eine direkte Straßenverbindung gibt es ja nicht und irgendwie muss man um den 4102 Meter

Wanderwegweiser in La Bérarde.

(133) WOMO-Stellplatz: Saint-Christophe-en-Oisans – La Bérarde

GPS: N44°55'55.4" E6°17'29.0", (1711m); La Berarde et le Gravier, 38520 Saint-Christophe-en-Oisans.
Öffnungszeit: Ganzjährig.
Max. WOMOs: >5, max. Länge 7 m.
Ausstattung: Keine.
Beschreibung: Ebene, geschotterte Plätze. Restaurants in der Nähe, die aber außerhalb der Ferienzeit nur eingeschränkte Öffnungszeiten haben.
Preise: Kostenlos.
Zufahrt: Die D530 bis zum Ende durchfahren.

hohen Barre des Écrins herumkommen. Einfacher ist es, nur bis zur **Refuge le Carrelet** weiter hinten im Tal zu gehen und danach wieder umzukehren. Das sind 3,5 Kilometer, die man, links und rechts von hohen Felswänden begleitet, in einer Stunde schaffen kann. Es gibt noch einige andere Wege, die man auch ohne eine Wanderkarte gehen kann. Sie werden ganz sicher Ihren Weg auf der großen Wandertafel am Stellplatz finden.

Wenn man etappenweise in ein langes Tal gefahren ist, erscheint der Rückweg besonders lang. Zum nächsten Ziel gibt es keine Abkürzungen oder Querverbindungen. Also fahren wir den ganzen Weg wieder zurück nach Bourg-d'Oisans und von dort weiter bis zum **Sanctuaire de Notre-Dame in La Salette**. In der Summe sind das fast 100 Kilometer.

Straße zum Col de Parquetout.

Wir nehmen von Bourg-d'Oisans durchgängig die D526 bis nach Entraigues und biegen zwei Kilometer hinter dem Ort links ab in Richtung **Col de Parquetout**. Die Straße ist zwar auch schmal, aber kein Vergleich zur Straße nach La Bérarde. Sie lässt sich gut fahren und nach sieben kurvenreichen Kilometern haben wir den 1398 Meter hohen Pass erreicht. Der Parkplatz [GPS: N44°52'35.2" E5°55'23.4"] knapp hinter der Passhöhe

Blick aus der Nähe des Col de Parquetout über das Bassin du Trièves mit Mont Aiguille (Bildmitte) und Grand Moucherolle (rechts) im Hintergrund.

ist sehr klein, reicht aber, um das Fahrzeug abzustellen und mit einem kleinen Spaziergang die Gegend zu erkunden. Wir folgen dem Feldweg durch ein Weidegelände und erreichen eine Anhöhe, schauen über das Bassin du Trièves, das vom Drac durchflossen wird, und erblicken schon bekannte Berge. Deutlich sind der Mont Aiguille (siehe Seite 129) und der Grand Moucherolle (siehe Seite 116), die wir in der Tour 3 besucht haben, in der Ferne zu sehen.

Bis zur Kirche der Lieben Frau von la Salette (**Sanctuaire de Notre Dame de la Salette**) liegen nun noch 28 Kilometer vor uns. Wir stellen unser WOMO auf diesem Parkplatz ab.

(134) WOMO-Stellplatz:
La Salette – Sanctuaire de Notre-Dame

GPS: N44°51'30.5" E5°58'21.4", (1699m); Sanctuaire de la Salette, 38970 La Salette. **Max. WOMOs:** 10, max. Länge 9 m. **Öffnungszeit:** Von Ende März bis Mitte November.
Ausstattung: Keine.
Beschreibung: Ebener Platz mit Schotterbelag. 500 Meter vor dem Kloster rechts.
Preise: Kostenlos.
Zufahrt: Über die D212C der Beschilderung zum Kloster La Salette folgen.

La Salette ist nach Lourdes der zweitgrößte Marienwallfahrtsort Frankreichs. Die Basilika wurde 1851 erbaut, fünf Jahre nach der Marienerscheinung zweier Kinder, die sich so zugetragen haben soll:

Sanctuaire de Notre Dame de la Salette

"Auf einer einsamen Alm über La Salette hüten zwei Kinder aus Corps, Melanie (15-jährig) und Maximin (11-jährig) ihre Kuhherden. Plötzlich erblicken sie in der kleinen Mulde, durch die das Seziabächlein fließt eine Feuerkugel, die leuchtet wie die Sonne und darin immer deutlicher eine Frauengestalt, die auf einem Steinblock sitzt, das Gesicht in den Händen vergraben hält und weint.

Lange stehen die Kinder erschrocken da. Nun erhebt sich die Gestalt und lädt sie zu sich: Kommt näher Kinder, habt keine Angst! Ich bin hier, um euch eine große Botschaft mitzuteilen. Sie geht einige Schritte auf die Kinder zu und diese ihrerseits kommen den Hang herunter und

Der Ort der Erscheinung.

Die Wallfahrtskirche in La Salette.

treten ganz nah heran. So können sie die Gestalt genau sehen. Sie ist groß und strahlt in hellem Licht. Sie trägt ein langes weißes Gewand, eine gelbe Schürze, ein Halstuch und eine einfache Haube. Auf ihrem Haupt leuchtet ein Diadem und auf ihrer Brust ein Kreuz mit Hammer und Zange auf dem Querbalken. Aller Lichterglanz geht von diesem Kreuz aus. Wer ist sie? Die Kinder wissen es nicht. Sie sprechen später immer von der "Belle Dame", der schönen Frau. Nun beginnt diese zu sprechen: ....", soweit ein Zitat aus dem deutschsprachigen Flyer, der in der Basilika ausliegt.

Es folgen mahnende Worte an die Kinder, ein gottesfürchtiges Leben zu führen und die Gebote einzuhalten, denn die Missernten der Eltern seien eben auf die mangelnde Gottesfurcht zurückzuführen. Die Kinder werden beauftragt, diese Botschaft dem ganzen Volke mitzuteilen. Es wird dem Bischof in Grenoble zugetragen, der nach eingehender Prüfung an diesem Ort der Erscheinung eine Wallfahrtskirche errichten lässt.

Für gläubige Katholiken ist das natürlich ein ganz besonderer Ort, für andere eher nicht. Natürlich wird auch hier – wie an jedem Wallfahrtsort – für das leibliche Wohl gesorgt. Das Angebot nehmen wir gerne an und beenden damit den Besuch und wechseln das Thema.

Wer gern sportlich mit dem Mountainbike unterwegs ist, der findet in der Nähe dieses Wallfahrtsortes eine ganze Reihe ausgeschilderter VTT-Strecken zwischen 5 und 35 Kilometern Länge. Detailkarten dazu gibt es im Maison de Tourisme in **Corps** (Grande Rue, 38970 Corps, GPS: N44°49'08.1" E5°56'48.8").

Wer lieber gemächlicher zu Fuß auf einem Naturlehrpfad unterwegs ist, für den ist die nächste Station die richtige. Wir fahren runter nach Corps, treffen dort auf die N85, die Route Napoléon, und fahren diese 27 Kilometer bis zur Abzweigung der D14 in Richtung Pont du Fossé. Nun sind es noch 13 Kilometer bis zu diesem Stellplatz.

(135) Offizieller WOMO-Stellplatz: Pont du Fossé – Aire Camping-Car Park

GPS/Kontakt: N44°40'03.0" E6°14'04.0", (1132m); Pont du Fossé, 05260 Saint -Jean-Saint-Nicolas. E-Mail: contact@campingcarpark.com, Web: www.campingcarpark.com. **Max. WOMOs:** 49, max. Länge 10 m. **Öffnungszeit:** von Mitte März bis Mitte November.

Ausstattung: Wasserver- und Abwasserentsorgung mit Bodeneinlass, WC-Kassettenentleerung, Müllentsorgung, Stromanschlüsse, WiFi.

Beschreibung: Ebene, befestigte Plätze am Ortsrand, bewaldet, wirkt wie eine Parklandschaft. Der Platz gehört zur CAMPING-CAR PARK-Kette, für deren Nutzung eine spezielle Karte benötigt wird (siehe Seite 368). Eine Reservierung über die Webseite ist möglich.

Preise: 10,55 € pro Fahrzeug, Kurtaxe 0,35 €. WC-Kassettenentleerung, Wasserver- und Abwasserentsorgung sowie Strom sind im Preis enthalten. Internetzugang über WiFi ist kostenfrei. 5-Stunden-Parkticket inkl. Ver- und Entsorgung 5,50 € pro Fahrzeug.

Zufahrt: In Pont du Fossé nach der Überquerung der Bogenbrücke über den Drac den Ort durchfahren und wieder verlassen. Kurz hinter dem Ortsschild "Les Foulons" rechts abbiegen und die Nächste gleich wieder rechts. Diese Strecke ist wegen einer kleinen Holzbrücke nur für Fahrzeuge bis 3,5t zugelassen. Schwerere Fahrzeuge biegen hinter dem Ortsschild "Les Foulons" nicht direkt ab, sondern fahren noch 200 Meter weiter und biegen dann erst rechts ab, folgen einer Rechtskurve und fahren die Straße geradeaus weiter bis zur Schranke des Stellplatzes.

Wenn Sie für die Anreise zu diesem Ort nur die GPS-Koordinaten eingegeben haben, dann kann es sein, dass Ihr Navi Sie in die Irre führt, denn den alten Zugang gibt es nicht mehr. Lesen Sie deshalb bitte, wie wir die Zufahrt beschrieben haben.

Der Platz hat Charme, denn man steht hier wie in einer Parklandschaft. Bis in den Ort, der einige Restaurants aufzuweisen hat und Einkaufsmöglichkeiten bietet, ist es nicht weit. Dazu gehen Sie entlang des Drac, der hier ein verzweigtes Flussbett geschaffen hat, durch eine Parklandschaft. In dieser ist auch der bereits angesprochene Naturlehrpfad integriert. Er endet fast direkt am Marktplatz in Pont du Fossé. Ein sehr leicht zu gehender und relativ kurzer Spazierweg.

Parklandschaft am Drac.

Wenn Ihnen der Name Drac nach der bisherigen Lektüre dieses Buches im Gedächtnis geblieben ist, dann wissen Sie noch, dass er weiter unten den Lac de Monteynard-Avignonet speist.

Pont du Fossé ist darüber hinaus ein guter Standort für Radtouren und Wanderungen in die Umgebung.

Für den Start einer Bergwanderung mag der Stellplatz in Orcières-Merlette vielleicht besser geeignet sein. Der Ort ist mit 18.000 Betten eine echte Bettenburg und eine Touristenstadt, die hauptsächlich für den Wintersport gebaut wurde. Sie hat in der Fläche längst den namengebenden Hauptort um ein Vielfaches übertroffen. Hier stehen Sie auf der Plattform eines Parkhauses dicht mit anderen Mobilen zusammen und sind nur von Beton und Asphalt umgeben.

(136) Offizieller WOMO-Stellplatz: Orcières-Merlette – Parking P2

GPS: N44°41'42.1" E6°19'36.2", (1808m); Les Veyers, 05170 Orcières.
Max. WOMOs: 24, max. Länge 8 m. **Öffnungszeit:** Juli und August sowie von Mitte Dezember bis Mitte April.

Ausstattung: Wasserver- und Abwasserentsorgung mit Bodeneinlass, WC-Kassettenentleerung, Müllentsorgung, Stromanschlüsse.
Beschreibung: Ebene, asphaltierte und engbeieinanderliegende Stellflächen am Ortsrand neben Hotelanlagen.
Preise: 10,00 € im Sommer, 18,00 € im Winter pro Fahrzeug, WC-Kassettenentleerung, Wasserver- und Abwasserentsorgung sind im Preis enthalten, Strom (16 Ampere) 6,00 € für 4h. Internetzugang über WiFi ist kostenfrei.
Zufahrt: Die D76 hoch- und in den hinteren Teil des Skiortes fahren.

Das einzig Reizvolle an diesem Platz ist die Aussicht. Ferner lohnt es sich, von hier aus eine schöne Bergwanderung zum **Lac des Estaris** unterhalb des 3086 Meter hohen **Pointe des Estaris** zu machen. Der Weg ist, je nachdem, welche Route gewählt wird, sechs bis sieben Kilometer lang. 800 Meter Höhenunterschied sind auf dieser relativ kurzen Strecke zu bewältigen. Mit mindestens zwei Stunden Gehzeit müssen Sie rechnen. Wie an anderen Skiorten müssen Sie auch hier

Orcières-Merlette. Im Hintergrund links der Pointe des Estaris.

darauf achten, den VTT-Fahrern nicht in die Quere zu kommen. Für die gibt es elf Downhill-Strecken unterschiedlicher Schwierigkeitsstufen.

Wir verlassen die Retortenstadt und wenden uns dem wirtschaftlichen und kulturellen Zentrum der französischen Südalpen zu. **Gap** heißt der Ort und ist nicht schwer zu finden und auch nicht schwer zu erreichen. Nach einer Stunde haben wir die 38 Kilometer hinter uns gebracht und werden am Ortseingang auf der N85 gleich an Napoléon erinnert, der hier auf seinem Gewaltmarsch am Abend des 05.03.1815 von Briançon kommend eintraf und eine Übernachtung einlegte. Wenn wir schon beim Thema Übernachtung sind, dann schauen wir doch als Erstes, was Gap für uns zu bieten hat.

Wenn Sie Fahrräder dabeihaben, empfehlen wir Ihnen den Platz am Stade nautique. Mit dem Rad sind Sie ruckzuck im sehenswerten Stadtzentrum. Es führt sowohl ein gut ausgebauter, zweispuriger Radweg als auch ein breit angelegter Gehweg vom Stellplatz in die Stadtmitte. Auf dem Weg haben Radfahrer Vorrang vor dem querenden Autoverkehr. Um den Radweg anlegen zu können, wurde die parallel laufende Straße kurzerhand schmaler gemacht.

Der Adler Napoléons in Gap.

Weniger attraktiv fanden wir den Platz an der Avenue Embrun, aber sehen Sie selbst. Auf der folgenden Seite sind beide Plätze beschrieben.

(137) Offizieller WOMO-Stellplatz: Gap – Aire Camping-Car Park

GPS: N44°34'10.7" E6°06'08.9", (757m); 93 Avenue d'Embrun, 05000 Gap. **Max. WOMOs:** 6, max. Länge 8 m. **Öffnungszeit:** Ganzjährig.

Ausstattung: Wasserver- und Abwasserentsorgung mit Bodeneinlass, WC-Kassettenentleerung, Müllentsorgung, maximale Aufenthaltsdauer 48h.

Beschreibung: Ebene, asphaltierte Plätze am Ortsrand in einem Gewerbegebiet neben einer Autowerkstatt und einem Outdoorgeschäft.

Preise: Kostenlos, kostenlose Busverbindung in die Innenstadt.

Zufahrt: Über die N94 in Richtung Embrun.

(138) Offizieller WOMO-Stellplatz: Gap – Stade nautique de Fontreyne

GPS: N44°32'32.3" E6°03'40.9", (733m);3D Avenue de Traunstein, 05000 Gap. **Max. WOMOs:** 5 offizielle Stellflächen, in der Realität aber aufgrund der Größe des Platzes deutlich mehr, max. Länge 12 m. **Öffnungszeit:** Ganzjährig, maximale Aufenthaltsdauer 48h.

Ausstattung: Wasserver- und Abwasserentsorgung mit Bodeneinlass, WC-Kassettenentleerung, Müllentsorgung.

Beschreibung: Ebene, asphaltierte Plätze am Ortsrand neben Sportstätten und einer Parkanlage. Das Freizeit- und Sportbad befindet sich auf der gegenüberliegenden Seite des Stellplatzes. Tagsüber viel Verkehr, bei Nacht dagegen sehr ruhig.

Preise: Keine Parkgebühren und auch die Wasserver- und Abwasserentsorgung sowie die WC-Kassettenentleerung sind kostenlos.

Zufahrt: Über die N85 Avenue de Provence in Richtung Autobahn, rund drei Kilometer vom Stadtzentrum entfernt.

Gap – zwischen Eselsohren und Folklore

Markttage sind in einer historischen Altstadt besonders reizvoll. Mit dem bunten Treiben auf den Straßen und Plätzen vermittelt jeder Ort sein eigens Flair und es lässt sich sehr viel entdecken. Neben den klassischen Angeboten der Obst- und Gemüsebauern werden regionale Käse- und Wurstwaren verkauft und neben den auch hier üblichen Pizzen, Burgern und halben Hähnchen auch **Eselsohren**. Keine Angst, die grauen Vierbeiner müssen für diese Mahlzeit nicht ihre Lauscher abgeben. Es ist ein traditionelles Gericht, das seinen Namen einer Spinatsorte verdankt, deren reif gewordene Blätter an Eselsohren erinnern. Es handelt sich um einen Auflauf mit wild wachsendem Spinat und Lasagneplatten oder auch Crêpeteig, mit Bechamelsoße und geriebenem Käse. Er wird unter dem Namen **Oreilles d'âne** angeboten. Eine weitere kulinarische Spezialität auf dem Markt sind **Tourtons**. Sie stammen aus dem Champsaur-Tal und bestehen aus gefüllten und frittierten Teigtaschen, die aus Kartoffeln hergestellt werden. Es gibt sie in salzigen und süßen Varianten. Je nach Jahreszeit wird die salzige mit Käse, Lauch, Spinat oder Fleisch gefüllt und die süße Ausgabe bekommt eine Füllung, die aus Apfel- oder Pflaumenmus besteht.

Markttag auf dem Platz Jean Marcellin.

Wem der Markt zum Essen zu ungemütlich ist, der kann diese Spezialitäten auch in dem Restaurant (nomen est omen) **Tourton des Alpes** in der Rue des Cordiers probieren www.letourtondesalpes.fr. Das Restaurant liegt 200 Meter nördlich des Marktplatzes. Wenn Sie nichts Regionales essen mögen: In diesem Restaurantviertel finden Sie auch indische, chinesische, marokkanische und italienische Küche.

Die Apsis der Cathédrale Notre-Dame-et-Saint-Arnoux.

Gap ist eine sehr alte Stadt. Die Römer nannten sie Vapincum und nutzen diesen Ort als Truppenlager. Im ausgehenden Mittelalter wurde die Stadt mehrfach zerstört. Die Hugenottenkriege in den Jahren 1562 bis 1598 forderten ihren Tribut und führten zu Verwüstungen. Hundert Jahre später führten Eroberungszüge der Savoyer zu weiteren Zerstörungen. So wird verständlich, warum in dieser Stadt keine mittelalterlichen Gebäude zu finden sind. Die ältesten Häuser stammen aus dem 18. Jahrhundert. Auch wenn es nicht mittelalterlich ist, die schmalen und eng bebauten Gassen laden trotzdem zu einem Bummel ein.

Die Kathedrale der Stadt, **Cathédrale Notre-Dame-et-Saint-Arnoux**, wurde Ende des 19. Jahrhunderts über den Fundamenten vorangegangener Kirchengebäude errichtet. Im Stile des Historismus vereint die Architektur neuromanische mit neugotischen Elementen und setzt durch die Verwendung verschiedener Steine der Region einen besonderen farblichen Akzent.

Das **Musée départemental des Haute-Alpes** zeigt über vier Etagen eine große Auswahl an Meisterwerken und dokumentiert mit zahlreichen Exponaten die Geschichte der Stadt und der Region. Hier ist auch ein Modell der Stadt zu sehen, bevor sie im 16. Jahrhundert verwüstet wurde. Der Eintritt ist frei.

Die größte kulturelle Veranstaltung ist das überregional bekannte Folklorefestival **Festival Cultures et musiques du monde**, das jährlich am ersten Juli-Wochenende stattfindet. Folkloregruppen aus aller Welt ziehen dabei in bunten Kostümen drei Tage lang musizierend und singend durch die Straßen.

Damit beenden wir dieses Kapitel und werden in der nächsten Tour auf reizvollen Umwegen zum nahen Lac de Serre-Ponçon fahren.

Mont-Dauphin
Guil
Guillestre
D902
Tour 8
152
174
Vars
Wasserfälle
Pointe des Estaris
3086 m
Drouvet
2655 m
136
Orcières-
Merlette
Orcières
Châteauroux-
les-Alpes
Durance
N94
Rafting
Tour 6
Cathédrale Notre-Dame
Embrun
135
Pont du Fossé
151
150
Plage de Chanterenne
Crots
Les Orres
Le Drac
D944
DEP. HAUTES-ALPES (05)
Lac de Serre-Ponçon
Savines-le-Lac
Mont Pouzenc
2898 m
148
149
Chorges
N94
D954
D7
153
WC
137
N94
D3
Col Lebraut
1110 m
Demoiselles
Coiffées
Le Lauzet-Ubaye
Le Sauze-du-Lac
Rafting
D900
Tour 8
Ubaye
Mont Colombis
1734 m
Muséoscope
du Lac
Parc Animalier
de Serre-Ponçon
St-Vincent-
les-Forts
Gap
Demoiselles
Coiffées de Théus
138
139
D900B
Théus
Remollon
Gorges de
la Blanche
D900
Tête de l'Estrop
2962 m
D900B
Rochebrune
147
140
Bréziers
141
D900C
Selonnet
Vauban Festung
Seyne
N85
Tallard
Château
Belleaffaire
Turriers
Haut Chardavon
D900
1576 m
UNESCO Géoparc
D4
Les Tourniquets
de Bayons
D1085
D951
Bayons
Clues de Barles
3,2m
Verdaches
D1
Massif des
Monges
Barles
Durance
A51
Monêtier-
Allemont
La Motte-
du-Caire
Claret
D104
2115 m
D900A
la Javie
La Sasse
de Haute-Provence
Clues de Barles
le Brusquet
D304
Sentinelle -
Andy Goldsworthy
Authon
Thèze
D951
Châteaufort
DEP. ALPES-DE-
HAUTE-PROVENCE (04)
D900
3,2m
Digne-
les-Bains
D22
D4
Parc Animalier
La Vallée Sauvage
la Forge
D3
Ammonitenfelsen
Tour 4
Thoard
146
Les Armands
109
Cathédrale Notre-
Dame du Bourg
D1075
Sisteron
Cathédrale St-Jérôme
108
112
145
110
D3
111
144
N
E
W
S
N85
N85
Volonne
Peipin
142
Château-Arnoux-
Saint-Auban
143
10 km
A51
Malijai
P
Route Napoléon
Les Mées
Rochers des pénitents

TOUR 7 (280 km, mit Alternativrouten 360 km)

Théus – Rochebrune – Bréziers – Sisteron – Château-Arnoux – Malijai – Digne-les-Bains – Seyne – Selonnet – Chorges – Savines-le-Lac – Plage de Chanterenne – Embrun – Mont-Dauphin

Stellplätze:	Théus, Bréziers, Sisteron, Château-Arnoux, Malijai, Digne-les-Bains, Selonnet, Chorges, Saines-le-Lac, Plage de Chanterenne, Embrun, Mont-Dauphin.
Campingplätze:	Rochebrune, Digne-les-Bains.
Besichtigungen:	Sisteron (Stadt und Festung), Château-Arnoux (Schlosspark), Digne-les-Bains (Stadt, Kathedralen, Ammonitenfelsen), Seyne (Vauban-Festung), Lac de Serre-Ponçon (Muséoscope du Lac), Embrun (Cathédrale Notre Dame), Mont-Dauphin (Vauban-Festung).
Wandern:	Théus (Demoiselles Coiffées de Théus, Mont Colombis), Les Mées (Rochers des pénitents), Authon (Sentinelle - Andy Goldsworthy).
Baden/Wellness:	Digne-les-Bains (Thermalbad), Plage de Chanterenne (Lac de Serre-Ponçon), Embrun (Lac de Serre-Ponçon).

Wir setzen in dieser Tour die Reise in den Süden der Alpen fort. Die Gipfel werden niedriger, sie reichen im Géoparc de Haute-Provence gerade noch über 2000 Meter hinaus, und es wird trockener. Mit dem UNESCO-Géoparc, der das gesamte Massif des Monges abdeckt, wird dieses Gebiet unter besonderen Schutz gestellt. Das werden wir uns ein wenig näher anschauen. Ebenso werden wir Ihre Aufmerksamkeit auf besonders bizarre Verwitterungsformen lenken, die es am nördlichen und am südlichen Rand des Géoparcs zu bewundern gibt. In ihrer Schönheit werden diese Naturschauspiele aber mit einer Fahrt durch die Clues de Barles übertroffen. Wir sind in diesem Buch schon durch viele Schluchten und Tallandschaften gefahren, diese ist eine der eindrucksvollsten und von außerordentlichem und besonderem Reiz.

Durch eine weitere tiefe Schlucht geht es schließlich zum Lac de Serre-Ponçon, einem Stausee, an dessen nördlichen Rändern es zahlreiche Bade- und Wassersportmöglichkeiten gibt. In den Sommermonaten ist er, wie Sie sehen werden, wenn Sie im Juli und/oder August unterwegs sind, sehr stark frequentiert. Den Abschluss dieser Tour bildet die Vauban-Festungsstadt Mont-Dauphin.

Nachdem wir Gap verlassen haben, fahren wir gen Süden in Richtung Tallard und folgen den Hinweisen zum Lac de Serre-Ponçon. Obstbau prägt die Tallandschaft, mit Netzen überspannte Plantagen begleiten unseren Weg entlang der oberen Durance, bis wir Remollon erreicht haben.

Wenn Sie diese Seite www.serreponconvallees.com aufrufen, können Sie sich über eine ganze Reihe von Wander-, VTT- und Reitzielen in dieser Region informieren, die wir hier gar nicht imstande sind, alle aufzuzählen. Wir picken uns die Rosinen heraus und statten, bevor wir durch das Massif des Monges fahren, den **Demoiselles Coiffées de Théus** einen Besuch ab. Einschränkend müssen wir gleich dazu sagen, dass dies eher ein Ziel für die Kastenwagenfraktion ist. Sie kommen zwar auch mit einem "normalen", sieben Meter langen Wohnmobil da hoch, aber wirklich empfehlen können wir das nicht. Wir haben es gemacht und sind auf der schmalen und steilen Straße unbeschadet rauf und runter gekommen. Es geht also, aber warnen wollen wir trotzdem, es geht manchmal verflixt kniffelig und eng zu, bis Sie diesen Platz **[139:** N44°29'15.7" E6°11'54.5"] erreichen.

Wanderparkplatz bei den Demoiselles Coiffées de Théus.

Das Becken des Gebirgsbaches Vallauria vereint eine ganze Reihe von Säulen mit Kappen und ist eine echte geo-

Kleine Auswahl der Demoiselles Coiffées de Théus.

morphologische Besonderheit. Auf einer Fläche von rund 65 Hektar sind so viele Formationen zu sehen, dass man von einem Ballsaal spricht. Die 2018 eingeweihte **"Terrasse des Ballsaals"** bietet einen Blick auf dieses Naturjuwel. Tische, Bänke und Liegen sowie Tafeln, die dieses geomorphologische Relief erklären, laden zu einer Rast ein. Sie sind nur wenige Meter von dem abgebildeten Parkplatz entfernt.

Ein weiteres, hübsches "Edelfräulein" im Tal der Vallauria.

Die **"Edelfräulein mit Kopfputz"**, wie die Demoiselles übersetzt heißen, sind besser bekannt als **"Feenkamine"**. Es sind geologische Formen, die durch Erosion entstanden sind. Sie sind auch an anderen Orten in der Welt anzutreffen. Selten jedoch in dieser Häufigkeit, wie Sie sie hier sehen können. In Frankreich ist das in dieser Konzentration einmalig. Sie haben die Form von Säulen und bestehen aus verschiedenen Konglomeraten. Sie tragen mehr oder weniger sperrige Steine als "Kopfbedeckung", durch die der Unterbau vor weiterer Erosion geschützt wird. Jedenfalls eine Zeit lang. Irgendwann werden aber auch diese Gebilde durch Wind und Wetter wackelig und zusammenbrechen. Nichts Ungewöhnliches in den geomorphologischen Formungsprozessen der Erde.

Wenn wir schon hier sind, bietet sich auch noch ein Besuch des 1734 Meter hohen **Mont Colombis** an. Bis zu diesem Aussichtspunkt [GPS: N44°29'45.7" E6°13'16.3"], zu dem Sie mit Ihrem Fahrzeug fahren können, sind es nur fünf Kilometer. Vor Augen haben Sie das **Embrunais**, das von der Durance durchflossen wird und in dem der Lac Serre-Ponçon aufgestaut wurde. Einen Panoramablick über die Gebirgskulisse der Alpen vom Écrins bis zum Mercantour gibt es gratis dazu. Auf der Seite 227 bekommen Sie einen Eindruck davon.

Wenn Sie sich nicht trauen, zum Wanderparkplatz hinter Théus hochzufahren, es sind vom Tal in Remollon sieben Kilometer mit 550 Metern Höhenunterschied, dann bietet es sich immer noch an, den Weg nach oben mit dem MTB, Roller oder was auch immer Sie noch dabeihaben, in Angriff zu nehmen. Es geht natürlich auch zu Fuß.

Als Basisstation können wir Ihnen den Campingplatz **Camping les Ecolodges des 3 Lacs** in Rochebrune oder den einfachen Stellplatz am Ortseingang von Breziérs empfehlen.

Den Campingplatz www.ecolodges-des-3-lacs.com finden Sie hier [**140:** N44°27'33.4" E6°10'10.5"], den Stellplatz mit diesen Koordinaten [**141:** N44°29'15.7" E6°11'54.5"] .

Den komplett ausgestatteten, ruhig gelegenen Campingplatz werden vor allem diejenigen mögen, die in den Alpen nach Bademöglichkeiten suchen.

Das **Massif des Monges** ist ein Gebiet mit einer geringen Besiedlungsdichte. Das Gebirge erreicht nur an wenigen Stellen Höhen über 2000 Meter. Es liegt abseits der großen Touristenströme, die links oder rechts an diesem Gebirgsmassiv vorbeiziehen, um zu den großen attraktiven Zielen der französischen Alpen zu gelangen oder gar weiter nach Süden in die Provence. Dabei hat das Massif des Monges als herbe Schönheit ja auch durchaus seinen Reiz, den vor allem Reiter für sich entdeckt zu haben scheinen. Nun sind wir keine Reiter, aber Sie vielleicht. Wenn Sie Interesse haben, das WOMO mal ein paar Tage stehen zu lassen und den Fahrersitz mit einem Sattel zu tauschen, können Sie hier sehen, was in diesem Gebiet für Reiterferien angeboten werden www.tourisme-alpes-haute-provence.com/tour-des-monges.

Warum dieses Gebiet zu einem UNESCO Géoparc erklärt wurde und was Sie hier entdecken können, wollen wir kurz skizzieren. Dass es unvollständig ist, ist uns bewusst. Sehr viel mehr Informationen erhalten Sie, wenn Sie die Webseiten aufrufen, die in diesem Infokasten genannt werden.

UNESCO Géoparc de Haute Provence

Der UNESCO-Geopark der Haute-Provence wird oft als "Paradies der Geologen" bezeichnet. Mehr als 300 Millionen Jahre Erdgeschichte lassen sich in diesem Raum nachvollziehen. Er besteht seit dem Jahre 2000 und umfasst 1989 Quadratkilometer. Im Zentrum dieses Geoparks liegt das **Massif des Monges**. Der höchste Punkt ist mit 2115 Metern zu verzeichnen.

Ein Teil des Massif des Monges aus der Ferne betrachtet.

Wie immer in den UNESCO Geoparks geht es nicht nur um den Schutz der Natur, sondern auch um einen Bildungsauftrag. Es geht darum zu erklären, wie der wirtschaftende Mensch in dem zu schützenden Raum lebt und arbeitet und wie er dies nachhaltig weiterhin tun kann. Das soll auch den Besuchern dieser Region vermittelt werden. So werden diese dazu animiert, nicht nur die besonderen naturhistorischen Stätten zu besuchen, sondern sich auch mit der Tierwelt, der Kultur und der Sprache des Raumes auseinanderzusetzen. Hinzu kommen Elemente der Kunst, wie die Werke von **Andy Goldsworthy**, die Sie auf langen Wanderungen aufsuchen können, worüber diese Seite Auskunft gibt https://refugedart.fr. Wir sind dem in diesem Buch nicht weiter nachgegangen. Für die Tierfreunde sei noch auf den **Parc Animalier La Vallée Sauvage** im Herzen des Geoparks hingewiesen, den wir aus Platzgründen auch nicht weiter präsentieren können. Umfangreiche Informationen darüber finden Sie hier http://parcanimalier.lavalleesauvage.com.

Um diesen Raum mit seinen Besonderheiten zu erfassen, hat die Naturparkleitung, die in Digne-les-Bains ihren Sitz hat, eine Karte herausgegeben, in denen all diese charakteristischen Merkmale aufgeführt sind. In fünf Tagestouren werden diese miteinander verbunden. Diese Karte gibt es in zwei Formen, statisch und interaktiv, und sie kann hier angesehen werden www.dignelesbains-tourisme.com/de/decouvrir/Unesco-Géoparc-Haute-Provence. Aus der großen Menge haben wir die Highlights für unser Reisegebiet herausgesucht.

Weiter geht die Fahrt auf schmalen Straßen mit sehr wenig Verkehr. Wir vermeiden den Weg über Bayons, obwohl es landschaftlich sicher teilweise die interessantere Route wäre. Aber die **Tourniquets de Bayons** sind mit einem "normalen" Wohnmobil nur schwer zu fahren. Zu eng sind die Haarnadelkurven und spannende Bergstrecken stehen uns in dieser Tour noch bevor. Wenn Sie aber mit einem Kastenwagen unterwegs sind, können Sie Route, die auch gern für die Rally Monte Carlo genutzt wird, in Erwägung ziehen. Auf Youtube finden Sie mehrere Videos dazu.

Wir fahren also die etwas langweiligere Strecke. Die sonst allgegenwärtigen Rennradfahrer treffen wir kaum an. Wir durchqueren **La Motte-du-Caire**, kommen zum Fluss le Sasse und folgen seinem Lauf bis zur Mündung in die Durance. Von hier sind es nur noch wenige Kilometer bis nach Sisteron.

Da wir diese Stadt schon in der Tour 4 besucht haben, bitten wir Sie, für die Beschreibung auf die Seite 155 zurückzublättern.

Wir fahren jetzt gleich weiter auf der Route Napoléon, mit der wir uns schon auf Seite 135 befasst haben. **Château-Arnoux-Saint-Auban** ist das nächste Etappenziel. Der Ort liegt 13 Kilometer südlich von Sisteron. Der hiesige Stell-

Château-Arnoux.

platz wäre für eine Übernachtung nicht unsere erste Wahl. Aber die Versorgungseinrichtungen sind unkompliziert und einfach anzufahren, deshalb soll er nicht unerwähnt bleiben. Das Schloss können Sie übrigens nur von außen betrachten.

(142) Offizieller WOMO-Stellplatz: Château-Arnoux – Saint-Auban

GPS: N44°05'42.2" E6°00'34.8", (446m); 40 Avenue Gén de Gaulle, 04160 Château-Arnoux-Saint-Auban. **Max. WOMOs:** 20, max. Länge 12 m.

Öffnungszeit: Ganzjährig.
Ausstattung: Wasserver- und Abwasserentsorgung mit Bodeneinlass, WC-Kassettenentleerung, Müllentsorgung, WC.
Beschreibung: Ebener asphaltierter, halbschattiger Platz nahezu in der Ortsmitte, laut. Leicht anzufahrende Ver- und Entsorgungsstation.
Preise: Kostenlos. Die Wasserver- und Abwasserentsorgung sowie die WC-Kassettenentleerung sind ebenfalls kostenlos.
Zufahrt: Von der N85 in der Ortsmitte vor dem Rathaus (Château-Arnoux) auf den Parkplatz rechts abbiegen.

Oberhalb des Stellplatzes gibt es einen Park mit Naturlehrpfaden und an der aufgestauten Durance ein Vogelschutzgebiet, das bis zu unserem nächsten Stellplatz in Malijai reicht. Rund 140 Vogelarten wurden bislang gezählt. Da hier mehr als die Hälfte aller Vögel des Département Alpes-de-Haute-Provence leben, werden Sie immer wieder große Vogelschwärme oder auch einzelne, gleichsam vorbeischwebende Reiher zu Gesicht bekommen. Diese **Réserve ornithologique de Haute-Provence** ist auch ein wichtiger Rastplatz für Zugvögel auf ihrem Weg von Afrika nach Zentraleuropa.

Graureiher über dem Vogelschutzgebiet.

Wenn Sie das Gebiet mit Teleobjektiv und Fernglas durchstreifen wollen: Hier gibt es die passenden Karten mit Wanderwegen dazu www.dignelesbains-tourisme.com.

Auf dem Weg von Château-Arnoux nach Malijai werden Sie in großer Entfernung auf der rechten Seite neben dem Örtchen **Les Mées** die **Pénitents** sehen können. Diese bizarren Felsformationen sehen aus, als wäre hier eine Gruppe von überdimensional großen Mönchen mit Kutten und Kapuzen zu Stein

Die Pénitents bei Mées.

geworden. Um diese näher zu betrachten, finden Sie hier einen geeigneten Parkplatz [GPS: N44°01'56.7" E5°59'04.8"].

Ein Wanderweg führt durch diese eigentümliche Felslandschaft, die aus der Entfernung und bei Sonnenuntergang den schönsten Eindruck macht. Auf einer Infotafel am Parkplatz werden die Wanderwege aufgezeigt. Wie bei den Demoiselles Coiffées bei Théus, bestehen die Felsen aus Konglomeratgestein. Weil hier die "dicken Brocken" im Ausgangsmaterial fehlen, gibt es keine Hüte. Die Erosion konnte in den Klüften des Gesteins ungehindert ihre Arbeit verrichten und brachte dadurch diese markanten Felsen hervor.

Wir fahren auf der Route Napoléon weiter nach **Malijai** und stellen unser WOMO auf diesem Stellplatz ab.

(143) Offizieller WOMO-Stellplatz: Malijai

GPS: N44°02'39.6" E6°01'46.4", (428m); Impasse des Bugadières, 04350 Malijai. **Max. WOMOs:** 10, max. Länge 7 m. **Öffnungszeit:** Ganzjährig. **Ausstattung:** Wasserver- und Abwasserentsorgung mit Bodeneinlass, WC-Kassettenentleerung, Mülleimer.

Beschreibung: Ebener, asphaltierter, zum Teil schattiger Platz direkt hinter dem Schloss, am Ufer des Flüsschens Bléone, sehr ruhig.

Preise: Kostenlos.

Zufahrt: Durch die engen Gassen des Ortes nicht einfach. Geschickt ist es, den Ort zu durchfahren, bis der Kreisverkehr erreicht wird, an dem die D4 abzweigt und auf die Autobahn A51 hingewiesen wird. Dieser Straße ca. 1,5 Kilometer bis zum nächsten Kreisel folgen. Dort die erste Ausfahrt wählen, über eine Brücke fahren und bei der ersten Abzweigung nach links dem Hinweisschild zum Stellplatz folgen.

Schlosstür mit Hinweis auf Napoléon.

Bonaparte verbrachte auf seinem Marsch nach Grenoble die Nacht vom 4. auf den 5. März 1815 in dem hiesigen Schloss. Neben dieser Anlage, die in der zweiten Hälfte des 18. Jahrhunderts gebaut wurde, gibt es keine weiteren historischen Gebäude in diesem Ort, die es sich anzuschauen lohnt. Ein Restaurant wird man in dieser kleinen Gemeinde auch nicht finden. Freunde der Ornithologie werden aber mit entsprechender Kamera und Teleobjektiv sowie der notwendigen Geduld schöne Aufnahmen diverser Vögel in dem bereits genannten Vogelschutzgebiet machen können.

Von Malijai bis nach **Digne-les-Bains** sind es 16 Kilometer. Sie ist die Hauptstadt des Départements Alpes-de-Haute-Provence. Im frühen Mittelalter wurde sie Bischofssitz und ist dies bis heute geblieben. Um die Stadt zu besuchen, fahren wir diesen Stellplatz an.

(144) Offizieller WOMO-Stellplatz: Digne-les-Bains P3 Espace Camping-Car Georges Aubert

GPS: N44°04'58.0" E6°13'17.9", (584m); Avenue René Cassin, 04000 Digne-les-Bains. **Max. WOMOs:** 15, max. Länge 10 m. **Öffnungszeit:** Ganzjährig. **Ausstattung:** Wasserver- und Abwasserentsorgung mit Bodeneinlass, WC-Kassettenentleerung, Mülleimer.

Beschreibung: Ebener, baumloser Platz neben Sportanlagen, nachts ruhig. Bis zur Altstadt sind es 2 km, bis zum Badesee Plan d'Eau des Ferréols ca. 1000 Meter.
Preise: Kostenlos, Abwasserentsorgung sowie WC-Kassettenentleerung ebenfalls kostenlos, Wasserversorgung 2,50 €. Nur mit EC-Karte zahlbar.
Zufahrt: Über die Avenue René Cassin bequem zu erreichen und nicht zu verfehlen.

Wenn Sie der Stadt nur einen kurzen Besuch abstatten wollen, dann können Sie auch hier am Eingang des Boulevards Gassendi parken [GPS: N44°05'31.4" E6°13'51.4"].

Digne-les-Bains wird auch als Hauptstadt des Lavendels bezeichnet, der in dieser Gegend angebaut wird. Jedes Jahr im August findet ein mehrtägiges Lavendelfest statt, bei dem die Produkte im Mittelpunkt des Interesses stehen, die aus diesem

Der Boulevard Gassendi.

aromatisch duftenden Strauch gewonnen werden. Unzählige Buden und Verkaufszelte werden dazu auf der Place Général de Gaulle aufgebaut. Betörend ist der Duft, den die Seifen, Cremes und Kosmetika auf so engem Raum verströmen.

Verkaufsstand mit Lavendelprodukten während des Lavendelfestes.

Besonders lebendig ist die Stadt auf dem breiten, von Platanen gesäumten **Blvd. Gassendi**. Hier reiht sich ein Café an das andere, dazwischen gibt es Boutiquen und Restaurants. Dass aus dieser Straße keine Fußgängerzone gemacht wird, ist für uns unverständlich. Nicht alle vorbeifahrenden Autos und Motorräder erfüllen die gültigen Abgasnormen. Wenn man den Geruch des Lavendels noch in der Nase hat, riecht ein vorbeifahrender Stinker gleich doppelt stark und die Latte Macchiato im Straßencafé schmeckt nur noch halb so gut. Dann ist es Zeit, in eine der verkehrsarmen Nebengassen zu gehen und den Weg zur **Cathédrale Saint-Jérôme** zu suchen. Sie liegt auf einer Anhöhe nur 300 Meter vom Boulevard Gassendi entfernt. Die Kathedrale wurde Ende des 15. Jahrhunderts im gotischen Stil erbaut.

Ruhige Nebengasse in Digne-les-Bains.

Die Cathédrale Saint-Jérôme.

Eine weitere Kirche befindet sich am Ortsausgang in Richtung Briançon. Die **Cathédrale Notre-Dame-du-Bourg** ist wesentlich älter. Sie entstand im 13. Jahrhundert und weist interessante religiöse Wandmalereien auf.

Den Erkenntnissen von **Alexandra David Néel** über die buddhistische Religion können Sie in dem Wohnhaus der Reiseschriftstellerin nachspüren. Es liegt nur 400 Meter vom Stellplatz P3 entfernt in der Avenue du Maréchal Juin. Sie war die erste Europäerin, die die verbotene Stadt Lhasa in Tibet besuchte. 1927 veröffentlichte sie das Buch **Voyage d'une Parisienne à Lhassa** und wurde damit weltberühmt. Das ist uns mit dem Buch über die französischen Alpen bislang leider noch nicht gelungen.

Eingangsbereich der Therme in Digne-les-Bains.

Wechseln wir das Thema. Vom Stellplatz P3 bis zur Therme sind es etwa fünf leicht und unkompliziert zu fahrende Kilometer. Die Therme ist spezialisiert auf die Behandlung von Rheumaerkrankungen, bietet aber auch sehr viele Anwendungen im Wellnessbereich mit Bädern und Massagen an. Auf dieser Seite finden Sie eine umfassende Darstellung der verschiedenen Angebote http://thermesdignelesbains.com.

(145) Offizieller WOMO-Stellplatz: Thermes de Digne-les-Bains

GPS: N44°04'47.2" E6°15'40.7", (655m); Avenue des Thermes, 04000 Digne-les-Bains. **Max. WOMOs:** 50, max. Länge 10 m. **Öffnungszeit:** Ganzjährig.
Ausstattung: Wasserver- und Abwasserentsorgung mit Bodeneinlass, WC-Kassettenentleerung, Müllentsorgung.
Beschreibung: Ebener, asphaltierter, baumloser Platz direkt an der D20. 300 Meter Fußweg bis zur Therme.

Preise: Kostenlos. Wasserentsorgung sowie WC-Kassettenentleerung ebenfalls kostenlos. Frischwasser wird mit 2,00 € berechnet und ist nur mit Jetons, die an der Rezeption der Therme erhältlich sind, zu beziehen.

Zufahrt: Vom großen Kreisverkehr am Rande der Altstadt der Beschilderung zur Therme folgen. Die D19 fahren, die in ihrem weiteren Verlauf in die D20 übergeht und an der Therme vorbeiführt. Vom Kreisverkehr bis zum Stellplatz sind es ca. drei Kilometer.

Wem die "Asphaltatmosphäre" direkt an der Straße nicht gefällt und wer mehr als nur eine Nacht in dieser Region verbleiben möchte, der sollte sich diesen Campingplatz etwas näher ansehen.

(146) WOMO-Campingplatz: Digne-les-Bains – Les Eaux Chaudes

GPS/Kontakt: N44°05'12.1" E6°15'03.7", (626m); 32 Av. des Thermes, 04000 Digne-les-Bains. Tel.: +33(0)492323104 oder +33(0)643835891, Web: www.campingleseauxchaudes.com.
Max. WOMOs: >20, max. Länge 8m. **Öffnungszeit:** 1. April bis 31. Oktober.
Ausstattung: Frischwasserversorgung, Abwasserentsorgung mit Bodeneinlass, Kassettenentleerung, Stromanschlüsse, Behälter für die Müllentsorgung, WLAN, Baguetteservice, Duschen, WCs, Waschmaschinen und Trockner, Pool.
Beschreibung: 80 bis 100 Quadratmeter große, ebene Stellflächen auf befestigtem Rasengelände. Sie sind sonnig, teilweise aber auch schattig bis halbschattig. In jedem Fall sehr ruhig. Die Therme ist 1,5 Kilometer, die Innenstadt 2 Kilometer entfernt. In den Monaten Juli und August gibt es Animationsprogramme für Kinder und Veranstaltungsabende für Erwachsene.
Preise: Die Preise entnehmen Sie bitte der Webseite des Platzes.
Zufahrt: Vom großen Kreisverkehr am Rande der Altstadt der Beschilderung zur Therme folgen. Die D19 fahren, die in ihrem weiteren Verlauf in die D20 übergeht und an dem Campingplatz vorbeiführt.

Nun begeben wir uns zu einem besonderen Naturdenkmal. Wenn Sie diese Koordinaten [GPS: N44°07'07.1" E6°14'02.2"] in ihr Navi eingeben, gelangen Sie zu einem kleinen Parkplatz an der D900A, Route de Barles. Von dort gehen Sie 100 Meter weiter und dann stehen Sie vor einem riesigen **Ammonitenfelsen**. Um dieses Naturkunstwerk besser betrachten zu können, wurde ein Podest davor aufgebaut.

Die Erdgeschichte zeigt sich hier auf eindrucksvollste Weise. Wir stehen vor einem 200 Millionen Jahre alten Ozeanboden. Ammoniten waren mehrfach einem Massensterben ausgesetzt, das erklärt aber noch nicht die Menge der Fossilien an einem Platz. Die Gründe für diesen Massentod sind nicht vollends erforscht. Klar ist nur, es ging schnell, denn sonst

Ammonitenfelsen nördlich von Digne-les-Bains.

wären sie nicht in dieser Menge in einer Schicht zu finden. Ein heftiger Meteoriteneinschlag, so eine Theorie, könnte ein Grund gewesen sein. Nur muss der Ozeanboden an dieser Stelle waagerecht gewesen sein. Hätte er eine Muldenform gehabt, wären die Ammoniten sicher in der Hohlform zusammengerutscht. Die Theorie passt also nicht so ganz. Was auch immer der Grund gewesen sein mag, wird vielleicht irgendwann schlüssig erklärt werden können.

Wie ging es mit den Ammoniten weiter? Weitere Formungsvorgänge unseres Planeten und Änderungen der klimatischen Bedingungen ließen den Ozean verschwinden, die Ammoniten wurden durch Sedimente zugedeckt und versteinerten durch den Druck des darüber liegenden Materials. Mit der Gebirgsbildung der Alpen wurden diese Gesteinsplatten gehoben, gekippt und verbogen. Davon war auch diese Ammonitenplatte betroffen, der wir heute gegenüberstehen, und sie wurde in die Lage gebracht, die wir jetzt vorfinden.

Tunneleinfahrt in der Clues de Barles.

Die Hebung und Verkantung der Gesteinsmassen sehen wir auch in den Felswänden der Schlucht, durch die wir jetzt unsere Fahrt fortsetzen. Dort, wo durch Aufbrechen angehobener Gesteinsplatten Risse und Schwachstellen im Gestein entstehen, setzt das Wasser sofort mit seiner Erosionskraft ein. Wir ha-

In der Clues de Barles.

ben auf unserer Reise ja schon einige enge Schluchten in den vorangegangenen Kapiteln beschrieben. Die Gorges du Pont du Diable in Tour 1 (siehe Seite 33) und die Gorges du Fier in Tour 2 (siehe Seite 71) konnten wir nur zu Fuß durchschreiten. Hier, in der Clues de Barles, können wir nach der Gorges de la Bourne (siehe Seite 118) eine sehr enge Schlucht durchfahren. Mit der Gorges de Daluis und der Gorges du Cians in der Tour 8 werden zwei weitere folgen.

Es ist eine spannende Fahrt. Das Massif des Monges zeigt sich hier von seiner interessantesten Seite. Achten Sie aber auf die Durchfahrtshöhe, wenn Sie dieses Erlebnis genießen wollen. Höher als 3,2 Meter sollte ihr Fahrzeug nicht sein, sonst bleiben Sie unter Umständen in dem auf der linken Seite abgebildeten Tunnel hängen. Die Straße lässt sich insgesamt betrachtet sehr gut fahren, auch wenn es, wie auf den Bildern erkennbar ist, manchmal sehr eng zugeht. Da muss der eine oder andere bei Gegenverkehr eben zu einer Ausweichstelle zurück. Wir hatten damit kein Problem.

Anhalten können Sie nur an ganz wenigen Stellen, um am Fluss Bès, der die Clues de Barles durchfließt, ein Picknick zu machen. Manchmal reicht der Parkraum nur für ein Fahrzeug, da können wir Ihnen keinen sicheren Platz nennen.

Vom Ammonitenfelsen bis zur Abzweigung auf die D900 hinter Verdaches sind es rund 29 Kilometer. Auf dieser Straße fahren wir jetzt 14 Kilometer weiter bis nach **Seyne**, dessen Festungsmauern recht spät zu erkennen sind. Für eine Besichtigung der Zitadelle parken Sie am besten in der Mitte des Ortes [GPS: N44°21'08.6" E6°21'23.1"] und gehen dann zu Fuß den ausgeschilderten Weg zur Festung weiter.

Die strategische Lage dieser Stadt an der Blanche, zwischen Durance, Ubaye, Bès und Bléone an der Nordgrenze

Blick von der Festung auf Seyne.

der Provence, war für Vauban (siehe Seite 232), den großen Festungsbaumeister Ludwig des XIV., von entscheidender Bedeutung für den Bau eines Forts.

Das Ubaye-Tal mit der Grafschaft Barcelonnette, das sich vom heutigen Lac de Serre-Ponçon gen Osten über die Stadt Barcelonnette und darüber hinaus erstreckte, war zu dieser Zeit noch in der Hand des Herzogtums Savoyen. Überfälle der Franzosen in diesem Tal führten kurzfristig zu Geländegewinnen, jedoch holte sich das Herzogtum die verlorenen Gebiete zurück, zog sogar bis nach Gap und unterwarf und zerstörte die Stadt. Dies konnte geschehen, weil die französische Armee an anderen Orten gebunden war und die Truppen in Seyne und

Die Ortsmitte von Seyne.

Umgebung stark reduziert worden waren. Eine Demütigung für Ludwig XIV. der mit einer Antwort nicht lange auf sich warten

(147) Offizieller WOMO-Stellplatz: Selonnet

GPS: N44°22'06.4" E6°18'54.9", (1070m); Saint-Domitien, 04140 Selonnet.
Max. WOMOs: 10, max. Länge 8 m. **Öffnungszeit:** Ganzjährig.

Ausstattung: Wasserver- und Abwasserentsorgung mit Bodeneinlass, WC-Kassettenentleerung, Waschbürste, Hochdruckreiniger, Reifenluftkompressor, Müllentsorgung.
Beschreibung: Ebener, befestigter, baumloser und leicht staubiger Platz am Ortsrand, ruhig. Bis zur Mitte des kleinen Ortes mit drei Restaurants sind es 500 Meter.
Preise: Kostenlos, Wasserentsorgung sowie WC-Kassettenentleerung kostenlos, Wasserversorgung und Stromanschluss (eine Steckdose an der Versorgungssäule) 2,00 €. Bezahlung mit Jetons, die im Office de Tourisme sowie in dem kleinen Supermarkt des Ortes erhältlich sind.
Zufahrt: Von der D900C in die Ortsmitte von Selonnet abbiegen, nach 100 Metern geht es links ab zum Stellplatz (500 m).

ließ. Er schickte Vauban mit dem Auftrag her, die Grenzsicherung vorzunehmen. Tatkräftig, wie er war, formulierte dieser sogleich seine Vorstellungen, die aber nicht in dem Umfang realisiert wurden, wie er sich das gewünscht hatte. Die ausführenden Offiziere bauten die Zitadelle nicht bis auf den höchsten Punkt des Berges aus. Sie konnte also von oben angegriffen werden. Vauban, sehr erzürnt über diesen militärtechnischen Fauxpas, fertigte weitere Skizzen an, wie die Anlage zu erweitern sei. Diese Skizzen können Sie bei einem Rundgang durch die Anlage auch heute noch sehen. Die Erweiterungen wurden allerdings nicht mehr vor-

Die tiefe Schlucht der Blanche.

genommen, denn im Frieden von Utrecht (1713) am Ende des Spanischen Erbfolgekrieges wurde vereinbart, dass die Grafschaft Barcelonnette und damit das Ubaye-Tal Frankreich zugesprochen wurde. Damit verlor die Zitadelle ihre militärische Bedeutung. Sie diente mal als Gefängnis, mal als Warenlager und verfiel im Laufe der Jahrhunderte.

Von Seyne geht es mit dem WOMO weiter nach **Selonnet**. Das sind rund fünf Kilometer. Den Ort suchen wir nur wegen der Versorgungsstation auf, an der man zu unserem Erstaunen auch das WOMO waschen kann, wenn man es denn will. Die Stellplatzbeschreibung sehen Sie, wenn Sie einmal zurückblättern.

Von Selonnet fahren wir auf einer schmalen Straße mit steilem Gefälle die **Gorges de la Blanche** hinunter. Auch dazu finden Sie ein Foto auf der vorangegangenen Seite. Wer gern auf einer komfortableren, breiteren Straße nach Savines-le-Lac fahren möchte, der bleibt besser auf der D900.

Die von uns gewählte Straße durch die Schlucht ist für Fahrzeuge bis 9 Meter Länge und einem zulässigen Gesamtgewicht von 19 t zugelassen. Im Nachhinein betrachtet, verstehen wir so manche Tonnagegrenzen nicht. Manche schmalen Straßen wie diese dürfen mit großen Fahrzeugen befahren werden, andere, wesentlich besser ausgebaute, sind dagegen auf 3,5t begrenzt. Sei es drum, uns kam auf dieser Straße kein LKW entgegen. Damit hatten wir Glück. Nur ein WOMO hatten wir im Gegenverkehr. Im 10-Zentimeter-Abstand hat

ein langsames aneinander Vorbeifahren geklappt. Puh, das war ganz schön eng zwischen Felswand und Absturzsicherung aus Beton. Nach 14 Kilometern haben wir es geschafft und sind im Tal der Durance angekommen. Über eine Brücke mit Stauwehr überqueren wir den Fluss, nehmen danach die erste Ausfahrt im Kreisverkehr in Richtung Lac de Serre-Ponçon (Barrage) und befinden uns damit auf der gut ausgebauten D3 und brauchen vor Gegenverkehr keine Angst mehr zu haben. Diese Straße ist breit genug.

Es dauert nicht lang, bis wir nach einigen Serpentinen den Aussichtspunkt oberhalb des Sees erreichen [GPS: N44°28'29.8" E6°16'09.6"]. Für die Aussicht auf den See haben wir im Foto allerdings eine andere Position gewählt. Es ist zu Beginn des Kapitels vom 1734 Meter hohen Mont Colombis entstanden und zeigt neben dem See auch einen Blick in die Täler der Durance und der Ubaye.

Es ist ein gewaltiger Damm, den wir da am **Belvédère Ivan-Wilhelm** zu sehen bekommen. Und es ist ein riesiger See, der mit dieser Talsperre Ende der 50er und Anfang der 60er-Jahre des letzten Jahrhunderts geschaffen wurde. Die Sperre ist ein Erdschüttdamm mit einer Kerndichtung aus Ton und Schlackenzement, 123 Meter hoch und 600 Meter lang. Am Fuß misst der Damm in der Breite 650 Meter. Er hat ein Volumen von 14 Mio. Kubikmetern, das entspricht in etwa 160.000 LKW-Ladungen. Aufgestaut werden damit 1270 Mio. Kubikmeter Wasser der Durance und der Ubaye. Es hat sicher eine

Lac de Serre-Ponçon. Blick vom Mont Colombis.

Weile gebraucht, bis diese Menge auf einer Länge von 20 und einer Breite von maximal drei Kilometern zusammenkam und danach ein See von rund 29 Quadratkilometern Fläche gebildet werden konnte. Das Kraftwerk am Fuße des Dammes erzeugt 720 Mio. kWh pro Jahr. Wenn eine Stadt nur aus Einfamilienhäusern bestehen würde, die, wie bei uns üblich, einen durchschnittlichen Verbrauch von 5000 kWh hätten, dann könnte diese Stadt aus 144.000 Häuser bestehen und von diesem Kraftwerk versorgt werden.

Genug der Zahlenspielereien. Der See ist nicht nur Energielieferant, er ist auch eine touristische Attraktion. Mit großem Aufwand wird die Geschichte des Staudammbaus im **Museoscope du Lac** http://museoscope-du-lac.com/fr mit Modellen, Panoramabildern und Filmen erläutert. Der Eintritt kostet 15,00 € pro erwachsener Person, Kinder zahlen 10,00 €.

Wir fahren weiter über den 1110 Meter hohen Col Lebraut nach Chorges. Auf dieser Fahrt ergibt sich immer wieder die Möglichkeit, anzuhalten und auf den See zu blicken. Auch wenn es sich um eine Pass-Straße handelt, ist sie gut und einfach zu fahren. Nach 13 Kilometern erreichen wir Chorges.

(148) Offizieller WOMO-Stellplatz: Chorges

GPS: N44°32'45.6" E6°16'48.3", (874m); Place du Champ de Foire, 05230 Chorges.**Max. WOMOs:** 10, max. Länge 8 m. **Öffnungszeit:** Ganzjährig.
Ausstattung: Wasserver- und Abwasserentsorgung mit Bodeneinlass, WC-Kassettenentleerung, Müllentsorgung.
Beschreibung: Ebener, befestigter, baumloser und leicht staubiger Platz am Ortsrand zwischen großem Spielplatz und Kindertagesstätte. Bis zur Mitte des Ortes sind es 500 Meter.
Preise: 5,00 € für 24h, Wasserver- und Abwasserentsorgung sowie WC-Kassettenentleerung sind kostenlos. Die Parkgebühren werden von einem Angestellten der Gemeinde kassiert.
Zufahrt: Von der Ortsmitte zur Festhalle (Salle des Fêtes) in Richtung Embrun/Lac de Serre-Ponçon fahren. Dort weisen Schilder auf den nur noch ca. 200 Meter entfernten Stellplatz hin.

Die Stadt gehört nicht zu den Orten, die man unbedingt auf einer Reise durch die französischen Alpen gesehen haben muss. Den Stellplatz betrachten wir als Ausweichplatz und sehen hier in erster Linie eine gute Wasserver- und Abwasserentsorgungsmöglichkeit.

Ist es in Chorges durch seine Lage abseits des Sees noch sehr ruhig, der Stellplatz nahezu verwaist, ändert sich dies auf den folgenden Plätzen deutlich. Der hintere Teil des Sees ist nämlich Bade-, Surf- und Segelrevier. Da zieht es viele Menschen in den Sommermonaten hin. Das kann dann schon mal zu langen Staus auf der N94 führen, was wir auf dem zwölf Kilometer langen Weg zwischen Chorges und Savines-le-Lac erleben durften.

(149) Offizieller WOMO-Stellplatz: Savines-le-Lac

GPS: N44°31'29.9" E6°24'03.2", (796m); D954, 05160 Savines-le-Lac.
Max. WOMOs: 19, max. Länge 8 m. **Öffnungszeit:** Ganzjährig.

Ausstattung: Wasserver- und Abwasserentsorgung mit Bodeneinlass, WC-Kassettenentleerung, Müllentsorgung.
Beschreibung: Eben, asphaltiert und schmal sind die markierten Stellflächen am Ortsrand an der Durchgangsstraße (D954) nach Barcelonnette. Der Straßenverkehr ist deutlich hörbar. Bis zum Badestrand am Lac de Serre-Ponçon sind es 300 Meter. Rundum gibt es einige Restaurants und Einkaufsmöglichkeiten.
Preise: 12,00 € pro Fahrzeug, Kurtaxe 0,60 € p.P. Wasserversorgung, Grauwasserentsorgung, WC-Kassettenentleerung und Stromversorgung sind im Preis enthalten. Bezahlung erfolgt mit der EC-Karte.
Zufahrt: Hinter der Brücke über den Lac de Serre-Ponçon gleich rechts Richtung Barcelonnette fahren. Nach weiteren 150 Metern ist der Platz auf der linken Seite erreicht.

Neben den Stellplätzen für Wohnmobile gibt es hier am hinteren Teil des Sees ca. 20 Campingplätze, manche direkt am See, manche etwas abseits. In den Sommermonaten herrscht hier also ein großer Trubel. Wer glaubt, hier am See ein schönes, ruhiges und verträumtes Badeplätzchen zu finden, der irrt gewaltig, das gibt es hier nicht. Von den drei "blauen" Plätzen, die wir Ihnen hier präsentieren, hat uns der an der **Plage de Chanterenne** noch am Besten gefallen, auch wenn man auf Asphalt steht und keinen Schatten hat, ist er der ruhigs-

Die Plage de Chanterenne.

te. Schattig ist nur der Platz in Embrun, dafür geht es hier zu wie im Taubenschlag. Es ist ein Kommen und Gehen und zwischen die Wohnmobile quetscht sich auch gern noch der eine oder andere PKW. In Ruhe draußen Sitzen können Sie hier nicht, dafür ist der Platz am Badesee zu belebt. Er ist aber auch gleichzeitig der familienfreundlichste. Im seichten Wasser am Strand können kleine Kinder gefahrlos baden und es gibt allerlei Spielgeräte im Wasser, auf denen die Kleinen herumtollen können.

(150) Offizieller WOMO-Stellplatz: Crots – Plage de Chanterenne

GPS/Kontakt: N44°32'17.9" E6°27'17.7", (790m); Chanterenne, 05200 Crots. E-Mail: contact@campingcarpark.com, Web: www.campingcarpark.com.
Max. WOMOs: 40, max. Länge 10 m. **Öffnungszeit:** Ganzjährig.
Ausstattung: Wasserver- und Abwasserentsorgung mit Bodeneinlass, WC-Kassettenentleerung, Müllentsorgung, WiFi.

Beschreibung: Ebener asphaltierter, baumloser Platz am Ortsrand zwischen zwei Campingplätzen. Bis zum Badestrand am Lac de Serre-Ponçon sind es ca. 250 Meter. Der Platz gehört zur CAMPING-CAR PARK-Kette, für deren Nutzung eine spezielle Karte benötigt wird (siehe Seite 368). Eine Reservierung über die Webseite ist möglich.
Preise: 10,80 € für 24h. Alle Ver- und Entsorgungsleistungen sind im Preis enthalten.
Zufahrt: Auf der N94 an der Kreuzung zum Ort Crots auf der linken Seite den Hinweisschildern zur Plage de Chanterrene, Air de Camping-Cars folgen (ca. 1 km).

(151) Offizieller WOMO-Stellplatz: Embrun – Base de Loisirs

GPS: N44°33'01.4" E6°28'45.0", (785m); Avenue du Lac, 05200 Embrun.
Max. WOMOs: 20, max. Länge 8 m. **Öffnungszeit:** Ganzjährig.

Ausstattung: Keine.
Beschreibung: Ebene, schattige, unparzellierte Plätze am Ortsrand in unmittelbarer Nähe zum Aquaparc Embrun, der allerlei Spielgeräte im und am Wasser aufzuweisen hat, darüber hinaus eine große grüne Liegewiese, mehrere Restaurants und andere Sport- und Freizeiteinrichtungen. Das ganze Angebot finden Sie hier https://aquaparc-embrun.fr/base-de-loisirs.
Preise: Kostenlos.
Zufahrt: Nach der Überquerung der Durancebrücke in Richtung Ortsmitte Embrun die erste Straße links fahren, dann sind es noch 200 Meter.

Badebereich in Embrun am Nordrand des Lac de Serre-Ponçon.

Rafting auf der Durance bei Embrun.

Raftingangebote gibt es in Embrun auch. Es werden kurze, mittlere und lange Strecken angeboten. Auf den kurzen ist man eine dreiviertel Stunde unterwegs, mittlere dauern zwei bis drei Stunden und die langen Strecken sind dann auch schon gleich Tagestouren, die bei Mont-Dauphin, unserem letzten Ziel in diesem Kapitel, starten und nach 25 Kilometern am See enden. Darüber hinaus gibt es eine ganze Reihe weiterer Angebote für die sportliche Betätigung auf dem Wasser. Nähere Informationen dazu finden Sie vor Ort oder auch schon mal hier www.rafting-durance.fr.

Das Leben in Embrun spielt sich in den Sommermonaten hauptsächlich am Wasser ab. Da können Sie in aller Ruhe die **Cathédrale Notre-Dame-du Réal**, die Ende des 12., Anfang des 13. Jahrhunderts erbaut wurde, besichtigen. Vom Stellplatz sind das zu Fuß zwei Kilometer. Wenn Sie hinfahren wollen: Auf der Esplanade Résistance finden Sie einen Parkplatz [GPS: N44°33'44.6" E6°29'32.5"] in Sichtweite der Kathedrale. Es gibt aber auch eine Navette (siehe Seite 368) ins Zentrum der Stadt. Besonders sehenswert sind das Königsportal **Portail le Real** als ein schönes Beispiel des lombardischen Architektureinflusses und der Kirchenschatz (Trésor), der allerdings nur noch in Resten vorhanden ist. Er war vor den Hugenottenkriegen zwischen 1562 bis 1598 einer der wertvollsten und umfassendsten in Frankreich.

Von Embrun bis nach **Mont-Dauphin**, unserem letzten Ziel in dieser Tour, sind es auf der N94 24 Kilometer. Die Stadt liegt auf einem Felsvorsprung am Zusammenfluss von Durance und Guil auf 1030 Metern Höhe. Sie ist eine der neun Festungen, die Vauban zur Verteidigung gegen die einfallenden savoyischen Truppen im Auftrag Ludwig XIV. errichten ließ.

Parken und übernachten können Sie auf dem großen Platz vor der Festung. Folgen Sie bei der Anfahrt bitte der Zufahrtsbeschreibung im folgenden Kasten. Eine reine Anfahrt nach den GPS-Koordinaten könnte eine Wegweisung nach sich ziehen, die Sie mit dem WOMO nicht fahren dürfen.

(152) WOMO-Stellplatz: Mont-Dauphin

GPS: N44°40'19.7" E6°37'45.2", (1045m); D137, 05600 Mont-Dauphin.
Max. WOMOs: 10, max. Länge 8 m. **Öffnungszeit:** Ganzjährig.

Ausstattung: Keine. **Beschreibung:** Halbwegs ebener, geschotterter Besucherparkplatz der Festungsstadt am Ortsrand mit unmarkierten Stellflächen und vielen Schlaglöchern. Es wird kreuz und quer geparkt. Nachts ist es absolut ruhig. Bis zur Ortsmitte sind es ca. 300 Meter. Dort gibt es mehrere Restaurants.
Preise: Kostenlos.
Zufahrt: Von der N94 in Richtung Briançon der D37 nach Mont-Dauphin drei Kilometer bergan folgen. Der Parkplatz befindet sich vor der Festungsstadt und ist nicht zu verfehlen.

Nun ist der Name Vauban in diesem Buch schon mehrfach gefallen. Bei zahlreichen Festungen in unserem Reisegebiet hatte er seine Finger im Spiel. Höchste Zeit, sich mit dem Militärgenie und Festungsbaumeister des Sonnenkönigs etwas näher zu befassen.

Sébastien Le Prestre de Vauban

Vauban wurde im Mai 1633 geboren, stammte aus einfachen Verhältnissen, verwaiste früh und ging im Alter von 17 Jahren in die Armee. Mit 22 Jahren trat er in den Dienst des Königs und wurde Ingenieuroffizier. Er nahm an vielen Belagerungen teil und erwarb sich rasch den Ruf eines "Stadteinnehmers". Wer weiß, was zu tun ist, um eine Festung einzunehmen, weiß auch, wie eine Festung erbaut werden muss, damit sie nicht eingenommen werden kann. So kam Vauban zu der Ehre, den Festungsbau Frankreichs zu organisieren und zu leiten. 56 Berufsjahre verbrachte er damit, 33 neue Festungen zu bauen und mehr als 160 Festungen umzugestalten und zu erneuern. Darüber hinaus betätigte er sich als Architekt und Städtebauer. Er entwarf unzählige öffentliche Gebäude, Brücken und Kanäle. Das alles ohne Telefon, CAD-Zeichnungen, Videokonferenzen und Firmenflugzeug, um von einer Baustelle zur nächsten zu jetten. Beschwerlich waren die Wege mit der Kutsche, mit der Basterne oder mit dem Pferd. Einfach waren die Zeichnungen auf Pergament, einfach die Werkzeuge, um die Pläne zu erstellen und mit einfachsten Mitteln wurden natürlich auch die Bauvorhaben durchgeführt. Er war ständig unterwegs von Arras im Norden Frankreichs nach Villfranche-de-Conflent in den Pyrenäen, von Camaret-sur-Mer in der Bretagne nach Briançon in den Alpen. Alles mit der Kutsche oder der Basterne, die einen Tisch enthielt, um auch unterwegs arbeiten zu können. Der Vorläufer eines mobilen Büros, nur geländegängiger. Natürlich reiste er immer mit Begleitern, die ihn vor Übergriffen zu schützen hatten.

Vauban-Statue in der Zitadelle von Besançon.

Um die Baupläne anfertigen oder begutachten zu können, brauchte er Regionalkenntnis, musste die jeweiligen Geländeverhältnisse sehen und ließ relativ genaue topografische Karten für die Umgebungsbereiche der Forts erstellen. Mithilfe der Triangulation war das zu seiner Zeit der Stand der Technik. Einen Bauplan "von der Stange" gab es nicht und Serienfertigung auch nicht. Zwar wiederholen sich die Elemente seiner Architektur bei den Festungsbauten, aber es ist schon ein Unterschied, ob in einer Ebene gebaut wird, wie in Neuf-Brisach, oder auf einem Bergrücken, wie in Besançon oder hier in Mont-Dauphin oder weiter nördlich in Briançon.

Eine von Pferden getragene Basterne wurde von Vauban häufig genutzt.

Es ist schon eine außerordentliche Leistung, die Sébastien Le Prestre de Vauban vollbracht hat. 1707 starb er im Alter von 74 Jahren im Range eines Maréchal.

Unter dem Titel **Vauban Baumeister und Feldherr** gibt es eine arte-Dokumentation, die Sie sich auf youtube.com anschauen können. Ein kurzweiliger, interessanter und informativer Film.

Zum UNESCO-Welterbe zählen seine quer über Frankreich verteilten Bauwerke in: Arras, Besançon, Blaye, Briançon, Camaret-sur-Mer, Longwy, Mont-Dauphin, Mont Louis, Neuf-Brisach, Saint-Martin-de-Ré, Saint-Vaast-la-Hougue und Villefranche-de-Conflent.

Nachdem wir nun etwas mehr über Vauban und seine Werke wissen, schauen wir uns jetzt eine seiner Festungsanlagen etwas näher an.

Mont Dauphin – die kleine Schwester Briançons

Die Festung wurde zum Schutz der französischen Südostgrenze errichtet, um potenzielle Angriffe aus Italien abzuwehren. Sie wurde von Vauban als Garnisonsstadt auf einem ehemals nackten Felsplateau an der Mündung des Guil in die Durance angelegt. Rund 2000 Soldaten und Handwerker sollten hier mit ihren Familien leben. Diese Ausbaustufe wurde aber nie erreicht.

Das Tor Briançon.

Wir betreten die zwischen 1694 und 1704 erbaute Anlage durch das Tor Briançon. Im Eingangsbereich erhalten Sie Pläne und Informationen der Anlage, die für die Orientierung in dieser befestigten Stadt hilfreich sind. Bis 1980 wurde dieser Gebäudekomplex, der nie eine Belagerung erfahren hat und damit nie seine Wehrhaftigkeit unter Beweis stellen musste, noch vom Militär genutzt. Danach wurde damit begonnen, die Stadt für eine zivile Nutzung umzugestalten, ohne äußerlich in die Bausubstanz einzugreifen. Pläne, diesen Ort zu einem Luxushotel auszubauen, wurden wieder verworfen. Heute hat die Festung etwa 150 Einwohner, die hier teilweise Restaurants, Bistros und Bars eingerichtet haben und betreiben. In der Campana-Kaserne haben sich Handwerker und Künstler niedergelassen und die Stadtverwaltung hat hier ihren Sitz. Mont-Dauphin ist eine selbststän-

Eskarpen (Mauern) Kontreeskarpen (Gegenmauern) und Gräben in Mont-Dauphin.

Die Rue Catinat, die zentrale Achse in Mont-Dauphin.

Einer der Scharwachttürmchen (französisch: Échauguette) der Festung Mont-Dauphin.

dige Gemeinde, die vom Nachbarort Eygliers vollständig umschlossen ist. Das Gemeindegebiet beschränkt sich auf das Festungsgelände. Haupteinnahmequelle der Stadt ist der Tourismus. Die Ernennung der Vauban-Festungen zum UNESCO-Weltkulturerbe hat zu steigenden Besucherzahlen geführt. Man ist hier aber noch weit davon entfernt, ähnlich attraktiv für Besucher zu sein wie Carcassonne, Mont-Saint-Michel oder das nördlich gelegene Briançon, die allesamt als klassische Touristenorte ohne ihre historischen Mauern und Festungsanlagen für die Besucher nur wenig attraktiv wären. Das ist vielleicht auch ganz gut so, denn an den anderen genannten Orten können Sie sich kaum mehr in der Masse der Menschen bewegen, da werden Sie durchgeschoben. Hier können Sie die Festung mit ihren Mauern, den Kasernen, dem Pulvermagazin, dem Arsenal, dem Offizierspavillon in aller Ruhe anschauen und in der nie vollends fertiggestellten Kirche Saint-Louis klassische Musik in dem kleinen, renovierungsbedürftigen Kirchenraum genießen, ohne jemanden zu stören oder gestört zu werden. Akustisch durchaus ein Erlebnis, probieren Sie es aus.

Damit wollen wir es hier bewenden lassen und uns der nächsten Tour zuwenden. Wir bieten dazu zwei Möglichkeiten an. Die erste (Tour 8) führt auf einen Rundkurs durch die französischen Seealpen und über den höchsten befahrbaren Pass der Alpen. Die zweite (Tour 9, ab Seite 278) über Briançon und den Col du Galibier in das Haute-Maurienne zum Lac du Mont Cenis.

ITALIEN
Band 73 WOMO-Reiseführer Piemont und Aostatal
Band 38 WOMO-Reiseführer Provence Der Osten
Parc National du Mercantour
DEP. ALPES-MARITIMES (06)
DEP. ALPES-DE-HAUTE-PROVENCE (04)
DEP. HAUTES-ALPES (05)
Vallée de la Tinée
Vallée de l'Ubaye
Mont-Dauphin
Guillestre
Vars
Col de Vars 2109 m
Châteauroux-les-Alpes
Embrun
Crots
Savines-le-Lac
Plage de Chanterenne
Lac de Serre-Ponçon
Le Sauze-du-Lac
St-Vincent-les-Forts
Le Lauzet-Ubaye
Les Orres
Barcelonnette
Jausiers
Pra Loup
La Foux d'Allos
Col d'Allos 2250 m
Allos
Colmars-les-Alpes
Col de la Cayolle 2326 m
Lac d'Allos
Col des Champs 2080 m
Saint-Martin-d'Entraunes
Villeneuve-d'Entraunes
Guillaumes
Valberg
Beuil
Roubion
Saint Sauveur-sur-Tinée
Saint Dalmas
Le Boreon
St-Martin-Vésubie
Isola
Auron
Saint Etienne-de-Tinée (1150 m)
Col de la Bonette 2802 m
Cime de la Bonette 2860 m
Camp des Fourches
Col de Restefond 2680 m
Col de la Lombarde 2351 m
Fort de Roche la Croix
Fort de Tournoux
Rocca Blanca 3193 m
Villas mexicaines
Lac des Eissaupres
Val d'Entraunes
Gorges de Daluis
Gorges du Cians
La Grande Clue
Col de Valberg 1672 m
Refuge Colgourde
Parc Alpha Loups (Wolfspark)
Seyne
Selonnet
Haut Chardavon
Vauban Festung
Vauban-Festung
Cathédrale Notre-Dame
Rafting
Durance
Verdon
Wasserfall
Tinée
Var
Tête de l'Estrop 2962 m
UNESCO Géoparc de Haute-Provence
Gorges de la Blanche
Demoiselles Coiffées
Tour 7
Fortsetzung siehe Nebenkarte oben
10 km
Route des Grandes Alpes
Sisteron
Digne-les-Bains
Château-Arnoux-Saint-Auban
Malijai
La Motte-du-Caire
Authon
Bayons
Barles
Verdaches
La Javie
Le Brusquet
Brézier
Massif des Monges 2115 m
Puget-Théniers
Entrevaux
Saint André-les-Alpes
Alternativ-routen

TOUR 8 (370 km mit Alternativrouten 520 km)

Le Lauzet-Ubaye – Barcelonnette – Col de la Cayolle – La Foux d'Allos – Allos – Colmars-les-Alpes – Saint-Martin-d'Entraunes – Guillaumes – Valberg – Roubion – Saint-Martin-Vésubie – Leo Boreon – Isola – Saint-Étienne-de-Tinée – Col de la Bonette – Jausiers – Les Claux – Mont-Dauphin

Stellplätze:	Le Lauzet-Ubaye, Barcelonnette, La Foux d'Allos, Allos, Colmars-les-Alpes, Col des Champs, Col de la Cayolle, Guillaumes, Valberg, Roubion, Saint-Martin-Vésubie, Le Boreon, Isola, Saint-Étienne-de-Tinée, Jausiers Lac des Eissauprés, Col de Vars, Mont-Dauphin.
Campingplätze:	Keine.
Besichtigungen:	Barcelonnette (Stadt), Colmars-les-Alps (Festung und Stadt), Guillaumes (Stadt), Le Boreon (Parc Alpha Loups - Wolfspark), Jausiers (Kirche), Mont-Dauphin (Vauban-Festung).
Wandern:	Le Lauzet-Ubaye (See), Colmars-les-Alps (Quelle Nebenfluss Verdon), Var-Quelle, Col de Vars.
Baden/Wellness:	Le Lauzet-Ubaye (See), Barcelonnette (Freibad), Jausiers (Badesee).

Schmale, kurvenreiche Pass-Straßen sind das Hauptmerkmal dieser Tour, die wir wieder über viele Kilometer auf der Route des Grandes Alpes zurücklegen. Zunächst geht es über gut ausgebaute Nationalstraßen, die sehr entspannt zu fahren sind. Ab Barcelonnette wird es spannend und Sie werden gleich vor die Frage gestellt, welche Route Sie fahren wollen. Wenn Ihr Fahrzeug über einem zulässigen Gesamtgewicht von 3,5 t liegt, ist die Antwort einfach, denn dann können Sie nur über die Route des Grandes Alpes fahren. Aber auch nur dann, wenn Sie 4,5 t nicht überschreiten. Eng ist die große Alpenstraße bis zum Cayolle und eine Höhenbegrenzung auf drei Meter hat sie auch noch. Es gibt also allerlei Einschränkungen bei der Planung der weiteren Fahrt zu beachten. Sehr eng, steil und äußerst kurvenreich geht es auch ab Roubion in das Tal der Tinée hinunter. Auch das sollten Sie wissen, wenn Sie sich auf die Fahrt durch den Mercantour einlassen.

Überschaubar ruhig ist es in den Seealpen nahe der italienischen Grenze. Mit dem Col de la Cayolle, der Gorges de Daluis, der Gorges du Cians und dem Col de la Bonette werden Sie landschaftliche Höhepunkte erleben und Eindrücke sammeln, die Sie so schnell nicht vergessen werden.

Von Mont-Dauphin fahren wir die N94 zurück nach Savines-le-Lac, überqueren dort aber nicht die Brücke über den Lac de Serre-Ponçon, sondern biegen davor ab und fahren auf der D954 in Richtung Barcelonnette weiter. Nach 7,5 Kilometern machen wir einen kleinen Zwischenstopp und schauen uns die **Demoiselles Coiffées de Pontis** an. Vom Parkplatz [GPS: N44°29'39.3" E6°20'29.7"] dorthin sind es nur wenige Meter. Ein Weg mit Schautafeln ist hier angelegt. Ähnliches hatten wir im größeren Maßstab schon in der Tour 7 bei den Demoiselles Coiffées de Théus gesehen (siehe Seite 212). Den Gebirgszug, in dem diese zu bewundern waren und von dem wir die Aussicht auf das Embrunais und auf die Gebirgskulisse vom Écrins bis zum Mercantour genießen konnten, sehen Sie im Hintergrund des Fotos.

Demoiselles Coiffées de Pontis.

Nach dem kurzen Besuch dieser Demoiselles fahren wir weiter nach **Le Sauze-du-Lac**. Hier möchten wir auf den **Parc Animalier de Serre-Ponçon** www.parcanimalierdeserreponcon.com hinweisen, in dem es Greifvögel und andere heimische Tiere zu bewundern gilt. Es ist doch immer wieder spannend zu beobachten, welche Flugkünste die Raubvögel absolvieren, die Sie hier zweimal am Tag gezeigt bekommen.

Blick auf den 2962 Meter hohenTête de l'Estrop mit dem Glacier de la Blanche an seiner Nordflanke.

Wir fahren weiter und kommen nach 18 Kilometern in **Le Lauzet-Ubaye** an. Auf dem Weg dorthin sehen wir in der Ferne den 2962 Meter hohen **Tête de l'Estrop** in der Abendsonne. Ein weiteres majestätisches Gebirgsmassiv.

Der kostenlose Stellplatz liegt direkt zwischen dem See und dem Dorf mit 224 Einwohnern. Gegenüber sehen Sie mit dem Relais du Lac ein gutes, klassisch französisches Restaurant mit moderaten Preisen. Auf der Außenterrasse lässt es sich gemütlich speisen, auch wenn der Verkehr auf der vorbeiführenden Straße gelegentlich stört.

(153) Offizieller WOMO-Stellplatz: Le Lauzet-Ubaye – Aire de camping car

GPS: N44°25'41.2" E6°26'03.0", (902m); Le Village, 04340 Le Lauzet-Ubaye.
Max. WOMOs: 10, max. Länge 8 m. **Öffnungszeit:** Ganzjährig.
Ausstattung: Öffentliches WC, Wasserhahn.
Beschreibung: Ebener, befestigter und sonniger Platz zwischen dem Ort und dem See. Bis zum Badestrand sind es nur wenige Meter.
Preise: Kostenlos.
Zufahrt: In Le Lauzet-Ubaye von der D900 zur Post fahren, dann scharf rechts abbiegen und der Platz ist schon in Sichtweite.

Wenn Sie nur die GPS-Koordinaten des Stellplatzes eingegeben haben, führt Sie Ihr Navi unter Umständen ab Savines-le-Lac über die D7 und den Ort Pontis hierher. Der Weg ist zwar kürzer, aber nicht unproblematisch. Hinauf kommen Sie gut, hinunter ins Ubaye-Tal allerdings schlecht, insbesondere dann, wenn Ihr Fahrzeug einen langen Überhang hat. Die Serpentinen im letzten Teil der Strecke sind dermaßen eng und steil, dass Sie Gefahr laufen, mit dem Heck in den Kurven aufzusetzen, was, je nachdem, wie Ihr Fahrzeug gebaut ist, zu Beschädigungen führen kann. Zudem schaffen Sie mit einem langen Fahrzeug einige der Spitzkehren nicht zu durchfahren, ohne in der Kurve vor- und zurücksetzen zu müssen. Die Radien sind verflixt eng. Also Vorsicht!

Um den See herum führt ein Spazierweg von höchstens 800 Metern Länge. Am Westufer gibt es einen kleinen Badestrand, eher für Kinder als für Erwachsene. Die Schlucht der Ubaye befindet sich nördlich des Ortes. Auf dem Fluss ist Rafting möglich. Nähere Informationen dazu und zu anderen Wassersportmöglichkeiten auf dem Fluss finden Sie hier www.crazywater-rafting.com oder hier www.anacondarafting.com.

Der See in Le Lauzet-Ubaye. Sicherer Badespaß für Kinder.

Die Straße von Lauzet-Ubaye nach **Barcelonnette** ist sehr gut ausgebaut, sie hat teilweise sogar getrennte Fahrbahnen. Die 20 Kilometer lassen sich leicht und ohne Probleme fahren, die leichte Steigung (250 Meter Höhenunterschied) spürt man kaum.

In Barcelonnette sehen wir zwei Möglichkeiten, das Fahrzeug abzustellen. Zum einen den offiziellen Stellplatz oben auf der Höhe am Schwimmbad, von dem Sie einen schönen Blick auf die Stadt haben, zum anderen den hinter dem Fußballstadion. Es gibt zwar noch weitere Parkplätze innerhalb des Ortes, aber da wird es mit unseren Kisten schwer, einen ausreichend großen Platz zu finden. Vom Schwimmbad sind es zu Fuß rund 500 Meter in die Innenstadt, vom Stellplatz hinter dem Stadion rund 1000 Meter, also keine gewaltigen Entfernungen. Es gibt noch einen dritten offiziellen Platz an der Gendarmerie, aber den wollen wir nicht empfehlen. Der ist einfach zu laut!

(154) Offizieller WOMO-Stellplatz: Barcelonnette – Piscine municipale

GPS: N44°23'23.7" E6°39'08.6", (1187m); 5 Boulevard de l'Adroit, 04400 Barcelonnette. **Max. WOMOs:** 5, max. Länge 8 m. **Öffnungszeit:** Ganzjährig.

Ausstattung: Keine.
Beschreibung: Asphaltierter, schattenloser Platz mit leichtem Gefälle am Freibad Piscine municipale, oberhalb der Stadt mit schöner Aussicht auf den Ort und die umliegenden Berge.
Preise: Kostenlos.
Zufahrt: Von der D900 am dritten Kreisverkehr des Ortes in die Avenue René Chabre und dann weiter auf den Boulevard de l'Adroit fahren.

(155) Offizieller WOMO-Stellplatz: Barcelonnette – Aire de Camping-Car Jacques Villain

GPS: N44°22'55.9" E6°39'29.0", (1144m); 1 La Gravette, 04400 Barcelonnette. **Max. WOMOs:** 20, max. Länge 8 m. **Öffnungszeit:** Vom 1. April bis 31. Oktober.

Ausstattung: Wasserver- und Abwasserentsorgung mit Bodeneinlass, WC-Kassettenentleerung, Müllentsorgung, Tische und Bänke.

Beschreibung: Ebene, befestigte Stellflächen in einer Mischung aus Schotter und Rasen. Teilweise schattig. Ortsrand, hinter dem Fußballplatz Stade Municipal Léon Signoret.

Preise: 10,00 € incl. Frischwasser und Strom, Bezahlung nur mit EC- oder VISA-Karte.

Zufahrt: Von der D900 am zweiten Kreisverkehr des Ortes in Richtung Cuneo (Coni) fahren, dann im nächsten Kreisverkehr die erste Ausfahrt wählen, über die Brücke fahren, danach scharf links abbiegen und am Ufer des Flusses die schmale Straße bis zum Fußballplatz weiterfahren. Wenn Sie einfach Ihrem Navi folgen, werden Sie unter Umständen weiter Richtung Cuneo geleitet und zu einer weiteren Brücke geführt, die Sie mit einem "normalen" WOMO nicht passieren können. Sie ist viel zu schmal und auch nur für Fahrzeuge bis 3,5 t zugelassen.

Barcelonnette ist die Hauptstadt des **Ubaye-Tales**. Sie liegt in einer weiten Beckenlandschaft und ist von Wäldern und Wiesen umgeben. Sie strahlt mit ihren pastellfarbenen Häusern und ihren schönen, blumengeschmückten Plätzen bereits ein mediterranes Flair aus.

Gegründet wurde die Stadt zu Beginn des 13. Jahrhunderts. Sie gehörte, wie das gesamte Ubaye-Tal, zum Herzogtum Savoyen. Erst mit dem Frieden von Utrecht kam sie 1713 zu Frankreich.

Das 2500 Einwohner zählende Städtchen hat im Gegensatz zu allen anderen Bergdörfern dieser Region einen schachbrettartigen Grundriss. Es wurde als **Bastide** gegründet. So werden die im Mittelalter vielfach gegründeten und weitgehend in einem Zug erbauten Städte im Süden und Südwesten Frankreichs genannt. Kennzeichnendes Merkmal für die rund 400, hauptsächlich zwischen 1222 und 1373 entstandenen Dorf- und Stadtanlagen ist ein streng rechtwinkliges Straßenraster mit einem zentralen Marktplatz, der von Häusern mit Arkadengängen gesäumt wird. Das finden wir auch hier mit Ausnahme der Arkaden vor. Die Rue Manuel bildet die Hauptachse dieses Städtchens. Sie verbindet den Platz vor dem Rathaus mit dem Platz Manuel mit seinen Cafés und Restaurants. Er ist der Mittel- und Treffpunkt in der historischen Altstadt. An diesem Platz befand sich ehemals eine Kirche, von

Place Manuel.

dem nur noch der 42 Meter hohe Glockenturm **Tour Cardinalis** zu sehen ist. Er wurde im 14. Jahrhundert errichtet. Seit wann die Kirche nicht mehr besteht, ist unbekannt. Vermutet wird, dass sie im Mittelalter wegen Baufälligkeit abgerissen wurde.

Wer die Fußgängerzone verlässt und geradeaus in die Avenue de la Libération weitergeht, der gelangt zum Park Sapinière, in dem sich das **Musée de la Vallée** befindet. Die Öffnungszeiten finden Sie auf dieser Seite www.museedelavallee.fr. Gezeigt wird eine umfangreiche Ausstellung über die Geschichte des Ubaye-Tales und über die Barcellonettes in Mexiko. Dieses ganz besondere Thema drückt sich im Stadtbild unter anderem durch die vielen Villen aus, die für Bergdörfer in dieser Region vollkommen untypisch sind. In keiner anderen Stadt in den französischen Alpen (mit Ausnahme Jausiers) sehen Sie so etwas in dieser Form und Häufigkeit. Wie das zu erklären ist, wollen wir nun kurz darstellen.

Tour Cardinalis an der Place Manuel.

Barcelonnettes in Mexiko

Traditionell wurde in Barcelonnette Handel mit den hier erzeugten Waren getrieben. Produziert wurden vor allem Textilien aus Leinen und Wolle, die in die Provence, ins Piemont, nach Flandern und andere Orte exportiert wurden. Dann kam man im späten 18. Jahrhundert auf die Idee, es auch in Übersee zu versuchen. New Orleans in Louisiana war noch eine französische Kolonie und das erste Ziel. Da die Kolonie nach der Jahrhundertwende aufgegeben wurde und in die USA überging, versuchte man es in Mexiko. Hier schaffte man es innerhalb kürzester Zeit, den Handel zu dominieren. 1846 hatte man allein in Mexiko-Stadt schon 20 Geschäfte. 40 Jahre später, 1886, gab es mehr als 110 Niederlassungen in den Städten Puebla, Morelia, Guadalajara, Durango, Tampico und anderen. Darauf bedacht, nicht nur den Handel zu dominieren, sondern auch die Produktion zu steuern, sind die Barcelonnettes bald im Besitz von vier Fabriken, die Baumwolle spinnen, weben und bedrucken. Als einige zu Reichtum gekommene Händler in ihre Heimatstadt zurückkehrten und von den Möglichkeiten in Mexiko berichteten, löste dies einen wahren Exodus im Ubaye-Tal aus. Jeder wollte sein Glück in der Neuen Welt versuchen. Die Tätigkeiten in Mexiko wurden dabei auch auf andere Wirtschaftszweige ausgedehnt. Es gab Papierfabriken, eine Zigarettenfabrik, Brauereien, Eisen- und Stahlgießereien sowie Konservenfabriken für die Verarbeitung von Lebensmitteln. Insgesamt waren es mehr als 133 Fabriken mit mehr als 30.000 Arbeitern, die von Barcelonnettes gegründet oder geleitet wurden.

Die Villa Anita an der Place Aimé Gassier.

Die Villa le Chastel an der Avenue de la Galopine wurde 1905 für Léon Faudon, Gründer des Kaufhauses El Gran Oriental in Mexiko-Stadt, erbaut.

Unterstützung fanden sie durch Porfirio Díaz, der als Präsident von 1876/77 bis 1880 und von 1884 bis 1911 Mexiko regierte. Mit seinem repressiven und autoritären Regierungsstil förderte er ausländische Investitionen und zögerte nicht, mit großer Härte gegen die eigene aufbegehrende Bevölkerung vorzugehen. Mit dem ersten Streik der Textilarbeiter in Rio Branco, dem "Manchester" Mexikos, begann 1907 das Ende der Ära von Porfirio Díaz, die schließlich in der Revolution 1911 ihr Ende fand. Er starb 1915 im Exil in Paris.

Die Barcelonnettes kehrten vermögend zurück und ließen sich in prunkvollen Villen in ihrer Heimatstadt nieder. In der Avenue Porfirio Díaz können Sie einige dieser Villen bewundern.

Für die weitere Fahrt bitten wir Sie, noch einmal auf die Karte zu Beginn dieses Kapitels zu schauen. Wenn Sie mit einem Kastenwagen oder einem kleinen Wohnmobil unterwegs sind, dann haben Sie mit den Zulassungsbeschränkungen, die auf der Karte verzeichnet sind, sicher kein Problem. Wenn Ihr Fahrzeug über 3,5t wiegt, dann können Sie die Pass-Straße über den Col d'Allos nicht nehmen. Das entsprechende Schild sehen Sie aber erst, wenn Sie in Richtung des Ski-Ortes Pra Loup gefahren sind und vor Erreichen des Ortes in Richtung des Passes weiter wollen. Außerdem ist diese Straße in den Monaten Juli und August freitags für den motorisierten Verkehr gesperrt und nur den Radfahrern vorbehalten.

Die Route des Grandes Alpes über den Col de la Cayolle können Sie nur fahren, wenn Ihr Fahrzeug unter 4,5t zulässigem Gesamtgewicht liegt und nicht höher als drei Meter ist. Dass es auch noch eine Durchfahrtsbeschränkung auf 2,4 Meter Breite gibt, dürfte die Mehrzahl der Fahrzeuge nicht betreffen. Wir sind diese Strecke komplett durchgefahren und müssen warnen und sagen, dass man hier mit einem großen Fahrzeug an die Grenze des Machbaren kommt, auch wenn auf dem Papier die Zulassungsbeschränkungen kein Problem darstellen. Wer mit einem Fahrzeug unterwegs ist, das über 4,5t zulässigem Gesamtgewicht liegt, dem bleibt für den weiteren Weg nach Süden nur die Strecke über den Col de la Bonette übrig, den wir uns für den Rückweg aufgehoben haben. Diese Strecke, das sei hier schon gesagt, ist sehr gut zu bewältigen, auch wenn es hoch hinausgeht.

Genug der Warnhinweise. Fahren wir los! Wir nehmen zunächst die Route über den Col d'Allos und beschreiben dann etwas später den Weg von Barcelonnette über den Col de la Cayolle.

Von Barcelonnette bis zum 2250 Meter hohen **Col d'Allos** sind es ungefähr 20 Kilometer. Den Stellplatz an der großen Freizeitanlage in Allos weiter unten im Tal erreicht man nach weiteren acht Kilometern. Der Parc de Loisirs in 500 Metern Entfernung vom Stellplatz bietet unter anderem einen 15 Hektar großen Badesee, einen Klettergarten, Sportplätze, Minigolf- und Skateranlagen, eine Sommerrodelbahn und VTT-Strecken. Darüber hinaus lädt die Bergwelt der Umgebung zu Wanderungen ein. Der Ort mit Ladengeschäften und Restaurants liegt nur wenige 100 Meter weiter. Weiterhin gibt es hier eine Ferienhauskolonie. Insgesamt betrachtet ein Ort der organisierten Freizeitgestaltung. Einen Überblick zu dem Gesamtangebot finden Sie auf dieser Seite www.valdallos.com. Ein Angebot, das offensichtlich gut ankommt. Bei unserem Besuch war die Anlage so gut gefüllt, dass wir gleich weitergefahren sind.

(156) Offizieller WOMO-Stellplatz: Allos – Parking Val d'Allos

GPS: N44°14'34.0" E6°37'19.6", (1423m); 04260 Allos. **Max. WOMOs:** 35, max. Länge 10 m. **Öffnungszeit:** Ganzjährig, maximaler Aufenthalt 3 Tage. **Ausstattung:** Wasserver- und Abwasserentsorgung mit Bodeneinlass, WC-Kassettenentleerung, Müllentsorgung, Stromanschlüsse. **Beschreibung:** Weitgehend ebener, asphaltierter Platz am Ortsrand, in unmittelbarer Nähe einer Freizeitanlage.

Preise: Keine Parkgebühren, Wasser- und Stromversorgung müssen mit Jetons bezahlt werden. An einem Automaten an der Einfahrt des Platzes kann man die Jetons mit EC-Karte und PIN erwerben. Ein Jeton kostet 2,50 €, dafür kann einmal Wasser getankt werden oder vier Stunden Strom von einer der zahlreichen Stromsäulen auf dem Platz bezogen werden.

Zufahrt: Von der D908 am Ortseingang von Allos nach einer Tankstelle und der Brücke über den Bouchier der Beschilderung zum "Parc de Loisirs" 350 Meter folgen.

Acht Kilometer weiter erreichen wir **Colmars-les-Alpes**. Dort fahren wir einen Stellplatz an, der sich neben einer Parkanlage befindet. Die Ortsmitte ist nur 300 Meter entfernt.

(157) Offizieller WOMO-Stellplatz: Colmars-les-Alpes – Aire Municipale

GPS: N44°10'45.1" E6°37'39.0", (1251m); La Bourgade, 04370 Colmars-les-Alpes. **Max. WOMOs:** 20, max. Länge 8 m. **Öffnungszeit:** Ganzjährig.

Ausstattung: Wasserver- und Abwasserentsorgung mit Bodeneinlass, WC-Kassettenentleerung, Müllentsorgung, eine Stromsteckdose an der Versorgungssäule System "Flot Bleu" (siehe Seite 371), WC.

Beschreibung: Asphaltierter Platz am Ortsrand, zu einem Teil mit schönem, schattigem Baumbestand, in unmittelbarer Nähe des Flüsschens Lance.

Preise: Keine Parkgebühren. Wasser- und Stromversorgung sowie WC-Kassettenentleerung kosten 3.00 €, nur mit EC-Karte und PIN zahlbar.

Zufahrt: Am Ende des Ortes in einer scharfen Rechtskurve an einer Tankstelle/Werkstatt links abbiegen. Vor der Überquerung einer Brücke, die zur Feuerwehr führt, erneut links abbiegen.

"In 1250 Metern Höhe, am Ufer des wilden Verdon, liegt die mittelalterliche Stadt Colmars mit ihrem malerischen Charme. Die Stadt wird von einer alten Festungsmauer schützend

umgeben. Wenn man durch eines der drei großen Stadttore schreitet, entdeckt man eine malerische Altstadt mit kleinen Gassen, umgeben von hohen Häusern, die Kirche Saint-Martin und ihre Kapellen im gotischen provenzalischen Stil, hübsche Brunnen und einen Wehrgang.

Außerhalb der Festungsmauern wachen zwei Trutzburgen aus dem 17. Jahrhundert schützend über die Stadt."

So wird die Stadt in einem Tourismusprospekt beschrieben. Stimmt das auch? Ja, es stimmt, wir hätten es nicht treffender formulieren können. Dem Ort kam eine große strategische Bedeutung zu, als Savoyen den Oberlauf des Verdon rund um Allos eroberte. Die schon bestehenden Stadtbefestigungen wurden durch Vauban (siehe Seite 232) ausgebaut. Er ließ zwei kleine Forts außerhalb der Stadt errichten, die durch Grabenwehre mit dem Ort verbunden wurden. Sie sind, wie die Stadtbefestigung selbst, gut erhalten. Lang benötigt man nicht, um den kleinen Ort mit 400 Einwohnern kennenzulernen. Viele Gassen gibt es nicht und touristisch überlaufen ist dieser Ort nun wahrlich nicht. Hier freut man sich über Besucher und auch ein Plausch mit den Einwohnern, die hier vor ihren Häusern sitzen, ist durchaus möglich. Der Ort hat eine ruhige und authentische Ausstrahlung und ist ganz weit weg von den mittelalterlichen Städten, für die altes Gemäuer eigentlich nur noch eine schöne Kulisse für eine mittelmäßige Gastronomie und Hotellerie darstellt, die auf einen hohen Kundendurchsatz hoffen.

Die Rue de Goin mit dem Maison Musée in Colmars-les-Alpes.

Wenn Sie sich auf der Place Neuve in der Nähe des Museums zu dem einzigen Restaurant des Ortes begeben, erleben Sie eine unverfälschte Ursprünglichkeit. Es ist kein Feinschmeckerlokal, es ist von den angebotenen Speisen eher das, was man gemeinhin "gut bürgerlich" nennen würde, nur mit klassischer französischer Küche. Ganz zwanglos und

Vauban-Fort zum Schutz des Ortes Colmars-les-Alpes.

sehr freundlich. Für das in Frankreich üblicherweise zu den Mahlzeiten gereichte Wasser geht der Chef ganz kurz vor Ihren Augen mit einer leeren Flasche zum gegenüberliegenden Brunnen, füllt sie dort auf und stellt sie auf den Tisch. Dann wird die Bestellung aufgenommen, nicht ohne zu fragen, woher man denn kommt, wenn man staunend den Vorgang des Wasserholens beobachtet hat, und das am Gesichtsausdruck auch zu erkennen ist. Uns hat das Restaurant sehr gut gefallen und das genossene Lammfleisch war sehr schmackhaft und von ausgezeichneter Qualität.

Vom Stellplatz führt ein Fußweg zum Wasserfall **Cascade de la Lance**. Hin und zurück benötigt man durch den duftenden Kiefernwald bis zu der engen Schlucht 40 bis 50 Minuten. Der Wasserfall ist 20 Meter hoch und stürzt in die **Lance**, einen kurzen Bach, der in Colmars in den Verdon fließt. Der Verdon ist der Fluss, der in seinem Verlauf die große berühmte Schlucht ausgebildet hat, die Sie im Band 38 der WOMO-Reihe die-

Cascade de la Lance.

ses Verlages beschrieben finden. Wir fahren dort nicht hin, sehen aber auch eine schöne Schlucht, wenn wir Colmars-les-Alpes in südliche Richtung auf der D908 verlassen.

Für den weiteren Weg zum 2080 Meter hohen **Col de Champs** müssen wir an dieser Stelle wieder Bedenken vortragen. Die ersten Kilometer von Colmars-les-Alpes in Richtung des Passes sind sehr eng und sehr steil. Einige Spitzkehren sind mit einem Fahrzeug, wie wir es haben, nur durch Vor- und Zurücksetzen in den Kurven zu bewältigen. Bei Gegenverkehr ganz unangenehm! Auch hat die Metallquerstrebe am Ende des Hecks mehrfach Bekanntschaft mit dem Asphalt gemacht. Das hörte sich während der Fahrt gar nicht gut an.

Der Col des Champs.

Also wenn Sie auch ein Fahrzeug mit einem so langen Hintern haben wie wir, meiden Sie besser diesen Weg und nehmen einen Umweg in Kauf. Der Umweg führt von Colmars-les-Alpes nach Saint-André-les-Alpes (D908 und D955, 29 km), dann 31 Kilometer über die N202 bis nach Saint-Benoît. Hier bleiben Sie auf der Route National bis kurz vor der Brücke über den Var. Dort biegen Sie links ab. Sie fahren auf die D2202. An dieser Kreuzung ist ausgeschildert: Barcelonette par Col de la Cayolle, Guillaumes und Gorges de Daluis. Diese Straßen lassen sich sehr gut und problemlos fahren und die Fahrt durch die Gorges de Daluis wird Sie begeistern und für den verpassten Weg über den Col des Champs entschädigen (siehe Seite 256). In Guillaumes treffen Sie wieder auf unsere Route. Auf der Seite 236 finden Sie diese Route in der Nebenkarte mit einer rot gepunkteten Linie verzeichnet.

Blick vom Col des Champs nach Norden.

Was gibt es zum Col des Champs noch zu sagen? Die Erreichbarkeit haben wir ausreichend angesprochen und ein Bild sagt manchmal mehr als 1000 Worte. Sie stehen hier **[158:** N44°10'30.2" E6°41'52.5"] in einer fantastischen Landschaft. In der Nacht gibt es kaum Verkehr. Tagsüber kommt mal ein Radler oder Motorradfahrer vorbei. Dieser abseits gelegene Pass ist nicht sehr stark frequentiert. Was beim nächsten Pass schon wieder etwas anders ist.

Wir machen einen Sprung zurück und fahren nun von Barcelonnette auf den 2326 Meter hohen **Col de la Cayolle**. Um Ihnen einen Eindruck zu vermitteln, haben wir auf der nächsten Seite eine Leiste mit Bildern angelegt, die wir während der Fahrt gemacht haben. Sie erkennen die Breite der Straße, Sie sehen klassische Ausweichstellen für den Gegenverkehr und Sie erahnen, dass es knifflig werden kann! Was man nicht sieht, sind Radfahrer, die mit einem Affenzahn den Hang hinuntergeschossen kommen. Die gibt es aber auch. Das haben wir oft gesehen und erlebt. Wenn wir talwärts gefahren sind, haben wir dort, wo es ging, angehalten und die Radler vorbeifahren lassen, weil sie schneller waren als wir. Ein echter Rennradler betrachtet so ein WOMO vermutlich nur als bewegliches Verkehrshindernis.

Die 30 Kilometer lange Fahrt hinauf gewährt nur wenige spektakuläre Blicke in die Landschaft. Eine bizarre Felsenszenerie wie bei anderen Auffahrten gibt es hier nicht. Es gibt nur die am Hang klebende Straße mit einer steilen Wand auf der einen Seite und einem steil abfallenden Hang auf der anderen. Die Bilder in der Leiste zeigen das recht deutlich. Das wird zum Ende hin besser und weicht auf dem Pass auf 2326 Metern Höhe **[159:** N44°15'34.3" E6°44'38.2"] einem weiten Blick hinunter in das Val d'Entraunes und auf die nörd-

lich von Nizza liegenden Seealpen. Nach Norden schaut man auf die Cottischen Alpen und kann das Ubaye-Tal erahnen. Die Passhöhe ist mit einem einfachen Stein markiert. So stark besucht wie Col du Glandon, Col de la Croix de Fer, die wir schon beschrieben haben, und Col du Galibier oder Col du Lautaret, zu denen wir noch kommen werden, ist dieser Pass nicht.

Vom Col de la Cayolle lässt sich der **Lac d'Allos**, der höchstgelegene natürliche See in Europa auf einer Höhe von 2230 Metern über dem Meeresspiegel, in einer zweistündigen Wanderung erreichen. Um zu diesem Schmelzwassersee zu gelangen, sind auf der Strecke von sechs Kilometern rund 400 Meter Höhenunterschied zu überwinden. Der See hat eine Größe von 54 Hektar und Sie benötigen noch einmal eine Stunde, um ihn zu umrunden. Am See gibt es eine bewirtschaftete Hütte, die von Anfang Mai bis Ende September ihre Dienste anbietet. Rund um den See können Sie Murmeltiere hören und gelegentlich auch sehen, wie sie durch die Felsen huschen. Für weitere Informationen schauen Sie doch bitte einmal auf diese Seite: https://refugedulacdallos.com.

Wanderparkplatz auf dem Col de la Cayolle.

Wenn Sie sich da durchklicken, können Sie sich unzählige Fotos von der Hütte, vom See und der Naturlandschaft anschauen. Sehr viel mehr, als wir Ihnen hier präsentieren können. Das sieht doch sehr verlockend aus und ist eine kleine Anstrengung wert. Den See können Sie übrigens auch von Allos erreichen, dem Ort, den wir mit seinen Freizeiteinrichtungen kurz auf der Seite 245 beschrieben haben. Von dort ist der Weg allerdings mit rund zehn Kilometern deutlich länger und es sind 800 Höhenmeter zu überwinden.

Der Lac d'Allos befindet sich auf einer Höhe von 2230 Metern.

Bis nach **Guillaumes**, unserem nächsten Ziel, sind es vom Col de la Cayolle 32 Kilometer. Die Strecke hinunter, die wir nun vor uns haben, ist viel bequemer als die, die wir hochgefahren sind. Die Straßen im Val d'Etraunes werden zusehends breiter und Begegnungen mit dem Gegenverkehr sind nicht mehr problematisch.

Einen ersten Zwischenstopp legen wir nach wenigen Kilometern ein. Von einem Wanderparkplatz am rechten Rand

(160) WOMO-Stellplatz: Cabanes de Sanguinière

GPS: N44°14'40.7" E6°45'25.2", (1880m); D2202, 06470 Entraunes. **Max. WOMOs:** 2, max. Länge 8 m.
Ausstattung: Tische und Bänke oberhalb des Platzes unter Bäumen.
Beschreibung: Asphaltierter Platz mit leichtem Gefälle.
Preise: Kostenlos.
Zufahrt: Über die D2202, sechs Kilometer unterhalb des Col de la Cayolle.

der Straße lassen sich große und kleine Wanderungen in diesem Teil des Mercantour-Nationalparks unternehmen, den wir an dieser Stelle kurz vorstellen wollen.

Der Mercantour Nationalpark

Wenn Sie auf die Tourenkarte zu Beginn dieses Kapitels blicken, sehen Sie die Fläche des Mercantour Nationalparks fast vollständig abgebildet. Nur der Südostzipfel ist ausgeblendet. Der ragt bereits in den Band 38 der WOMO-Reihe über die Provence hinein und wird dort beschrieben. Wir konzentrieren uns auf den nördlichen Teil des

Lac d'Estenc an der Var-Quelle in Blickrichtung Col de la Cayolle.

1979 gegründeten Nationalparks. Er hat eine Fläche von 2150 Quadratkilometern und ist in zwei Zonen geteilt. Eine dieser beiden Zonen steht unter strengem Schutz und ist unbewohnt. Sie ist rund 700 Quadratkilometer groß. Mehr als 2000 Pflanzenarten, darunter 200 seltene und 30 endemische stehen hier unter Schutz. 78 Säugetierarten und 199 Vogelarten sind hier zu verzeichnen. Höchster Punkt ist der 3193 Meter hohe Rocca Blanca im Norden des Parks an der Grenze zu Italien.

Schmetterling am Lac d'Estenc.

Mit dem angrenzenden Parco Naturale delle Alpi Marittime auf der italienischen Seite besteht eine enge Kooperation. Aus Italien kamen auch vor Jahrzehnten die ersten Wölfe in den Nationalpark und stehen seither unter besonderem Schutz. Im **Parc Alpha** können Sie mehr über diese Tiere erfahren. Er steht auch auf unserem Reiseprogramm, wie Sie auf der Seite 265 sehen können. Weitere besondere Highlights des Nationalparks sind die Gorges de Daluis, die Gebiete um den Col de la Bonette, den Col de la Cayolle und das Gebiet um den Lac d'Allos. Die beiden letztgenannten haben wir schon besucht, die anderen werden noch folgen. Das **Vallée des Merveilles** im Süden des Nationalparks, das Tal der Wunder, wie es auf Deutsch heißt, haben wir nicht in unsere Reiseplanung aufgenommen, das finden Sie im Band 38 der WOMO-Reihe beschrieben.

Die kürzeste Wanderung vom Wanderparkplatz Cabanes de Sanguinière verläuft in einem Rundkurs durch einen Alpengarten. Die längste dauert schon gleich sechs Stunden oder mehr und geht tief in den Nationalpark hinein. Ohne Hüttenübernachtung wird das nur den sehr gut durchtrainierten Wanderern hin und zurück gelingen. Eine Reihe von mittleren Strecken führen von diesem Platz in Seitentäler und dort jeweils ans Ende bis zu einem Pass oder Sattel. Die Gehzeiten variieren zwischen zwei und drei Stunden für einen Weg. Die Höhenunterschiede sind teilweise beträchtlich. Sie bewegen sich zwischen 500 und 800 Meter. Wenn Sie einen Hund dabeihaben, dann dürfen Sie diese Wege nicht gehen, selbst wenn Sie ihn an der Leine führen. Dies ist in allen Nationalparks in Frankreich so. Wir können das immer nur wiederholen. Mit dem WOMO abseits der Straße über Feldwege ein noch stilleres Plätzchen zu suchen, ist ebenfalls untersagt. Bleiben Sie auf der Straße bzw. auf den Parkplätzen direkt an der Straße und lassen am besten Tisch und Stühle im Auto, solange Sie im Nationalpark unterwegs sind. Verköstigen können Sie sich in der Refuge de la Cantonnière https://la-cantonniere.wixsite.com in unmittelbarer Nähe des Parkplatzes oder im Relais de la Cayolle am Lac d'Estenc.

Ein kurzer Weg vom Wanderparkplatz führt an der Schutzhütte Cantonnière vorbei zum **Lac d'Estenc**. Der Wiesenweg von rund 1,5 Kilometern Länge hat einen Höhenunterschied von rund 100 Metern. An dem See befindet sich die Quelle des Var, der 114 Kilometer weiter südlich bei Nizza ins Mittelmeer fließt. Der See ist im Prinzip ein kleiner Stausee, die Ufermauer am Abfluss ist befestigt und zur Quelle des Var wurde ein Steg aus Holzbohlen angelegt. Den See kann man bequem umrunden. 200 Meter vom See entfernt wartet das Restaurant Relais de la Cayolle mit Außenterrasse auf Gäste. Das sieht doch alles sehr nach einem netten Ausflugsort für Nizzaer aus, die hier nach einer Fahrt von der Mündung bis zur Quelle des Var eine Rast einlegen. Sie durchfahren dabei die **Gorges de Daluis**, der wir uns nunmehr widmen werden.

Gasthaus unterhalb des Lac d'Estenc.

Ganz gleich, ob Sie über den Col de Champs oder über den Col de la Cayolle nach Guillaumes kommen, eine Fahrt entlang dieser Schlucht sollten Sie nicht versäumen. Die Fahrt vom Wanderparkplatz Cabanes de Sanguinière bis nach Guillaumes dauert 40 bis 45 Minuten. Die Fahrzeit vom Col de Champs ist etwas länger. Es klingt ja schon etwas verrückt, nur für die Fahrt rauf und runter einen Umweg zu machen, aber Sie werden sehen, es lohnt sich.

Fahren Sie von dort, wo in Guillaumes auf einer Brücke die Straße nach Valberg abzweigt, in Richtung Digne/Nice/Daluis bis zu diesem Punkt (GPS: N44°01'17.4" E6°48'32.2"). Das sind exakt 11,5 Kilometer. Hier finden Sie eine sehr bequeme Möglichkeit, Ihr Fahrzeug zu wenden, um nach Guillaumes zurückzufahren. Alternativ fahren Sie ganz hinunter bis zur N202 (19 km), dann weiter über Entrevaux Richtung Nizza, biegen nach 20 Kilometern auf die D28 nach Beuil ab und fahren über 22 Kilometer die **Gorges du Cians** hoch nach Beuil. Auch hier kommen Sie durch eine spektakuläre rote Schlucht. Auf der Seite 236 können Sie die Alternativstrecken auf der Nebenkarte mit den rot gepunkteten Linien nachvollziehen. Auf der Seite 261 können Sie einen Blick in die Schlucht werfen.

Zurück zur Gorges de Daluis. Wenn Sie rauf und runter fahren, haben Sie den doppelten Genuss. Runter geht es die hangseitige Strecke. Sie passieren mehrere Tunnels und werden von der atemberaubenden Landschaft begeistert sein.

Die Straße entlang der Gorges de Daluis.

Gorges de Daluis – der Colorado Niçois

Die tiefe Schlucht des **"Colorado Niçois"**, den eine Laune der Natur durch die Verwitterung von Vulkanasche und eisenhaltigen klastischen Feinsedimenten so schön rot färbte und in der sich der Var so tief hineinschnitt und dabei senkrecht abfallende Steilwände entstehen ließ, ist einfach grandios. Seinen Spitznamen bekam er in Anlehnung an den berühmten Colorado River in den USA, der den Gran Canyon geschaffen hat. So gewaltig ist diese Schlucht allerdings nicht. Aber das Grün der Büsche und Bäume, die unterschiedlichsten Verwitterungsformen des Gesteins am Rande der Straße und am Rande des Abgrunds bieten ein intensives Erlebnis. Die Sonne bringt so manchen Steilhang zum Leuchten. Wenn sie bei der zwölf Kilometer langen Fahrt hinunter nicht günstig steht, dann vielleicht, wenn Sie wieder hochfahren und dabei an der Talseite immer wieder um die Felsvorsprünge herumkurven, die Sie beim Runterfahren durch Tunnels passiert haben. Der Blick in diese Landschaft ist beim Hochfahren ein anderer. Bei der Rückfahrt haben Sie auch mehr Möglichkeiten, an Aussichtspunkten einmal anzuhalten, um den Blick in diese Schlucht nicht nur im Vorbeifahren zu erleben.

Einen Wanderweg am Talboden gibt es nicht. Um die Schlucht von unten zu erleben, müssen Sie schon auf Rafting ausweichen. Nähere Informationen dazu gibt es hier www.azur-rafting.com. Wenn Sie noch einen Adrenalinstoß brauchen, dann können Sie auch mit einem Gummiseil um den Bauch in die Schlucht springen. Umfassende Erläuterungen dazu finden Sie hier www.saut-elastique.com/18509-top-jump. Gesprungen wird von der **Pont de la Mariée**, von der Brücke der Braut, wie sie in der Übersetzung genannt wird. In einer Höhe von 80 Metern überspannt diese Bogenbrücke in einer Stahlbetonkonstruktion die Schlucht. Sie wurde für den Bau einer Eisenbahnlinie errichtet, die zwischen 1910 und 1923 durch die Schlucht gelegt wurde und Guillaumes mit den südlich gelegenen Städten der Provence verband. Rentiert hat sich diese Bahnlinie offensichtlich nicht, denn sie wurde bald nach der Inbetrieb-

Gorges de Daluis.

nahme wieder stillgelegt. Die Gleise wurden bereits 1932 wieder abgebaut und die vielen Tunnels wurden für den Straßenverkehr umgerüstet. Ursprünglich hieß die Brücke Pont du Tramway. Sie wurde aber nach einem tragischen Unglück, bei dem eine frisch vermählte Frau im Jahre 1927 auf der Hochzeitsreise mit ihrem Mann von der Brücke zu Tode gestürzt ist, in die 'Brücke der Braut' umbenannt. Über die Umstände des Sturzes ranken sich allerlei Gerüchte. War es Liebeskummer, wurde der Sturz herbeigeführt? Niemand weiß es.

Auf dem Wanderweg in der Schlucht.

Heute lässt es sich, wie bereits gesagt, gesichert von der Brücke springen und sie ist Teil des neu eingerichteten Wanderweges **Les balcons des gorges de Daluis**. Es ist ein Weg von 26 Kilometern Länge, den Sie kaum an einem Tag schaffen werden, denn es geht insgesamt 1200 Meter hinauf und ebensoviele Meter auch wieder hinunter. Von offizieller Seite ist er in zwei Etappen eingeteilt, wie Sie auf dieser Seite https://randoxygene.departement06.fr/haut-var/balcons-des-gorges-de-daluis-45617.html sehen können. Eine Übernachtung müssen Sie also einplanen oder nur ein Stück des Weges gehen. Der Wanderweg verläuft über die Höhen teilweise abseits der Schlucht und verbindet zahlreiche Aussichtspunkte miteinander. Parken können Sie an der **Pont de Roberts**. Dort gibt es direkt an der Straße einen Wanderparkplatz, den Sie mit diesen Koordinaten N44°04'36.2" E6°51'28.1" erreichen. Er befindet sich etwa einen Kilometer südlich von Guillaumes, einem Bergdorf, dem wir uns nun widmen wollen.

Place de Provence in Guillaumes.

Guillaumes ist ein malerisches Städtchen mit rund 650 Einwohnern. Die Auswahl an Restaurants ist sehr übersichtlich. Da der Ort nicht groß ist, ist ein Rundgang durch die Gassen nicht zeitaufwändig. Er ist durchaus zu empfehlen, denn der Ort auf 800 Metern Höhe hat einfach Charme. Nach der Gründung im Mittelalter erlangte er schnell eine strategische Bedeutung hoch über den Schluchten am Zusammenfluss des Var und des Tuébi. Auf einem Felssporn wurde eine Burg errichtet, von der die Täler überwacht werden konnten. Hier hatte auch der Festungsbaumeister Vauban (siehe Seite 232) zu tun, der diesen Ort auf seinen Reisen mehrfach aufsuchte. Die teilweise unübersichtliche Grenzsituation führte zwischen Savoyen und Frankreich immer wieder zu Konflikten, die man unter anderem mit dem Vertrag von Turin zu entschärfen versuchte. Grenzbegradigungen und neue Zuordnungen wurden geschaffen. So kam 1760 Guillaumes zu Savoyen und die Franzosen zogen ab, allerdings nicht, ohne vorher die Burg zu zerstören. Seitdem ist sie eine Ruine. Der Wanderweg dorthin führt teilweise entlang einer wenig befahrenen Straße (D75). Mit dem WOMO hochzufahren, macht keinen Sinn, Sie werden nur schwer eine Parkmöglichkeit finden. Sie parken besser auf dem folgenden Stellplatz und gehen zu Fuß hoch.

Brunnen auf der Place de Provence in Guillaumes.

(161) Offizieller WOMO-Stellplatz: Guillaumes – Aire Municipale

GPS: N44°05'18.7" E6°51'10.6", (787m); Place de Provence, 06470 Guillaumes. **Max. WOMOs:** 10, max. Länge 10 m. **Öffnungszeit:** Ganzjährig.

Ausstattung: Wasserver- und Abwasserentsorgung mit Bodeneinlass, WC-Kassettenentleerung, Müllentsorgung, zwei Stromsteckdosen an der Versorgungssäule.

Beschreibung: Gut befestigter Platz am Ortsrand am Ufer des Var, teilweise mit schönem Baumbestand, teilweise schattenlos.

Preise: Keine Parkgebühren. Wasser- und Stromversorgung kosten jeweils 2.00 €, nur erhältlich mit Jetons, die es im Laden "Tabac de Guillaumes Stephane" in 200 Metern Entfernung an der Hauptstraße zu kaufen gibt. WC-Kassettenentleerung und Grauwasser-entsorgung ist kostenfrei.

Zufahrt: Dort, wo die D28 nach Valberg abzweigt, befindet sich schräg gegenüber die Zufahrt zum Stellplatz. Ein Hinweisschild weist den Weg.

Rund 15 Kilometer weiter und rund 1000 Meter höher steht Valberg als nächster Ort auf unserer Rundreise durch die Seealpen auf dem Programm. Er dient in erster Linie dem Wintersport für die nur eine Autostunde entfernt wohnenden Nizzaer und ist einer der ältesten Skiorte der Seealpen.

Wir sind wieder auf der Route des Grandes Alpes unterwegs und überqueren kurz vor Valberg den **Col de Valberg** auf 1672 Metern Höhe. Auf dem Pass befindet sich ein Aussichtspunkt mit einer Panoramatafel, auf der der zweite Name des

Blick vom Col du Vasson in nördliche Richtung auf die Seealpen.

Passes zu lesen ist. Warum er auch Col du Vasson genannt wird und die Höhenangabe zehn Meter geringer ausfällt, können wir nicht sagen. Für die Übernachtung fahren wir diesen Stellplatz an.

(162) Offizieller WOMO-Stellplatz: Valberg – Aire de Camping-Cars

GPS: N44°05'45.9" E6°56'12.2", (1703m); Rte de Rouya, 06470 Péone.
Max. WOMOs: 21, max. Länge 10 m. **Öffnungszeit:** Ganzjährig.
Ausstattung: Wasserver- und Abwasserentsorgung mit Bodeneinlass, WC-Kassettenentleerung, Müllentsorgung, 21 Stromsteckdosen.

Beschreibung: Asphaltierter, schattenloser Platz am Ortsrand.
Preise: Pro Tag 10,00 € pro Fahrzeug plus 0,60 € Kurtaxe pro Person. Barzahlung mit Angabe von Name, Adresse und KFZ-Kennzeichen. Das Geld mit den Angaben in einen Briefumschlag legen und in die bereitgestellte Box werfen.
Zufahrt: Auf der D28 im Ort mit dem ersten Kreisverkehr die Fußgängerzone umfahren, dem Straßenverlauf folgen und beim zweiten Kreisverkehr (Ende der Fußgängerzone) die zweite Ausfahrt nehmen, dann links halten. Nach einem Kilometer ist der Platz erreicht.

In den Rahmen gesetzt. Sicht auf Valberg.

Das Sommerangebot ist für die Gäste mit dem **Sentier Planétaire** (Planetenweg), einem Hochseilgarten, einem historischen Lehrpfad und einem Schwimmbad schon recht vielfältig. Hinzu kommen noch die Sommerrodelbahn, Ponyreiten und viele Wanderwege, für die auch in den Sommermonaten Sessellifte in Betrieb sind, um die Höhenunterschiede leichter zu überbrücken. Natürlich fehlen auch hier die VTT-Strecken nicht. Die markierten Wanderwege haben unterschiedliche Schwierigkeitsstufen und Längen. Nähere Informationen dazu gibt es im Office de Tourisme in der Fußgängerzone des Ortes oder hier www.valberg.com. Der Planetenweg ist gut zu gehen und bietet sowohl schattige Abschnitte als auch offene Bereiche mit guten Aussichtspunkten.

Auf den nächsten 18 Kilometern geht es den Berg hinunter nach Roubion. Auf dem Weg dorthin passieren wir den kleinen Ort Beuil. Hier endet die Straße durch die Schlucht von

In der Gorges du Cians.

Cians, der wir an dieser Stelle noch einen Besuch abstatten wollen. Besonders reizvoll sind die Abschnitte rund um den Grande und Petite Clue. Hinter dem Tunnel vom Petite Clue sind sogar einige Parkplätze eingerichtet. Wenn Ihr Fahrzeug nicht allzu groß ist und Sie Glück haben, können Sie es dort abstellen und die Felsen etwas näher in Augenschein nehmen.

Nun aber weiter nach **Roubion**. Wie ein Adlerhorst klebt das mittelalterliche Städtchen auf einer Klippe über steil abfallenden Felsen. Reste einer Burg zeugen auch hier von den kriegerischen Auseinandersetzungen zwischen Frankreich und Savoyen.

Das Bergstädtchen Roubion.

(163) Offizieller WOMO-Stellplatz: Roubion – Aire d'Accueil de Camping-Cars

GPS: N44°05'02.5" E7°02'34.2", (1413m); Clogaglia, 06420 Roubion.

Max. WOMOs: 12, max. Länge 8 m. **Öffnungszeit:** Ganzjährig, maximale Aufenthaltsdauer 5 Tage.
Ausstattung: Wasserver- und Abwasserentsorgung mit Bodeneinlass, WC-Kassettenentleerung, Müllentsorgung.
Beschreibung: Asphaltierter, schattenloser Platz am Rande eines Skigebietes.
Preise: Kostenlos.
Zufahrt: Ca. 11 km hinter dem Skiort Beuil in einer Spitzkehre auf der M30 rechts abbiegen, dann links halten, 500 Meter bis zum Ziel. Der Stellplatz befindet sich hinter einem PKW-Parkplatz.

Bemalte Tür in Roubion.

Hauptattraktion sind die schmalen Gassen des Ortes, in denen sich zahlreiche bemalte Türen und Fensterläden bewundern lassen. Sie geben einen Einblick in das Leben vergangener Zeiten und machen den Gang über die vielen Treppen und Stufen sehr kurzweilig. Vom Stellplatz bis in die Ortsmitte ist ein Weg von rund 1,5 Kilometern zurückzulegen. Den größten Teil dieser Strecke geht es auf einem Fußweg durch Buschwerk. Der Weg führt auch an der verschlossenen **Chapelle Saint-Sébastien** vorbei, die von außen betrachtet wie eine steinerne Hütte wirkt. Wer sich die Wandmalereien eines unbekannten Künstlers im Inneren der Kapelle ansehen will, der muss sich vorher den Schlüssel vom Office de Tourisme holen.

Restaurant in Stellplatznähe bei Roubion.

Vom Stellplatz lassen sich darüber hinaus zahlreiche Wanderungen in die umliegende Bergwelt unternehmen. Natürlich fehlen auch hier die VTT-

Strecken nicht. Nähere Informationen gibt es dazu etwas oberhalb des Platzes auf einer großen Tafel oder auch hier www.roubion.com/rando. Wer sich die Tafel anschaut, kommt an dem kleinen Restaurant vorbei, das Sie unten links abgebildet sehen.

Heftig rauf und runter geht es die nächsten 44 Kilometer auf der M30, der M2205 und der M2565 weiter. Zunächst rollen wir hinunter in das Tal der Tinée. Besonders auf dieser Strecke sind Ihre Fahrkünste gefragt, denn es ist zuweilen so eng, dass zwei Fahrzeuge nicht aneinander vorbeikommen. Dann heißt es, zurücksetzen zur nächsten Ausweichstelle, wenn es der Fahrer oder die Fahrerin des entgegenkommenden Fahrzeuges nicht macht. Kompliziert wird es, wenn viele und vor

Blick von der M2565 in das Tal der Tinée.

allem große Fahrzeuge unterwegs sind. Also Vorsicht bei dieser Strecke! Unten in **Saint-Sauveur-sur-Tinée** angekommen, geht es dann gleich wieder hoch nach Saint Dalmas und von dort runter nach **Saint-Martin-Vésubie**.

Das Rathaus von Saint-Martin-Vésubie.

Der Besuch hier fällt kurz aus. Der pittoreske mittelalterliche Kern des Ortes hinter dem Rathaus ist klein, die Hauptgasse, die hindurchführt, sehr schmal. Wir sind hauptsächlich hergefahren, um die Versorgungsstation anzuschauen und abzulichten, denn unser eigentliches Ziel ist der Wolfspark Alpha, der neun Kilometer weiter nördlich liegt. Da man zwischendurch immer wieder die Ver- und Entsorgung erledigen muss, wollen wir hier den Hinweis auf diesen Platz geben. Übernachten würden wir hier nicht, da gibt es oben am Wolfspark schönere Plätze, die wir Ihnen empfehlen können. Die Übernachtung bei den Wölfen ist unproblematisch.

(164) Offizieller WOMO-Stellplatz: Saint-Martin-Vésubie – Parking du Touron

GPS: N44°03'38.5" E7°15'35.0", (919m); 548 Route de Nice, 06450 Saint-Martin-Vésubie. **Max. WOMOs:** 6, max. Länge 8 m. **Öffnungszeit:** Ganzjährig, maximale Aufenthaltsdauer 5 Tage.

Ausstattung: Wasserver- und Abwasserentsorgung mit Bodeneinlass, WC-Kassettenentleerung, Müllentsorgung, WC.
Beschreibung: Asphaltierter Platz am Ortsrand zwischen einem Sägewerk und der stark befahrenen Straße nach Nizza.
Preise: Kostenlos, Frischwasser 2,00 €, erhältlich nur mit EC-Karte und PIN oder VISA-Karte.
Zufahrt: Über die M2565 in Richtung Nizza. Etwa 1,5 Kilometer vom Stadtzentrum entfernt.

Wir bewegen uns jetzt zum **Wolfspark**, der einfach zu finden ist und acht Kilometer von Saint-Martin-Vésubie entfernt liegt. Folgen Sie den Hinweisschildern an der Straße mit der Aufschrift 'alpha' oder tippen Sie einfach die GPS-Koordinaten dieses Stellplatzes in Ihr Navi ein.

(165) WOMO-Stellplatz: Saint-Martin-Vésubie – Alpha, Lac du Boreon

GPS: N44°06'38.2" E7°17'58.2", (1559m); D189, 06450 Saint-Martin-Vésubie. **Max. WOMOs:** 4, max. Länge 9 m. **Öffnungszeit:** Ganzjährig.

Ausstattung: Keine.
Beschreibung: Befestigter, schattiger Platz im Wald, in unmittelbarer Nähe des Eingangs zum Wolfspark. Nachts sehr ruhig. Gelegentlich ist Wolfsgeheul vernehmbar. Am Lac du Boreon gibt es zwei Restaurants mit Außenterrassen und Blick auf den See.
Preise: Kostenlos.
Zufahrt: Über die D189. Fahren Sie, nachdem Sie den Lac du Boreon passiert haben, noch etwa einen Kilometer weiter.

Dieser Platz ist dem Eingang am nächsten, ein weiterer Platz befindet sich etwas weiter hangaufwärts.

Der Ticketschalter für den Wolfspark mit einem darüberliegenden Restaurant und einem Souvenirshop befindet sich kurz hinter dem Lac du Boréon. Der Eintritt kostet 12,00 € p.P. für den Erwachsenen, 10,00 € pro Kind unter 12 Jahren. Für Kleinkinder unter 4 Jahren muss kein Eintritt entrichtet werden. Weitere Informationen gibt es hier www.alpha-loup.com.

Wölfe, Hunde und der Parc Alpha

Wer kennt sie nicht, die Geschichte vom Rotkäppchen und dem Wolf? Von frühesten Kindesbeinen an wachsen wir damit auf, einen Wolf als "böse" anzusehen. Kaum ein Tier polarisiert so stark wie der Wolf. Seit seiner Rückkehr in die Wälder Mittel- und Südeuropas streiten sich Gegner und Freunde des Isegrims bis aufs Blut. Eine sachliche Diskussion ist da oft nicht möglich, bei dem Gesprächsthema kochen einfach nur die Emotionen hoch. Das ist hier im Mercantour, wo der Wolf beiderseits der französisch-italienischen Grenze schon längst wieder heimisch geworden ist, nicht anders als bei uns im Schwarzwald oder anderen Regionen Deutschlands. Die Angst vor diesem Tier ist in unseren Seelen tief verwurzelt. Der Wolfspark alpha versucht, dem entgegenzuwirken.

Aufmerksamer, beobachtender Blick.

Zum Sprung bereit.

Das ist gar nicht so einfach, denn macht man es artgerecht, müssten die Gehege sehr viel größer sein, als sie es hier sind. Größere Gehege bedeuten aber, dass die Tiere sich verstecken und man sie nur zu den Fütterungszeiten beobachten kann. Denn die Tiere wollen mit dem Menschen eigentlich nichts zu tun haben. Hier, so erscheint es uns, hat man versucht, einen Mittelweg zu finden. Man kann sie von verschiedenen Beobachtungsstationen im Wald oder auf Lichtungen erkennen. Sehr aktiv sind die Wölfe nicht, sie dösen in der Sonne oder liegen im Schatten. Was sollen sie auch sonst tun, auf die Jagd gehen müssen sie nicht, denn jedes der drei Rudel bekommt pünktlich seine Fleischration für den Tag zugeteilt. Vor den Fütterungszeiten kommt dann ein wenig Bewegung in die Meute, denn längst haben sie sich so an die Zeiten gewöhnt, dass ihnen die innere Uhr sagt, wann die nächste Ladung Frischfleisch kommen wird. Dies kann nur regelmäßig erfolgen, weil dies eine der Hauptattraktionen für die Besucher ist und man diese

Isegrim auf der Pirsch.

natürlich mit Publikationen entsprechend bekannt gemacht hat. Die Fütterung kann man aus einem Raum hinter Sicherheitsglas beobachten. Unter großen Ooohhs und Aaaahs staunen die Kinder und die Kameras der Eltern klicken unaufhörlich. Nach kurzer Zeit ist die Aktion vorbei und die Wölfe trollen sich zum Verdauungsschlaf in den Wald zurück.

In der freien Wildbahn ist das bekanntlich gänzlich anders. Hier muss der Wolf um seine Nahrung kämpfen. Er tut das im Rudel und das sucht sich das Tier aus, was am besten zu fangen ist. Krankes oder altes Wild ist relativ einfach zu erlegen. Natürlich darf es auch gern einmal ein Schaf oder Lamm aus einer Herde sein, wenn sie nicht abgesichert umherlaufen. Nach dem darwinschen Prinzip des "Survival of the Fittest" hat der Wolf dabei eine wesentliche ökologische Funktion. Dass diese Tiere nicht nur hochintelligent, sondern auch ausgesprochen soziale Wesen sind, können Sie auch an ihren Abkömmlingen, den Hunden, erkennen. Welches andere Tier schafft es schon, in so einer vielfältigen Form dem Menschen zu dienen? War er zunächst nur Jagdbegleiter und Helfer, spürt er heute verschüttete Personen auf, führt blinde Menschen, erschnüffelt Rauschgift oder lindert als Therapiehund menschliche Not. Ganz nebenbei ist er als Familienhund auch noch ein geselliger Kumpel. Alles nicht denkbar ohne seinen Vorfahren, dem Wolf.

Wir sollten aus Respekt vor der Natur die Wölfe in freier Wildbahn erhalten, sagen die einen. Andere sehen in ihnen nach wie vor gefährliche Raubtiere, die hohe wirtschaftliche Schäden anrichten und deshalb gejagt werden sollten.

Nicht unerwähnt lassen wollen wir, dass es hier in der Umgebung des Parkes eine ganze Reihe von Wanderwegen gibt, die Sie ganz gefahrlos gehen können, ohne Angst haben zu müssen, einem Wolf zu begegnen. Die **Refuge Cougourde** wäre ein Ziel. Dafür benötigen Sie rund vier Stunden. Die Wanderung lässt sich verbinden mit einem Besuch des malerischen Bergsees **Lac de Trécolpas**. Eine Ausschilderung der Routen finden Sie vor Ort, wenn Sie den folgenden Wanderparkplatz anfahren.

(166) WOMO-Stellplatz: Saint-Martin-Vésubie – Cabanes Perchées

GPS: N44°06'35.9" E7°18'26.9" (1613m); D189, 06450 Saint-Martin-Vésubie. **Max. WOMOs:** 4, max. Länge 9 m. **Öffnungszeit:** Ganzjährig.
Ausstattung: Keine
Beschreibung: Befestigter, schattiger Wanderparkplatz am Waldrand in unmittelbarer Nähe des Restaurants L'Alpage.
Preise: Kostenlos.
Zufahrt: Über die D189, ca. zwei Kilometer hinter dem Lac du Boreon.

Wir treten die Rückreise an. Zunächst geht es zurück nach Saint Sauveur-sur Tinée. Den Ort durchfahren wir und halten uns kurz hinter dem Ortsende bei der Gabelung der Straße rechts in Richtung Isola 2000 und Col de la Bonette. Von der Gabelung bis nach Isola 2000 sind es 14 Kilometer. Hier wird auf einem neu angelegten Stellplatz die Möglichkeit einer Ver- und Entsorgung angeboten, die Sie vielleicht nutzen sollten, denn bei der nächsten Möglichkeit im 14 Kilometer entfernt liegenden Saint-Étienne-de-Tinée sind Sie abhängig von den Öffnungszeiten des Freizeitparks. Im weiteren Verlauf unserer Route gibt es danach über viele Kilometer keine weiteren Einrichtungen.

(167) Offizieller WOMO-Stellplatz: Isola – Aire Camping-Car Park

GPS/Kontakt: N44°11'16.3" E7°02'36.7", (880m); M2205, 06420 Isola. E-Mail: contact@campingcarpark.com, Web: www.campingcarpark.com.
Max. WOMOs: 52, max. Länge 12 m. **Öffnungszeit:** Ganzjährig.
Ausstattung: Wasserver- und Abwasserentsorgung mit Bodeneinlass, WC-Kassettenentleerung, Stromanschlüsse, Müllentsorgung, WC.

Beschreibung: Mischung aus asphaltierten und geschotterten Stellflächen am Ortsrand, teilweise schattig, teilweise mit Hecken abgegrenzt. Der Platz gehört zur CAMPING-CAR PARK-Kette, für deren Nutzung eine spezielle Karte benötigt wird (siehe Seite 368). Eine Reservierung über die Webseite ist möglich.
Preise: Abhängig von der Saison zwischen 13,80 und 15,50 €, inkl. Ver- und Entsorgung. Kurzaufenthalt von max. 5 Stunden inkl. Ver- und Entsorgung für 5,50 € möglich.
Zufahrt: Direkt an der M2205 in Richtung Saint-Étienne-de-Tinée und Col de la Bonette.

In der Innenstadt von Saint-Étienne-de-Tinée.

Glockenturm der Église Saint-Étienne.

Schon aus großer Entfernung sieht man **Saint-Étienne-de-Tinée** in der grünen Tallandschaft der oberen Tinée liegen. Von der mittelalterlichen Stadt ist nichts mehr zu sehen. Was die zahlreichen Kriege zwischen Frankreich und Savoyen nicht zerstörten, schaffte eine verheerende Feuersbrunst im Jahr 1929, die nur der Glockenturm der Église Saint-Étienne überstand. Dieser romanische Turm mit seiner oktogonalen Spitze im lombardischen Stil ist gleichzeitig die Hauptsehenswürdigkeit des Ortes. Mit der Station Auron, seinen Bettenburgen und Skiliften ist die Gemeinde in erster Linie ein Ort des Wintersports. Für die Sommergäste wird auch einiges bereitgehalten, aber längst nicht in der Spannbreite, die wir in Valberg gesehen haben. Neben dem kleinen Badesee und den auch hier vorhandenen VTT-Strecken, liegt der Schwerpunkt auf Wanderangeboten. Hauptattraktion sind dabei die

Wege zu den Seen Lacs de Vens und Lac de Rabuons, Wanderungen, die durch die fantastische Gebirgslandschaft im Nationalpark Mercantour fast bis an die Grenze nach Italien führen. Nähere Informationen und Karten dazu gibt es im Office de Tourisme in der Nähe der Kirche. Wir werden uns bei einem der nächsten Besuche eine dieser Wanderungen vornehmen. Die Bilder, die man hier sehen kann, sind doch einfach zu verlockend www.altituderando.com/Les-lacs-de-Vens-2380m-par-le-col.

Für den Besuch von Saint-Étienne stehen zwei Stellplätze zur Verfügung, die wir nun kurz vorstellen wollen.

(168) Offizieller WOMO-Stellplatz: St-Étienne-de-Tinée – Parking du Chambot

GPS: N44°15'19.8" E6°55'39.0", (1142m); 06660 Saint-Étienne-de-Tinée. **Max. WOMOs:** 10, max. Länge 10 m. **Öffnungszeit:** Ganzjährig, maximale Aufenthaltsdauer 7 Tage.

Ausstattung: Mülleimer, sonst nichts.

Beschreibung: Schattenlose Grasplätze am Ufer der Tinée, groß genug, um die Markise auszufahren und Tisch und Stühle herauszustellen.

Preise: Kostenlos.

Zufahrt: Nachdem der Ort erreicht ist, gegenüber der Apotheke rechts abfahren in Richtung Parkplatz Centre Ville, vor der Kirche rechts abbiegen und bis zu einem Kreisverkehr weiterfahren, dort die zweite Ausfahrt nehmen, dann sind es noch ca. 250 Meter.

(169) Offizieller WOMO-Stellplatz: St-Étienne-de-Tinée – Aire de Camping-Car Plan d'Eau

GPS/Kontakt: N44°15'30.8" E6°55'23.7", (1156m); Cartel, 06660 Saint-Étienne-de-Tinée. Web: http://campingduplandeau.com. **Max. WOMOs:** 6, max. Länge 8 m. **Öffnungszeit:** Vom 1.6. - 30.9., max. Aufenthaltsdauer 4 Tage.

Ausstattung: Wasserver- und Abwasserentsorgung mit Bodeneinlass, WC-Kassettenentleerung, Müllentsorgung, WC.

Beschreibung: Befestigte, mit Hecken voneinander getrennte, geschotterte Plätze am Ortsrand neben dem Zugang zur Freizeitanlage Petit Bois des Lutins. Die Anlage gehört zu dem gegenüberliegenden Campingplatz. Dort sind auch die Gebühren zu entrichten.

Preise: 8,40 € pro Fahrzeug mit 2 Personen (inkl. Kurtaxe), Frischwasser 3,00 €, Strom 3,00 €.

Zufahrt: Den Ort in Richtung Col de la Bonette durchfahren und kurz vor der Brücke über die Tinée links abbiegen.

Wir machen uns nunmehr auf den Weg zum höchsten Punkt dieser Reise, den wir mit dem WOMO erreichen können, dem 2802 Meter hohen **Col de la Bonette**.

Da ist genug Platz, um bequem aneinander vorbeizukommen.

Von Saint-Étienne-de-Tinée haben wir dazu 25 Kilometer zurückzulegen und werden dabei einen Höhenunterschied von 1652 Metern überwinden! Diese Straße ist in unseren Augen um ein Vielfaches spektakulärer als die etwas weiter westlich, quasi parallel verlaufende Route des Grandes Alpes über den Col de la Cayolle. Für uns WOMO-Fahrer ist noch zu erwähnen, dass diese Straße problemlos zu fahren ist. Sie ist so breit, dass entgegenkommende Fahrzeuge kein Problem darstellen. Die Kehren der Serpentinen haben so große Radien, dass ein Rangieren in der Kurve, wie wir das an anderen Stellen schon beschrieben haben, nirgendwo notwendig ist.

Das Camp des Fourches.

Wie so oft, haben Pässe eine besondere strategische Bedeutung, und so ist es auch hier. Schon die spanischen Truppen überquerten diesen Pass im österreichischen Erbfolgekrieg 1740 – 1748. Sichtbar sind auch Ruinen neuerer militärischer Anlagen. Wir durchfahren die Ruinen des Camp des

Fourches, in dem einst ein renommiertes Korps der französischen Armee seinen Dienst versah. Der Bau dieser Anlage wurde 1896 abgeschlossen und bestand aus 26 Baracken. Sie war für etwa 1000 Mann ausgelegt, die für längere Zeit ohne Verbindung zur Außenwelt bleiben konnten.

Nach dem Ende der Nutzung durch das französische Militär waren die Gebäude dem Verfall preisgegeben. In jüngerer Zeit wurde damit begonnen, wenigstens durch Dächer die noch erhaltenswürdigen Mauern einiger Gebäude zu sichern. Die Ruinen sind teilweise begehbar. Zu sehen gibt es Wandmalereien von Soldaten. Eine dieser verwitterten, aber noch gut erkennbaren Bilder stellt Josephine Baker mit ihrem Bananenrock dar.

Weitere Ruinen militärischer Anlagen sehen Sie am **Restefonds**, vier Kilometer unterhalb des Col de la Bonette.

Vom Camp des Fourches bis zu dem höchsten befahrbaren Punkt der Alpen sind es noch acht Kilometer. Wenn Sie sich ihm nähern, wird die Aussicht immer atemberaubender. Kurz vor dem Erreichen der Passhöhe wird eine Abkürzung nach Jausiers unten im Tal der Ubaye angeboten. Fahren Sie daran vorbei. Auch wenn Sie glauben, dass eine Steigerung der Aussicht nicht mehr möglich ist, so werden Sie die weiteren zwei Kilometer für die Umrundung des **Cime de la Bonette** sicher nicht bereuen und die Aussicht garantiert nicht vergessen. Es gibt zwar keinen großen Parkplatz an dieser Stelle, aber genug Platz, um am Straßenrand zu parken und vielleicht über den kurzen Fußweg von 500 Metern noch einmal 58 Meter höher zu gehen, um sich anhand der dort installierten Orientierungstafel einen Überblick zu verschaffen. Der Blick über die Südalpen und in die Täler ist einfach fabelhaft, wie Sie auf der folgenden Seite sehen werden. Ganz sicher

Der Menhir am höchsten Punkt des Col de la Bonette trägt eine Tafel mit Daten zur Geschichte des Passes.

und im wahrsten Sinne des Wortes treffend, einer der Höhepunkte unserer Reise.

Jeder, der diesen Pass aufsucht, wird hier auch anhalten. Einfach drum herumfahren und den Weg weiter fortsetzen, das macht man vielleicht bei regnerischem Wetter oder wenn er in Wolken gehüllt ist, was natürlich auch vorkommen kann, wenn man Pech hat.

Radler steigen ab, müssen verschnaufen. Hier hochzustrampeln ist sicher sehr anstrengend, alle Achtung! Das nötigt Respekt ab. Motorradfahrer haben es da einfacher. Auch sie versammeln sich hier. Unzählige Selfies werden gemacht und ein paar WOMOs werden eingerahmt von schicken Cabrios. Ja, es kann schon eng werden. Wer hierher fährt, hat es nicht eilig. Hier wird geplauscht und es werden Erfahrungen ausgetauscht. Wer schnell wieder runter muss, der nimmt ohnehin die Abkürzung, den eigentlichen Pass, an dem wir vorbeigefahren sind. Verkehrstechnisch hat diese Straße keine besondere Bedeutung. Sie lockt in erster Linie die Touristen und wird dann und wann auch in die Tour de France eingebunden.

Wenn Sie im Winter unterwegs sind, haben Sie allerdings keine Chance, diesen Pass zu befahren. Er ist in der Regel nur zwischen Juni und Anfang Oktober geöffnet. Wenn Sie Glück haben und ihn Ende Juni schon passieren können, dann haben Sie die Möglichkeit, hier oben noch eine Schneeballschlacht zu machen oder einen Schneemann zu bauen.

Im Juli und August ist er stark frequentiert. Im September und Anfang Oktober, als diese Aufnahmen gemacht wurden, ist es ruhig hier oben.

Am Col de la Bonette.

Ewig wollen wir hier oben nicht stehen bleiben, den Ausblick von dieser höchsten befahrbaren Kurve Europas haben wir nun schon mehrfach genossen, diesmal bei besonders gutem Wetter, wie Sie auf dem Foto sehen können.

Für die nächste längere Pause bietet sich ein Bergsee acht Kilometer unterhalb des Col de la Bonette an. Wenn Sie diesen See, den **Lac des Eissauprés** erreicht haben, den Sie auf der folgenden Seite sehen, sind Sie schon fast 500 Meter tiefer. Schön liegt der See in der baumlosen Gebirgslandschaft. Eingerahmt von bizarren Felsen und Almwiesen, die von gurgelnden Bächen durchzogen sind. Ein klassisches Motiv für einen Landschaftsmaler. Der Platz ist ideal für ein Picknick, das sehen auch andere so. Im Sommer sind Sie hier nicht allein. Und wenn die Tische und Bänke schon belegt sind, dann nehmen Sie halt Ihre eigenen kurz raus, um am See einen Kaffee zu trinken oder eine Kleinigkeit zu essen.

Seien Sie nicht überrascht, wenn Sie dabei Besuch bekommen und Schafe neugierig schauen, ob es für sie nicht auch mal etwas anderes geben könnte als das trockene Gras der Almwiesen.

Wenn Sie mal wieder etwas anderes essen möchten als das, was Ihre Bordküche hergibt, dann fahren Sie 16 Kilometer weiter bis nach Jausiers. Hier finden sich im Ortskern und am Badesee der Freizeitanlage **Plan d'eau de Siguret** einige Restaurants. Praktischerweise können Sie direkt neben dem See der Freizeitanlage auf einem großen Parkplatz ungestört übernachten. Nachteil: Der Zugang zum See ist nur in den Sommermonaten möglich.

(170) WOMO-Stellplatz: Lac du Eissauprés

GPS: N44°20'34.0" E6°47'02.2", (2329m); Route du Col de Restefond, 04850 Jausiers. **Max. WOMOs:** 6, max. Länge 10 m.
Öffnungszeit: Abhängig von der Befahrbarkeit des Passes.
Ausstattung: Tische und Bänke.
Beschreibung: Geschotterter, schattenloser Platz direkt am Seeufer. Malerische Gebirgskulisse mit Bachläufen.
Preise: Kostenlos.
Zufahrt: Über die D64 von Jausiers (Ubaye-Tal) oder Col de la Bonette.

In **Jausiers** gibt es einen offiziellen Stellplatz mit einer Flot Bleu-Station an der Straße nach Barcelonnette. Diese Angaben **[171: N44°24'43.7" E6°43'44.9"]** führen Sie direkt dorthin. Für Übernachtungen wird er wegen der Lautstärke der vorbeiführenden Straße kaum genutzt. Die wesentliche bessere Alternative ist dieser Platz.

(172) WOMO-Stellplatz: Jausiers – Plan d'eau de Siguret

GPS: N44°25'25.8" E6°44'21.1" (1216m); Plan eau, 04850 Jausiers. **Max. WOMOs:** 10, max. Länge 10 m. **Öffnungszeit:** Ganzjährig.

Ausstattung: Keine.
Beschreibung: Geschotterter Platz, schattenlos, ohne Versorgungseinrichtungen am Ortsrand direkt neben dem Badesee.
Preise: Der Platz am Badesee ist kostenlos. Frischwasser und Kassettenentleerung an der Straße nach Barcelonnette kosten 3,00 €. Die Zahlung kann nur mit EC- Karte erfolgen.
Zufahrt: In Jausiers hineinfahren und kurz vor der Brücke über die Ubaye rechts abbiegen.

Jausiers ist der Geburtsort der Arnaud-Brüder, die in erheblichem Maß zu der Auswanderungswelle aus dem Ubaye-Tal nach Mexiko beigetragen haben (siehe Seite 243). Sie starteten mit ihren Handelsniederlassungen in Louisiana. Nach ihnen wurde Arnaudville benannt, eine kleine Gemeinde, mit der Jausiers heute noch eine Städtepartnerschaft unterhält.

Das **Château des Magnans** ist eines der Gebäude, mit denen die in Mexiko erfolgreichen Unternehmer ihren Reichtum in der Heimatstadt präsentierten. Heute ist hier ein Hotel untergebracht.

Château des Magnans in Jausiers.

Überraschend ist auch die **Église Saint Nicolas de Myre** in der Ortsmitte. Außen ist sie relativ schlicht, nur das Portal beeindruckt. Im Inneren entfaltet sie barocke Pracht. Zwar nicht so überladen, wie man das von anderen berühmten Barockkirchen kennt, aber doch überraschend vielfältig. Die zwischen 1681 und 1685 erbaute Kirche zählt zu den bedeutendsten Barockkirchen im Gebiet der oberen Durance.

Wir verlassen Jausiers und fahren weiter in nördliche Richtung. Coni lesen wir des Öfteren auf den Fahrtrichtungshinweisen. Das ist die französische und auch piemontesische Fassung von Cuneo, das im Piemont in Italien liegt. Wenn Sie denken, "Oh, Piemont ist eigentlich auch ein schönes Reiseziel, wenn wir hier schon so nah dran sind", dann empfehlen wir Ihnen den Band 73 aus der WOMO-Reihe. Dort finden Sie alles, was Sie als WOMO-Fahrer über das Piemont wissen müssen.

Kurz bevor sich die Straße in die Richtungen Cuneo und Col de Vars gabelt, befindet sich das **Fort de Tournoux** [GPS: N44°27'55.7" E6°45'14.4"]. Wir heben uns den Besuch für einen späteren Zeitpunkt auf. Interessant erscheint uns bei dieser sehr großen Anlage die Festungsgeschichte zu sein, die man hier über mehrere Jahrhunderte verfolgen kann, von Vauban bis zur Maginot-Linie. Mehr über das Fort erfahren Sie hier www.cheminsdememoire.gouv.fr/de/fort-de-tournoux. Wenn wir das sieben Kilometer entfernt liegende **Fort de Roche-la-Croix** dazunehmen, wäre das ein Programm für einen ganzen

Tag, das machen wir jetzt nicht. Im nächsten Kapitel haben wir mit Briançon schon eine der ganz großen und berühmten Festungsanlagen auf dem Programm. Wir fahren zum Col de Vars weiter und stellen unser WOMO auf der Passhöhe ab.

(173) WOMO-Stellplatz: Col de Vars

GPS: N44°32'20.9" E6°42'08.1", (2109m); D902, 05560 Vars.
Max. WOMOs: 6, max. Länge 10 m. **Öffnungszeit:** Abhängig von der Befahrbarkeit des Passes.

Ausstattung: Tische, Bänke, Bergrestaurant mit Außenterrasse, Mülleimer, WC.
Beschreibung: Geschotterte Stellflächen mit asphaltierten Zufahrten. Schattenlos. Zahlreiche Wandermöglichkeiten in die Bergwelt der Umgebung. Nachts sehr ruhig.
Preise: Kostenlos.
Zufahrt: Über D902. Passhöhe, zwischen Guillestre (Durance-Tal) und Jausiers (Ubaye-Tal).

Hier am Pass lassen sich zahlreiche Wanderungen unternehmen. Achten Sie dabei auf die Warntafeln, die darauf hinweisen, wie man sich idealerweise bei der Begegnung mit Schafherden und deren Hütehunden verhält. Den eigenen Hund hier frei laufen zu lassen, ist keine gute Idee. Man hört sie ja fast immer irgendwo schreien, die Murmeltiere, die im gesamten Alpenraum jenseits der Baumgrenze beheimatet sind. Hier scheint eine große Kolonie zu leben. Ihr Hund wäre vermutlich nicht mehr zu stoppen, würde er eine der vielen Fährten aufnehmen, die er mit seiner feinen Nase hinter jedem Stein findet.

Nicht immer gelingt es, die "Marmotte" zu fotografieren. Denn kaum hat man sich bewegt und die Kamera hochgenommen, ist der Nager auch schon laut schreiend wieder verschwunden. Die Laute, die diese putzigen Tierchen von sich geben, könnte man auch als Vogelschreie interpretieren. Beobachten kann man sie am besten morgens oder abends. Hitze mögen sie nicht und verkriechen sich tagsüber bei starker Sonneneinstrahlung in einem ihrer weitverzweigten Bauten. Hier hatten wir das Glück, relativ nah an den neugierigen kleinen Kerl ranzukommen. Mit dem Teleobjektiv kann dann auch mal so eine Aufnahme in freier Wildbahn gelingen.

Murmeltier am Col de Vars.

Wanderweg am Col de Vars.

Wenn es nicht gelingt, kann man sich immer noch mit einem Heidelbeer-Crêpe in dem kleinen Restaurant am Pass trösten. Schmeckt gut, achten Sie nur drauf, genug Bargeld dabei zu haben. Den hier können Sie mit der EC-Karte ausnahmsweise nicht bezahlen.

Für die nächste Ver- und Entsorgung steuern wir nun **Vars** an. Vom Pass hierher sind das nur fünf Kilometer.

(174) Offizieller WOMO-Stellplatz: Les Claux

GPS: N44°34'30.3" E6°40'39.6", (1896m); Allée Trub Charles, 05560 Vars.
Max. WOMOs: 20, max. Länge 12 m. **Öffnungszeit:** Ganzjährig, max. Aufenthaltsdauer 7 Tage.
Ausstattung: Wasserver- und Abwasserentsorgung mit Bodeneinlass (winterfest). WC-Kassettenentleerung, Müllentsorgung, WC.
Beschreibung: Geschotterter, schattenloser Platz am Ortsrand in der Nähe eines Skiliftes. Nachts sehr ruhig.

Preise: Die Nutzung des Platzes incl. Wasserver- und Abwasserentsorgung ist kostenlos. Stromversorgung 5,00 € für 3 Stunden, zahlbar mit Jetons, die es im Office de Tourisme in 500 Metern Entfernung zu kaufen gibt.
Zufahrt: Von der D902 in der Ortsmitte am Office de Tourisme links abfahren.

In dieser Gemeinde können Sie unter sehr vielen Wanderzielen, VTT-Strecken und vielem anderen wählen. Das Angebot ist vielfältig. Im Office de Tourisme liegen Informationen und Karten für Ihre Aktivitäten bereit. Vorab können Sie sich auch hier informieren www.vars.com/ete.

Um diese Tour abzuschließen, fahren wir nach Mont-Dauphin zurück, wo wir mit dieser Runde durch die Seealpen begonnen haben. Das sind rund 20 Kilometer.

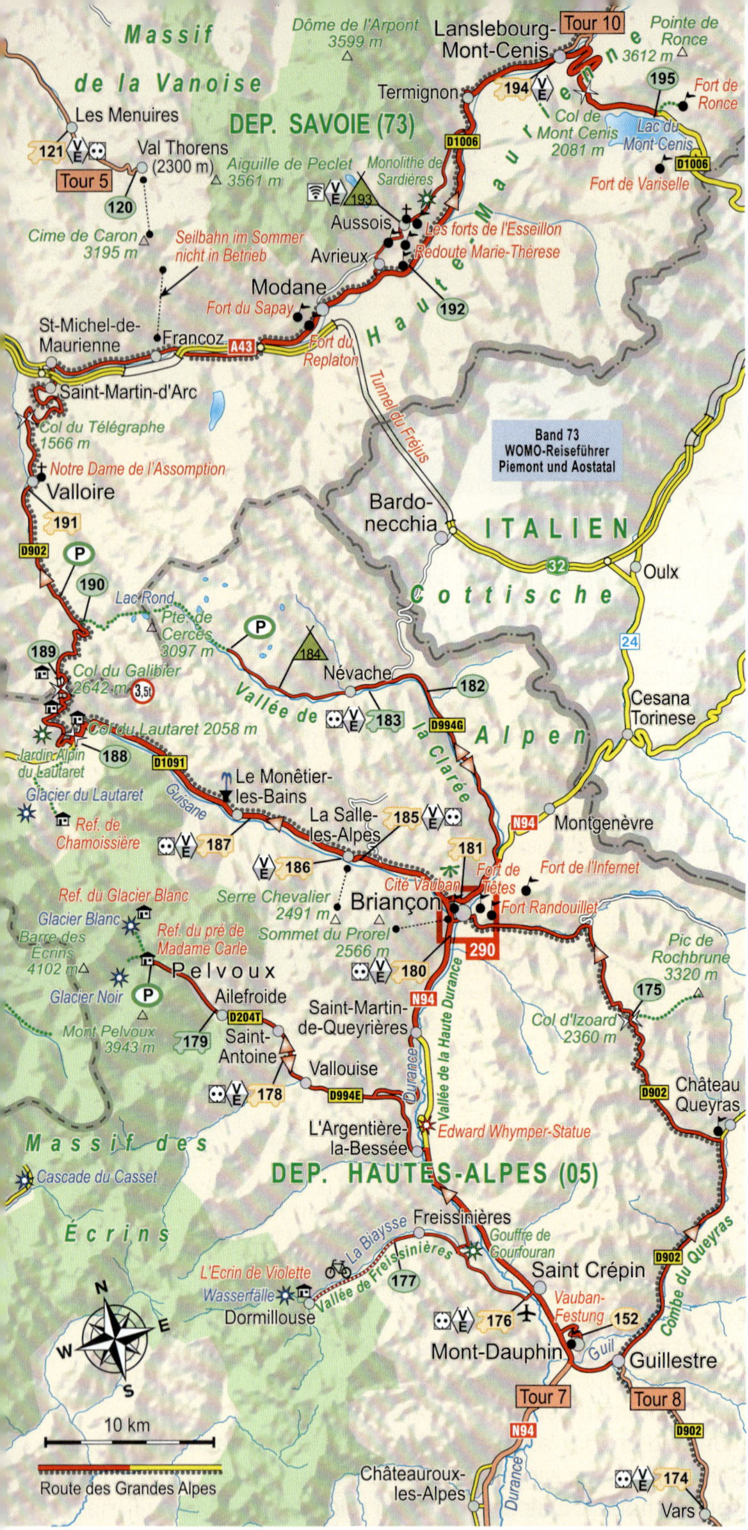
Massif de la Vanoise
DEP. SAVOIE (73)
Dôme de l'Arpont 3599 m
Lanslebourg-Mont-Cenis
Tour 10
Pointe de Ronce 3612 m
Fort de Ronce
Termignon
Col de Mont Cenis 2081 m
Lac du Mont Cenis
Fort de Variselle
Haute-Maurienne
Les Menuires
Val Thorens (2300 m)
Tour 5
Aiguille de Peclet 3561 m
Monolithe de Sardières
Aussois
Les forts de l'Esseillon
Redoute Marie-Thérese
Avrieux
Cime de Caron 3195 m
Seilbahn im Sommer nicht in Betrieb
Modane
Fort du Sapay
Fort du Replaton
St-Michel-de-Maurienne
Francoz
Saint-Martin-d'Arc
Tunnel du Fréjus
Col du Télégraphe 1566 m
Notre Dame de l'Assomption
Valloire
Band 73
WOMO-Reiseführer
Piemont und Aostatal
Bardonecchia
ITALIEN
Oulx
Cottische Alpen
Lac Rond
Pte. de Cerces 3097 m
Névache
Col du Galibier 2642 m
Vallée de la Clarée
Col du Lautaret 2058 m
Jardin Alpin du Lautaret
Glacier du Lautaret
Ref. de Chamoissière
Le Monêtier-les-Bains
Guisane
La Salle-les-Alpes
Cesana Torinese
Montgenèvre
Serre Chevalier 2491 m
Cité Vauban
Fort de Têtes
Fort de l'Infernet
Fort Randouillet
Briançon
Ref. du Glacier Blanc
Glacier Blanc
Barre des Ecrins 4102 m
Ref. du pré de Madame Carle
Sommet du Prorel 2566 m
Pelvoux
Glacier Noir
Ailefroide
Mont Pelvoux 3943 m
Saint-Antoine
Saint-Martin-de-Queyrières
Vallouise
Pic de Rochbrune 3320 m
Col d'Izoard 2360 m
Château Queyras
Durance
Vallée de la Haute Durance
L'Argentière-la-Bessée
Edward Whymper-Statue
Massif des Écrins
Cascade du Casset
DEP. HAUTES-ALPES (05)
Freissinières
La Biaysse
Vallée de Freissinières
Gouffre de Gourfouran
L'Ecrin de Violette
Wasserfälle
Dormillouse
Saint Crépin
Vauban-Festung
Combe du Queyras
Mont-Dauphin
Guil
Guillestre
Tour 7
Tour 8
Châteauroux-les-Alpes
Vars
10 km
Route des Grandes Alpes

TOUR 9 (280 bis 340 km)

Col d'Izoard – Saint Crepin – Freissinières – Vallouise – Pelvoux – Briançon – Névache – La Salle-les-Alpes – Le Monêtier-les-Bains – Col du Lautaret – Col du Galibier – Valloire – Col du Télégraphe – Modane – Aussois – Lanslebourg-Mont-Cenis – Lac du Mont Cenis.

Stellplätze:	Col d'Izoard, Saint Crepin, Freissinières, Vallouise, Pelvoux, Briançon, Névache, La Salle-les-Alpes, Le Monêtier-les-Bains, Col du Lautaret, Col du Galibier, Valloire, Aussois, Lanslebourg-Mont-Cenis, Lac du Mont Cenis.
Campingplätze:	Névache, Aussois.
Besichtigungen:	Briançon (Festungen), Col du Lautaret (Jardin Alpin), Aussois (Redoute Marie-Thérese und weitere Forts), Lac du Mont Cenis (Ancien Fort de Ronce).
Wandern/Radtour:	Col d'Izoard, Freissinières (Gouffre de Gourfouran, Wasserfälle bei Dormillouse), Pelvoux (Glacier Noire und Glacier Blanc), Névache (Vallée de la Clarée), Col du Lautaret, Aussois (Radtour zum Monolithe de Sardières), Lac du Mont Cenis (zum Fort de Ronce).
Baden/Wellness:	Pelvoux (Freibad), La Salle-les-Alpes (Badesee), Le Monêtier-les-Bains (Therme), Névache (im Fluss Clarée).

Festungen, Täler, Gletscher und Pässe bilden die Schwerpunkte in diesem Kapitel.

Von der Vauban-Festungsstadt Mont Dauphin geht es zunächst zum Col d'Izoard, den eine fantastische Berglandschaft umgibt. Die Alternativroute führt uns in das Vallée de Freissinières mit einer Schlucht und vielen Wasserfällen. Von dort geht es weiter in die Gletscherlandschaft des Nationalparks Écrins und danach in die malerische Festungsstadt Briançon. Mit dem Vallée de la Clarée besuchen wir anschließend eine verschwiegene und versteckt liegende Tallandschaft, bevor wir uns durch das Tal der Guisane zum Col du Lautaret und zum Col du Galibier vorarbeiten. Das sind Pässe, die oft im Zusammenhang mit der Tour de France genannt werden. Danach geht es hinunter in das Maurienne. Hier stehen zunächst wieder außerordentliche Festungsanlagen rund um Aussois im Mittelpunkt, um die herum eine große Freizeitanlage installiert wurde. Enden lassen wir diese Reise am Lac du Mont Cenis, kurz vor der Grenze zu Italien.

Am Col d'Izoard.

Für den weiteren Weg nach Briançon stehen zwei Wege zur Wahl. Der eine führt über die Route des Grandes Alpes und damit über den Col d'Izoard, der andere durch das Tal der Durance mit einem lohnenswerten Abstecher in das **Massif des Écrins**. Wir sind beide Routen gefahren, jede hat etwas für sich. Beginnen wir mit dem **Col d'Izoard**.

Von Mont-Dauphin geht es zunächst nach Guillestre. Dort treffen wir schon auf die Route des Grandes Alpes, deren Beschilderung wir folgen. Wir fahren die D902, die hier entlang des Guil verläuft, in Richtung Italien. Combe du Queyras heißt die Tallandschaft. Ein zweifellos schönes Tal, das wir nicht weiter beschreiben wollen. Irgendwann setzt ein Gewöhnungsprozess ein und der Anblick von markanten Felsvorsprüngen und engen Schluchten wird als "normal" empfunden. Der **Guil** wird hier gern für Wildwasserfahrten genutzt. Das machen wir nicht, aber falls es Sie interessiert, hier finden Sie nähere Informationen und Angebote www.queyraft.com. Kurz vor dem Ort Château Queyras (man kann das Fort

Die Casse Déserte.

schon in der Ferne erkennen), biegen wir links ab, bleiben dabei aber auf der D902. Nun geht es über 14 Kilometer 1000 Höhenmeter bergan bis zum 2360 Meter hohen Col d'Izoard. Verkehrstechnisch hat diese Straße nur eine geringe Bedeutung. Wer in dieser Region beruflich unterwegs ist, nimmt die weiter westlich gelegene und sehr viel breiter ausgebaute N94. Touristisch ist die D902 dafür von großer Bedeutung, schließlich zählt sie zu den höchsten Alpenpässen und ganz sicher auch zu den malerischsten, was in erster Linie an den Felsformationen und der Geröllwüste **Casse Déserte** in Passnähe liegt. Die einen gehen dieser sehr atypischen mineralischen Umgebung auf den Grund, die sich aus der Natur der vorhandenen Gesteine, den Cargneules, ergibt. Sie schauen in geologische Bücher und lesen, dass während der Alpenbildung die am Boden der Tethys liegenden Kalkschichten, die auf die Trias (250 Millionen Jahre) und die Kreidezeit (140 Millionen Jahre) zurückgehen, umgekehrt wurden. Diese Kalksteine wurden vor 40 Millionen Jahren übereinander geschoben und zermalmt, sodass diese unzerkleinerten und bröckeligen Gesteine entstanden. Das sulfatreiche Wasser löste dann die Trias-Kalksteine auf, und die Ionen in Lösung fielen aus, um einen Zement zu bilden, der diese Gesteine verfestigte. Härtere Gesteine hielten der Verwitterung stand und blieben in Form von Felsnadeln stehen. Für die anderen, die sich nicht so für die Geologie interessieren, ist dies nur

einfach eine fantastische Mondlandschaft, die es sich anzuschauen lohnt. Punkt. Dass der Hang immer noch in Bewegung ist, sieht man an den Spuren der Rutschungen am Rande der Straße, die sich insgesamt sehr gut befahren lässt und von vielen Rad-, Motorrad- und Cabriofahrern genutzt wird. Die Parkplätze am Straßenrand vor der Geröllwüste sind ausreichend groß dimensioniert. Da können Sie bequem mit dem WOMO halten. Hier [GPS: N44°48'27.4" E6°44'09.8"] oder 250 Meter weiter aufwärts finden Sie Platz. Übernachten können Sie in aller Ruhe in unmittelbarer Nähe des Monuments, das Sie sehen können, wenn Sie eine Seite zurückblättern. Wir standen hier mit zwei anderen Mobilen in himmlischer Ruhe [**175:** N44°49'10.6" E6°44'06.7"]. Etwas unterhalb des Platzes in Richtung Briançon befindet sich ein Restaurant, darauf sei noch hingewiesen. Wandermöglichkeiten gibt es hier oben einige. Zum Beispiel führt eine kurze zum **Col Perdu** auf 2490 Meter Höhe. Der Weg ist rund einen Kilometer lang. Ein längerer von rund fünf Kilometern führt in die Nähe des 3320 Meter hohen **Pic de Rochbrune**.

Mit dem WOMO geht es weiter auf der gut ausgebauten, sogar mit einer Fahrradspur versehenen Straße hinunter nach Briançon. Das sind rund 20 Kilometer.

Nun kehren wir erst einmal zurück nach Mont-Dauphin und widmen uns der zu Anfang genannten zweiten Variante, die nach Briançon führt.

Rund sechs Kilometer hinter Mont-Dauphin in Richtung Briançon liegt der Ort **Saint-Crépin**. Der Stellplatz des Ortes ist nicht schwer zu finden. Der Ort selbst hat nicht sonderlich viel zu bieten, was einen längeren Aufenthalt lohnenswert erscheinen lässt. Aber als Ausgangsort für Wanderungen oder Radtouren ist er optimal geeignet.

Der Flugplatz ist ein Standort der Luftrettung, dient Versorgungs- sowie Montageflügen und hat eine Flugschule aufzuweisen. Darüber hinaus werden individuelle Rundflüge angeboten. Wenn Sie also einmal in die Luft gehen möchten und sich die Alpen im näheren Umfeld aus der Vogelperspektive anschauen wollen, so können Sie das hier tun. Mehr erfahren Sie auf dieser Seite https://heli-max.fr.

Wir bleiben am Boden und gehen dennoch in die Höhe. Eine anstrengende Radtour führt hoch nach **Freissinières**, einem Bergdorf auf 1180 Metern Höhe. Rund zehn Kilometer sind auf der schmalen D38 zurückzulegen. Unterwegs kommen wir an der Schlucht **Gouffre de Gourfouran** vorbei, biegen dazu nach dem Kilometerstein 14 auf der D38 in den nächsten Feldweg rechts ab und erspähen die Schlucht nach wenigen Metern auf der linken Seite. Mit dem Fahrrad kommen

(176) Offizieller WOMO-Stellplatz: Saint-Crépin – Camping de l'Ile

GPS: N44°42'19.6" E6°36'06.3", (906m); D138, 05600 Saint-Crépin.
Max. WOMOs: >10, max. Länge >10 m. **Öffnungszeit:** Mai – September.
Ausstattung: Wasserver- und Abwasserentsorgung mit Bodeneinlass, WC-Kassettenentleerung, Müllentsorgung.
Beschreibung: Befestigter Platz am Ortsrand, an der Durance in der Nähe des Flugplatzes. Der Stellplatz gehört zum örtlichen Campingplatz. Die Preise beziehen sich auf den Wohnmobilstellplatz. Wer den Campingplatz nutzen will, zahlt höhere Preise. Die Ver- und Entsorgungsstation befindet sich außerhalb des Stellplatzgeländes und ist frei zugänglich.

Preise: 8,00 € pro Fahrzeug, Kurtaxe 0,60 € pro Person, Abwasserentsorgung, Frischwasser kostenlos, Strom 3,80 €, Hund 1,50 €.
Zufahrt: Im Kreisverkehr in der Ortslage von Saint-Crépin der Beschilderung "Aerodrome" folgen. Die Versorgungsstation kann angefahren werden, ohne sich auf den Stellplatz einzuquartieren. Einfach die schmale Brücke über die Durance nutzen und gleich danach links abbiegen.

wir nicht ganz ran, die letzten Meter gehen wir zu Fuß. Ein Aussichtspunkt mit einer Absperrung ist eingerichtet. Wenige Meter weiter ist der Blick in die Schlucht sogar noch besser. Ohne Absperrung wohlgemerkt, dort ist das nebenstehende Foto entstanden. Eine Tafel weist auf die nacheiszeitliche Entstehung dieser Schlucht hin, als die Gletscher im Durancetal wegschmolzen. Die Flüsse aus den Nebentälern passten sich mit immer höheren Fließgeschwindigkeiten dem Niveau der immer tiefer fließenden Durance an und gruben sich damit immer tiefer in das Gestein hinein, bis diese Schlucht entstanden

Gouffre de Gourfouran.

war. Ein Prozess, der über Jahrtausende verläuft und immer wieder denselben Vorgang beschreibt, auf den wir nun schon sehr oft in diesem Buch eingegangen sind. Dennoch ist es immer wieder spannend, wie unterschiedlich die Talformen bei den verschiedenen Gesteinsarten ausgeprägt sein können.

Den Feldweg zu dieser Schlucht nutzen auch Fahrer kleiner Wohnmobile und Kastenwagen. Wir haben hier einige hinter Büschen und Bäumen versteckt stehen sehen, die ganz unbehelligt gemütlich beim Frühstück draußen saßen. Auch so etwas gibt es noch. Das hat etwas Ursprüngliches und ist ganz anders als die wohlorganisierten Stellplätze, auf denen die Fahrzeuge in Reih und Glied stehen. Ähnlich ist es auch weiter flussaufwärts. Hier ist sogar ein etwas größerer Platz mit Grillstelle zu verzeichnen, den Sie mit diesen Koordinaten **[177:** N44°45'06.7" E6°31'31.0"**]** erreichen können. Doch Vorsicht ist geboten. Die Straße dorthin ist eng, besonders die Durchfahrten der kleinen Weiler auf dieser Strecke. Wir haben es ausprobiert. Dafür stehen Sie hier abgeschieden in aller Ruhe im **Vallée de Freissinières** am Ecrins Nationalpark.

Wanderparkplatz hinter Freissinières.

Einer der Wasserfälle bei Dormillouse.

Von diesem Wanderparkplatz sind es noch acht Kilometer entlang des rauschenden Gebirgsbaches Biaysse bis zum Weiler **Dormillouse**, einem Bergbauerndorf, das nur in den Sommermonaten bewohnt ist. Hier gibt es eine bewirtschaftete Hütte https://dormillouse.jimdofree.com und zahlreiche Wasserfälle und Kaskaden. Ein Beispiel sehen Sie unten links abgebildet. Wie weit Sie gehen, um diese zu erkunden, hängt – wie immer bei Bergwanderungen – von Ihrer Kondition ab.

Bevor wir nun zu den nächsten Stationen im Parc national des Écrins fahren, stellen wir ihn kurz vor.

Parc national des Écrins

Diesen Nationalpark gibt es seit 1973. Er umfasst eine Fläche von 918 Quadratkilometern und liegt auf Höhen zwischen 800 und 4102 Metern. Mehr als 100 Gipfel ragen über 3000 Meter hinaus und es sind rund 40 Gletscher zu verzeichnen, die eine Fläche von etwa 175 Quadratkilometer bedecken. 740 Kilometer Wanderwege können in diesem Nationalpark begangen werden. Sie führen auch an einigen Bergseen vorbei, die selbst im Sommer nicht auftauen. Größter See ist der reizvolle Lauvitel im Westen des Nationalparks, den wir in der Tour 6 bereits besucht haben (siehe Seite 198).

Edward Whymper-Statue in einer Haarnadelkurve an der N94.

Der erste, der den 4102 Meter hohen Barre des Écrins erklommen hat, war Edward Whymper (* 1840 in London; † 1911 in Chamonix), dem dies 1864 im Alter von 24 Jahren gelang. Er erlangte Berühmtheit durch die Erstbesteigung des Matterhorns, die leider einen tragischen Verlauf nahm. Ihm hat man dieses Denkmal gesetzt, das Sie auf dem Foto rechts sehen. Sein Blick richtet sich auf den bezwungenen Berg.

Wer sich auf die Wanderschaft in das Gebirgsmassiv begibt, dem stehen etwa 30 Berghütten zur Verfügung, die teilweise bewirtschaftet sind. Eine davon sahen wir gerade schon bei Dormillouse. Die Wegweisungen im Gebirge sind spärlich. Ganz anders als in anderen, tiefer gelegenen Wandergebieten, in denen man sich praktisch nicht verlaufen kann, wenn man in der Lage ist, Schilder richtig zu lesen. Hier im Nationalpark ist das anders. Ein gutes Orientierungsvermögen und ein vertrauter Umgang mit GPS-Gerät und/oder Wanderkarte sowie eine gute Kondition und körperliche Fitness sind Grundvoraussetzungen für eine Wanderung in das Innere dieser ausdrucksstarken, einmaligen Naturlandschaft.

Der Weg in den Nationalpark führt für die allermeisten Besucher über die Gemeinde Pelvoux, die sich unterhalb des 3943 Meter hohen gleichnamigen Berges befindet und nicht weit von der Barre des Écrins entfernt ist. Hier finden sich die meisten Infrastruktur-Einrichtungen für Camper, Wohnmobilisten und Bergsteiger und über diesen Ort ist der leichteste Zugang in dieses gewaltige Gebirgsmassiv zu verzeichnen. Die anderen Zugänge, die es im Westen und Süden gibt, sind beschwerlicher. Wenn Sie uns in der Tour 6 bis nach Saint-Christophe-en-Oisans (siehe Seite 201) gefolgt sind und sich auch durch das Vallée de Freissinières gewagt haben, werden Sie jetzt auf dem Weg nach Pelvoux den Unterschied selbst merken und verstehen, was wir meinen.

Fahren wir also mit dem WOMO weiter und orientieren uns in Richtung Briançon. In **l'Argentière-la-Bessée** geht es links ab nach Pelvoux. Der Stellplatz in diesem Ort ist nach zwölf Kilometern erreicht.

(178) Offizieller WOMO-Stellplatz: Pelvoux – Vallouise Station La Blanche

GPS: N44°51'56.9" E6°29'11.9", (1240m); Le Freissinet d'Aval, 05340 Pelvoux. **Max. WOMOs:** >10, max. Länge >10 m. **Öffnungszeit:** Juni – September.

Ausstattung: Wasserver- und Abwasserentsorgung mit Bodeneinlass, WC-Kassettenentleerung, Müllbehälter.

Beschreibung: Asphaltierte Stellflächen und Rasenplätze am Ufer der Gyr, am Fuße eines Skiliftes. Schwimmbad nebenan, Restaurants im historischen Kern von Vallouise. Der Ort ist in zwei Kilometern Entfernung über einen Wanderweg erreichbar.

Preise: Kostenlos, Frischwasser 2,00 €, Strom 2,00 €, max. Aufenthaltsdauer 3 Tage. Bezahlung mit EC-Karte.

Zufahrt: Der Platz liegt an einer Nebenstraße der D994E. In der Ortslage von Pelvoux-Vallouise der Beschilderung "Station La Blanche" folgen.

Das asphaltierte Areal ist einer dieser gemischten Plätze, die gleich mehrere Funktionen erfüllen. Festplatz, Lagerplatz, Parkplatz für das Freibad, Parkplatz der Seilbahnstation und anderes mehr. Das mag auf den ersten Blick erschreckend klingen, ist es aber nicht. Wer es ruhiger haben möchte, fährt auf die wenige Meter entfernten Rasenplätze, dort ist es um ein Vielfaches stiller. Es ist der Teilbereich eines Campingplatzes. Einen weiteren Stellplatz gibt es in Ailefroide.

(179) Offizieller WOMO-Stellplatz: Pelvoux – Camping Ailefroide

GPS/Kontakt: N44°53'24.5" E6°26'47.8", D204T, 05340 Pelvoux. E-Mail: campingailefroide@gmail.com, Web: https://ailefroide.fr. **Max. WOMOs:** >10, max. Länge >10 m.

Öffnungszeit: Mai - September.

Ausstattung: Mülleimer.

Beschreibung: Waldrand, freie Fläche hinter dem Weiler Ailefroide als Teilbereich des Campingplatzes. Der Campingplatz selbst ist für Wohnmobile wegen des Baumbestandes nur sehr begrenzt nutzbar.

Preise: 10,00€, zu zahlen an der Rezeption des Campingplatzes.

Zufahrt: Über die D204T.

Glacier Noir im Vordergrund, im Hintergrund die Barre des Écrins.

Der Wald rings um den Weiler ist praktisch mit Zelten übersät. Der Ort bildet das Basislager für Bergtouren zur Barre des Écrins und zum Mont Pelvoux sowie deren Gletscher. Er ist um ein Vielfaches stärker belebt, als der Ort La Bérarde auf der anderen Seite der Barre des Écrins, von dem wir Luftlinie nur 13 Kilometer entfernt sind (siehe Seite 201).

Der Wanderparkplatz [GPS: N44°54'59.0" E6°25'07.8"] am Fuße der Gletscher füllt sich morgens rasch, denn die Hütte **Pré de Madame Carle** ist der Startpunkt sowohl zum **Glacier Noir** wie zum **Glacier Blanc**.

Glacier Blanc und Glacier Noir – Gletscher im Écrins

Ganze Wandergruppen traben fröhlich in die Berge hinein. Es ist schon fast eine Wanderautobahn, die bei der Hütte Madame Carle beginnt. Die ersten Kilometer des Weges sind für Glacier Noir wie Glacier Blanc identisch, irgendwann weiter am Hang gabelt sich der Wanderpfad. Dort, wo wir gehen, stießen die beiden Gletscher einst zusammen und schoben sich gemeinsam ins Tal hinunter. Das war bis zum Ende der kleinen Eiszeit Mitte des vorletzten Jahrhunderts so. Mit der Erwärmung schrumpften sie und zogen sich kontinuierlich zurück.

Steinkraut am Wegesrand.

Die Mehrzahl der Wanderer zieht es zum Glacier Blanc, denn dort winkt am Ende des Weges die bewirtschaftete Hütte **Refuge du Glacier Blanc** https://refugeduglacierblanc.ffcam.fr. Nach 4,5 Kilometern und 700 Metern Höhenunterschied warten hier kühle Getränke, Kaffee und Kuchen, die mit dem Helikopter hierher transportiert werden. Wer weiter auf dem

Glacier Blanc im Massif des Écrins.

Weg zum Glacier Noir geht, hat nur einen schmalen, steinigen Weg auf einer Seitenmoräne vor sich und keine Aussicht auf einen leckeren Kuchen. Belohnt wird der anstrengende Ausflug mit einer schönen Sicht

Marmotte am Glacier Noir.

in das Tal und auf die Gletscher. Natürlich zeigen sich auch die putzigen Murmeltiere so dann und wann. Wenn Sie eine Weile still sitzen bleiben, schauen sie auch mal hinter einem Stein hervor. Die Wege zum Glacier Noir und Glacier Blanc sind etwa gleich lang. Hin und zurück benötigen Sie vom Wanderparkplatz drei Stunden, Ruhepausen nicht eingerechnet. Wer also richtig fit ist, macht beide Gletscher an einem Tag.

Seitenmoräne und der Abfluss des Torrent de Glacier Noir. In der Mitte des Bildes ist der Wanderparkplatz hinter einem Wäldchen erkennbar.

Nach diesen Naturerlebnissen besuchen wir mal wieder eine Stadt, und zwar die zweithöchste in Europa. Rang 1 der höchsten Städte belegt Davos in der Schweiz. **Briançon** dürfte aber wohl Rang 1 in der Zahl der Festungen innehaben. Diese Stadt zu finden ist nicht schwer, die Wegweisung an den Straßen ist eindeutig. Um das WOMO abzustellen, gibt es den großen Platz am Parc des Sports. Dort finden Sie ganz sicher eine Parkmöglichkeit. Der zweite Platz oben an der Cité Vauban ist deutlich kleiner und schnell belegt.

(180) Offizieller WOMO-Stellplatz: Briançon – Parc des Sports

GPS: N44°53'24.9" E6°37'47.2", (1201m); 26 Rue Georges Bermond-Gonnet, 05100 Briançon. **Max. WOMOs:** >10, max. Länge >10 m.

Öffnungszeit: Ganzjährig.
Ausstattung: Wasserver- und Abwasserentsorgung mit Bodeneinlass, WC-Kassettenentleerung, Müllentsorgung.
Beschreibung: Asphaltierter Platz, innerorts an der Durance, zwei Kilometer bis zur Altstadt. Diverse Sportstätten und ein Hallen- und Freibad in unmittelbarer Nähe. Nachts unruhig.
Preise: Kostenlos, Frischwasser 2,00 €, Strom 2,00 €, Entsorgung kostenlos.
Zufahrt: Der Platz liegt an einer Nebenstraße der D36B in Richtung Briançon.

(181) Offizieller WOMO-Stellplatz: Briançon – Parking du Champ de Mars

GPS: N44°54'04.9" E6°38'47.4", (1335m); Parking du Champ de Mars, 05100 Briançon. **Max. WOMOs:** 10, max. Länge 7 m.

Öffnungszeit: Ganzjährig.
Ausstattung: WC, Mülleimer.
Beschreibung: Sehr enge, asphaltierte Stellflächen am Rande eines PKW-Parkplatzes. 500 Meter bis zur Cité Vauban. Nachts unruhig. Restaurants sowie eine Boulangerie und eine Apotheke befinden sich in unmittelbarer Nähe an der Zufahrtsstraße zu diesem Parkplatz.
Preise: 2 Stunden 3,20 €, jede weitere Viertelstunde 0,40 €. Von 19:00 bis 09:00 Uhr kann kostenlos geparkt werden.
Zufahrt: Der Platz liegt an N94 in Richtung Turin (Italien). Wir empfehlen, nicht den kürzesten Weg zu diesem Stellplatz zu nehmen, den Ihr Navi vielleicht vorschlägt, sondern den längeren über die N94. Er lässt sich sehr viel angenehmer fahren als die kürzere Verbindung durch die Innenstadt.

Wenden wir uns nun der Festungsstadt zu. Unser Ausgangspunkt ist der Champ de Mars.

Briançon – die malerische Festungsstadt der Alpen

Strategisch sehr bedeutsam liegt die Stadt im Schnittpunkt der Täler von Guisane, Durance, Cerveyrette und Clarée. Der Pass Montgenèvre nach Italien liegt nur zwölf Kilometern entfernt. Die Via Domitia, eine wichtige Verbindung zwischen dem mittleren Rhonetal und der Po-Ebene, führte bereits über diesen Pass und machte Brigantium, wie die Römer diesen Ort nannten, zu einem wichtigen befestigten Stützpunkt in ihrem Reich.

In den folgenden Jahrhunderten wurde die Festungsstadt immer wieder umgebaut, erweitert und den jeweils geltenden militärischen Erfordernissen angepasst. Im Jahre 1692 brannte ein großer Teil der Stadt nieder. Da auch fast gleichzeitig die kriegerischen Auseinandersetzungen zwischen Frankreich und Savoyen zunahmen, beauftragte Ludwig XIV. seinen Festungsbaumeister Vauban (siehe Seite 232) die Stadt neu aufzubauen und zu befestigen. Hier hatte er eine ganze Menge zu tun.

Er ließ eine Sternschanze rings um die steilen Felswände der Stadt bauen und legte einen Ring kleinerer Forts zum Schutz der großen Festungsstadt an. Fort des Salettes plante er noch selbst, die anderen Forts entstanden zu späterer Zeit unter Ludwig XV. und weitere nach dem Deutsch-Französischen Krieg 1870/71. Fertiggestellt wurden die Briançon umgebenden Forts erst 1875. In der Summe lassen sich neben der Cité Vauban aufzählen: Fort des Salettes, Fort des Têtes, Fort du Randouillet, Fort de Granon, Fort de Janus, Fort l'Infernet und Fort du Gondran. Die Anlagen befinden sich alle östlich von Briançon in Richtung italienischer Grenze. Wir werden sie nicht alle besuchen, wir konzentrieren uns auf die Cité Vauban und auf die in Sichtweite der Cité liegenden Festungsanlagen, das ist mehr als genug. Seit 2008 gehören diese zum Welterbe der UNESCO.

Militärisch wurde die Stadt nie erobert. Sie wiederstand 1815 den Angriffen der zahlenmäßig größeren Truppen der österreichisch-sardischen Armee nach dem Sturz Napoleons ebenso erfolgreich, wie den italienischen Attacken im Jahre 1940. Die Stadt blieb auch nach dem

Briançon. Blick von Norden, links das Fort des Têtes, rechts die Cité Vauban und im Hintergrund der 2566 Meter hohe Mont Prorel.

Zweiten Weltkrieg ein Militärstützpunkt. Das Kasernengelände im Norden der Neustadt wurde jedoch vor geraumer Zeit aufgegeben und wird nun städtebaulich neu gestaltet.

Touristen besuchen natürlich die **Cité Vauban**, die von Festungsmauern eingefasste Altstadt, in deren Randbereichen es auch neuere Wohnbebauung gibt und die von Anwohnern und Behördenvertretern auch mit Fahrzeugen durchfahren werden kann. Um Ihnen die Orientierung zu erleichtern, haben wir einen Stadtplan hinzugefügt. Sie finden ihn auf den beiden folgenden Seiten.

Briançon, Porte de Pignerol.

Wenn Sie Ihr Fahrzeug auf einem der beiden genannten Stellplätze abgestellt haben, dann befinden Sie sich entweder in der linken unteren Ecke des Stadtplanes oder direkt oberhalb der Altstadt, die im Plan deutlich zu sehen ist. Wenn Sie am Parc des Sports Ihren Platz gefunden haben, sind es zu Fuß bis zur **Porte d'Embrun** rund zwei Kilometer (Höhenunterschied rund 100 Meter). Sie können an einer Industrieruine vorbeigehen und am Lac de la Schappe die Durance überqueren. Durch eine Grünanlage geht es dann weiter hoch, bis die Porte d'Embrun erreicht ist.

D1091
D402
N94
Hypermarché Géant
Route de Grenoble
Avenue du Professeur Forgues
Avenue du Lautaret
Avenue du Dauphiné
Chemin de la Tour
D902
Avenue du Général Barbot
Avenue de Provence
Guisane
Télécabine du Prorel
Avenue René Froger
Av. du 159e R.I.A.
Avenue de la République
Jardin de Rosenheim
Rue Centrale
Chemin Vieux
Av. M. Petsche
Avenue Maurice Petsche
Rue Alphand
Sainte-Catherine
Lac de Schap
Ruine
Durance
Rue de la Soie
Avenue du Col d'Izoard
Route de Puy-St-Pierre
Avenue Jean Moulin
Rue Pasteur
D136
(Cité Nouveau)
Route de Gap
D36B
Rue Georges Bermond Gonnet
Avenue Général de Gaulle
Rue des Toulouzannes
180
Gare SNCF
Parc des Sports

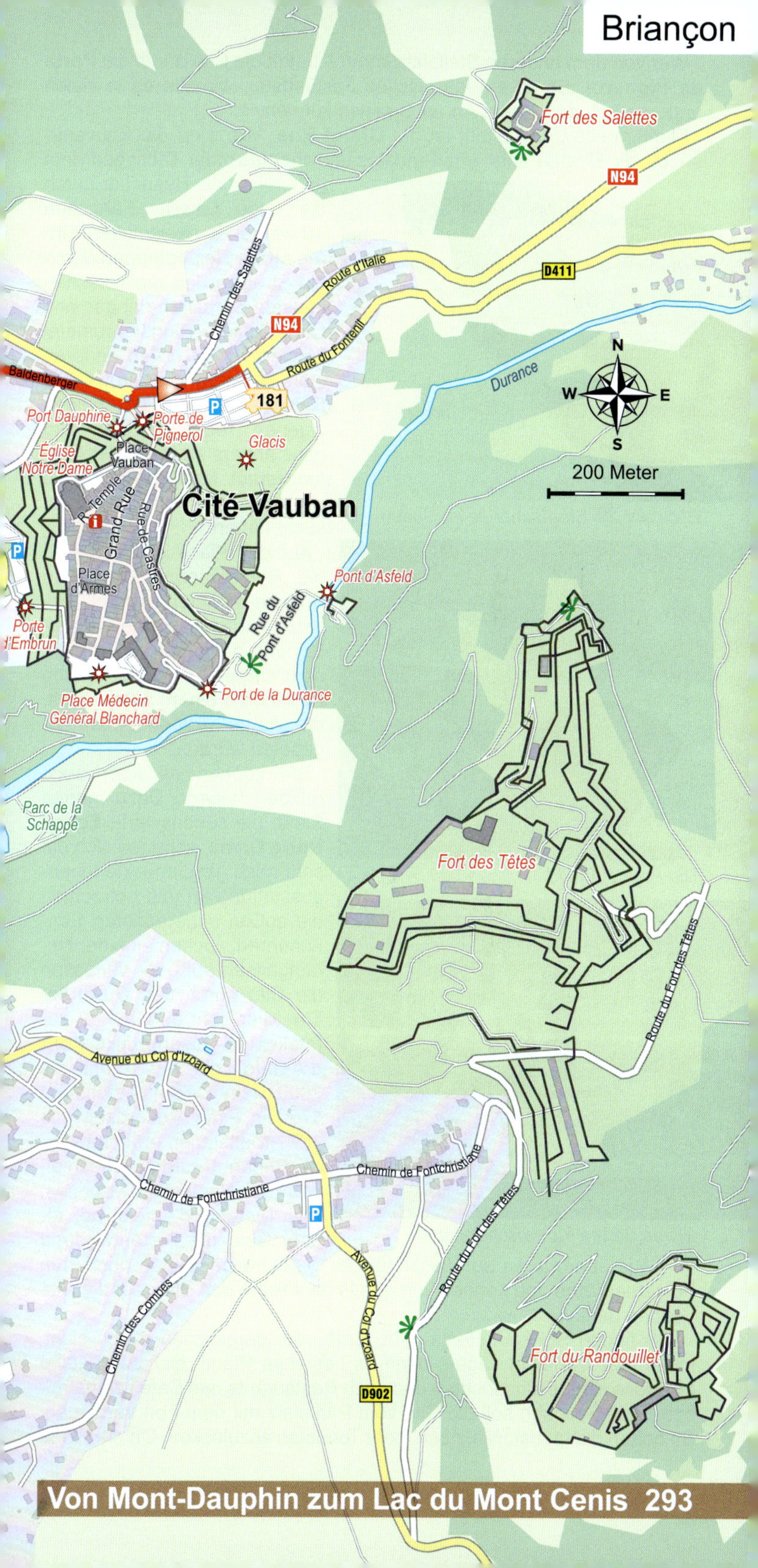

Fort des Salettes
N94
D411
Route d'Italie
Chemin des Salettes
Route du Fontenil
Baldenberger
181
Durance
N
W
E
S
200 Meter
Port Dauphine
Porte de Pignerol
Glacis
Église Notre-Dame
Place Vauban
R. Temple
Grand Rue
Rue de Castres
Cité Vauban
Place d'Armes
Porte d'Embrun
Pont d'Asfeld
Rue du Pont d'Asfeld
Port de la Durance
Place Médecin Général Blanchard
Parc de la Schappe
Fort des Têtes
Route du Fort des Têtes
Avenue du Col d'Izoard
Chemin de Fontchristiane
Chemin des Combes
D902
Fort du Randouillet

Wer von dem anderen Stellplatz kommt, betritt die Cité durch die **Porte de Pignerol**. Es ist ein klassisches Festungstor, wie Sie es in vielen anderen Anlagen dieser Art auch sehen können.

Flaniermeile der Altstadt ist die **Grand Rue**. Hier sind die Souvenirshops, die Restaurants, Straßencafés und anderes mehr. Dicht gedrängt gehen hier die Besucher durch die enge Gasse. Fähnchen schwingende Reiseleiter führen große Reisegruppen durch die Straßen und die verschiedensten Sprachen dringen ans Ohr. Diesen Touristenrummel kennen wir auch von anderen stark beworbenen "attraktiven" Reisezielen. Das hat seinen eigenen Reiz – es geht also ganz anders zu wie in der Festungsstadt Mont-Dauphin, die wir am Ende der Tour 7 besucht haben.

Blick auf die Sternschanze im Süden.

Die Pont d'Asfeld.

Etwas Süßes für zwischendurch.

Auf der Place d'Armes sind die Restaurantstühle in den Sommermonaten schnell besetzt. Manche warten vergeblich und begnügen sich mit einem 'crêpe au chocolat', einem Döner oder einem Stück Pizza, die alle im Straßenverkauf angeboten werden.

Sie können es aber auch ruhiger haben. Dazu gehen Sie in die sehenswerte **Église Notre Dame**, schauen sich die sehr reich geschmückte Innenausstattung an und betrachten die außen angebrachten Sonnenuhren, suchen eine der Nebengassen auf oder verlassen die Cité durch das **Durance-Tor**. Hier geht es hinunter zur markanten Bogenbrücke **Pont d'Asfeld,** die aus mehr als 2000 Steinblöcken besteht und 1730 in einer Rekordzeit von 127 Arbeitstagen errichtet wurde. Benannt wurde sie nach einem der Nachfolger Vaubans, dem Marquis d'Asfeld, der für den Bau die Verantwortung trug. Sie überqueren auf dieser Brücke die Durance, gehen hoch zum **Fort des Têtes** und können von dort in aller Ruhe den Blick auf die Cité Vauban genießen.

Hier finden Sie kein Restaurant, Café oder dergleichen. Noch nicht, muss man vielleicht sagen, denn es bestehen Pläne, hier zwei kleine luxuriöse Hotels einzurichten und auch Restaurants und Cafés zu betreiben. Eine Seilbahn soll die Cité vom Parkplatz mit dem Fort verbinden. So hoffen die Investoren, noch mehr Touristen anzulocken. Ob die Pläne

Die Place d'Armes.

tatsächlich umgesetzt werden, wissen wir nicht. Das wird die Zukunft zeigen. Nach letzten Zeitungsberichten konnte die Stadt mit potenziellen Geldgebern bislang keine Einigung erzielen und so verbleibt das Fort des Têtes erst einmal im Dornröschenschlaf und ist nur zu Fuß zu erreichen.

Fort des Salettes.

Während das Außengelände dieses Forts für den Besucher offen ist, können das Fort du Randouillet und das Fort des Salettes nur im Rahmen von Führungen besichtigt werden. Die Zeiten dazu erfahren Sie im Office de Tourisme www.serre-chevalier.com, das bei der Église Notre Dame zu finden ist. Dort erhalten Sie auch einen umfassenden Überblick zu den sportlichen und kulturellen Angeboten der Stadt.

Eines der Scharwachttürmchen (französisch: Échauguette) in der Cité Vauban.

Was auf dem Stadtplan nicht mehr abgebildet ist, wohl aber auf dem Foto eine Seite zuvor, ist das Gebirgsmassiv um den 2566 Meter hohen Mont Prorel. Mit der zweigeteilten Kabinenseilbahnanlage werden Sie schnell auf 2491 Meter Höhe gebracht. Sie haben einmal mehr ein sagenhaftes Alpenpanorama vor Augen und Briançon liegt Ihnen mit seinen Festungsanlagen als Miniaturlandschaft zu Füßen. Auch hier oben gibt es wieder das in den französischen Alpen so oft anzutreffende Freizeitangebot mit Ziplines, Mountain-Carts und VTT-Strecken. Sie finden die Talstation der Télécabine im Stadtplan verzeichnet.

Verlassen wir nun diese alte Festungsstadt und wenden uns beim nächsten Ziel dem krassen Gegenteil dessen zu, was wir soeben beschrieben haben.

Sie mögen es, ganz einsam an einem Bachufer zu stehen, ganz ungestört, niemand sonst weit und breit? Dann folgen Sie uns in das **Vallée de la Clarée**, ein verschwiegenes Tal in den Cottischen Alpen.

Wir verlassen Briançon in Richtung Italien. Schon nach drei Kilometern weisen große Schilder auf das Vallée de la Clarée hin. Hier biegen wir links ab und folgen der Straße nach **Névache**. Je weiter wir fahren, desto einsamer wird es. Bald ist von Dörfern und Gehöften nichts mehr zu sehen. Bergfichten und Lichtungen begleiten die Straße, die Hänge links und rechts im Hintergrund kommen näher und werden höher. Sie werden am Straßenrand hinter Büschen versteckt immer wieder Plätzchen entdecken, wo Sie einen geruhsamen Tag oder auch eine Nacht verbringen können. Dieser Platz ist ein Beispiel dafür **[182:** N45°00'49.0" E6°39'21.7"] .

Picknick im Valée de la Clarée.

Sie sind zwar nicht weit weg von der Straße, das stört aber nicht, denn erstens ist die Straße nicht sehr stark befahren und zweitens ist das Rauschen der Clarée lauter als die Geräusche der vorbeifahrenden Fahrzeuge. Die Büsche verdecken die Sicht und schaffen so eine Intimität. Natur pur und das mit dem Komfort eines Wohnmobils.

Beschaulich ist auch der Stellplatz in Névache nur zwei Kilometer weiter. Ein Naturcampingplatz, auf dem Wohnmobile, Zelte und Wohnwagen kreuz und quer durcheinander stehen. Auch dieser Platz liegt direkt an der Clarée und ist eines der Basislager für Wanderungen in das obere Tal des Flusses.

Naturlandschaft im Vallée de la Clarée.

Die Versorgungsmöglichkeiten im Dorf sind bescheiden. Es gibt nur einen Tante-Emma-Laden, der neben frischem Baguette regionale Produkte und Konserven anbietet. Wer

Bergbauerndorf Névache.

(183) Offizieller WOMO-Stellplatz:
Camping Municipal de Névache

GPS/Kontakt: N45°01'00.2" E6°37'53.7", (1587m); D994G, 05100 Névache. Web: www.nevache.fr/camping. **Max. WOMOs:** >10, max. Länge >10 m.

Öffnungszeit: Ende Mai – Ende September.
Ausstattung: Dusche, WC, Frischwasserver- und Abwasserentsorgung, Tische, Bänke, Mülleimer, Petanque-Spielfeld.
Beschreibung: Befestigter Naturplatz (Mischung aus Camping- und Wohnmobilstellplatz) am Ortsrand, direkt am Ufer der Clarée mit einigen kleinen Naturstränden. Versorgungsmöglichkeiten mit Lebensmitteln sind nicht weit entfernt.
Preise: 10,00 € für das Fahrzeug, 2,00 € pro erwachsene Person, Dusche 1,50 €, Strom 5,00 €, Frischwasser kostenlos.
Zufahrt: Der Platz liegt direkt an der D994G vor Névache, 14 Kilometer nach der Abfahrt von der N94.

früh auf den Beinen ist, kann die ersten elf Kilometer bis zu dem Wanderparkplatz, wo sich das Tal weitet und der Baumbestand immer geringer wird, noch mit dem WOMO fahren [GPS: N45°03'34.0" E6°31'34.1"]. Ab 8.00 Uhr morgens verhindert eine geschlossene Schranke den Zugang und man kann nur noch mit dem Pendelbus (Navette) den Wanderparkplatz erreichen, der 450 Meter höher liegt als der Ort selbst. Übernachten darf man auf dem Wanderparkplatz übrigens nicht. Im oberen Clarée-Tal locken eine Reihe Bergseen, die sich im Umkreis von vier bis sechs Kilometern vom Wanderparkplatz befinden und Anstiege zwischen 300 und 600 Meter erfordern.

Wer einen längeren Wanderurlaub in dieser Region ins Auge fasst, der kann sich als Alternative auch noch diesen Campingplatz **[184:** N45°02'02.4" E6°32'43.0"] anschauen. Er ist nur vom 1. Juni bis zum 30. September geöffnet. Mehr Informationen zu diesem Platz finden Sie hier www.camping-fontcouverte-nevache-alpes.com.

Oberes Vallée de la Clarée im Herbst.

Wir verabschieden uns von diesem schönen Tal und machen uns nunmehr auf den Weg zurück zur Route des Grandes Alpes. Der Col du Lautaret ist das nächste Ziel. Über Briançon geht die Fahrt nach **La Salle-les-Alpes**. Hier legen wir den ersten Zwischenstopp ein. Die Strecke mit dem WOMO misst 29 Kilometer. In der Luftlinie ist der Ort von Nevache nur neun Kilometer entfernt.

Konnten wir im letzten Ort nur reinen "Naturtourismus" mit Wanderungen erleben, lockt dieser Ort im Sommer mit allerlei Freizeiteinrichtungen. Badeseen, Hochseilgarten, Bungee-Springen, Wildwasserfahrten mit Kanu, Kajak oder Schlauchboot auf der Guisane. Das Angebot ist vielfältig. Zwei Stellplätze stehen zur Wahl. Einer befindet sich am Badesee, der andere in der Nähe eines Skilifts.

(185) Offizieller WOMO-Stellplatz: La Salle-les-Alpes – Aire Municipale

GPS: N44°56'52.0" E6°33'19.3", (1390m); 5 Chemin des Charrières, 05240 La Salle-les-Alpes. **Max. WOMOs:** 20, max. Länge >10 m. **Öffnungszeit:** Ganzjährig.

Ausstattung: Wasserver- und Abwasserentsorgung mit Bodeneinlass, WC-Kassettenentleerung, Müllentsorgung.
Beschreibung: Asphaltierter Platz in der Ortsmitte am Flüsschen Guisane.
Preise: 10,00 € pro Fahrzeug mit 2 Personen im Sommer, 20,00 € im Winter. Abwasserentsorgung und Frischwasser kostenlos. Bezahlung im Office de Tourisme, Centre Commercial Prélong, 150 Meter vom Stellplatz entfernt.
Zufahrt: In La Salle auf der D1091 in Richtung Col du Lautaret im ersten Kreisverkehr die zweite Ausfahrt nehmen, dann gleich danach rechts abbiegen und der Straße mit den Hinweisen 'Base de Loisirs' bis zum Stellplatz an einem weiteren Kreisverkehr folgen.

(186) Offizieller WOMO-Stellplatz: La Salle-les-Alpes – Serre Chevalier

GPS: N44°56'38.7" E6°33'21.7", (1402m); 21 Chemin du Marquis, 05240 La Salle-les-Alpes. Web: www.serrechevalier-locations.com.

Max. WOMOs: 15, max. Länge >10 m. **Öffnungszeit:** Ganzjährig.

Ausstattung: Wasserver- und Abwasserentsorgung mit Bodeneinlass, WC-Kassettenentleerung, Mülleimer.

Beschreibung: Geschotterter, ebener Platz am Ortsrand in der Nähe des Skilifts.

Preise: 12,00 € pro Fahrzeug im Sommer, 20,00 € im Winter. Abwasserentsorgung und Frischwasser sind kostenlos.

Zufahrt: In La Salle auf der D1091 in Richtung Col du Lautaret im ersten Kreisverkehr die zweite Ausfahrt nehmen, dann gleich danach nicht rechts abbiegen zur 'Base de Loisirs', sondern noch 350 Meter geradeaus fahren.

Wie Sie das dargebotene Angebot nutzen können, erfahren Sie im Office de Tourisme, direkt neben dem Stellplatz am Badesee, oder Sie schauen schon mal auf dieser Seite nach www.serre-chevalier.com.

Badesee in La Salle-les-Alpes.

Unter dem Namen **Serre Chevalier** haben sich die vier Gemeinden im Tal der Guisane (Briançon, Saint-Chaffrey, La Salle-les-Alpes und Monêtier-les-Bains) zu einem Tourismusverband zusammengeschlossen und vermarkten ihre Angebote gemeinsam.

Rafting auf der Guisane.

Der nächste Ort offeriert im Prinzip dasselbe Angebot, nur dass es hier zusätzlich ein großes schickes Thermalbad mit Sauna, Whirlpools und Solebad gibt, das nur 750 Meter vom Stellplatz entfernt liegt und dessen umfangreiches Angebot Sie hier erkunden können https://les-grandsbainsdumonetier.fr.

Angelseen hinter Le Monêtier-les-Bains.

(187) Offizieller WOMO-Stellplatz:
Le Monêtier-les-Bains – Aire de Service Camping Cars

GPS: N44°58′16.6" E6°30′44.4", (1459m); 570 Route des Bains, 05220 Le Monêtier-les-Bains. **Max. WOMOs:** 32, max. Länge >10 m. **Öffnungszeit:** Ganzjährig.

Ausstattung: Wasserver- und Abwasserentsorgung mit Bodeneinlass, WC-Kassettenentleerung, Müllentsorgung, WiFi, Stromanschlüsse.
Beschreibung: Abgeschrankter, asphaltierter, schattenloser Platz am Ortsrand in unmittelbarer Nähe der Guisane. Relativ eng beieinanderliegende Stellflächen.
Preise: 15,00 € pro Fahrzeug, Abwasserentsorgung und Stromversorgung (10A) sind im Preis enthalten. Frischwasser (ca. 100 Liter) 2,00 €. Bezahlung nur mit EC-Karte. Degressive Preisgestaltung. Je länger Sie bleiben, desto billiger wird es. Ab drei Tagen kostet es nur noch 9,00 € pro Nacht.
Zufahrt: Der Platz liegt an der Route des Bains, einer Parallelstraße der D1091 in Richtung Briançon.

Der Name Guisane leitet sich vom Namen "aquisana" ab, was so viel wie "heilendes Wasser" bedeutet. Die Thermalquellen wurden nämlich schon von den Römern genutzt. Sie wussten um die heilende Wirkung dieses Thermalwassers bei Magen-, Rheuma- und Hauterkrankungen. Wie es nach den Römern weiterging, ist nicht gut dokumentiert. Unter Ludwig XVI. wurde zwar 1786 der Bau eines komfortablen Thermalhauses in Angriff genommen, in der Folgezeit wurde diesen Heilquellen jedoch nur wenig Beachtung zuteil. Andere Kurorte standen im Rampenlicht, wie Aix-les-Bains oder Evian-les-Bains, als sich in der Belle Époque die Hautevolee, die damalige Schickeria, in Casinos und Kuranlagen traf. Erst seit einigen Jahren sieht man hier die Chance, durch eine Revitalisierung der 44 Grad heißen Quellen mehr Touristen in den Ort zu locken, die bislang auf der Route des Grandes Alpes achtlos an dieser 1000-Seelen-Gemeinde vorbeigefahren sind. Das "Grands Bains du Monêtier" soll mit seinen 4500 Quadratmetern Fläche, auf denen all die Bäder und Wellnesseinrichtungen untergebracht sind, seinen Beitrag leisten. Dieses Bad existiert seit 2008.

Wir fahren weiter Richtung Col du Lautaret und nähern uns nun dem wohl schönsten Abschnitt der Route des Grandes Alpes.

Auf dem Weg zum Col du Lautaret.

Mit 2058 Metern ist der **Col du Lautaret** relativ hoch, doch wirkt diese Höhe nicht so gravierend. Die Straße ist breit, man muss nicht endlose Serpentinen rauf- und runterfahren oder auf Ausweichstellen achten. Auch der breiteste Brummi kommt ganz bequem an einem vorbei. Zum Fahren ist diese Pass-Straße ein Genuss. Man kann auch als Fahrer die Landschaft genießen, muss die Augen nicht permanent auf die Straße richten, sondern kann auch mal den Blick über die Gebirgsszenerie schweifen lassen, die malerischer kaum sein kann. Plätze zum Halten findet man hier genug, doch lang mag man an der Straße auch nicht stehen bleiben. Denn sie ist nicht nur gut zu befahren, sie ist auch viel befahren, ist sie doch die Hauptverbindung zwischen Grenoble und Turin. Im Winter wird sie als eine der wenigen Pass-Straßen solange es irgendwie geht befahrbar gehalten.

Glacier du Lautaret unterhalb der Meije.

Hotel/Restaurant auf dem Col du Lautaret.

Ist der Winter vorbei, verwandelt sich die raue Bergwelt mit ihren großen Almwiesen in ein Blütenmeer aus Narzissen, Anemonen, Berglilien und anderen farbenfrohen Frühlingsblumen. Die botanische Vielfalt können Sie im **Jardin alpin du Lautaret** oder auch hier anschauen www.jardinalpindu-lautaret.fr. Diesen Stellplatz finden Sie in unmittelbarer Nähe des Alpengartens.

(188) WOMO-Stellplatz: Col du Lautaret

GPS: N45°01'58.4" E6°24'25.2", (2072m); D1091, 05480 Villar-d'Arène. **Max. WOMOs:** >10, max. Länge >10 m. **Öffnungszeit:** Ganzjährig.
Ausstattung: Keine.
Beschreibung: Mit grobem Schotter befestigter, löcheriger Platz inmitten der Bergwelt.
Preise: Kostenlos.
Zufahrt: Der Platz liegt direkt neben der D1091, unweit des oben abgebildeten Restaurants.

Mit einer nicht allzu schwierigen Wanderung in den Parc National des Écrins lassen sich diese vielen visuellen Eindrücke noch intensivieren, erriechen und erfühlen. Der Weg zur **Refuge de Chamoissière** ist leicht zu gehen. Hin und zurück sind es nur rund 13 Kilometer und die 100 Meter Höhenunterschied sind nicht so gravierend und anstrengend wie auf anderen Wegen. Wenn Sie Glück haben, können Sie unterwegs Murmeltiere und Birkhühner beobachten. Der Gletscher Lautaret scheint zum Greifen nah. Die familiär geführte Hütte ist mit ihren draußen eingerichteten Sitzgelegenheiten recht einladend. Einen Rundweg gibt es nicht, Sie müssen denselben Weg, den Sie gekommen sind, auch wieder zurückgehen. Wenn Sie einen Hund dabeihaben, werden Sie mehrfach auf dem Weg dorthin darauf hingewiesen, dass hier ein Hundeverbot herrscht, das auch kontrolliert und sanktioniert wird. Hundeverbot im Nationalpark, das kennen wir ja schon.

Wer keine Wanderung unternehmen mag oder kann, der wird sich vielleicht über ein "Fondue Savoyarde aux 3 Fromages", ein "Raclette au Lait Cru" oder einen "Salade au Chèvre Chaud" in einem der beiden Restaurants auf dem Pass freuen. Was auch immer Sie hier auf dem Pass tun, es lohnt sich, ein wenig zu verweilen. Der Platz, der uns Wohnmobilisten dafür zur Verfügung steht, ist groß genug.

War die Fahrt zu diesem Pass ohne große Lenkarbeit möglich, ändert sich dies nun auf dem Weg zum **Col du Galibier**. Wie der Col du Lautaret auch, ist er ein beliebter Pass der Tour de France und deshalb auch eine viel befahrene Trainingsstrecke der Radsportler aus aller Herren Länder. Acht Kilometer trennen die beiden Pässe voneinander. Der Col du Galibier liegt rund 600 Meter höher als der Col du Lautaret, das heißt, der Motor muss sich ein wenig anstrengen auf diesem Weg. Die Straße lässt sich hier ausgezeichnet fahren, sie ist nicht zu eng, es sind keine Ausweichstellen nötig, also gar kein Vergleich zum Col de la Cayolle. Der letzte Teil der Pass-Strecke bleibt Fahrzeugen vorbehalten, die ein zulässiges Gesamtgewicht von 3,5t nicht überschreiten. Wer darüber

Blick vom Col du Galibier in Richtung Lautaret

liegt, der fährt durch den einspurigen Tunnel, der die Passhöhe unterquert. Geregelt wird der Verkehr mit einer Ampel. Parken können Sie vor dem Tunnel, hinter dem Tunnel und oben auf der Passhöhe. Die ersten beiden Plätze sind relativ groß, der letzte ist sehr klein. Von oben bietet sich dieser herrliche Blick, wie Sie ihn auf dem Foto unten sehen können. Der Platz vor dem Tunnel mit dem **Monument Henri Desgrange**, das an den Gründer der Tour de France erinnert, bietet sehr viel Platz, hat aber ordentlich Gefälle. Der Platz hinter dem Tunnel [**189:** N45°04'00.5" E6°24'31.0"] ist relativ waagerecht und eignet sich deshalb gut für eine Übernachtung. Hier wie dort findet sich jeweils ein kleines Restaurant. Beide bieten keine umfangreiche Karte, haben nur in den Ferienmonaten geöffnet und werben mit regionalen Produkten. Von beiden Plätzen gibt es keinen Fußweg auf die Passhöhe. Wer wegen der Gewichtsbeschränkung nicht hochfahren kann, wird wohl oder übel der Straße entlanggehen müssen. Das ist aber aufgrund des geringen Verkehrs kein Problem.

Der Scheitelpunkt Col du Galibier.

Wir fahren nunmehr mit dem WOMO die Pass-Straße hinunter und stoppen beim nächsten Wanderparkplatz, den wir schon von oben sehen können.

(190) WOMO-Stellplatz: Plan Lachat

GPS: N45°05'24.6" E6°26'09.3", (1971m); D902, 73450 Valloire

Max. WOMOs: 5, max. Länge >10 m, **Öffnungszeit:** Abhängig von den Öffnungszeiten der Pass-Strecke.
Ausstattung: Keine.
Beschreibung: Befestigter Parkplatz acht Kilometer hinter dem Col du Galibier. Stellflächen mit zum Teil starken Gefälle. Bewirtschaftete Hütte, die in den Sommermonaten einfache regionale Küche bietet in unmittelbarer Nähe. Auf dem Foto ist sie rechts zu sehen.
Preise: Kostenlos. **Zufahrt:** Der Platz liegt direkt an der D902.

Auch wenn es auf dem Foto vielleicht nicht so aussieht, aber es sind acht Kilometer vom Pass bis hierher. Von diesem Platz kann können Sie Wanderungen unternehmen, die zu denselben Seen führen, die Sie auch vom Wanderparkplatz im Valée de la Clarée erreichen können. Der **Lac Rond** ist 4,5 Kilometer von diesem Wanderparkplatz entfernt, Höhenunterschied rund 520 Meter. Der Weg ist also nicht ganz anstrengungsfrei zu gehen, denn er führt stets bergauf. Da ist eine Wanderung im Tal vielleicht schon angenehmer. Wenn Sie hier [GPS: N45°06'45.7" E6°25'27.2"] parken, dann können Sie nahezu anstrengungsfrei die unten abgebildete Tallandschaft durchstreifen.

Tallandschaft der Valloirette unterhalb des Col du Galibier.

Auf dem weiteren Weg hinunter in das Maurienne entdecken wir am rechten Straßenrand am Eingang von **Les Verneys**, einem Ortsteil von **Valloire**, einige Kunstobjekte, die offensichtlich jedes Jahr durch neue ersetzt werden. Sie sind aus Stroh und Maschendraht gefertigt und bilden die unterschiedlichsten Themen ab. Im Januar findet hier ein Eisskulpturen-Wettbewerb statt. Das ist sicher auch interessant, aber außerhalb unserer Reisezeit.

Kunst am Stellplatz in Les Verneys.

Direkt neben diesem "Kunstareal" befindet sich ein einfacher, kostenloser Stellplatz ohne irgendwelche Ausstattungen auf 1564 Metern Höhe, den Sie mit diesen Koordinaten [**191:** N45°08'42.0" E6°25'12.0"] erreichen. Schräg gegenüber gibt es Restaurants und Einkaufsmöglichkeiten.

Stellplatz Les Verneys.

Bis vor einigen Jahren existierte an dieser Stelle noch ein Stellplatz der Camping-Car Park-Kette Pass'Étapes (siehe Seite 368). Dieser wurde aber wegen der Hochwassergefahr aufgegeben. Die Gemeinde und das Unternehmen konnten sich offensichtlich auf keinen neuen Standort einigen.

Notre Dame de l'Assomption.

Bleibt noch die Barockkirche **Notre Dame de l'Assomption** im Hauptort Valloire zu erwähnen, bevor es weitergeht. Die von außen recht unscheinbar wirkende Kirche aus Natursteinen zählt zu den schönsten und am reichsten ausgeschmückten Gotteshäusern in Savoyen. Um sie zu besuchen, können Sie hier [GPS: N45°09'54.1" E6°25'52.7"] am Skilift (Rue des Grandes Alpes, 73450 Valloire) parken.

Die weitere Fahrt führt uns zu dem nahe gelegenen **Col du Télégraphe**. Es ist tatsächlich noch mal ein leichter Anstieg, obwohl wir uns ja schon im Tal befinden, bevor es dann endgültig in das Tal der Arc nach Saint-Michel-de-Maurienne hinuntergeht.

Auf jeder Passhöhe zu sehen. Radler nach erfolgreicher Auffahrt.

Von Saint-Martin d'Arc fahren wir über Saint-Michel-de-Maurienne nach **Modane**. Hier beginnt das Haute-Maurienne, der letzte Teil einer Tallandschaft, durch die einer der wichtigsten Verkehrswege Savoyens von Chambéry nach Turin führte. Auch heute ist das Tal für den Verkehr zwischen Frankreich und Italien von größter Bedeutung. Ging es lange Zeit notgedrungen nur über den Col de Mont Cenis (wo wir noch hinfahren werden), wird seit 1980 der Verkehr durch den fast 13 Kilometer langen, bislang nur einspurigen **Tunnel du Fréjus** abgewickelt. Die A43 wird mit diesem Bauwerk mit der Autostrada A32 im Susatal verbunden. 2023 soll eine zweite Röhre in Betrieb gehen.

Der **Tunnel Ferroviaire du Fréjus** ist der erste große Eisenbahntunnel durch die Alpen. Er wurde noch von Victor-Emmanuel II, König von Sardinien-Piemont und Herzog von Savoyen, 1857 in Auftrag gegeben. Wir erinnern uns: Eine Staatsgrenze gab es hier zu dieser Zeit nicht. Das Haus Savoyen regierte auf beiden Seiten der heutigen Grenze. Ziel war es, Chambéry die ehemalige Hauptstadt Savoyens, mit Turin und Genua zu verbinden. Als der Tunnel dann aber schließlich 1872 fertiggestellt wurde, gehörte Savoyen bereits zu Frankreich. Ein Museum am alten Tunnelportal in Modane erzählt die ganze Geschichte. Parken können Sie [GPS: N45°11'26.7" E6°39'35.3"] direkt vor der kleinen Museumsanlage. Leider scheint es keine geregelten Öffnungszeiten zu geben und eine Webseite für dieses Museum gibt es auch nicht.

Museumslok vor dem alten Tunnelportal des Fréjus-Eisenbahntunnels.

Auf dem weiteren Weg Richtung Lac du Mont Cenis fallen mächtige Festungsanlagen auf, die **Forts de l'Esseillon**. Wer die Grenzen heute sieht, mag vielleicht denken, dass diese Forts der Absicherung Frankreichs gegenüber Italien dienen sollten. Falsch! Auch hier gilt: Dieses Gebiet war das Hoheitsgebiet des Hauses Savoyen und das ließ vorsorglich in diesem sehr engen Talabschnitt Festungsanlagen bauen, um seine Gebiete im Piemont vor den möglichen Angriffen Frankreichs zu schützen.

Es ist schon eine verrückte Festungswelt hier in den Alpen zwischen Italien und Frankreich. Schön ist, dass Sie direkt vor der **Redoute Marie-Therese** an einem Freizeitgelände mit Hochseilgarten und Klettersteig Ihr Fahrzeug abstellen können. Von hier aus lassen sich zahlreiche Wanderungen zu den Forts auf der anderen Seite der Schlucht starten. Über die **Pont du Diable** geht es zu dem malerischen Örtchen **Aussois** mit seiner Kirche und den Forts. Den Platz finden Sie mit diesen Koordinaten **[192:** N45°12'28.9" E6°44'11.2"].

Redoute Marie-Thérese. Auf der anderen Seite der hier nicht sichtbaren tiefen Schlucht ist das Fort Victor-Emmanuel zu sehen.

Tagsüber ist es auf diesem Platz sehr lebendig, erst am Abend kehrt Ruhe ein. Der Klettergarten ist in den Ferienmonaten stark frequentiert. Das gesamte Angebot mit allen Schwierigkeitsstufen für große und kleine Kletterkünstler finden Sie hier www.parcdudiable.fr. Für Adrenalinstöße sorgen die Seilrutschen. Mit der **tyrolienne**, wie sie in Frankreich genannt wird, überqueren Sie die tiefe Schlucht der Arc. Da stockt schon beim Zuschauen der Atem. Gleich zwei gibt es, eine kurze mit 230 Metern Länge und eine mit 640 Metern.

Im Fort Marie Christine oberhalb des Forts Victor-Emmanuel.

Schlucht der Arc mit der Pont du Diable.

Die lange Variante führt direkt über die Fußgängerbrücke Pont du Diable, die Sie erst bei genauer Betrachtung des Fotos links sehen können. Quer hinüber geht das Seil, an das Sie sich dranhängen können, um auf die andere Seite zu rutschen. Es ist auf dem Bild nicht auszumachen. Zu der Brücke führt ein Wanderweg. Nehmen Sie ihn, so können Sie danach zum **Fort Victor Emmanuel** und zum **Fort Marie Christine** gelangen. Beide sind zu besichtigen. Bis zum Fort Marie Christine sind es rund drei Kilometer. Es geht stetig bergan, 300 Meter Höhenunterschied sind zu überwinden. Als Belohnung für diesen Anstieg dürfen Sie sich auf ein Restaurant freuen, das in diesem alten Gemäuer einen Platz gefunden hat. Was es Leckeres zu essen gibt, können Sie hier nachlesen www.fort-mariechristine.com. Tipp: Rufen Sie vorher an und reservieren Sie einen Tisch.

Neben den genannten Forts können Sie natürlich auch die Redoute Marie-Therese besichtigen. Dort wird der gesamte Aufbau der Festungsanlage mit Modellen, Zeichnungen und

Grafiken erläutert. Sie können auch durch die Kasematten gehen. Darüber hinaus gibt es in den beiden Ferienmonaten im Sommer eine Einkehrmöglichkeit.

Schön sind auch Rad- und Wandertouren im Nordosten von Aussois, z.B. zu dem Monolithe de Sandières, der sich neben vielen kleinen anderen Felsformationen in einem Waldgebiet versteckt. Er ist ca. fünf Kilometer vom Campingplatz entfernt. Wie Sie anhand unserer ganz sicher noch unvollständigen Aufzählung sehen, gibt es an diesem Ort viel zu entdecken und zu unternehmen. Da ist als Alternative für einen längeren Aufenthalt der Campingplatz keine schlechte Wahl, den Sie bei Bedarf auch nur für Versorgungszwecke anfahren können. Die Einrichtungen dazu befinden sich vor dem Tor des Platzes.

Monolithe de Sardières.

(193) WOMO-Campingplatz: Aussois – Camping-Caravaneige La Buidonnière

GPS/Kontakt: N45°13'27.9" E6°44'45.4", (1465m); 24 Route de Cotteriat, 73500 Aussois. E-Mail: contact@camping-aussois.com, Web: www.camping-aussois.com. **Max. WOMOs:** >5, max. Länge 8 m. **Öffnungszeit:** Ganzjährig.
Ausstattung: Abwasserentsorgungsstation für Womos außerhalb des Platzes direkt neben der Zufahrt. Sie kann angefahren werden, ohne den Campingplatz zu nutzen. Ansonsten sind die üblichen Merkmale zu verzeichnen wie Duschen, WCs. Waschmaschinen, Trockner, Spielplätze.
Beschreibung: Gute, befestige waagerechte Plätze auf einer Anhöhe mit Panoramablick über Aussois und die Bergwelt der Umgebung, nachts absolut ruhig. Im Winter Shuttleservice zu den Skigebieten.

Preise: 22,00 € bis 24,00 € pro Fahrzeug, Person über 10 Jahre 7,20 €, Kinder 4,20 €, Hund 2,00 €, Strom zwischen 6,70 € und 8,70 €, Internetzugang über WiFi ist kostenfrei, Waschmaschine 6,00 €, Trockner 5,00 € Frischwasser 2,00 €, Abwasserentsorgung kostenlos.
Zufahrt: Über die D215 nach Aussois hochfahren und der Beschilderung "Camping Municipal" folgen.

Uns führt die weitere Fahrt nunmehr zur letzten Station dieser Tour, zum Lac du Mont Cenis in 33 Kilometern Entfernung. Die D1006 lässt sich gut fahren und ist prima ausgebaut. Wenn Sie vom Campingplatz kommen, geht es eine Weile über die D83. Die Straße hat einige Kurven mehr, ist nicht ganz so breit, lässt sich aber ebenfalls gut fahren. Nach ein paar Kilometern trifft sie auf die D1006 und dann sind Sie auch schon fast am Ortseingang von **Lanslebourg-Mont Cenis**. Sollten Sie Bedarf haben, Frischwasser zu tanken und Brauchwasser abzulassen, so können Sie das am Ortseingang erledigen **[194a:** N45°17'04.0" E6°52'17.2"] . Der eigentliche Stellplatz des Ortes befindet sich an der Straße zum Col de Mont Cenis, den finden wir allerdings nicht so überzeugend. Da fahren wir lieber hoch an den Stausee.

(194b) Offizieller WOMO-Stellplatz: Lanslebourg-Mont-Cenis

GPS: N45°17'05.6" E6°53'01.8", (1406m); Chemin des Crueux, 73480 Lanslebourg-Mont-Cenis. **Max. WOMOs:** >10, max. Länge 10 m. **Öffnungszeit:** Ganzjährig. **Ausstattung:** Keine. **Beschreibung:** Stadtrand neben Skilift. Laut. 500 Meter bis zur Ortsmitte mit Restaurants, Boutiquen und anderen Ladengeschäften. **Preise:** Gebührenfrei. **Zufahrt:** Über die D1006 in Richtung Italien, 50 Meter hinter der Abzweigung zum Col de Mont Cenis.

Der **Col de Mont Cenis** war im Mittelalter der am stärksten frequentierte Pass für die Handelsachse Lyon – Grenoble – Turin – Mailand. Der Handelsweg führte an einem Bergsee vorbei, der 1967 mit einer riesigen Mauer zu dem heute sichtbaren See aufgestaut wurde. Der See hat eine Fläche von 660 Hektar und ein Fassungsvermögen von 315 Millionen Kubikmetern. Er ist damit das sechstgrößte künstliche Wasserreservoir Frankreichs. Es dient in erster Linie der Gewinnung von Elektrizität. Die Geschichte des Staubeckens wird in einem Ausstellungsraum der EDF am Ufer des Sees erläutert.

Fort de Ronce am Lac du Mont Cenis.

In den Fluten gingen einige Häuser, Berghütten und auch eine Kapelle unter. Der Bau führte auch zur Aufgabe des Dorfes Grand-Croix am Fuße des Dammes. Die Bewohner

Der Lac du Mont Cenis.

wurden umgesiedelt, als Ersatz für die Kapelle wurde eine neue aus Beton in der Form einer Pyramide am Ufer des Sees errichtet. Auf dem Foto oben ist sie zu erkennen. Neben der Kapelle gibt es an dieser Stelle auch Einkehrmöglichkeiten.

Oberhalb des Sees ist auf der einen Seite das **Fort de Ronce**, auf der anderen Seite das **Fort de Variselle** zu sehen. Beide sind italienische Festungen, die von 1877 bis 1880 auf italienischem Gebiet erbaut wurden, um das neue Königreich Italien vor einer möglichen französischen Invasion am Col de Mont Cenis zu schützen. Nach 1947 wurden diese Gebiete rund um den See und die Festungen (insgesamt 82 Quadratkilometer) als Reparationsleistungen Frankreich zugesprochen. Rund um das großflächige Gewässer lassen sich zahlreiche Wanderungen auf gut ausgeschilderten Wegen unternehmen, die Sie von diesem Stellplatz mit Seeblick starten können.

(195) WOMO-Stellplatz: Lac du Mont Cenis

GPS: N45°14′42.8" E6°55′52.2", (2008m); Col du Mont-Cenis, 73480 Val-Cenis. **Max. WOMOs:** 20, max. Länge 8 m. **Öffnungszeit:** Mai – November. **Ausstattung:** Mülleimer.

Beschreibung: Asphaltierte Zufahrt. Stellflächen auf naturbelassenem Untergrund unweit des Ufers. Panoramablick über den See und die angrenzende Bergwelt. Tisch und Stühle können Sie vor Ihrem Fahrzeug platzieren. Kajakverleih in der Nähe. Nachts absolut ruhig.
Preise: Gebührenfrei.
Zufahrt: Über die D1006 in Richtung Italien 500 Meter vor der Pyramide de Mont Cenis an einem Parkplatz scharf rechts abbiegen und etwas mehr als einen Kilometer bis zum See hinunter fahren.

Sallanches
Plaine Joux
Argentière
Col des Aravis 1487 m
Passy
Marlioz
Chamonix-Mont-Blanc
Glacier d'Argentière
Le Fayet
St-Gervais-les-Bains
Le Jaillet 1580 m
Megève
Mer de Glace
Flumet
Rochebrune 1754 m
Mont d'Arbois 1833 m
Tramway du Mont Blanc
Les Houches
Aiguille du Midi 3842 m
Tunnel du Mont-Blanc
Pointe Helbronner 3462 m
Mont Blanc 4810 m
Signal de Bisanne
Mont Joly 2525 m
Les Contamines-Montjoie
Aiguille Croche 2487 m
Col des Saisies 1633 m
Seite 344
Les Saisies
Hauteluce
Têtes des Bellaval 2892 m
Aiguille des Glaciers 3815 m
Entreves
Courmayeur
Villard
Beaufort
Grajische Alpen
ITALIEN
Col du Pré 1703 m
Cormet de Roselend 1968 m
Band 73 WOMO-Reiseführer Piemont und Aostatal
Arêches
Pré-St-Didier
Lac de Roselend
Les Chapieux
La Thuile
Roche Parstire 2108 m
DEP. SAVOIE (73)
Lac de St-Guérin
Le Roignais 2995 m
Col du Petit Saint Bernard 2188 m
Ref. de la Coire
Bourg-Saint-Maurice
Le Grand Mont 2686 m
La Rosière
Moyenne Tarentaise
Arc 1600
10 km
Aime
Landry
Route des Grandes Alpes
Les Granges
Arc 2000
Mâcot-la-Plagne
Montalbert
Aime La Plagne
Aiguille Rouge 3227 m
Peisey-Nancroix
La Plagne
Ref. de Rosuel
Haute Tarentaise
Glacier de la Sassière
Isère
Roche de Mio 2739 m
Sommet de Bellecôte 3417 m
Ref. Entre-le-lac
Aiguille de la Grand Sassière 3747 m
Tour 5
Tignes
Val Claret (2130m)
Lac du Chevril
Courchevel
Col Rosset 2570 m
Mont Bonchor 2023 m
La Grande Motte 3653 m
Val d'Isère
Funiculaire Perce-Neige
Ref. Prariond
Pralognan la Vanoise (1422 m)
Grande Casse 3855 m
Col de l'Iseran 2770 m
Pointe du Montet 3428 m
Aiguille du Fruit 3048 m
Col de la Vanoise 2517 m
Notre Dame de Toute Prudence
Parc National de la Vanoise
Massif de la Vanoise
Dôme de l'Arpont 3599 m
Grand Roc Noir 3582 m
Bonneval-sur-Arc
Chap. St-Antoine
Lanslebourg-Mont-Cenis
Bessans
Tour 9
Vincendières
Monolithe de Sardières
Bessanèse 3604 m
Haute-Maurienne
Pointe de Ronce 3612 m
Ref. d'Avérole
Aussois
Avrieux
Col du Mont Cenis 2081 m
Pointe de Charbonnel 3752 m
Les forts de l'Esseillon
Lac du Mont Cenis
Fort de Ronce
Modane
Redoute Marie-Thérèse

TOUR 10 (440 km)

Bessans – Bonneval – Col de l'Iseran – Val d'Isère – Tignes – Val Claret – La Plagne – Refuge de Rosuel – Bourg-Saint-Maurice – Les Chapieux – Lac de Roselend – Arêches – Beaufort – Les Saises – Megève – Saint-Gervais-les-Bains – Plaine Joux – Les Houches – Chamonix-Mont-Blanc – Argentière

Stellplätze:	Bessans, Col de l'Iseran, Isère, Val d'Isère, Val Claret, La Plagne, Refuge de Rosuel, Les Chapieux, Lac de Roselend, Arêches, Lac de Saint-Guérin, Beaufort, Villard-sur-Doron, Les Saises, Megève, Plaine Joux, Megève, Les Houches, Chamonix-Mont-Blanc, Argentière.
Campingplätze:	Val d'Isère, Bourg-Saint-Maurice.
Besichtigungen:	Bonneval-sur-Arc (Bergdorf), Val d'Isère (Stadt), Bourg-Saint-Maurice (Stadt), Beaufort (Berg- und Käsedorf), Chamonix-Mont-Blanc (Stadt, Aiguille du Midi).
Wandern/Bergbahnen:	Bessan (Vallée d'Avérole), Col de l'Iseran, Isère (Pont Saint Charles), Val Claret (La Grande Motte), La Plagne, Refuge de Rosuel, Bourg-Saint-Maurice, Les Chapieux, Lac de Roselend, Lac de Saint-Guérin, Megève, Saint-Gervais-les-Bains (Zahnradbahn: Tramway du Mont Blanc) , Plaine Joux, Les Houches (Seilbahn), Chamonix-Mont-Blanc (Seilbahn: Aiguille du Midi, Zahnradbahn: Mer de Glace).

Die letzte Tour dieses Buches führt uns zunächst in den hinteren Teil des Haute-Maurienne. Dieses Tal liegt abseits aller Verkehrsströme. Wäre die Strecke nicht Teil der Route des Grandes Alpes, würde hier vermutlich noch weniger Verkehr herrschen. Vom Haute-Maurienne geht es bergan auf den 2770 Meter hohen Col de l'Iseran und danach hinunter in das Tal der Haute Tarentaise nach Val d'Isere. Diese Straße über den Pass lässt sich gut fahren, es ist nicht zu eng, kein Vergleich mit der Route zum Col de la Cayolle, die wir als Vergleich nun schon einige Male bemüht haben.

Über Bourg-Saint-Maurice geht es weiter in das Hinterland des Mont Blanc, dessen weiße Haube von einigen Stellen rund um den Lac de Roselend bereits erkennbar ist. Er bildet auch den Höhepunkt und den Abschluss des Buches. Wir werden ihn von verschiedenen Seiten betrachten und ihm zum Abschluss mit Bergbahnen sehr nah kommen.

Vom Lac du Mont Cenis geht es über den Col de Mont Cenis wieder hinunter nach Lanslebourg. Vor dem Ort haben Sie die Möglichkeit, eine Abkürzung zu nehmen. Es ist eine schmale, aber gut zu fahrende Straße. Col de l'Iseran und Lanslevillard ist ausgeschildert. Über Lanslebourg ist die Strecke rund fünf Kilometer länger, dafür aber bequemer zu fahren.

Einen ersten Zwischenstopp legen wir in Bessans ein. Hier liegt der offizielle Stellplatz direkt an der Umgehungsstraße des Ortes. Sie können ihn also gar nicht verfehlen. Bis zur Ortsmitte sind es zu Fuß 800 Meter.

(196) Offizieller WOMO-Stellplatz: Bessans

GPS: N45°19'22.6" E7°00'05.3", (1726m); D902, 73480 Bessans. **Max. WOMOs:** >10, max. Länge > 10 m. **Öffnungszeit:** Ganzjährig.
Ausstattung: Keine.
Beschreibung: Befestigter, geschotterter Platz in der Nähe einer Biathlonanlage. Ortsrand direkt an der D902, nachts ruhig.
Preise: Kostenlos.
Zufahrt: Am Ortsausgang von Bessans in Richtung Col de l'Iseran auf der rechten Seite.

Im Ort gibt es einige kleine Restaurants und Ladengeschäfte für den täglichen Bedarf. Für Liebhaber religiöser Kunst ist ein Besuch der **Chapelle St-Antoine** sicher interessant. Nähere Informationen und Bilder gibt es hier www.hunza.pro/2015/11/l-art-sacre-haute-maurienne.html und im Office de Tourisme in der Mitte des Ortes.

Wanderparkplatz im Vallée d'Avérole.

Eine Wanderung in das **Vallée d'Avérole** führt an den typischen alten, sehr kleinen Bergdörfern dieser Region vorbei und ist schon deshalb reizvoll (acht Kilometer, 350 Meter Höhenunterschied). Die ersten, wenig spektakulären Kilometer können Sie mit der Navette (siehe Seite 368) von Bessans aus überbrücken oder Sie fahren bis zu diesem Wanderparkplatz [GPS: N45°18'03.2" E7°04'47.7"], den Sie am Abend aber wieder verlassen müssen.

In der Nähe des Wanderparkplatzes finden Sie Informationstafeln mit Übersichtskarten, die Auskunft über die Wander-

Bergbauernhäuser im Vallée d'Avérole.

wege in dieser Region geben. Große und kleine Touren sind möglich. Die größte führt am 3604 Meter hohen **Bessanèse** vorbei hinüber nach Italien, ein Weg, der ohne Hüttenübernachtung nicht zu bewältigen ist.

Wir belassen es bei einer kleinen Tour bis zur bewirtschafteten Schutzhütte **Refuge d'Avérole**. Dort und auf dem Weg dorthin genießen wir bei schönstem Wanderwetter die Blicke in die nahezu unberührte Naturlandschaft. Anschließend kehren wir zum WOMO zurück und steuern gleich das nächste Ziel an.

Es ist in größeres Bergbauerndorf mit immerhin rund 200 Einwohnern, das wir nach rund sieben Kilometern Fahrt in Richtung Col de l'Iseran erreichen. Wir stellen unser Fahrzeug am Straßenrand ab [GPS: N45°22'19.6" E7°02'58.1"] und gehen in den Ort hinein. Im Vergleich zu den Bergbauernhäusern im Vallée d'Avérole ist dieser Ort so richtig herausgeputzt. **Bonneval-sur-Arc** wirkt wie ein Museumsdorf, ein schönes, wohlgemerkt, mit Fromagerie, Charcutier, Boulangerie, Restaurants und Souvenirshops.

Malerisches Bergdorf Bonneval-sur-Arc.

Hier geben sich die luftig gekleideten Radler, die vom Pass heruntergefahren sind, mit den Motorradfahrern in ihren dicken Lederjacken ein Stelldichein. Sie sitzen gemeinsam vor den Natursteinhäusern mit ihren Holzbalkonen in der Sonne und genießen

Ortsmitte von Bonneval-sur-Arc im Haute-Maurienne.

ihre Milchcafés, Biere, Limonaden oder was auch immer sie im Glas oder in der Tasse haben mögen. Gleitschirmflieger kreisen am Himmel und werden von ihnen beobachtet. Ruhig ist es hier, kaum ein Laut zu hören. Ein idyllisches Bild von einem Dorf, fast kitschig, in einem romantisierenden alpenländischen Stil mit bunten Blumenkästen, Natursteinpflaster in den Gassen, Häusern mit dickem Natursteinmauerwerk und schweren Natursteinplatten als Dacheindeckung. Viel zu schade und malerisch, um einfach daran vorbeizufahren. Ein Ort, der zum Verweilen einlädt!

Parkplatz am Col de l'Iseran.

Bis zum 2770 Meter hohen **Col de l'Iseran** sind es noch 14 Kilometer. Nach vielen großen Almwiesen wird die Gebirgslandschaft immer karger und unwirtlicher, je höher wir kommen, bis fast nur noch Gestein, Schutt und Felsen das Landschaftsbild bestimmen. Es ist immer wieder überraschend, wie wechselhaft das Wetter im Gebirge sein kann und wie schnell dieser Wechsel vonstattengeht. Es gibt ausreichend große und zahlreiche Stellflächen auf dem höchsten Pass der Route des Grandes Alpes [**197:** N45°25'02.5" E7°01'51.8"]. Da ist es doch gut, dass man eine Heizung an Bord hat, denn die kann man auf dem Pass selbst im Hochsommer schon mal in Betrieb nehmen. Nasskalt und sehr frisch kann es werden, nicht nur bei Nacht, auch am Tag. Da macht eine Wanderung wenig Freude und ist zudem gefährlich auf den ohnehin nicht einfachen Wegen hier oben. Da nehmen wir doch lieber die Empfehlung der über vier Meter hohen Marienstatue an, die über dem Portal von **Notre Dame de Toute Prudence** angebracht ist und zur Vorsicht mahnt. So war es bei unserem ersten Besuch auf dem Pass. Da standen wir in Wolken gehüllt und es war nasskalt. Beim letzten Besuch hatten wir Glück, die Sicht war gut und die Regenjacke und der dicke Pullover wurden nicht benötigt.

Die Passhöhe des Col de l'Iseran.

Das Zeitfenster für die Überquerung des 1936 eröffneten Passes ist klein. Nur zwischen Juni und September ist er für den normalen Verkehr passierbar. Acht Monate Wintersperre ist schon eine beachtliche Zeit.

Blick von der Pass-Straße auf Val d'Isère.

Fahren wir weiter. Es geht hinunter Richtung **Val d'Isère**. Der Ort hat unter den Skitouristen einen klangvollen Namen und ist in den Wintermonaten stets gut besucht. Es dauert nicht lange, um zu erahnen, was hier im Winter wohl los sein mag. Davon zeugt auch ein mächtiger Draht- und Mastenverhau an Skiliftanlagen, unter denen man hindurch oder daran vorbeifährt. Schön ist, dass verschwiegene, fast unberührte

Tallandschaften nicht weit entfernt sind. So zum Beispiel in der Nähe der Brücke **Pont Saint Charles.** Hier gibt es einen großen Parkplatz **[198:** N45°27'17.4" E7°02'11.9"], der sich als Standort für den Start einer größeren Wanderung bestens eignet.

Parkplatz an der Pont Saint Charles.

Noch ungestüm und wild, die Isère an der Pont Saint Charles.

Der Wanderweg durch das Tal **Gorges du Malpasset** bis zu der in den Sommermonaten bewirtschafteten Hütte **Refuge Prariond** ist nur drei Kilometer lang. Der Höhenunterschied von rund 250 Metern muss vor allem auf der ersten Hälfte der Wanderung bewältigt werden. Wer nach einer Rast noch genug Kraft hat, kann ab der Hütte noch einmal drei Kilometer weitergehen, um vom **Col de la Lose** (2957 m) nach Italien hinüberzuschauen. Hierfür sind dann aber gleich 600 Meter Höhenunterschied zu schaffen.

Nobel, chic, sehr gepflegt. So präsentiert sich **Val d'Isère** im hinteren Teil der Haute Tarentaise, einer Tallandschaft, die von der Isère durchflossen wird. Mit der Überquerung des Passes haben wir die Haute Maurienne verlassen. Flankiert von den hohen Gebirgsmassiven an der italienischen Grenze einerseits und dem Massif de la Vanoise andererseits, geht die Fahrt weiter. Val d'Isère ist der erste Ort in diesem Tal und zählt sicher zu den renommiertesten Skiorten Europas. Zusammen mit **Tignes** bildet es das Skigebiet **Espace Killy**, das nach dem französischen Olympiasieger **Jean-Claude Killy** benannt ist.

In Anlehnung an die traditionelle Bauweise in den Bergbauerndörfern finden sich im Ort fast nur Gebäude mit Mauerverblendungen aus Natursteinen in Kombination mit Holzbalkonen und Natursteindächern. Im Vergleich zu den vielen Bausünden in so manchen Retorten-Skiorten der französischen Alpen ist das ein wohltuender Anblick. Im Ortskern gibt es die für Touristenorte dieser Größe übliche Mischung aus Cafés, Restaurants, Souvenirshops etc. und die Tourist-

Überall Naturstein und Holz als Baumaterial.

information. Hier erfahren wir, dass in den Sommermonaten die Kabinenseilbahnen gratis genutzt werden können. Die Telecabine de Solaise und der Telepherique de l'Olympique fahren zwischen 9:45 und 16:45 Uhr Spaziergänger und Wanderer unablässig nach oben und unten. Der Ort, an dem beide Seilbahnen ihre Talstationen haben, ist 1,3 Kilometer vom Stellplatz entfernt. Sie müssen nur noch wählen. Die Telepherique de l'Olympique verschafft Ihnen einen guten Blick auf den Grande Motte. Die Telecabine de Solaise führt Sie auf bequeme Weise in die Nähe des **Lac de l'Ouillette** auf 2500 Metern Höhe, den Sie auf einem Wanderweg umrunden können. Hier oben finden Sie auch ein Restaurant, nur ist das nicht so nobel wie das, was Sie mit der erstgenannten Seilbahn erreichen können.

Parkplatz in Val d'Isère.

Bei unserem letzten Besuch im Sommer 2022 gab es den gewohnten Stellplatz nicht mehr. Bagger drehten hier Ihre Kreise. Etwas weiter abseits gibt es einen Parkplatz [**199:** N45°27'34.6" E6°57'58.3"], der für den Besuch des Ortes geeignet ist. Für einen längeren Aufenthalt bietet er allerdings keine guten Voraussetzungen. Da erscheint es uns besser, den Campingplatz aufzusuchen, der sich am anderen Ende des Ortes befindet und den Sie mit diesen Koordinaten [**200:** N45°26'48.0" E6°59'33.2"] erreichen. Über die Ausstattung, Größe, Preise und Buchungsmöglichkeiten informiert diese Seite http://campinglesrichardes.free.fr.

Der Stausee Lac du Chevril.

Von diesem Platz haben Sie es auch nicht so weit zu den eingangs genannten Seilbahnen.

Durch das enge Tal der Isère und durch einige Tunnels geht es weiter. Über die Staumauer des **Lac du Chevril** fahren wir nach Tignes oder genauer nach **Val Claret**, einem Teilort von Tignes. Das sind insgesamt 14 Kilometer. Der Stellplatz ist nicht schwer zu finden, er liegt am Ortseingang an einem Kreisverkehr auf der rechten Seite. Den können Sie gar nicht verfehlen.

(201) Offizieller WOMO-Stellplatz: Val Claret

GPS: N45°27'28.6" E6°53'53.1", (2122m); 14 Avenue de la Grande Motte, 73320 Tignes. **Max. WOMOs:** >50, max. Länge > 10 m. **Öffnungszeit:** Von Mai bis November.

Ausstattung: Wasserver- und Abwasserentsorgung mit Bodeneinlass, WC-Kassettenentleerung, Stromversorgung, Müllentsorgung.
Beschreibung: Geschotterte Stellflächen am Rande eines großen, asphaltierten Parkplatzes, der auch als Ausweichfläche genutzt wird, wenn der offizielle Platz belegt ist. Nachts sehr ruhig.
Preise: 10,00 € pro Fahrzeug mit 2 Personen, Frischwasser und Entsorgung kostenlos. Die Gebühr wird von einem Angestellten der Gemeinde am Fahrzeug kassiert.
Zufahrt: Der D87A bis zum Ende folgen.

Nun heißt es, Jacke anziehen und hoch auf den Gletscher. Auch wenn im Hochsommer unten im Tal Temperaturen über 25° C keine Seltenheit sind, so liegen sie an dem Gletscher in über 3000 Metern Höhe nur knapp über dem Gefrierpunkt oder auch darunter. Es ist also frisch hier oben. Die warme Kleidung benötigen Sie schon während der Fahrt in der Funiculaire Perce-Neige, denn der Fahrtwind pfeift ganz schön kalt durch die Waggons. Die Talstation befindet sich auf 2100 Metern Höhe und ist nur einen kleinen Fußmarsch vom Stellplatz entfernt. Die Bergstation liegt auf 3032 Metern Höhe. Von dort geht es mit einer Seilbahn weiter auf 3456 Meter und dann können Sie die Aussicht auf die Gebirgslandschaft genießen und beobachten, wie Bergsteiger die letzten Me-

Der 3656 Meter hohe Grande Motte im Hochsommer (Mitte August).

ter auf dem Gletscher des Grande Motte (3653 m) in Schnee und Eis hochstapfen. Wenn Sie Lust dazu haben, können Sie auch noch einen Schneemann bauen. Wo können Sie das auf der Nordhalbkugel sonst noch im Hochsommer machen?

Waggons der Funiculaire Perce-Neige.

Hinunter geht es entweder zu Fuß oder wieder mit der Standseilbahn, die übrigens mit rund 3500 Metern die längste dieser Art in Frankreich ist und 1993 in Betrieb ging. Sie verläuft vollständig unterirdisch.

Bergsteiger auf den letzten Metern zur Spitze des Grande Motte.

Oberirdisch und wesentlich wärmer geht es zu unserem nächsten Ziel nach La Plagne. Wir fahren auf der D902 durch die Tallandschaft der Haute Tarentaise nach Bourg-Saint-Maurice, von dort gleich weiter auf die N90 und biegen nach etwa zwölf Kilometern nach La Plagne ab. Nun geht es den Berg wieder hoch und es dauert eine Weile, bis wir uns auf der gut befahrbaren Straße wieder hochgeschraubt haben. Oben angekommen, ist es am einfachsten, Sie vertrauen den angegebenen GPS-Koordinaten, um den Platz zu erreichen. Die Anfahrt ist ziemlich verwinkelt.

(202) Offizieller WOMO-Stellplatz: La Plagne Villages

GPS: N45°30'17.9" E6°41'21.3", (2092m); 73210 Mâcot-la-Plagne.
Max. WOMOs: >10, max. Länge > 10 m. **Öffnungszeit:** Ganzjährig.

Ausstattung: Wasserver- und Abwasserentsorgung mit Bodeneinlass, WC-Kassettenentleerung, Stromversorgung für alle Plätze, Müllentsorgung, videoüberwacht.
Beschreibung: Asphaltierter Parkplatz zwischen Hotelanlagen und einem Wandergebiet. Im Sommer nachts sehr ruhig.
Preise: 10,00 € pro Fahrzeug mit 2 Personen, Frischwasser, Stromanschluss (10A), Abwasserentsorgung kostenlos. In den Sommermonaten ist die Schranke geöffnet, die Nutzung des Platzes aber nicht kostenlos. Der Betrag wird von der Police Municipale kassiert.
Zufahrt: Die D221 von Mâcot-la-Plagne bis nach Plagne-Village fahren und dort der Beschilderung "Caravaneige" folgen.

Unendliche Wanderlandschaft in La Plagne.

Haben Sie Ihr Fahrzeug einmal abgestellt, stehen Ihnen unzählige Wanderwege offen. Da stellt sich dem Wanderfreund nur die Frage: Wie lange bleiben wir? Für die Planung mag diese Übersicht helfen https://ete.la-plagne.com/activites/randonnee.html. Die Wanderwege sind, soweit wir sie gegangen sind, sehr gut ausgeschildert. Es gibt alle Schwierigkeitsgrade, von der einfachen Wanderung über die Almwiesen bis zu einer Kombination mit Gebirgstouren ist alles dabei. Wenn Sie in La Plagne hineinfahren und an der Halle Salle Omnisports vorbeikommen, halten Sie kurz an. Im rückwärtigen Teil des Gebäudes befindet sich das Office de Tourisme. Dort bekommen Sie Kartenmaterial und weitere Infos zu den vielfältigen Wandermöglichkeiten.

Nicht so vielfältig sind die Möglichkeiten bei unserem nächsten Ziel. Statt einer Hotellandschaft gibt es hier nur ein Haus, das Informationen über den **Parc National de la Vanoise** bereithält, an dessen Rand wir uns befinden. Hier bekommen Sie auch die richtige Wanderkarte für dieses Gebiet.

(203) WOMO-Stellplatz: Refuge de Rosuel

GPS: N45°31'07.9" E6°48'16.0", (1555m); D87, 73210 Peisey-Nancroix
Max. WOMOs: >5, max. Länge 9 m. **Öffnungszeit:** Ganzjährig.
Ausstattung: Keine. **Beschreibung:** Große, baumlose Wiese am Ende der D87. Nachts absolut ruhig.
Preise: Gebührenfrei.
Zufahrt: Von der N90 bei Landry in die D87 abbiegen und diese bis zum Ende durchfahren.

Der Nationalpark wurde 1963 gegründet und hatte damals in erster Linie das Ziel, den vom Aussterben bedrohten Alpensteinbock unter Schutz zu stellen. Heute fühlt er sich in dem fast 200.000 Hektar großen Schutzgebiet recht wohl. Der Bestand hat sich stabilisiert und wenn Sie Glück haben, bekommen Sie bei einer Wanderung eines der Tiere zu Gesicht.

Rund 15 Kilometer lang ist der Weg (hin und zurück) vom Stellplatz bis zum **Lac de la Plagne**. Die Hütte an dem Bergsee ist in den Sommermonaten bewirtschaftet. Der Wanderweg dorthin ist einfach zu finden. Den Trampelpfad kann man nicht verfehlen, wenn man die ersten paar Hundert Meter auf Wirtschaftswegen hinter sich gebracht hat. Weiter geht es durch die Gebirgslandschaft. Kleine Wasserfälle sind zu sehen, und wir gehen einmal links am Gebirgsbach **Ponturin**

Wasserfall auf dem Weg zum Lac de la Plagne.

vorbei und einmal rechts. Wer seinen vierbeinigen Begleiter dabei hat, kann diesen Weg (jedenfalls mit Hund) nicht gehen. "Chiens interdits, même tenus en laisse" ist überall in den Eingangsbereichen der Nationalparke zu lesen, so auch hier.

In der Tour 5 waren wir schon einmal am Rand dieses Nationalparks. Pralognan la Vanoise war einer der Orte, den wir dort besucht haben (siehe Seite 170). Wir sind Luftlinie nur 20 Kilometer davon entfernt. Über Straßen sind es aber gleich mehr als 60 Kilometer.

Dass wir 592 Kilometer von unserem Wohnort entfernt sind, lesen wir auf dem Schild in der Ortsmitte der rund 7000 Einwohner zählenden Gemeinde **Bourg-Saint-Maurice**, den Ort, den wir auf dem Weg zu den letzten beiden Zielen schon passiert hatten und den wir uns jetzt etwas näher anschauen wollen.

Schon erstaunlich, wie unterschiedlich Partnerstädte sein können. In Bourg-Saint-Maurice werden vermutlich an einem

Shopping mit einheitlicher Musikbegleitung in der Grande Rue.

Tag mehr Übernachtungsgäste gezählt, als in Altensteig im gesamten Jahr. Der touristische Erfolg stellte sich mit dem Bau der Skistationen **Les Arcs** ein. Gleich drei gibt es, die jeweilige Höhenlage ist gleich im Namen enthalten: Arc 1600, Arc 1800 und **Arc 2000**. Beim Bau hat man darauf geachtet, die Gebäude einigermaßen harmonisch in die Berglandschaft einzupassen. Bei Arc 2000 scheint uns das besonders gut gelungen. Nicht nur Wintersportfreunde suchen diesen charmanten Ort auf, Bourg-Saint-Maurice zählt auch viele Sommergäste. Eine Standseilbahn bringt Gleitschirmflieger mit ihren großen Gepäcksäcken nach Arc 1600, die sich dann flugs vom Startplatz den Hang hinunterstürzen und nach etlichen Drehungen und Wendungen zum Landeplatz hinuntergleiten. Der befindet sich nah an der Talstation der Standseilbahn, ideal für die Flieger. Da geht es dann gleich wieder hinauf. Es wird geflogen, was die Thermik hergibt, und der Himmel über dem Ort ist voller bunter Schirme.

Arc 2000, Skiort in Bourg-Saint-Maurice.

Partnerstadt Altensteig, unser Wohnort.

Gleitschirmflieger im Landeanflug.

Am Abend treffen Sie dann den einen oder anderen Flieger auf einem der beiden Campingplätze wieder, die sich für einen längeren Aufenthalt in der Stadt empfehlen. Camping Huttopia [**204:** N45°37'21.9" E6°47'05.2"] ist der etwas größere https://europe.huttopia.com, Camping Le Reclus [**205:** N45°37'34.7" E6°47'28.7"] der etwas kleinere und familiärere www.campinglereclus.com. Beide sind ganzjährig geöffnet. Die jeweiligen Ausstattungen und Preise entnehmen Sie bitte den genannten Webseiten.

Für den Outdoor-Enthusiasten gibt es in den Bergen von Bourg-Saint-Maurice eine Fülle an Angeboten, die wir Ihnen an dieser Stelle gar nicht alle präsentieren können. Auf der Seite von Les Arcs https://en.lesarcs.com finden Sie alle Sommer- wie Winterangebote zusammengefasst. Hier erfahren Sie alles über die VTT-Strecken, die Mountainkart-Abfahrten, die Bergbahnen, die bis zum 3227 Meter hohen **Aiguille Rouge** reichen, die Wanderstrecken und auch, wie Sie von diesem hohen Gipfel mit der 2021 neu eingerichteten **tyrolienne** an einem Seil über rund einen Kilometer wieder hinunterrutschen können.

Perfekt durchorganisiert, eventorientiert und sehr stark kommerzialisiert ist das Angebot in Les Arcs. Wem das nicht gefällt, der fährt weiter zu einem Platz, der ohne all diese modernen Freizeiteinrichtungen auskommt. Er liegt auch noch auf der Gemarkung von Bourg-Saint-Maurice, ist aber ganz schön weit weg. Der Platz hat einen ganz besonderen Charme. Um dorthin zu gelangen, müssen Sie 15 Kilometer über die Route des Grandes Alpes weiterfahren. Es geht jetzt ganz schön hoch und streckenweise werden Sie am Lenkrad kräftig arbeiten müssen, um die engen Kurven zu meistern und die 750 Meter Höhenunterschied zu bewältigen, bis Sie diesen Platz erreichen.

(206) Offizieller WOMO-Stellplatz: Bourg-Saint-Maurice – Les Chapieux

GPS: N45°41′46.2" E6°44′04.9", (1549m); 73700 Bourg-Saint-Maurice.

Max. WOMOs: >20, max. Länge 10 m. **Öffnungszeit:** Ganzjährig. **Ausstattung:** Frischwasserversorgung, Abwasserentsorgung mit Bodeneinlass, Kassettenentleerung, Behälter für die Müllentsorgung, WCs. **Beschreibung:** Großes, ebenes, zweigeteiltes Wiesengelände. Auf einem Teil stehen Wohnmobile und Wohnwagen, auf dem anderen sind Zelte aufgeschlagen. Nachts ist es hier am Torrent des Glaciers absolut ruhig.

Preise: Gebührenfrei. Um eine Spende wird gebeten.
Zufahrt: Über eine Nebenstraße, die von der D925 Bourg-St-Maurice – Beaufort abzweigt.

Es ist eine kunterbunte Mischung, die sich hier ein Stelldichein gibt. Da sind die Motorradfahrer, die sich ein Bier im schattigen Garten der **Auberge Refuge Nova** gönnen und in einem der Gästezimmer übernachten, um für den nächsten Tag wieder fit zu sein. Da sind die Radler, drahtige Kerle und Frauen, die sich auf eine Dusche in der Auberge freuen. Da sind die

Der 2892 Meter hohe Têtes des Bellaval.

Auberge Refuge Nova in Les Chapieux.

Kletterer und Bergsteiger, braungebrannt und durchtrainiert, die vor ihren kleinen Zelten hocken und ihre Ausrüstung für die Tour des nächsten Tages überprüfen. Und da stehen verstreut auf dem sehr großen Gelände die WOMOs. Vom kleinen Camper bis zum großen Luxusgefährt ist alles dabei.

Der Mont Blanc ist nicht mehr weit entfernt, nur 18 Kilometer Luftlinie. Sehen kann man ihn von hier aus allerdings nicht, dafür sind wir zu tief im Tal. Hohe Berge, wie der **Aiguille des Glaciers,** der **Têtes des Bellaval** und andere, versperren die Sicht.

Die Wandermöglichkeiten rund um diesen Ort sind nahezu unbegrenzt. Die einen lassen sich mit der Navette (siehe Seite 368) tief ins Tal hineinfahren und gehen den Wanderweg entlang des **Torrent des Glaciers** zur Auberge zurück. Das ist die einfachste Variante. Für die fünf Kilometer bei 300 Meter Gefälle benötigen Sie nicht viel mehr als eine Stunde. Die schwerste Variante ist die **TMB**, die **Tour de Mont Blanc**. Eine Wanderung von Hütte zu Hütte, einmal um den Mont Blanc herum. Das sind ungefähr 170 Kilometer, für die man – je nach Kondition – 11 bis 14 Tage braucht. Zwischen der kleinen Tour und diesem Gewaltmarsch gibt es zahllose andere Möglichkeiten, die Sie sich am besten vor Ort aussuchen. Nach einer ruhigen Nacht verlassen wir diesen Ort wieder.

Bergwelt und Almen am Cormet de Roselend.

Cormet de Roselend, Pass auf 1968 Metern Höhe.

Über den **Cormet de Roselend**, den Pass auf 1968 Metern Höhe, geht es auf der Route des Grandes Alpes weiter. Der Pass präsentiert sich als eine große breite Bergweide. An- und Abstieg sind längst nicht so steil, wie wir das bei anderen Pässen kennengelernt haben. Gleichwohl lohnt auch hier ein Zwischenstopp. Zahlreiche Wanderwege führen in die Bergwelt der Umgebung. Kuhglocken schallen über die Almen und es dauert eine Weile, bis Sie soweit in die Berge vorgedrungen sind, dass Sie dieses vielstimmige Geläut nicht mehr hören.

Weiter geht es zum 320 Hektar großen Stausee **Lac de Roselend**. Bis zur Abzweigung nach Arêches/Barrage de Roselend sind es vom Pass rund 13 Kilometer. Hier biegen wir in einer Haarnadelkurve von der D925 ab und fahren in Richtung Staumauer. Eine ganze Reihe von Parkmöglichkeiten stehen zur Wahl. Sie kommen an ihnen vorbei, wenn Sie die GPS-Koordinaten eingegeben haben, die Sie im folgenden Kasten finden. Die Koordinaten markieren den letzten Platz in dieser Reihe.

(207) WOMO-Stellplätze: Col du Pré/Roselend

GPS: N45°41'25.1" E6°35'52.8", (1695m); **Max. WOMOs:** 2 pro Platz, max. Länge 7 m. **Öffnungszeiten:** Von Mai bis Oktober. **Ausstattungen:** Keine. **Lagen:** **1.** Nach 600 Metern scharf links abbiegen, ein Platz direkt am See. **2.** Vor der Staumauer auf dem Platz mit einer Aussichtsplattform und Orientierungstafeln. Vor der Staumauer gibt es dorthin eine Auffahrt.

3. Hinter der Staumauer direkt am See (siehe nebenstehendes Foto).

Danach wird es eng! Es gibt weiter oben einige weitere schöne Parkplätze (einen davon haben wir von oben abgelichtet), aber die Fahrt dorthin ist herausfordernd. Die Straße ist sehr schmal, die Kurven sind sehr eng und teilweise sehr schlecht einzusehen. Mit Gegenverkehr kann es kompliziert werden. Letzte Station ist ein Parkplatz, auf dem Sie umkehren müssen, denn ab dort ist die weitere Fahrt für Wohnmobile untersagt. Nur PKW, Motorräder und Radler dürfen den Weg hinunter nach Arêches und zum Lac de Saint Guérin weiterfahren. In der Nacht tun auch sie das nicht, denn diese Pass-Straße wird bei Dunkelheit kaum befahren, wie wir bei Nacht in der Hochsaison erlebt haben.

Preise: Alle Parkplätze entlang der Straße sind gebührenfrei.

Zufahrt: Über eine Nebenstraße, die von der D925 Bourg St-Maurice – Beaufort abzweigt.

Eine Wanderung auf den 2108 Meter hohen **Roche Parstire** bietet wunderbare Blicke auf den Lac de Roselend und den Mont Blanc. Je nachdem, wo Sie Ihren Platz gefunden haben,

Blick vom Roche Parstire auf einen kleinen Teil des Lac de Roselend.

Blick vom Roche Parstire auf den Mont Blanc.

gehen Sie dazu zwischen 2,5 und 5 Kilometer bei Höhenunterschieden zwischen 350 und 500 Metern. Die Wege sind gut ausgeschildert, die Feldwege auch mit dem MTB befahrbar. Es ist ein beliebtes Wandergebiet. Bewirtschaftete und gut besuchte Hütten zwischen dem **Col du Pré** und dem Lac de Roselend weisen darauf hin und sind beliebte Rastorte von Wanderern und Radfahrern.

Bis nach **Arêches**, unserem nächsten Ziel, sind es nur sechs Kilometer. Eigentlich. Nur die Beschilderung am Col du Pré weist eindeutig darauf hin, dass eine Abfahrt mit Wohnmobilen zu diesem Ort nicht gestattet ist! Das hatten wir schon gesagt. Es bleibt uns also nichts anderes übrig, als über den Staudamm zurückzufahren und die D925 über Beaufort nach Arêches zu nehmen. Das sind rund 20 Kilometer.

(208) Offizieller WOMO-Stellplatz: Arêches

GPS: N45°41'02.8" E6°33'46.5", (1023m); 73270 Beaufort-Arêches.
Max. WOMOs: 15, max. Länge > 10 m. **Öffnungszeit:** Ganzjährig.

Ausstattung: Wasserver- und Abwasserentsorgung mit Bodeneinlass, Müllentsorgung.
Beschreibung: Asphaltierter Platz am Ortsrand. Nachts sehr ruhig. Die Versorgungseinrichtung befindet sich in einem Häuschen gleich hinter der Einfahrt. Eine WC-Kassettenentleerung ist hier nicht möglich. Dazu müssen Sie nach Beaufort zum Eingangsbereich des Campingplatzes fahren (7 km entfernt). GPS: N45°43'17.2" E6°33'48.8".
Preise: Gebührenfrei, Frischwasser 2,00 €, Abwasserentsorgung kostenlos.
Zufahrt: Über die D218A am Ortsausgang zu den Tennisplätzen abbiegen.

Nach so vielen Wanderungen und Aufenthalten ist es mal wieder an der Zeit, Frischwasser zu bunkern und die Entsorgungsaufgaben zu erledigen. Da bietet sich dieser Platz an. Nur das WC können Sie an dieser Stelle nicht mehr (wie früher gewohnt) entleeren. Dazu bietet sich eine Flot-Bleu-Station im Eingangsbereich des Campingplatzes in Beaufort an GPS: N45°43'17.2" E6°33'48.8".

Für eine Übernachtung ist der Platz am **Lac de Saint-Guérin** [**209:** N45°39'04.7" E6°34'53.7"] eine reizvolle Alternative. Hier haben Sie, wenn die Wandertouristen mit den PKW am Abend den Ort verlassen haben, den Blick auf den Stausee und die Berglandschaft fast für sich allein. Da können Sie am nächsten Tag ausgeruht starten und die in den Sommermonaten bewirtschaftete **Refuge de la Coire** in einer zweistündigen Wanderung erreichen. Der Weg ist etwas über sechs Kilometer lang, bei einem Höhenunterschied von 497 Metern (Parkplatz 1562 m, Hütte 2059 m).

Blick vom Wanderparkplatz auf den Lac de Saint-Guérin.

Die Strecke ist auch mit dem MTB zu befahren (abweichend vom Wanderweg), sie ist etwas länger und folgt dem Wirtschaftsweg, der zur Hütte hinaufführt. Details zur Hütte finden Sie hier https://refugedelacoire.fr.

Inzwischen wurde am Südufer des Sees für die Spaziergänger die **"Passerelle himalayenne"** eingerichtet. Die rund 80 Meter lange Fußgängerbrücke ähnelt den Brücken, über die wir in der Tour 3 (siehe Seite 133) berichtet haben. Nur ist sie bei Weitem nicht so hoch und so lang. Die Umrundung des Sees macht sie aber interessanter.

Schön herausgeputzt, der Käseort Beaufort.

Nach all den Wanderungen bietet der nächste Ort eine willkommene Abwechslung. Wir besuchen **Beaufort**, das Zentrum des **Beaufortain**, wie dieser Landstrich zwischen dem Cormet de Roselend und Albertville genannt wird. Wenn Sie den Ortsnamen mit Käse in Verbindung bringen, dann liegen Sie absolut richtig. Hier ist das Zentrum der Käseproduktion des Beaufort, der ein AOC (Appellation d'Origine Contrôlée) im Namen trägt, die geschützte Herkunftsbezeichnung für ein Qualitätsprodukt made in France. Der Käse wird in einer Kooperative hergestellt, die Sie besichtigen können. Die **Coopérative Laitière du Beaufortain** finden Sie 350 Meter vom Stellplatz entfernt in Richtung Ortsmitte auf der linken Seite. Virtuell können Sie hier schauen, ob sich ein Besuch für Sie lohnt www.cooperative-de-beaufort.com. In den Sommermonaten ist die Käserei von 9:00 bis 12:00 Uhr und von 14:00 bis 18:00 Uhr geöffnet. Natürlich können Sie im dazugehörigen Laden auch Ihre Käsevorräte aufstocken.

Im Reifekeller der Käserei.

Neben der Käserei ist der Besuch des alten Ortskerns von Interesse. Hier stehen die Häuser dicht gedrängt um die große **Église Saint-Maxime**, die typisch ist für die savoyardische Architektur. Die verwinkelten Gassen laden zu einem kleinen Bummel ein, der nicht viel Zeit in Anspruch nimmt.

Mehr Zeit benötigen Sie, wenn Sie sich z.B. in einem der Restaurants mit Spezialitäten aus der Region verwöhnen lassen

(210) Offizieller WOMO-Stellplatz: Beaufort

GPS: N45°43'10.8" E6°34'09.1", (724m); 6174 Avenue des Sports, 73270 Beaufort. **Max. WOMOs:** > 10, max. Länge > 10 m. **Öffnungszeit:** Von Juni – September.

Ausstattung: Wasserver- und Abwasserentsorgung mit Bodeneinlass, Müllentsorgung.

Beschreibung: Geschotterter, leicht staubiger Platz am Ortsrand. Laut durch die direkt vorbeiführende Hauptstraße. Die WC-Kassettenentleerung ist nur im Eingangsbereich des Campingplatzes möglich (900 Meter entfernt, System Flot Bleu). GPS: N45°43'17.2" E6°33'48.8".

Preise: Nur die Taxe de Sejour (Kurtaxe), 0,66€ p.P. pro Tag, ist zu entrichten. Der Betrag ist unter Angabe des Kennzeichens in eine bereitgestellte Box zu werfen.

Zufahrt: Direkt an der D925, Ortsausgang auf der linken Seite.

möchten. Natürlich geht es hier nicht ohne Käse. Bei einem Fondue savoyarde, einem Tartiflette savoyarde (Kartoffel-Käsegericht, deftig!) oder einem Croziflette (Nudel-Käsegericht, ebenso deftig!) lässt sich das nächste Reiseziel doch genussvoll besprechen, wo doch die Reisekasse in Beaufort nicht durch Stellplatzgebühren belastet wird. Nur 66 Cent Kurtaxe pro Tag und pro Person fallen an, man kann es kaum glauben. Einfache Mahlzeiten werden Ihnen an der Doron auf dem Marktplatz serviert, wo ein alter englischer Bus zu einem Restaurant umfunktioniert wurde.

Wir fahren die Route des Grandes Alpes weiter, weichen aber bald von der offiziellen Routenführung ab. An dieser Einmündung (GPS: N45°43'34.7" E6°31'52.4") verlassen wir die D925 und nehmen das schmale Sträßchen nach **Villard-sur-Doron** hoch. Die Ortsdurchfahrt ist auf einer Strecke von ca. 150 Metern sehr eng. Da kommen keine zwei Fahrzeuge aneinander vorbei. Das ist dann aber auch fast schon die einzige problematische Stelle auf dieser Strecke hinauf zum **Signal de Bisanne**. Bisanne 1500 und les Saisies ist am Ortsausgang ausgeschildert. Dieser Beschilderung folgen wir auf der D123 und schrauben uns Kurve um Kurve die Serpentinen hoch.

Signal de Bisanne, Aussichtspunkt mit Panoramarestaurant.

Sie werden am Wegesrand die eine oder andere Parkmöglichkeit finden, wir haben uns für diesen vergleichsweise teuren Stellplatz entschieden.

(211) Offizieller WOMO-Stellplatz: Le Grand Tetras

GPS: N45°44'51.6" E6°32'05.6", (1679m); 1634 Route du Mont Bisanne, 73620 Villard-sur-Doron. **Max. WOMOs:** 50, max. Länge > 10 m. **Öffnungszeit:** Ganzjährig. **Ausstattung:** Stromanschlüsse für alle Stellflächen. Wasserver- und Abwasserentsorgung mit Bodeneinlass, frostgeschützt, auf der Anlage frei zugänglich und bequem anzufahren. Sie befindet sich neben dem Haus auf dem Foto.

Beschreibung: Befestigte Plätze, überwiegend schattenlos, sehr ruhig. Leichter Zugang zu den umliegenden Wanderwegen und VTT-Strecken.

Preise: 19,00 € pro Tag, nur zahlbar mit EC-Karte an der Schranke bei der Einfahrt.

Zufahrt: Von Villard-sur-Doron kommend der D123 folgen und an der Abzweigung zum Signal de Bisanne vorbeifahren. Nach 700 Metern scharf links abfahren. Die Einfahrt liegt etwas versteckt und wird schnell übersehen. Orientieren Sie sich an einer Flot Bleu-Station und Müllcontainern auf der rechten Seite und fahren genau gegenüber links auf den Platz hinunter.

Bis zum Signal de Bisanne sind es zu Fuß rund drei Kilometer. Die Sicht von diesem Höhenrestaurant ist bei gutem Wetter einfach grandios. Im Norden sieht man die Chaîne

Blick zurück vom Signal de Bisanne. Auf der rechten Seite ist das Tal mit Arêche erkennbar. Der Lac de Saint-Guérin versteckt sich hinter den Bergen. Das macht auch der Lac de Roselend im Tal auf der linken Seite. Hinter der hohen Gebirgskette befindet sich Bourg-Saint-Maurice. Das quer verlaufende Tal im Vordergrund ist Teil des Beaufortain.

Tourismus pur, Les Saisies.

des Aravis, im Nordosten den oft umwölkten Mont Blanc, im Süden das Beaufortain, so wie auf dem Foto unten links. Für Gleitschirmflieger ist das ein Paradies. Ein Schwarm bunter Schirme kreist den Hang hinunter und entschwindet irgendwann aus dem Blick. Die bunten Almwiesen dienen den Tarentaise-Rindern als Futterquelle. Trotz der auf den ersten Blick romantisch anmutenden Weidewirtschaft wird spürbar, dass wir uns nunmehr in eine Region begeben haben, wo der Sommer- und der Wintertourismus ein entscheidender Wirtschaftsfaktor ist. Das wird in den Angeboten deutlich, wenn Sie z.B. schauen, was für diese kleine Region zwischen Les Saisies und dem Signal de Bisanne alles angeboten wird www.lessaisies.com. Hier ist schon alles stärker durchorganisiert und auf dem Stellplatz auf dem Col des Saisies stehen auch die WOMOs in Reih und Glied und nicht so kreuz und quer wie an anderen Orten.

(212) Offizieller WOMO-Stellplatz: Col des Saisies

GPS: N45°45'44.4" E6°32'01.4", (1654m); Route des Crêtes, 73620 Hauteluce. **Max. WOMOs:** 50, max. Länge 10 m. **Öffnungszeit:** Ganzjährig, max. Aufenthalt 7 Tage.

Ausstattung: Wasserver- und Abwasserentsorgung mit Bodeneinlass, WC-Kassettenentleerung (System Flot Bleu, siehe Seite 371), Müllentsorgung.
Beschreibung: Asphaltierter Platz am Ortsrand. Nachts relativ ruhig.
Preise: 8,00 € pro Fahrzeug Frischwasser/WC-Entsorgung 2,00 €, Abwasserentsorgung kostenlos. Kurtaxe 0,66 € pro Person.
Zufahrt: Über die D218B am Ortsende von Les Saisies auf der rechten Seite.

Trotzdem mussten wir auf ein Abendessen in dem Höhenrestaurant verzichten. Es hat auch in der Hochsaison leider nur mittags geöffnet.

Wer sich sportlich austoben will, findet hier mehr als genug Möglichkeiten, ebenso wie in **Megève**, dem nächsten Ort, den wir nun anfahren werden. Sei es mit langen Wanderungen oder auf den VTT-Strecken.

Bei den Wanderungen kann man fast sicher sein, in dieser Region eine oder auch mehrere Einkehrmöglichkeiten auf einer Strecke zu finden. Diese Hütten haben umfassendere Angebote auf der Speisekarte, als wir das von den bisherigen gewohnt waren. Das ist dann eher ein lukullisches Wandern, wenn wir es mal flapsig ausdrücken dürfen. Ein Angebot, das offensichtlich gern angenommen wird und auch gleichzeitig ein untrügliches Zeichen dafür ist, dass wir uns der touristischen Hochburg der französischen Alpen nähern.

Eine Wanderung dieser Art können Sie z.B. von diesem Wanderparkplatz [**213:** N45°49'05.6" E6°39'09.5"] auf 1491 Metern Höhe starten.

Am Ende des Platzes führt ein geschotterter Wirtschaftsweg hinauf. Folgen Sie den Wegweisern nach **Rochebrune**. Auf den nächsten sieben Kilometern finden Sie fünf bewirtschaftete Hütten unterschiedlicher Qualität. In alle können Sie gar nicht einkehren, soviel Kalorien verbrennen Sie nicht auf diesem Weg mit 300 Metern Höhenunterschied. Beim Kalorienverbrauch hilft die schöne Aussicht auch nicht, die man auf diesem Weg zweifellos hat. Ein Augenschmaus ist das wunderbare Panorama auf die Bergwelt von Megève und auf das Bergmassiv mit dem 2480 Meter hohen **Grandes Platières**, den wir in der Tour 1 bereits besucht haben. Um den Mont Blanc zu sehen, müssen Sie den Weg bis zum Ende nach Rochebrune gehen.

Hütte auf dem Weg nach Rochebrune.

Auf der Fahrt zu dem Stellplatz werden Sie den

Flugplatz bemerkt haben, der sich hier oben befindet. Wenn es Sie reizt, einen **Rundflug** um das Mont-Blanc-Massiv zu machen, hier können Sie starten www.megeve-tourisme.fr/activites-loisirs/activites-aeriennes.

Wir fahren weiter und besuchen nach langer Zeit mal wieder einen Stellplatz aus der Kategorie "nicht schön, aber praktisch", kaufen ein, nehmen alle Ver- und Entsorgungsaufgaben vor und sind damit für die nächsten Tage gerüstet. Wir erledigen das alles am Casino Supermarché in **Megève**, den wir mit diesen Angaben [**214:** N45°52'17.6" E6°37'50.5"] erreichen.

Von Megève nach **Saint-Gervais-les-Bains** sind es nur neun Kilometer. Der Stellplatz ist leicht zu finden, wenn Sie im ersten Kreisverkehr des Ortes die erste Ausfahrt nehmen und dem Hinweis "Centre ville" folgen.

(215) WOMO-Stellplatz: Saint-Gervais-les-Bains

GPS: N45°53'16.9" E6°42'46.6", (763m); 162 Impasse de la Cascade, 74170 Saint-Gervais-les-Bains. **Max. WOMOs:** >10, max. Länge > 10 m.
Öffnungszeit: Ganzjährig, max. Aufenthaltsdauer 24 h.

Ausstattung: Wasserver- und Abwasserentsorgung mit Bodeneinlass, WC-Kassettenentleerung, 2 Stromanschlüsse an der Versorgungssäule, Müllentsorgung.
Beschreibung: Asphaltierter Platz in Zentrumsnähe oberhalb des Flüsschens Le Bon Nant. Nachts relativ ruhig.
Preise: Gebührenfrei, Frischwasser 2,00 €, Stromanschluss 2,00 €, Abwasserentsorgung kostenlos. Bezahlt wird mit Jetons. Die bekommen Sie im Office de Tourisme. Sie finden es in der Ortsmitte, 500 Meter vom Stellplatz entfernt.
Zufahrt: Von der Avenue du Mont d'Arbois (D909) hinter der fahnengeschmückten Brücke über den Bon Nant rechts abbiegen.

Bäderarchitektur des 19. Jahrhunderts in Saint-Gervais-les-Bains.

Mit der Entdeckung einer Thermalquelle im Jahr 1806 begann die Geschichte des Thermalbades. Das Thermalwasser tritt unterhalb des Ortskerns in der Schlucht des Bon Nant mit einer konstanten Temperatur von 32°C aus. Die Kureinrichtungen befinden sich im Ortsteil **Le Fayet**, am Ende der Schlucht des

Bon Nant. Ein kleiner Kurpark mit einem reizvollen Wasserfall umgibt das Kurzentrum. Behandelt werden hier in erster Linie Erkrankungen der Haut und der oberen Atemwege. Erst in 2011 wurde begonnen, in den neuen Gebäuden der Anlage auch Wellness-Anwendungen anzubieten. Eine gute Übersicht zu den Angeboten finden Sie hier www.thermes-saint-gervais.com.

Im Zentrum von Saint-Gervais-les-Bains.

Die meisten Gäste kommen allerdings nicht wegen der Kureinrichtungen nach Saint-Gervais-les-Bains, sondern, um mit der **Tramway du Montblanc** zum Glacier de Bionassay zu fahren. Das ist zweifellos eine sehr attraktive Angelegenheit und der werden wir uns noch ausgiebig widmen, wie Sie auf der Seite 343 sehen können. Es lohnt an dieser Stelle, schon einmal einen Blick auf die Übersichtskarte des Mont Blanc-Gebietes zu werfen, die Sie auf der Seite 344 finden. Hier sehen Sie am linken Rand Saint-Gervais-les-Bains bereits verzeichnet. Was auf der Karte nicht mehr erkennbar ist, ist der 1833 Meter hohe **Mont d'Arbois**, der Hausberg des Ortes, von dem Sie einen wunderbaren Blick auf den Mont Blanc haben. Eine Seilbahn bringt Sie für 18,50 € hinauf und auch wieder hinunter, wenn Sie nicht mit Ihrem VTT den Berg hinunterfahren möchten, was auch an dieser Stelle – wie schon so häufig gesehen – möglich ist. Bis zur Talstation der Bergbahn sind es nur 700 Meter. Sie sind auf der Hinfahrt zum Stellplatz im Kreisverkehr daran vorbeigefahren.

Wir wechseln den Standort. Um einen freien Blick auf das Mont-Blanc-Massiv genießen zu können, lohnt die Fahrt nach **Plaine-Joux**, einer Bergstation auf der anderen Seite des Tales. Hier haben Sie freie Sicht auf das höchste Bergmassiv Europas, ohne das WOMO verlassen zu müssen. Um dort hinzukommen, fahren wir 21 Kilometer über Le Fayet in das Becken von Sallanches hinunter und über Passy wieder hinauf.

Ob Sie Glück mit dem Wetter haben werden, wissen wir natürlich nicht. An manchen Tagen wollen sich die Wolken um den Mont Blanc herum einfach nicht auflösen. Wir haben hier schon einmal zwei Tage gestanden, ohne ihn richtig gesehen zu haben.

Beim letzten Besuch hatten wir dagegen Glück und bestes Wetter, wie Sie auf dem Stellplatzfoto sehen können.

(216) Offizieller WOMO-Stellplatz: Plaine Joux

GPS: N45°57'04.7" E6°44'20.0", (1352m); 321 Chemin d. Parchets, 74480 Passy. **Max. WOMOs:** > 10, max. Länge 10 m. **Öffnungszeit:** Ganzjährig. **Ausstattung:** Wasserver- und Abwasserentsorgung mit Bodeneinlass, WC-Kassettenentleerung, Stromversorgung, Müllentsorgung, Dusche, WC. **Beschreibung:** Asphaltierter Platz am Waldrand mit einem großen offenen Wiesengelände im Vorfeld. Nachts absolut ruhig. Zahlreiche Wandermöglichkeiten, Gleitschirmstartplatz und Restaurants im Umfeld. **Preise:** 11,00 € pro Fahrzeug mit 2 Personen, Frischwasser 2,00 €, Stromanschluss 2,00 €, Abwasserentsorgung kostenlos. **Zufahrt:** Von Passy der D43 bis zum Ende folgen.

Das Naturschutzgebiet **Réserve naturelle de Passy** grenzt direkt an diesem Platz. Vom Wald bis zu den alpinen Wiesen ist die Fauna hier sehr vielfältig. Auerhähne, Gämsen, Steinböcke, Murmeltiere, Felsenschnee- und Birkhühner sind hier beheimatet. Mit etwas Glück können Sie Bartgeier, Steinadler und Mauerläufer beobachten. Wenn Sie in der freien Wildbahn die Tiere nicht entdecken, so können Sie einige davon im Parc Merlet (siehe Seite 347) beobachten.

Nun können wir uns bei der Beschreibung des Blickes auf das über 4000

La Porte Bleue, Skulptur von Joan Gardy Artigas aus dem Jahre 1973.

Blick vom Gleitschirmstartplatz Plaine Joux in das Becken von Sallanches. Am linken Bildrand ist die auf Pfeilern gebaute Route Blanche erkennbar, rechts daneben die Orte Chedde und Marlioz. Im Tal dahinter liegt Saint-Gervais-les Bains.

Meter hohe Bergmassiv und hinunter in das **Becken von Sallanches** auf 560 bis 570 Metern Höhe nur wiederholen. Wir lassen es. Die wenigen Bilder sprechen für sich. Wenn Sie die Gelegenheit haben, bei gutem Wetter hierher zu fahren, tun Sie es, genießen Sie es, Sie werden es nicht bereuen.

Weiter geht es. Wir fahren wieder hinunter in das Becken von Sallanches. In Passy nehmen wir am ersten Kreisverkehr die Ausfahrt auf die D13 und folgen den Hinweisschildern nach Chamonix, bis wir auf die N205 treffen. Hier fahren wir auf die Schnellstraße in Richtung Chamonix und bei der nächsten Abfahrt nach dem Tunnel auch gleich wieder ab. Über schmale innerörtliche Straßen gelangen wir zu diesem Platz.

(217) WOMO-Stellplatz: Les Houches – Lac des Chavants

GPS: N45°53'45.0" E6°46'52.7", (1013m); 124 Allée des Diligences, 74310 Les Houches. **Max. WOMOs:** >10, max. Länge > 10 m. **Öffnungszeit:** Ganzjährig.

Ausstattung: Öffentliches WC am Ufer des Sees.

Beschreibung: Simpler, geschotterter Parkplatz am Ortsrand neben dem kleinen Lac des Chavants. Freibad und Kinderspielplätze in unmittelbarer Nähe. Nachts ruhig. Bis zur Talstation der Télécabine du Prarion sind es 150 Meter, bis zur Talstation der Télécabine de Bellevue rund 1000 Meter. An beiden Stationen kommen Sie auf dem Weg zum Parkplatz vorbei.

Preise: Gebührenfrei.

Zufahrt: Siehe Übersichtskarte Seite 344.

Der Spazierweg um den See herum ist nicht lang (rund 500 Meter). Baden können Sie hier nicht, der See ist ein reines Fischgewässer.

Die Auswahl an Restaurants ist begrenzt. Empfehlen können wir "La Table des Granges", ein kleines, aber sehr feines Lokal in einem Wellnesshotel mit Außenterrasse und Blick auf das Mont-Blanc-Massiv. In Verbindung mit einem Abendspaziergang eine gute kulinarische Adresse. Die Speisekarte finden Sie hier www.deepnatureresorts.com.

Wir nähern uns dem Ende des Buches. Bevor wir es abschließen, haben wir noch von einigen Highlights zu berichten. Einer dieser Höhepunkte ist eine Fahrt mit der Tramway du Mont Blanc.

Die Tramway du Mont Blanc

Sie heißen Jeane, Marie und Anne und sind in den Farben Rot, Blau und Grün lackiert. Seit einigen Jahrzehnten transportieren diese drei Triebwagen mit ihren angehängten Waggons die Besucher von Le Fayet, dem Bahnhof von Saint-Gervais-les-Bains, zum **Nid d'Aigle**, dem Adlernest auf 2372 Metern Höhe. Der höchstgelegene Bahnhof Frankreichs wird nach einer Fahrt von mehr als zwölf Kilometern und einem Höhenunterschied von exakt 1291 Metern erreicht. Pünktlich wie ein Schweizer Uhrwerk versehen die betagten, aber mit neuester Technik versehenen Züge ihren Dienst. Ging es zu Beginn des Zugverkehrs Anfang des 20. Jahrhunderts noch mit Volldampf hinauf, so bringen nach der Elektrifizierung der Strecke seit langer Zeit kräftige Elektromotoren die Kraft auf die Antriebsräder und befördern die Fahrgäste in den leicht quietschenden und rumpelnden Waggons nach oben.

Unterwegs mit der Tramway du Mont Blanc.

Aussichtsterrasse des Bergrestaurants Nid d'Aigle.

Es gibt mehrere Haltestellen auf der Strecke. Kombi-Tickets mit der Télécabine du Prarion und/oder der Téléphérique de Bellevue sind möglich. Wo sich diese befinden, sehen Sie auf der Karte der folgenden Seite. Sie können also ganz nach Ihrem Belieben eine Kombination aus Seilbahnfahrt, Wanderung und der Fahrt mit der Zahnradbahn wählen. Nur müssen Sie sich an einem der Bahnhöfe für die Rückfahrt ein Nummernticket geben lassen. In der Hochsaison sind die Bahnen in der Regel voll be-

Chamonix-Mont-Blanc

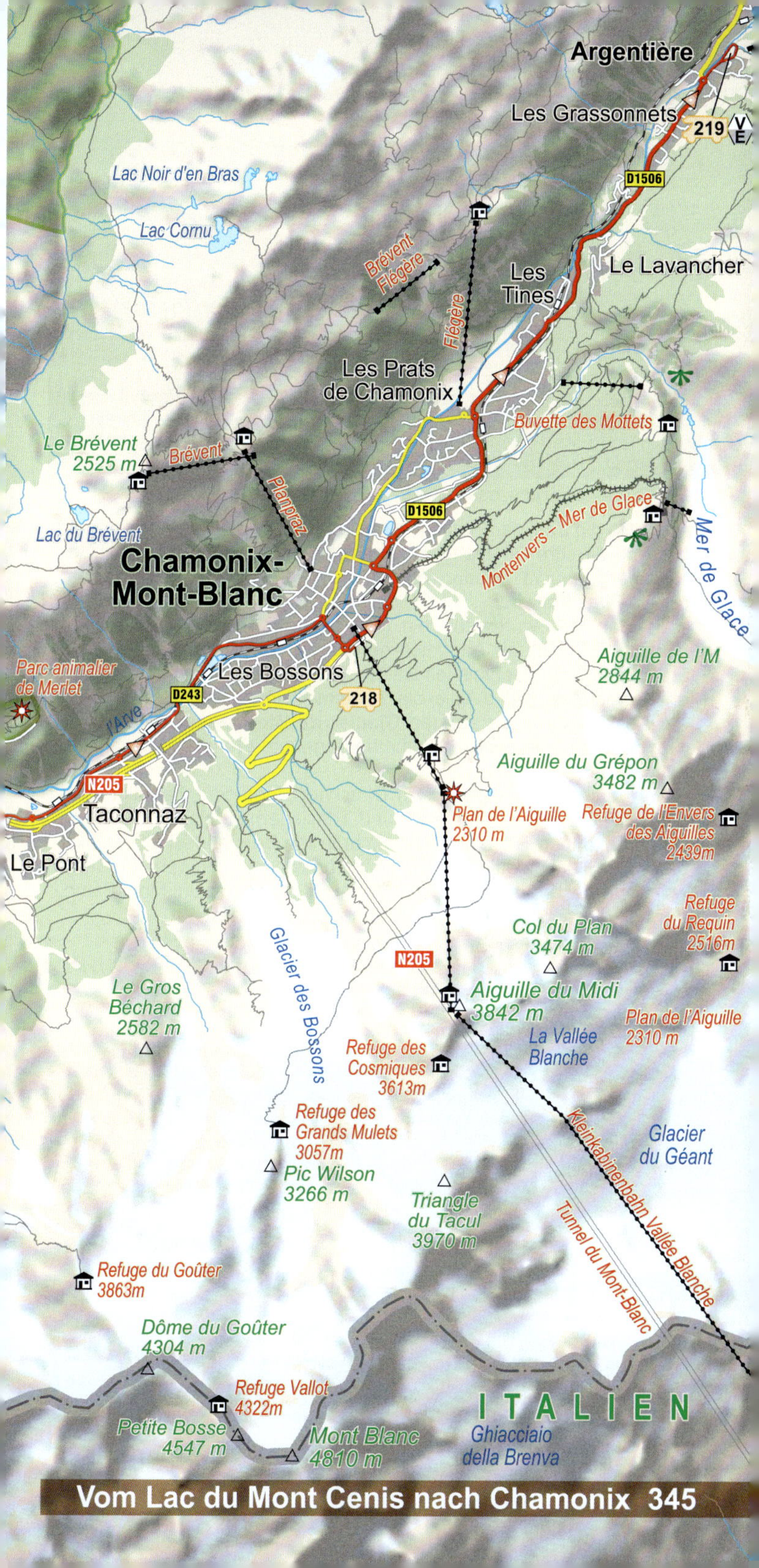
Argentière
Les Grassonnets
219
D1506
Lac Noir d'en Bras
Lac Cornu
Brévent Flégère
Flégère
Les Tines
Le Lavancher
Les Prats de Chamonix
Buvette des Mottets
Le Brévent 2525 m
Brévent
Planpraz
D1506
Montenvers – Mer de Glace
Mer de Glace
Lac du Brévent
Chamonix-Mont-Blanc
Parc animalier de Merlet
Les Bossons
218
D243
l'Arve
Aiguille de l'M 2844 m
N205
Taconnaz
Aiguille du Grépon 3482 m
Plan de l'Aiguille 2310 m
Refuge de l'Envers des Aiguilles 2439m
Le Pont
Refuge du Requin 2516m
Col du Plan 3474 m
Glacier des Bossons
N205
Aiguille du Midi 3842 m
Plan de l'Aiguille 2310 m
Le Gros Béchard 2582 m
La Vallée Blanche
Refuge des Cosmiques 3613m
Refuge des Grands Mulets 3057m
Glacier du Géant
Pic Wilson 3266 m
Kleinkabinenbahn Vallée Blanche
Triangle du Tacul 3970 m
Tunnel du Mont-Blanc
Refuge du Goûter 3863m
Dôme du Goûter 4304 m
Refuge Vallot 4322m
ITALIEN
Petite Bosse 4547 m
Mont Blanc 4810 m
Ghiacciaio della Brenva

Der Glacier de Bionnassay unweit des Bergrestaurants Nid d'Aigle.

setzt. Da die Zahl der Plätze limitiert ist, werden die Fahrgäste zuerst bedient, die ihre Rückfahrt zu einem bestimmten Zeitpunkt mit der Nummer "gebucht" haben. Wer das nicht gemacht hat, muss warten, bis ein Platz frei wird.

Die Bahnlinie wurde für rein touristische Zwecke konzipiert und gebaut. Sie sollte als Attraktion den zahlenden Kurgästen der Belle Epoque in Saint-Gervais-les-Bains die Bergwelt näherbringen. Von der Bergstation Nid d'Aigle bis zu dem kleinen Bergrestaurant mit der Aussichtsterrasse auf den **Glacier de Bionnassay** sind es nur wenige Meter, die auch vollkommen ungeübte Wanderer bewältigen können.

Wer den weiteren Weg bis zur Gletscherzunge geht, benötigt allerdings schon festes Schuhwerk und Trittsicherheit. Haben Sie diese erreicht, können Sie eine weite Sicht in die Berglandschaft westlich des Mont Blancs genießen. Die konditionsstarken und geübten Bergwanderer gehen mit entsprechender Ausrüstung bis zum Mont Blanc, der von dieser Stelle am einfachsten zu erreichen ist.

Blick vom Rand des Glacier de Bionnassay.

Nach diesem Ausflug in die Bergwelt steuern wir sogleich das nächste Ziel an, den **Parc animalier de Merlet**. Der Straße zu diesem Wanderparkplatz [GPS: N45°18'03.2" E7°04'47.7"] am Rande der Anlage ist allerdings eng und kurvenreich und die Zahl der Plätze sehr begrenzt und für Wohnmobile nur sehr bedingt geeignet. Für Kastenwagen sehen wir hier kein Problem. Wer jedoch mit einem größeren Mobil unterwegs ist, dem empfehlen wir, den Stellplatz Les Grands Montets (siehe Seite 359) aufzusuchen und mit der Bahn nach Les Houches zu fahren. Von der Bahnstation fährt eine Navette (siehe Seite 368) in kurzen Abständen hoch zu diesem attraktiven Tierpark, und wenn Sie mögen, können Sie einen Zwischenstopp an der Christusstatue einlegen. So wie das große Vorbild in Rio de Janeiro auf die südamerikanische Stadt an der Guanabarabucht hinabblickt, so schaut hier eine 25 Meter hohe Statue auf das Mont-Blanc-Massiv und auf Chamonix. Von der Berühmtheit des Corcovado ist sie allerdings weit entfernt.

Nun aber zum Parc Merlet, zu dessen Eingang Sie vom Parkplatz noch einen Kilometer bergan zu gehen haben. Wenn Sie mit der Navette fahren, sind es nur wenige Meter.

Der Parc Merlet

In einem rund 22 Hektar großen, eingezäunten Gelände können Sie freilaufende Steinböcke, Gämsen, Mufflons, Damwild, Sikahirsche, Lamas und Murmeltiere beobachten und sich ihnen auf den angelegten Wegen nähern.

Manchmal springt Ihnen das Damwild auch einfach vor die Füße und kreuzt Ihren Weg. Wie in der freien Natur haben auch hier die Murmeltiere keine große Lust auf Besucher. Sie lassen von sich hören, zeigen sich aber nicht gern.

Es ist also nicht so, dass es eine Garantie gibt, dass Sie die Tiere aus nächster Nähe sehen können. Ein Fernglas und/oder eine Kamera mit einem guten Teleobjektiv sind hilfreich, um die Tiere etwas intensiver betrachten zu können.

Eine Ausnahme ist der Alpensteinbock, der auf den lateinischen Namen Capra ibex hört und es sich auf dem Dach einer Berghütte gemütlich gemacht hat. Wie

Steinbock im Parc Merlet.

Blick vom Parc Merlet auf das Mont-Blanc-Massiv.

angewachsen verharrt er in stoischer Ruhe auf der Abdeckung eines Schornsteins, und würde er sich nicht gelegentlich umdrehen, könnte man ihn für eine Attrappe halten. Aber er ist lebendig, deshalb hat er es mit seiner fotogenen Ausstrahlung vor der malerischen Gebirgskulisse in dieses Buch geschafft und ziert sogar das Cover dieser Ausgabe. Neben der Tierwelt in diesem Park wird Sie der Blick auf das Mont-Blanc-Massiv beeindrucken, das sich in aller Pracht von dieser Stelle betrachten lässt, wie Sie auf dem Doppelseitenfoto beim Umblättern sehen konnten.

Vorbeihuschendes Damwild im Parc Merlet.

Wenn Sie vor Ort sind, werden Sie überwältigt sein von dem Blick, denn das Foto – auch wenn es einen guten Eindruck vermittelt – gibt nicht das wieder, was Sie mit den eigenen Augen sehen werden.

Kurzum: Ein Besuch dieses Parks, der von Anfang Mai bis Ende September geöffnet ist, lohnt sich. Auf dieser Seite www.parcdemerlet.com erfahren Sie mehr über den Park, über dessen Angebot sowie die genauen Öffnungszeiten und Eintrittspreise. Noch ein Hinweis zum Abschluss für alle die, die mit Hunden unterwegs sind. Ihr vierbeiniger Begleiter muss draußen bleiben.

Nachdem wir diesen außerordentlich schön gelegenen und weitläufigen Tierpark erkundet haben, wenden wir uns nun der letzten Stadt auf unserer Reise durch die französischen Alpen zu. Um diesen Ort mit dem klangvollen und bekannten Namen zu besuchen, stellen wir unser WOMO in unmittelbarer Nähe des Zentrums ab.

(218) Offizieller WOMO-Stellplatz: Chamonix-Mont-Blanc – Parking Grépon (Centre Ville)

GPS: N45°54′57.4" E6°52'11.2", (1036m); 200 Chemin À Batioret, 74400 Chamonix-Mont-Blanc. **Max. WOMOs:** >20, max. Länge > 8 m. **Öffnungszeit:** Ganzjährig. Im Winter kann es jedoch wegen Lawinengefahr ein Parkverbot für Wohnmobile geben.

Ausstattung: WC.
Beschreibung: Asphaltierter, gemischter Parkplatz am Ortsrand, nicht ruhig. 400 Meter bis zur Seilbahnstation. Die Stellflächen sind sehr eng, ein Rangieren manchmal sehr schwer und es besteht die Gefahr, zugeparkt zu werden.
Preise: Zeitabhängig, zwischen 8,50 € und 14,00 € für 24h.
Zufahrt: Der Parkplatz ist mit einem blauen P und "Aiguille du Midi" ausgeschildert.

Von diesem Parkplatz in unmittelbarer Nähe der Seilbahnstation auf die Aiguille du Midi sind es nur wenige Meter bis ins Zentrum. Dazu unterqueren Sie die innerörtliche Umgehungsstraße, gehen weiter bis zur Arve, überqueren diesen wild rauschenden Fluss und gehen noch einige Meter bis zur Bahnlinie. Sie queren auch diese, halten sich dann rechts und sind nun in der Rue du Dr Paccard, in der ein Restaurant an das andere grenzt. Das dauert insgesamt kaum fünf Minuten. Bis zur Place Balmat, dem Zentrum des Ortes, ist es jetzt auch nicht mehr weit.

Chamonix – mondäne Hauptstadt des Alpinismus

Für die Bevölkerung war die Region um Chamonix lange Zeit eine lebensfeindliche und unwirtliche Gegend. Bis zum 18. Jahrhundert war dieser Raum nur dünn besiedelt. Landwirtschaft war kaum möglich. Die Menschen, die sich hier niedergelassen hatten, lebten von der Hand in den Mund. Es gab lebensfreundlichere Regionen in Frankreich.

Gegen Ende des 18. und im 19. Jahrhundert änderte sich die Situation. Prämien wurden ausgelobt für die Erstbesteigung des Mont Blanc, Gletscher wie das Mer de Glace erregten plötzlich Aufmerksamkeit und mit der Entwicklung der Eisenbahn wurde das Tal der Arve so nach und nach erschlossen. Die ersten Luxushotels entstanden. Ende des 18. Jahrhunderts wurden 1500 Sommergäste gezählt, heute sind es zwei Millionen und noch einige mehr im Winter.

Die Tramway du Mont Blanc und die Montenvers-Bahn zum Mer de Glace wurden zu Beginn des 20. Jahrhunderts Anziehungspunkte für gut betuchte Reisende, die sich ohne Mühe und mit allem Komfort den Gletschern dieser Region nähern konnten. Gleichzeitig entwickelte sich der Alpinismus. Mit ihm kamen die Bergsteiger und auch der Wintersport hielt Einzug. Skigebiete wurden entwickelt. Von den Hängen am Brévent wedelten die Skifahrer hinunter und machten Chamonix zu einer beliebten Wintersportregion. Das ist auch heute noch so. Mit zahlreichen Wandermöglichkeiten sowie Startplätzen für die allgegenwärtigen Gleitschirmflieger, die mittlerweile in großer

Place Balmat im Herzen von Chamonix.

Zahl über Chamonix kreisen und den Himmel bunt gestalten, wurde das Angebot für Sommertouristen im Laufe der Jahre stark erweitert.

Der Durchbruch als Wintersportort gelang Chamonix als Austragungsstätte der ersten Olympischen Winterspiele der Geschichte. 258 Athleten aus 15 Ländern traten gegeneinander an und machten den Ort über Nacht weltberühmt.

Statue d'Horace-Bénédict de Saussure mit Jacques Balmat.

Das Zentrum von Chamonix ist erstaunlich klein. Rund um den Platz Balmat konzentrieren sich die Restaurants, Boutiquen und Souvenirläden. Nördlich und südlich davon schließen sich schnell Appartementsiedlungen und Hotelanlagen an, die architektonisch nicht immer besonders gelungen erscheinen. Viele davon entstanden in den Siebzigerjahren, als der Boom der touristischen Entwicklung einsetzte.

Am Rande der Place Balmat steht auf einer Brücke über die Arve vor dem Café La Terrasse eine Statue, die die Pioniere des Alpinismus, **d'Horace-Bénédict de Saussure** und **Jacques Balmat**, zeigt.

Saussure gilt als Vater der Alpenforschung und erwarb sich mit seinen Erkenntnissen in der Geologie und Glaziologie eine hohe Reputation unter den Naturwissenschaftlern.

Jacques Balmat war Bergsteiger und Bergführer und bestieg zusammen mit dem Arzt Michel-Gabriel Paccard im August 1786 als Erster den Mont Blanc. Er wies Horace-Bénédict de Saussure den Weg auf den höchsten Berg Europas und führte ihn zweimal hinauf.

Auch wir wollen uns nun auf den Weg zum Mont Blanc machen und folgen dem Fingerzeig Balmats.

Mit der Seilbahn auf die Aiguille du Midi

Bevor Sie gut gelaunt und fröhlich den hohen Preis für die Seilbahnfahrt auf die 3842 Meter hohe Aiguille du Midi lösen, sollten Sie sich ernsthaft die Frage stellen, ob diese Fahrt für Sie gesundheitlich vertretbar ist. Für Kinder unter drei Jahren ist die Fahrt untersagt, für die unter Fünfjährigen wird sie nicht empfohlen und schwangere Frauen sollten auch nicht hinauffahren. Was sind die Gründe?

Von der Talstation bis ganz nach oben legen Sie innerhalb von 20 Minuten rund 2800 Höhenmeter zurück. Mit zunehmender Höhe sinkt der Luftdruck und damit auch der Sauerstoff-Partialdruck in den Blutgefäßen. Es kann zu einer Verengung der Blutgefäße in der Lunge kommen, die zu einem Absinken des Sauerstoffgehalts im Blut und damit zu einer Sauerstoffunterversorgung des Körpers führen kann. Kopfschmerzen, Verwirrung und Sinnestäuschungen können die Folge sein. Sie atmen schwer und schnell und bekommen trotzdem nicht genug Luft. Wir haben die stärksten Kerle oben japsend auf den Ruhebänken liegen sehen. Sie werden überrascht sein, wie weich die Knie beim Treppensteigen in großer Höhe auf einmal werden und wie lange Sie für wenige Stufen brauchen, die Sie in gewohnten Umgebungen leichten Fußes erklimmen würden. Kurzgefasst: Wenn Sie mit dem Kreislauf Probleme haben, dann sollten Sie vielleicht besser nicht hochfahren.

Kabine der Seilbahn auf die Aiguille du Midi. Im Hintergrund der Glacier des Bossons.

Genug der Warnhinweise. Um die Fahrt antreten zu können, benötigen Sie in den Sommermonaten Geduld, sehr viel Geduld. Lange Schlangen bilden sich vor den Ticketschaltern, der Andrang ist groß, trotz des nicht geringen Fahrpreises. Der Aufenthalt auf dem Gipfel ist zeitlich begrenzt. Bei Ankunft bekommen Sie mitgeteilt, wann Sie wieder hinunterfahren müssen. Das variiert ein wenig, je nach Besucherandrang und Jahreszeit. Denken Sie auch bitte daran, wärmende Kleidung mitzunehmen, denn oben ist es frisch. Sicher ist es keine schlechte Idee, die Wartezeit durch den Kauf eines Online-Tickets abzukürzen. Auf dieser Seite www.montblancnaturalresort.com/fr/aiguille-du-midi erfahren Sie dazu alles Notwendige.

Die Spitze der Aiguille du Midi mit dem "Le Pas dans la Vide".

Ist alles erledigt, geht es in den großen Kabinen, die 65 Fahrgäste fassen, in flotter Fahrt nach oben. Nach wenigen Minuten ist die Zwischenstation **Plan de l'Aiguille** auf 2310 Metern Höhe erreicht. Von dieser Station haben Sie die Option, eine Wanderung bis zum Mer de Glace zu starten und von dort mit der Zahnradbahn wieder hinunter nach Chamonix zu fahren. Der Wanderweg ist nur rund sechs Kilometer lang. Bescheidene 400 Höhenmeter geht es auf diesem Weg hinunter.

Ohne eine Stütze führt die Seilbahn von der Zwischenstation weiter über eine Seillänge von drei Kilometern hoch zur Aiguille du Midi. Oben angekommen, haben Sie bei klarer Sicht einen wunderbaren Blick auf die Welt der Alpen und hinunter in das Tal der Avre mit Chamonix im Zentrum. Es kann aber auch passieren, dass Sie sich oberhalb der Wolken befinden oder in einer Wolke. Im letzten Falle sehen Sie so gut wie nichts. Sind Sie über den Wolken, so können Sie auf den Mont Blanc schauen und sehen unter Umständen einige Bergsteiger auf den Gipfel kraxeln. Wenn Sie von der Spitze der Aiguille auf die darunterliegende Seilbahnstation blicken, bekommen Sie bei hoch hängenden Wolken dieses Bild präsentiert. Bei wolkenlosem Himmel könnten Sie hinunter in das Tal sehen. Bei dieser Aufnahme wurden die Berglandschaft und das Tal nicht mühevoll mit Photoshop verdeckt, sondern Mutter Natur hat es so präsentiert und wir mussten nur auf den Auslöser drücken.

Über uns war blauer Himmel, wie Sie auf der vorangegangenen Seite sehen können. Von dort oben ist das Foto auf dieser Seite entstanden. Bei der Wolkenlage machte es wenig Sinn, sich bei **"Le Pas dans la Vide"** dem "Schritt ins Leere", anzustellen. In der Glaskabine, die Sie auf dem genannten Foto an der rechten Bildseite sehen und die die Größe einer Duschkabine hat, können Sie einen Schritt in den Abgrund

Blick von der Spitze der Aiguille du Midi auf die Seilbahnstation.

wagen. Kleiner Nervenkitzel, denn durch den Glasboden unter Ihren Füßen blicken Sie bei wolkenlosem Himmel rund 1000 Meter in die Tiefe. Wenn Sie Pech haben, sehen Sie nichts. Viel Zeit haben Sie nicht, um darauf zu hoffen, die Wolken könnten rasch vorüberziehen und einen Blick freigeben. Das Aufsichtspersonal achtet darauf, dass sich niemand zu lange in dieser Kabine aufhält. In rascher Folge werden die Besucher hier durchgeschleust.

Neben der Aussicht lohnt es sich, in den Innenräumen die Ausstellungen und eine Dokumentation über den Bau der Seilbahn anzuschauen. Eine Cafeteria und einen Souvenirshop gibt es natürlich auch. Gehobene exquisite Küche dürfen Sie hier allerdings nicht erwarten. Das Angebot bewegt sich auf dem Niveau eines klassischen Schnellrestaurants.

Wenn Sie stilsicher und etwas feiner essen möchten, dann gehen Sie in das **Restaurant "3842m"**. Hier werden Sie aber kaum einen Platz bekommen, wenn Sie nicht rechtzeitig vorher reserviert haben www.restaurants-altitude.com. In den Sommermonaten ist es täglich von 11:30 bis 15:30 Uhr geöffnet und bietet Platz für 30 Gäste. Dass die Preise ein etwas anderes Niveau haben als unten im Tal, versteht sich von selbst. Aber für ein Mittagessen im höchsten Restaurant Europas kann die Reisekasse schon mal etwas mehr strapaziert werden.

Nach dem Genuss savoyardischer Spezialitäten kann es nun mit der Seilbahn nach Italien weitergehen. Die Kleinkabinenbahn **Vallée Blanche** bringt Sie über den **Glacier du Géant** zur **Pointe Helbronner** auf 3462 Metern Höhe. Wenn bis hierher Ihr Bedürfnis an Seilbahnfahrten noch nicht gestillt ist, so können Sie auch noch bis nach Courmayeur ins Aostatal hinunterfahren. Von der Aiguille du Midi bis zur Pointe Helbronner werden hin und zurück rund zwei Stunden benötigt.

Die weiße Haube des Mont Blanc. Bei genauer Betrachtung ist eine Bergsteigergruppe oben auf der Höhe erkennbar.

Um wieder hinunter nach Chamonix zu kommen, wird Geduld benötigt. Dass Sie trotz reservierter Abfahrtszeit eine oder zwei Stunden warten müssen, um einen Platz in der Seilbahn zu bekommen, ist sicher keine Seltenheit. Wir haben es so erlebt und als nicht tragisch empfunden, denn für weitere Unternehmungen hätte die Zeit ohnehin nicht gereicht. Also legten wir eine Ruhepause ein, um am nächsten Tag dem Mer de Glace unsere Aufwartung zu machen.

Wie die allermeisten Besucher dieses Gletschers gehen wir nicht zu Fuß, sondern nehmen die Zahnradbahn. Der Bahnhof ist leicht zu finden. Er ist vielfach ausgeschildert und befindet sich in direkter Nachbarschaft zum "normalen" Bahnhof der SNCF in Chamonix.

Chemin de Fer du Montenvers

Wie die Tramway du Mont Blanc, die wir wenige Seiten zuvor beschrieben haben, ist auch die Chemin de Fer du Montenvers eine Zahnradbahn, die für touristische Zwecke angelegt wurde. Ging es zu Beginn noch mit Dampflokomotiven auf die etwas über fünf Kilometer lange Strecke, wurde sie im Laufe der Jahre modernisiert und elektrifiziert. Die heute noch in Betrieb befindlichen Waggons und Lokomotiven sind zwar technisch auf aktuellem Stand, in der Optik und Anmutung vermitteln aber auch sie einen Hauch von Nostalgie. Rund 20 Minuten dauert die Fahrt von Chamonix nach oben

Historische Dampflok der Montenversbahn am Bahnhof in Chamonix.

auf den Montenvers. 871 Höhenmeter werden dabei überwunden. Der Blick hinunter in das Tal ist dabei nicht ganz so spektakulär wie bei der Tramway du Mont Blanc. Oben angekommen, erwartet Sie ein Grand Hotel im klassischen Stil, das noch vor der Jahrtausendwende zum 20. Jahrhundert mit seinen 20 Zimmern den Bergsteigern und gut betuchten Gästen eine luxuriöse Unterkunft bot. Mit seiner Aussichtsterrasse auf das Mer de Glace ziert es viele Tourismusprospekte und machte den Ort zu einem Anziehungspunkt für viele Tagestouristen. Heute ist das Hotel die perfekte Location für Hochzeiten, runde Geburtstage und Seminarveranstaltungen. Aber keine Sorge, Ihren Café au lait können Sie auf der Terrasse immer noch trinken. Auf dem Weg dorthin können Sie sich die Geschichte des Bahnbaus anschauen, die auf vielen Tafeln bebildert dargestellt ist. Die historischen Aufnahmen zeigen auch, wie hoch der Gletscher vor rund 150 Jahren noch war.

Waren zu Beginn der touristischen Entwicklung nur wenige Besucher zu verzeichnen, so kommen heute jedes Jahr rund eine Million Menschen aus aller Welt an diesen Ort. Da der Blick auf den Gletscher allein nicht mehr zu reichen scheint, zumal er sich immer weiter zurückzieht, wurde mit der **Grotte de glace**, eine von Menschenhand geschaffene Höhle im Gletschereis, ein weiterer Anziehungspunkt geschaffen. Mit einer Seilbahn können Sie ein Stück hinunterfahren und müssen dann aber noch über 400 Stufen auf Stahltreppen zum Eingang der Höhle hinuntergehen, bevor Sie in die eisige Welt eintreten können. Da der Gletscher zunehmend

Der Gletscher Mer de Glace. Blick vom Wanderweg zur Plan d'Aiguille.

Unterwegs mit der Chemin de Fer du Montenvers.

Das Grand Hotel auf dem Montenvers.

Kühl ist es in der Grotte de Glace.

Auf dem Wanderweg zur Plan d'Aiguille.

an Höhe verliert, müssen die Treppen in die Tiefe von Jahr zu Jahr angepasst werden, um einen gefahrlosen Besuch zu gewährleisten. Bei unserem letzten Besuch in 2022 begannen die Bauarbeiten für den Umbau der gesamten Station. Eine neue Seilbahn wird errichtet, das **Glaciorum**, das sich mit der Entstehung und Entwicklung dieses Gletschers beschäftigt, wird für die Besucher neu gestaltet. Bis Ende 2024 soll der Umbau abgeschlossen sein. In den nächsten zwei Jahren werden Sie also mit Einschränkungen beim Besuch dieses Ortes rechnen müssen, auch wenn die Bauherren versprochen haben, diese für Besucher möglichst gering zu halten.

Neben dem Gletscher, dem Grand Hotel und dem Glaciorum lohnt es sich, die Wanderwege rund um den Montenvers ein wenig zu erkunden. Es muss ja nicht gleich der sechs Kilometer lange Weg zur Plan d'Aiguille sein, der über Stock und Stein zur Zwischenstation der Seilbahn führt, die wir einige Seiten zuvor genannt haben. Auch kürzere Wege, zum Beispiel zur **Buvette des Mottets**, einer kleinen Hütte, die nur 1,5 Kilometer vom Bahnhof Montenvers entfernt ist, lohnen sich zu gehen. Sie bieten immer wieder fantastische Ausblicke auf das Mer de Glace und die Bergwelt der Umgebung. Bleibt noch zu erwähnen, dass Sie, im Gegensatz zur Seilbahn auf die Aiguille du Midi, Ihren vierbeinigen Begleiter in der Chemin de Fer du Montenvers mitnehmen dürfen.

Nun wird es ein wenig wehmütig, denn wir fahren den letzten Stellplatz auf dieser Reise an.

(219) Offizieller WOMO-Stellplatz:
Chamonix-Mont-Blanc – Les Grands Montets

GPS: N45°58'44.9" E6°55'32.0", (1233m); Chemin des Arberons, 74400 Chamonix-Mont-Blanc. **Max. WOMOs:** > 50, max. Länge > 10 m.
Öffnungszeit: Ganzjährig.
Ausstattung: Frischwasserversorgung, Abwasserentsorgung mit Bodeneinlass, Kassettenentleerung, Behälter für die Müllentsorgung.
Beschreibung: Geschotterter Platz am Ortsrand, nachts absolut ruhig. Die Ver- und Entsorgungsanlage ist an der Zufahrt zum Parkplatz angelegt und kann sehr bequem und ohne Rangieraufwand angefahren werden. Sie ist auch nutzbar, wenn Sie keine Übernachtung auf dem Platz einplanen.
Preise: Gebührenfrei, die Ver- und Entsorgung ist kostenlos.
Zufahrt: Den Hinweisen zur Seilbahn "Les Grands Montets" folgen. Der Stellplatz liegt in unmittelbarer Nähe der Talstation.

Noch einmal gilt es, den Blick auf das Mont-Blanc-Massiv zu genießen, auch wenn es nur noch in der Ferne zu erkennen ist. Auch von diesem Platz ist ein Ausflug in die Gebirgswelt möglich. Auf den 3295 Meter hohen Aiguille des Grands Montets führt eine Seilbahn, die Sie rasch hinaufbringt. In der Höhe können Sie sich mit einem Blick auf den **Glacier d'Argentière** von der Bergwelt der französischen Alpen verabschieden.

Nach der Rückkehr auf den Stellplatz machen wir uns auf den Heimweg. Über den 1461 Meter hohen **Col des Montets** geht es hinüber in die Schweiz. Etwas mehr als 30 Kilometer sind es bis Martigny am Rhôneknie. Dort treffen wir auf die A9 und setzen unsere Heimreise fort.

Wir danken Ihnen, dass Sie uns begleitet haben, und freuen uns, wenn Ihnen dieses Buch gefallen hat.

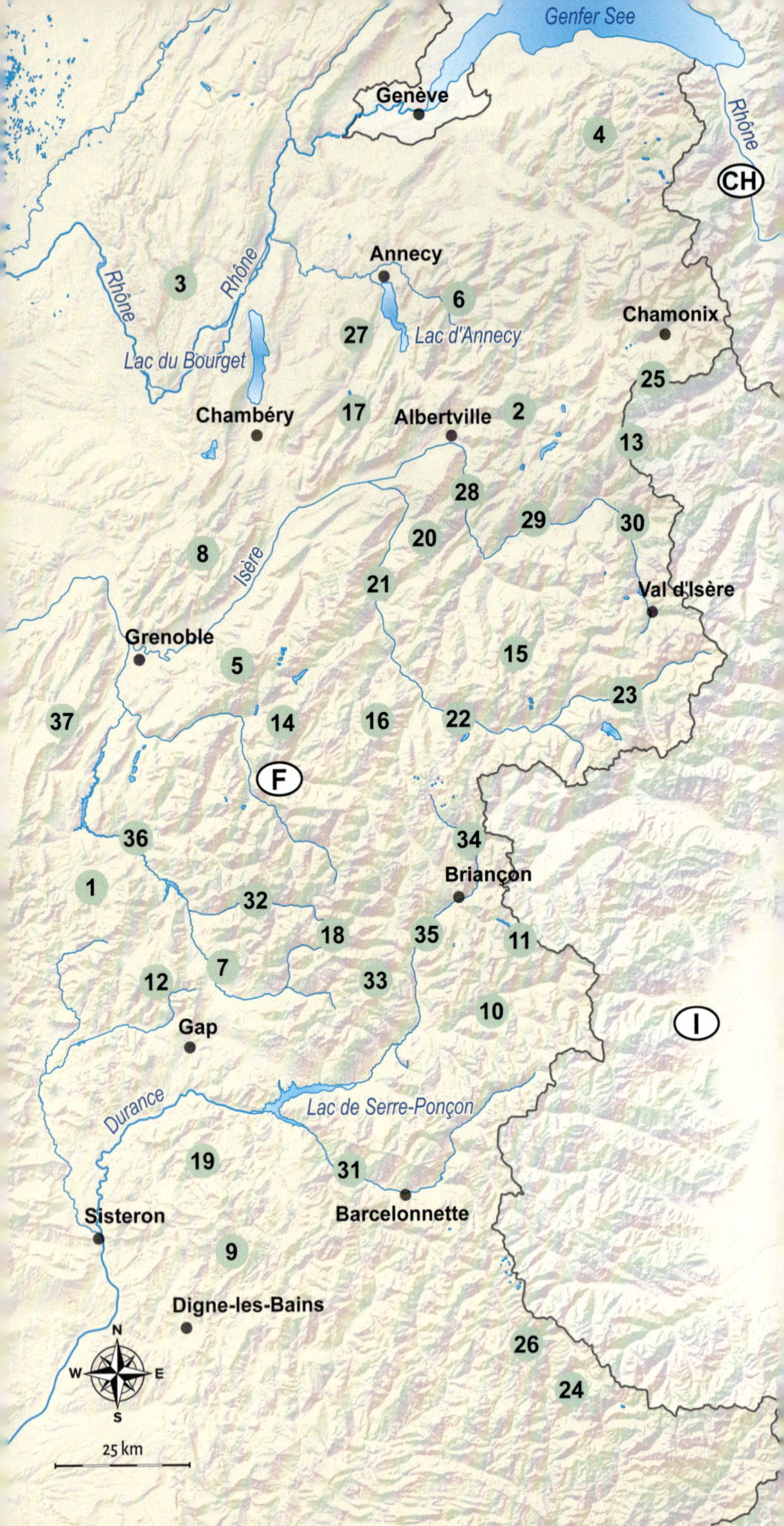
Genfer See
Genève
Rhône
CH
4
Annecy
6
Rhône
3
Rhône
27
Lac d'Annecy
Chamonix
Lac du Bourget
25
Chambéry
17
Albertville
2
13
28
29
30
8
20
Isère
21
Val d'Isère
Grenoble
5
15
23
37
14
16
22
F
34
36
Briançon
1
32
18
35
11
7
12
33
10
I
Gap
Durance
Lac de Serre-Ponçon
19
31
Sisteron
Barcelonnette
9
Digne-les-Bains
N
W
E
S
26
24
25 km

Landschafts- und Gebirgsnamen der französischen Alpen

Nicht jedem sind die Landschafts- und Gebirgsnamen der französischen Alpen bekannt. Auch ist nicht immer klar, wo die jeweilige Landschaft oder der Gebirgszug zu suchen ist. Dieses grafische Stichwortverzeichnis soll dazu dienen, wenigstens annähernd die Namen der Täler und Gebirge, die in den Texten verwendet wurden, zu verorten.

1 Bassin du Trièves
2 Beaufortain
3 Bugey
4 Chablais
5 Chaîne de Belledone
6 Chaîne des Aravis
7 Champsaur
8 Chartreuse
9 Clues de Barles
10 Combe du Queyras
11 Cottische Alpen
12 Dévoluy
13 Grajische Alpen
14 Grandes Rousses
15 Massif de la Vanoise
16 Massif des Arves
17 Massif des Bauges
18 Massif des Écrins
19 Massif des Monges
20 Massif Lauzière
Maurienne
21 Basse-Maurienne
22 Moyenne-Maurienne
23 Haute-Maurienne
24 Mercantour
25 Mont Blanc
26 Seealpen
27 Semnoz
Tarentaise
28 Basse Tarentaise
29 Moyenne Tarentaise
30 Haute Tarentaise
31 Ubaye
32 Valgaudemar
33 Vallée de Freissinières
34 Vallée de la Clarée
35 Vallée Haute Durance
36 Vallée du Drac
37 Vercors

Angeln

Angeln ist beliebt in Frankreich. Es gibt kaum einen See, an dem nicht ein Angler steht oder sitzt. Wer diesem Hobby oder Sport nachgehen möchte, kann dies nur mit einer „carte de pêche" tun, die Sie im „office de tourisme“ des jeweiligen Ortes erwerben können. An den Fischgewässern stehen große Tafeln, die auf die örtlichen Bedingungen hinweisen. Grundlegende Informationen erhalten Sie hier http://de.cartedepeche.fr.

Apotheken

Sie sind an der grünen Leuchtreklame, in der Regel ein fluktuierendes Kreuz, erkennbar. Ist es in Betrieb, so ist die Apotheke auch geöffnet.

Autobahnen

Auch wenn keine unserer Routenbeschreibungen über Autobahnen führt, so werden Sie bei der An- und Abreise oder abweichend von unseren Routen wahrscheinlich Autobahnen nutzen. Hier gilt zu beachten: Französische Autobahnen kosten in der Regel Maut, und die ist happig. Dagegen ist die Vignette oder die Schwerverkehrsabgabe für Fahrzeuge über 3,5 t in der Schweiz ein echtes Schnäppchen. Die Umfahrungen der Großstädte sind gebührenfrei, das merken Sie sofort am Verkehrsaufkommen. Sobald ein **"péage"** auf den großen blauen Entfernungstafeln den gebührenpflichtigen Abschnitt einer Autobahn ankündigt, nutzen viele Fahrzeuglenker die letztmögliche kostenlose Abfahrt und es wird deutlich ruhiger auf der Autobahn, die sich im Übrigen angenehm und stressfrei fahren lässt.

Autobahnmaut

Vor den Mautstationen weitet sich die Autobahn, es gibt zahlreiche Durchgangsstationen, einige höhenbegrenzt nur für PKW, andere ohne Höhenbegrenzung. Eine dieser Durchgangsstationen muss angefahren werden. Eng sind sie und Sie müssen schon ziemlich dicht an den Automaten heranfahren, um ohne auszusteigen oder die Tür zu öffnen an das Ticket heranzukommen, das der Automat Ihnen blinkend entgegenstreckt. Macht er es nicht automatisch, so gibt es noch einen Knopf, den man drücken muss, um an das Ticket zu kommen. Die Schranke öffnet sich und weiter geht es. Die Bedienmöglichkeit dieser Automaten ist manchmal nicht optimal für WOMO-Fahrer. Die Ausgabe des Tickets ist unter Umständen in zwei Etagen angelegt, für PKW und für LKW. Die WOMO-Besatzung sitzt in der Höhe zwischendrin und muss den Arm lang machen, entweder nach unten oder nach oben, um sich das Ticket zu angeln.

Bezahlt wird, wenn Sie die Autobahn verlassen oder wenn ein gebührenpflichtiger Abschnitt zu Ende geht. In beiden Fällen warten wiederum Automaten. Ticket rein, der Schlitz ist deutlich und eigentlich unverwechselbar beschriftet. Die Gebühr wird angezeigt und dann wird der Automat entweder mit Scheinen und Münzen gefüttert oder Sie verwenden Ihre EC- oder VISA-Karte, jeweils ohne PIN. Das geht am schnellsten und ist sehr bequem. Wer noch die Taste "Reçu" drückt, erhält eine Quittung.

Der Bezahlvorgang geht schneller, wenn Sie ein System für die "Telemaut" installiert haben. Dann können Sie die Fahrspuren, die mit einem gelben "t" markiert sind nutzen. Die Schranke öffnet sich dann automatisch. Für den Erwerb und/oder die Installation eines Gerätes schauen Sie bitte hier www.bipandgo.com oder hier www.maut1.de nach.

Baden/Wellness

Wellnesstempel mit einem Wohnmobilstellplatz daneben, wie wir sie in unseren anderen Büchern von Schleswig-Holstein bis Bayern vorgestellt haben, gibt es in den Französischen Alpen kaum. Vorhandene Kurbäder dienen in erster Linie der gesundheitlichen Vor- oder auch Nachsorge.

Dagegen gibt es einige große Badeseen. Sie sind in den Sommermonaten sehr stark frequentiert und neben den Badegästen gibt es hier häufig ausgewiesene Areale für Wind- und Kitesurfer.

Die großen Campingplätze bieten in der Regel immer mehrere Bademöglichkeiten. Hierzu zählen Pools mit Wasserrutschen oder auch Badestrände an Seen, die nur für die Campingplatzbenutzer zugänglich sind.

Berg- und Seilbahnen

Die Zahl der Berg- und Seilbahnen in unserem Reisegebiet ist hoch. Darüber hinaus gibt es einige Standseil- sowie Zahnradbahnen. Wer in der Vor- und Nachsaison unterwegs ist, wird sie in den meisten Fällen nicht nutzen können, da sie außer Betrieb sind oder bestenfalls nur an den Wochenenden Bergwanderer und VTT-Fahrer hochfahren. Für die touristischen Hochburgen, wie zum Beispiel Chamonix, gilt das allerdings nicht, dort sind sie außer in einer Revisionszeit im Spätherbst das ganze Jahr über in Betrieb. In den Sommermonaten Juli und August fahren diese Bahnen dagegen unablässig, in der Regel aber auch nur bis zum späten Nachmittag.

Berghütten

Während einer langen Wanderung unterwegs einzukehren, um sich in einer Berghütte zu stärken und etwas Kühles zu trinken, werden wohl die allermeisten Outdoorfans als angenehm empfinden. Wir waren in einigen Hütten und haben sie auch im Text aufgeführt. Auf den Tourenkarten zu Beginn jedes Kapitels sind sie mit einem Symbol markiert. Schauen Sie dazu bitte auch noch einmal auf die Zeichenerklärung.

Campingplätze

Es gibt sehr viele Campingplätze in den Alpen. Wir haben nicht alle aufgenommen, sondern sehen sie als Alternative zu nicht vorhandenen Stellplätzen. Wir wählen einen Campingplatz aber auch dann, wenn er besonders schön an einem Fluss oder einem See liegt, während der ausgewiesene Stellplatz nur eine Ecke auf einem Großparkplatz an einer viel befahrenen Straße ist, in der Nähe einer stark frequentierten Bahnstrecke liegt oder aus anderen Gründen unattraktiv erscheint.

Departements

In den Tourenkarten sind die Grenzen der Departements ausgewiesen und mit grüner Schrift sind sie inklusiver ihrer Nummern vermerkt. Die Departements haben für die regionale Werbung der Touristikämter eine große Bedeutung. Die Nummerierung der Departementstraßen endet für gewöhnlich an der Grenze, ohne dass sich an der Straße etwas ändert.

Fahrräder

Es gibt wohl kaum eine größere Radfahrnation als Frankreich. Wenn Sie es gewohnt sind, mit dem Rad unterwegs zu sein, werden Sie sich hier rasch wohlfühlen. Ein E-Bike ist dabei bei den vielen Steigungs- und Gefällstrecken von großem Vorteil. Allerdings werden Sie in den Alpen kaum klassische Radfahrwege vorfinden, wie Sie das vielleicht von Norddeutschland kennen. Hier wird auf der Straße gefahren, was nicht immer einfach ist. Geübte Rennradler flitzen die Pässe ohne elektrische Unterstützung hoch. Sie kommen aus aller Herren Länder und folgen den Routen der Tour de France.

Hilfreich dafür sind Schilder oder Kilometersteine an den Pass-Straßen. Sie geben das Ziel an, die noch zurückzulegende Strecke, die Steigung und die jeweiligen Höhenmeter, wo Sie sich gerade im Vorbeifahren befinden. Der Stein auf dem Foto ist ein Beispiel. Bei anderen Pässen finden Sie abweichende Formen und Farben. Der Inhalt ist jedoch immer der gleiche. Die Informationen sind auch für WOMO-Fahrer auf den Pass-Strecken durchaus nützlich.

Eine besondere Spezialität sind die VTT-Strecken im bergigen Gelände. Lesen Sie dazu die Bemerkungen auf der Seite 374.

Französisch-Kenntnisse

Geht es auch ohne Französisch-Kenntnisse? Unsere Sprachfertigkeiten sind weit entfernt davon, perfekt zu sein. Doch mit Grundkenntnissen in der Landessprache kommen Sie gut durch. In den Touristenhochburgen hilft Englisch sehr gut weiter, vielfach sind wir auch mit deutschsprachigen Fremdenführern in Kontakt gekommen. Kurzum: Man muss nicht perfekt französisch sprechen, um dieses Land oder in unserem Falle diese Region bereisen zu können. Ein freundliches "Bonjour" ist als Minimalanforderung aber schon notwendig, denn das hören Sie bei jeder Begegnung, z.B. bei einer Wanderung, immer in einem freundlichen Ton. Da wäre es sicher unhöflich, nicht entsprechend zu antworten. Ein Sprachkurs an der VHS im Vorfeld der Reise schadet natürlich nicht. Und dann gibt es ja noch die technischen Hilfsmittel, wie Wörterbücher oder Übersetzungstools als App fürs Smartphone.

Freies Campen/Freies Übernachten

Die topographischen Verhältnisse in den Alpen lassen nicht so viel Raum, irgendwo abseits zu stehen, wie das in flacheren Landschaften möglich ist. Dennoch werden Sie auch auf den kleinsten Parkplätzen, auf den Pässen und Zufahrten zu den Almwiesen immer wieder Wohnmobile stehen sehen, die dort eine Nacht verbringen. So lange es nicht ausdrücklich untersagt ist und keine dringend benötigte Zufahrt behindert wird, hat auch niemand etwas dagegen.

Gasversorgung

Mit zwei gefüllten 11 kg-Flaschen kommen Sie in den Sommermonaten gut zurecht. Wir haben in Frankreich bislang noch nicht vor dem Problem gestanden, kein Gas mehr zu haben. Wir wissen, dass es Adapter im Campingfachhandel gibt, die es erlauben, deutsche Gasflaschen in Frankreich auffüllen zu lassen. Wir haben dergleichen bislang nicht benötigt und auch noch nicht vermisst und können Ihnen deshalb aus eigener Erfahrung keine weiteren Tipps geben.

Geschwindigkeitsbegrenzungen

Die Geschwindigkeitsbegrenzungen sind abweichend von denen in Deutschland.

Autobahnen: Für Fahrzeuge bis 3,5 t: 130 km/h (wer den Führerschein noch nicht länger als drei Jahre hat: 110 km/h), bei Nässe 110 km/h, für Fahrzeuge über 3,5 t: 90 km/h.

Schnellstraßen (4-spurig): Für Fahrzeuge bis 3,5 t: 110, für Fahrzeuge über 3,5 t: 90 km/h. Andere Straßen außerorts: 80 km/h

Innerörtliche Straßen: 50 km/h, in verkehrsberuhigten Zonen und an Gefahrenstellen: 30 km/h. Diese werden in der Regel durch sogenannte **Ralentisseurs** begrenzt, wie auf dem Foto eine zu sehen ist. Diese in deutscher Sprache "Bremsschwellen" genannten Erhöhungen der Fahrbahn dürfen Sie mit 30 km/h überfahren. Das machen Sie aber garantiert nur einmal. Die Reaktion aus Ihrem Wohnteil wird laut ausfallen, wenn der hintere Teil Ihres Fahrzeugs einen Hüpfer macht. Bestenfalls hören Sie nur ein lautes Geklapper in der Besteckschublade, es kann aber auch sein, dass Sie nach der Überquerung dieser Schwelle hinterher etwas aufräumen müssen, wenn Sie mit 30 km/h darübergefahren sind. Die nächste Bremsschwelle nehmen Sie dann sicher im Schritttempo. Diese Bremsschwellen sind nicht genormt, manche sind relativ steil, manche relativ flach. Manchmal ist die 30er Zone farblich abgesetzt, meistens jedoch nicht. Die weißen Dreiecke auf der Fahrbahn sind aber in der Regel immer zu sehen. Nähern Sie sich diesen, heißt es, das Bremspedal zu betätigen.

Verliebt haben wir uns nicht in die Ralentisseurs, wollen aber gern zugestehen, dass sie ganz sicher einen Beitrag zur Verkehrssicherheit an Schulen, Kindergärten und anderen Übergängen leisten.

Geschwindigkeitskontrollen und Bußgelder

Wie in Deutschland auch, gibt es Radarstationen, feste und natürlich auch mobile. Allerdings sind sie in Frankreich nicht so zahlreich wie hierzulande. Geschwindigkeitsübertretungen werden dafür mit höheren Bußgeldern als in Deutschland belegt.

Hier zeigen wir eine kleine Auswahl aus dem französischen Bußgeldkatalog: Falschparken ab 15 €, rote Ampel missachten ab 90 €, überhöhte Geschwindigkeit bis 20 km/h ab 70 €, bis 50 km/h ab 1500 €, überholen im Überholverbot ab 90 €, Alkohol am Steuer ab 135 € und/ oder Fahrverbot.

Bußgelder werden auch in Deutschland eingetrieben, wenn es sich nicht gerade um einen Bagatellbetrag handelt.

Gesundheit

Das Hochgebirgsklima kann zu gesundheitlichen Problemen führen. Denken Sie daran, dass der Luftdruck mit zunehmender Höhe absinkt und die Sauerstoffversorgung des Organismus unter Umständen nicht mehr optimal funktioniert. Dies ist individuell sehr unterschiedlich und hängt von Ihrem allgemeinen Gesundheitszustand und Ihrer Fitness ab. Informieren Sie sich hierzu im Internet unter dem Stichwort "Höhenkrankheit" über die Risiken oder fragen Ihren Hausarzt. Wirklich problematisch wird es nur bei einem Aufenthalt und Wanderungen im Hochgebirge. Solange Sie sich in den Tälern und in den mittleren Bereichen bis 2000 oder 2500 Metern Höhe aufhalten, gibt es in der Regel keine Probleme.

Gleitschirmfliegen

Dieser Sport ist mittlerweile eine sehr beliebte Freizeitbeschäftigung geworden. Die französischen Alpen bieten dafür ideale Bedingungen. Sie werden viele Startplätze finden, insbesondere rund um Annecy und Chamonix. An diesen und anderen Orten werden Sie Werbung für "parapente", wie Gleitschirmfliegen auf Französisch heißt, finden. Sie können die Flugtechniken vor Ort erlernen oder sich einem erfahrenen Gleitschirmflieger anvertrauen und einen Tandemflug buchen.

GPS/Navigation

Ohne ein Navigationsgerät ist heute wohl niemand mehr unterwegs. Eine Übersicht bieten sie jedoch nicht und eine räumliche Orientierung vermitteln sie auch nicht. Nehmen Sie ergänzend zu Ihrem Navi eine gute Landkarte zur Hand, damit Sie ein Gefühl dafür bekommen, in welcher Lage sich die einzelnen Städte oder Sehenswürdigkeiten zueinander befinden. Wundern Sie sich bitte auch nicht, wenn im Hochgebirge Ihr Navi gelegentlich durcheinanderkommt. Es kann Ihren Standort immer nur dann genau wiedergeben und Sie leiten, wenn es das GPS-Signal vom Satelliten auch einwandfrei empfängt. Hier können Steilwände und enge Täler dem Gerät einen Streich spielen und es spielt scheinbar verrückt. Es ist ähnlich wie in einem Tunnel, dort haben Sie auch kein Signal.

Die GPS-Daten, die wir in diesem Buch angegeben haben, müssen Sie nicht mühsam abtippen. Der Verlag stellt Ihnen die Daten als kostenlosen Download zur Verfügung. Gehen Sie dazu auf www.womo.de. Dort werden Sie rasch fündig.

Grenzen

Wir befinden uns in den Grenzgebieten zur Schweiz und Italien. Die Schweiz ist ein Land, das bekanntlich nicht zur EU gehört. Das ist heute bei Grenzübertritt kein Problem mehr, nachdem die Eidgenossen dem Schengener Abkommen beigetreten sind. In der Regel findet eine Kontrolle nicht statt. Bei einem Grenzübertritt in die Schweiz müssen Sie allerdings auf die Vignette (bis 3,5 t) oder die Schwerverkehrsabgabe (ab 3,5 t) achten. Mehr dazu finden Sie auf der Seite 374 und auf der Seite 370.

Hinweistafeln "Toter Winkel"

Zum Schutz der Radfahrer müssen seit dem 01.01.2021 alle Fahrzeuge über 3,5 Tonnen mit mindestens drei Warn-Aufklebern ausgestattet sein. Wohnmobile sind davon nicht ausgenommen.

Sie sind in einer Höhe zwischen 90 und 150 Zentimetern anzubringen. Einer auf der rechten Seite des Hecks und jeweils einer an der linken und rechten Seite im vorderen Bereich des Fahrzeuges, etwa einen Meter von der vorderen Stoßstange entfernt. Anbringungshinweise finden Sie in einem Video auf der Seite www.franceroutes.fr. Haben Sie den Aufkleber nicht angebracht, so kann dies mit einem Bußgeld der Klasse vier geahndet werden. Das sind zurzeit 135,00 €. Die Hinweistafeln gibt es als selbstklebende Folien oder auch als Magnettafeln. Für kurzfristige Einsätze werden sie auch mit Saugnäpfen angeboten, die sich leichter vom Fahrzeug abnehmen lassen. Zu beziehen sind diese Tafeln z.B. hier www.reflexfolie.de und natürlich bei www.amazon.de.

Hunde

Gefühlt krabbelt aus jedem zweiten WOMO nach Öffnung der Aufbautür auch ein vierbeiniger Begleiter. Frankreich ist durchaus ein hundefreundliches Land, doch Nationalparks und besondere Naturschutzgebiete sind für Hunde tabu, auch wenn sie angeleint und gut erzogen sind. Das muss man wissen, wenn man seinen treuen Begleiter dabeihat. Wo man mit den Hunden nicht hineindarf, haben wir explizit bei den Beschreibungen noch einmal aufgeführt.

Das Mitführen eines EU-Heimtierausweises ist Pflicht. Eine Tollwutimpfung muss mindestens 30 Tage vor Grenzübertritt erfolgt sein und darf nicht länger als 12 Monate alt sein.

Kartenmaterial und Literatur

Ergänzend zu Ihrem Navi sollten Sie gutes Kartenmaterial mit sich führen. Schauen Sie dazu bitte in den Shop des Verlages, dort werden Sie geeignetes Kartenmaterial finden.

Wanderkarten sind aus der Mode gekommen. Heute wird das Smartphone mit Navigationssoftware zur Orientierung in der freien Natur genutzt. Dies ist aufgrund der guten Netzabdeckung in den Alpen auch kein Problem. Wenn Sie klassische Wanderkarten bevorzugen, dann empfehlen wir Ihnen die Top-Karten 1:25.000 von der IGN. Sie können die Karten online über https://ignrando.fr/boutique bestellen. Der Versand nach Deutschland verläuft problemlos und dauert nur wenige Tage. Ergänzende Wanderführer finden Sie ebenfalls im Web-Shop des Verlages.

Kleingeld/Münzen

In unseren WOMO-Reiseführern mit den deutschen Zielen haben wir darauf hingewiesen, dass die Parkautomaten, die Automaten an den Stromsäulen und an den Sanitärstationen nach Kleingeld verlangen. Das ist in Frankreich weitgehend anders. Die Versorgungsstationen verlangen in den Alpen überwiegend nach der Kreditkarte und vielfach nach Jetons, die Sie in den Touristikämtern oder Läden vor Ort bekommen. Wir haben jeweils dazugeschrieben, wo Sie die Jetons erhalten und wie weit die Verkaufsstelle vom Stellplatz entfernt ist. Dennoch ist es nützlich, immer genügend Münzgeld dabei zu haben.

Kreditkarten

Sie sind DAS Zahlungsmittel in Frankreich. Die "carte bancaire" ist allgegenwärtig. Weit verbreitet ist die VISA-Karte. Wenn Sie mit der EC-und/oder der VISA-Karte unterwegs sind, werden Sie an Tank- und Stellplatzautomaten sowie an den Mautstationen der Autobahnen keine Probleme haben. Eine der Karten funktioniert unserer Erfahrung nach immer.

Müllentsorgung

Die Müllentsorgung ist in den französischen Alpen kein Problem. In nahezu jedem Ort finden Sie eine Sammelstelle, wie Sie auf dem nebenstehenden Foto sehen können. So oder so ähnlich sehen sie aus und können ganz bequem (auch mit großen Fahrzeugen) angefahren werden. Die Farben der Deckel wirken vertraut und große Aufkleber weisen zusätzlich mit Bildern darauf hin, was wo hineinkommt.

Navette

Hierbei handelt es sich um einen Pendelbus oder Shuttleservice. Er bringt Sie von einem Ort zu einem anderen, den Sie mit Ihrem WOMO oder mit anderen motorisierten Fahrzeugen nicht erreichen können. Sie finden diesen zumeist kostenpflichtigen Service an vielen Orten, hauptsächlich in den Ferienmonaten Juli und August. Die Fahrzeuge, meistens Kleinbusse, starten an Parkplätzen, Bahnhöfen und anderen Orten und bringen die Fahrgäste in die Wandergebiete.

Notrufnummern

Man möchte nicht anrufen müssen. Aber wenn es doch notwendig sein sollte, wählen Sie mit einem Handy bitte die 0033 112. ADAC-Notruf bei Fahrzeugschäden: 0049 89 222 222. Bei Erkrankung und Verletzung: 0049 89 767 676.

Panne

Eine Panne unterwegs ist unangenehm. Besonders dann, wenn man irgendwo auf einem Pass steht oder irgendwo auf einem Wanderparkplatz am Ende eines Tales. Nun gibt es die Notrufnummern Ihres Automobilclubs oder die Notrufnummern Ihres Fahrzeugherstellers, die man anrufen kann, um sich die Hilfe organisieren zu lassen. Wir hatten das Problem, dass die Starterbatterien unseres Fahrzeugs von einem Moment auf den anderen ihren Geist aufgegeben haben. Der Fahrzeughersteller gab uns eine Nummer in Frankreich, die wir anrufen sollten. Außer Warteschleife kam da aber nichts. Wir sind dann nach kurzer Überlegung folgendermaßen vorgegangen:

Da die Internetverbindungen fast überall in unserem Reisegebiet mit Tablet und Smartphone hervorragend funktionieren, haben wir uns online eine Werkstatt über Google maps und den darauf vermerkten Links für Autowerkstätten gesucht und nachgeschaut, welche Dienste sie jeweils anbieten. Dann haben wir mit dem Tablet von der Lichterschau und den Geräuschen, die das Fahrzeug beim Startversuch macht, ein kleines Video aufgenommen. Denn das alles in französischer Sprache am Telefon so zu erklären, dass es auch verstanden wird, dafür reichen unsere Sprachkenntnisse sicher nicht. Mit dem Fahrrad sind wir dann 20 Kilometer zu der gewählten Werkstatt geradelt und haben das Video dem Meister gezeigt. Der hat sofort verstanden, um was es geht, und seinen Gesellen mit großem "Akku-Notfallkoffer" und mir im Auto sofort losgeschickt, um Starthilfe zu geben. Das hat nicht geklappt, denn das Gerät war nicht kräftig genug. Dann wurden kurzerhand vor Ort unsere Batterien ausgebaut, in der Werkstatt durchgemessen und wenig später durch neue ersetzt. Das Ganze hat einen Vormittag gedauert. Wir sind uns sicher, die ADAC-Pannenhilfe wäre auch nicht schneller gewesen.

Pass'Étapes

Mit rund 400 Stationen, davon 350 in Frankreich (Stand 2022), wird ein Netzwerk von **Camping-Car-Parks** angeboten, die immer mit derselben Plastikkarte, der **Pass'Étapes,** genutzt werden können. Siehe hier www.campingcarpark.com. Auf der Seite können Sie auch Plätze reservieren. Die erstmalige Bedienung erscheint auf den ersten Blick etwas kompliziert und ist etwas für Automatenfans! Geht aber ganz einfach. Folgen Sie den Anweisungen auf dem Touchscreen der Automatensäule. Berühren Sie die deutsche Flagge und die Menüführung erfolgt in deutscher Sprache. Sie werden unter anderem nach ihrer E-Mail-Adresse gefragt. Mit der ec- oder der VISA-Karte zahlen Sie den notwendigen Betrag und erhalten in dem grün leuchtenden Ausgabefach eine Pass'Étapes-Karte. Um die Karte zu aktivieren, müssen Sie sie nun noch in den schräg rechts darüber befindlichen Kartenschlitz stecken. Das dauert einen Moment. Wenn die Karte aktiviert ist, halten Sie diese einfach an den Tastaturblock der grünen Säule, ohne etwas einzutippen, und die Schranke öffnet sich. Wer die abgefragten persönlichen Daten nicht angeben will, kann den Platz nicht befahren. Mit der einmal erworbenen Karte können Sie auch andere Plätze dieser Kette anfahren, ohne die ganze Abfrageprozedur wiederholen zu müssen. Die Karte ist unbegrenzt gültig, nur Ihr Guthaben müssen Sie immer wieder aufladen, um die Serviceeinrichtungen nutzen zu können.

Mit dieser Karte bedienen Sie auch die Ver- und Entsorgungsstation, auch wenn diese sich manchmal vor der Schranke befindet. Haben Sie keine Karte, können Sie die Versorgungsstation nicht nutzen.

Die Plätze sind in der Regel komplett ausgestattet. Hier finden Sie auch Stromanschlüsse für jedes Fahrzeug, was sonst auf den freien Stellplätzen unüblich ist. Ein Verzeichnis der Camping-Car-Parks finden Sie auf der angegebenen Internetseite.

Reisezeit

Wann ist die beste Reisezeit? Diese Frage ist so individuell zu beantworten wie die Frage nach dem schönsten Reiseziel. Es kommt eben auf den ganz persönlichen Geschmack an. Betrachten wir es zunächst mal aus technischer Sicht. In den Ferienmonaten Juli und August ist natürlich am meisten los, da macht Frankreich Ferien und die meisten Franzosen bleiben im Land. Die Stellplätze sind voll, die Touristenhochburgen quellen über. Diese Zeit hat aber auch Vorteile: Die Seilbahnen fahren mehr oder minder ununterbrochen, für Besucher zugängliche Höhlen sind täglich geöffnet. Dasselbe trifft für Museen, Schlösser, Festungen und andere Sehenswürdigkeiten sowie Freizeiteinrichtungen zu. Außerhalb der Hauptsaison haben diese oft nur an Sonn- und Feiertagen geöffnet oder gar nicht. Wir haben uns bemüht, dies stets in unseren Beschreibungen zu berücksichtigen.

Außer in den Sommermonaten sind im Mai/Juni und September/Oktober die meisten WOMO-Stellplätze in Betrieb. In den anderen Monaten ist die Wasserversorgung auf diesen Plätzen nicht gewährleistet. Einige Stellplätze sind dagegen das ganze Jahr über geöffnet. Bei den Stellplatzbeschreibungen ist die Betriebsdauer immer angegeben. Dies ist insbesondere dann wichtig, wenn Sie vor Mai oder nach Oktober in den Alpen unterwegs sind.

In den Alpen herrschen andere klimatische Bedingungen als wir sie in den flacheren Regionen Deutschlands gewohnt sind. Schnee und Eis behindern den Verkehr bis weit in das Frühjahr hinein und der Schneefall kann im Herbst bereits früh einsetzen. Viele Pässe der berühmten Route des Grandes Alpes sind ab September/Oktober bis zum Mai/Juni gesperrt.

Restaurants

Sie finden in der Region zahlreiche Restaurants. Nicht jedes ist ein Gourmettempel und manchmal, so erscheint es uns, wird die französische Küche etwas zu sehr gelobt. Da heißt es schon, wachen Auges auf die Speisekarte zu schauen, und wenn draußen gegessen werden kann, im Vorbeigehen mal einen Blick auf die Teller der Gäste zu werfen.

In den Brasserien gibt es, wenn überhaupt, nur kleine Gerichte. Ähnlich verhält es sich in den Bistros und Cafés.

Spezialitäten

Der Platz in diesem Kapitel reicht nicht, um Ihnen alle Spezialitäten dieser Region näher zu bringen. Die beiden Fotos, die auf einer ganz einfachen Berghütte am Roc d'Enfer (siehe Seite 38) aufgenommen wurden, sollen nur als Beispiel dienen.

Oben sehen Sie ein "Berthoud" mit geschmolzenem Käse (heiß) aus Abondance mit Schinken, Wurst, Kartoffeln und einem kleinen Salat als Beilage.

Unten ist ein "Salade de Chèvre chaud" abgebildet, eine Kombination aus Schafskäse, gebratenem Schinken, grünem Salat, Knoblauch und Tomaten.

Diese "spécialités savoyardes" finden Sie natürlich auch auf den Speisekarten der Restaurants. Dort werden Sie auch häufig "Tartiflette" vorfinden, das ist ein Kartoffelauflauf mit Reblochonkäse und Speck. Raclette ist weit verbreitet, wird aber anders zubereitet, als Sie das aus der heimischen Küche kennen. Ein Käsefondue zählt ebenso zu den Klassikern auf den Speisekarten der Restaurants in Savoyen. Das bekommen Sie auch am Mittag in den Sommermonaten serviert. Die genannten Speisen gibt es in allerlei Variationen und wenn Ihnen das zu deftig ist, werden Sie auch viele andere klassische Gerichte der französischen Küche vorfinden.

Schwerverkehrsabgabe in der Schweiz

"In der Schweiz wird eine leistungsabhängige Schwerverkehrsabgabe für Transportmotorwagen und Transportanhänger erhoben, sofern ihr Gesamtgewicht je über 3,5 t beträgt." So steht es auf der offiziellen Seite des Bundesamts für Zoll und Grenzsicherheit der Schweiz. Was bedeutet dies im Gegensatz zur Vignette? Alle Fahrzeuge mit einem Gesamtgewicht von mehr als 3,5 t haben diese Abgabe zu entrichten. Sie können bei Grenzübertritt ein Formular ausfüllen, bezahlen die Gebühr vor Ort und müssen dann für jeden Tag, den Sie sich in der Schweiz aufhalten – auch wenn Sie Ihr Fahrzeug nicht bewegen –, in diesem Formular einen Eintrag vornehmen, der bei einer Kontrolle auf Verlangen vorzuweisen ist. Die Formulare bekommen Sie aber nur noch an großen Grenzübergängen. Die kleinen sind oft gar nicht besetzt. Es empfiehlt sich daher, eine App auf dem Smartphone zu installieren und die Eintragungen digital vorzunehmen. Das funktioniert sehr gut. Wir nutzen sie, seitdem es sie gibt, und hatten damit bislang keinerlei Probleme. Sie können die App über den App-Store Ihres Systems installieren. Mehr Informationen dazu gibt es hier www.bazg.admin.ch.

Straßen/Pässe

Der Ausbauzustand der Straßen ist einem ständigen Wechsel unterworfen. Wir standen einige Male vor eine "Déviation", vor einer Umleitung, die unsere Reiseplanung über den Haufen geworfen hat. Bei innerörtlichen Umgehungen ist das kein Problem. Wird dagegen eine Pass-Straße erneuert, kann das einen großen Umweg verursachen. Gebaut wird viel, quantifizieren können wir das aber nicht. Neuasphaltierungen gehen gewöhnlich mit Vollsperrungen einher.

Allgemein betrachtet sind Departementstraßen manchmal nur so breit wie ein gut ausgebauter Feldweg. Ausweichstellen sind in der Regel vorhanden, sodass auch breite Fahrzeuge gefahrlos aneinander vorbeifahren können. Sie müssen nur etwas vorausschauend fahren und dürfen nicht zu schnell unterwegs sein, dann klappt das reibungslos. Bei unseren Routenbeschreibungen machen wir ausdrücklich darauf aufmerksam, wenn es eng wird. Pass-Straßen sind hierbei besonders betroffen. Im Jura und noch mehr in den Alpen sind diese Pass-Straßen auch Ausflugsziele für Rad- und Motorradfahrer. Hier gilt es, besondere Vorsicht walten zu lassen. Lesen Sie dazu auch unsere Bemerkungen unter „Fahrräder" auf Seite 364. Sind viele Radler unterwegs und lässt der Gegenverkehr kein Überholen zu, kann eine Fahrt bergauf auch mal zu einer Zuckeltour werden. Nur Geduld, Sie haben ja Urlaub.

Leitplanken und Absturzsicherungen werden Sie an den Pass-Strecken nur selten finden.

Tanken

Die Versorgung mit Dieselkraftstoff ist normalerweise kein Problem. Streiks und/oder Gelbwestenproteste können aber gelegentlich zu Einschränkungen führen.

Ein Tankstellennetz, wie wir es in Deutschland gewohnt sind, existiert in Frankreich nicht. Hier finden Sie die Tankstellen sehr häufig am Rande eines Supermarktes, meistens mit 24h-Service und Kartenautomat. Der Vorteil: Der Kraftstoff ist günstiger als an einer der wenigen Markentankstellen, die es natürlich auch gelegentlich innerorts oder an Ausfallstraßen gibt. Gezahlt wird gewöhnlich an einem Automaten mit der EC- oder der VISA-Karte. Die Menüführung ist häufig in deutscher Sprache installiert. Die Kassenhäuschen, die am Rande der Tankanlagen häufig noch zu sehen sind, sind verwaist.

Toilettenentsorgung

Auf unseren Touren haben wir darauf geachtet, eine Vielzahl von Plätzen zu finden, die sachgerechte Ver- und Entsorgungseinrichtungen haben. Die Entsorgung ist kein Kostenfaktor und es sind genügend Stationen in diesem Buch genannt. Die V+E-Symbole sind in den Tourenkarten gut erkennbar. Falls Sie mal auf eine Station aus einer Nachbartour ausweichen müssen, ist auch diese Möglichkeit in den Tourenkarten gut ablesbar.

Für den Notfall haben wir uns eine zweite Kassette zugelegt, die bei Bedarf gegen die volle getauscht wird. Ansonsten gilt: Vorausschauend ver- und entsorgen und nicht bis auf den letzten Drücker warten.

Für die Ver- und Entsorgung ist das System **"Flot bleu"** weitverbreitet. Dabei handelt es sich um einen blauen oder anthrazitfarbenen Kasten, der mit Jetons oder Münzen gefüttert oder mit einer ec- oder VISA-Karte bedient werden muss. Die Preise sind unterschiedlich. Wurde der Betrag entrichtet, lässt sich per Knopfdruck an der Seite eine Tür öffnen, hinter der man die Kassettentoilette entleeren kann. Unmittelbar darüber befindet sich der Frischwasserschlauch, an dessen Ende sich eine Zapfpistole befindet. Die ganze Konstellation ist nicht sonderlich einladend, um es sehr zurückhaltend zu formulieren. Wir haben vielfach beobachtet, dass diese Systeme schlecht gewartet sind und dann wird es eklig Für die Trinkwasserversorgung bevorzugen wir den klassischen Wasserhahn, an dem der eigene Schlauch montiert wird. Flot bleu haben wir dafür nicht benutzt.

In den Stellplatzbeschreibungen weisen wir darauf hin, ob eine Flot bleu anzutreffen ist oder ob die Ver- und Entsorgungsstellen individuell ausgestattet und dann meist in einem sehr guten Zustand sind.

Trinkwasserversorgung/Grauwasserentsorgung

Hier gilt das Gleiche wie für die Toilettenentsorgung. Erfahrungsgemäß ist die Toilette schneller voll als der Abwassertank. Wir arbeiten die Frischwasseraufnahme, Grauwasser- und Toilettenentsorgung immer an einer Service-Station nacheinander ab, egal, wie dringend notwendig das eine oder andere gerade ist. Es sei denn, wir stehen an einer Flot bleu, da verzichten wir auch gern einmal auf die Frischwasseraufnahme (siehe oben). Die Entsorgung des Grauwassers ist in unseren Reisegebieten in Frankreich überwiegend einfach. Fast ausnahmslos haben die Stationen eine simple Betonwanne mit einer Ablaufrinne in der Mitte. Da fährt man einfach drüber, macht den Abwasserhahn auf und wartet, bis der Tank leer ist. Fertig! Das Gefälle der Betonfläche sorgt für die richtige Fließrichtung. Ein langes Rangieren, um den Ablaufstutzen des Abwassertanks über die Einlassöffnung des Abwassers zu positionieren oder einen Schlauch anzuschließen, ist nicht notwendig. Den Abwasserschlauch, den wir immer mitführen, haben wir in Frankreich bislang noch nie benutzt.

Tunnel

In den Bergen gibt es zahlreiche Tunnel. Sie sind in unserem Reisegebiet von sehr unterschiedlicher Qualität. Manche sind dunkel, kaum beleuchtet und eng, andere dagegen nach modernen Standards ausgebaut. Bei vielen kleinen Tunnelanlagen passt immer nur ein Fahrzeug durch. Sie werden mit Ampelanlage gesteuert oder sind mit einer Beschilderung versehen, die Auskunft darüber gibt, welche Richtung Vorrang hat.

Die Tunneldurchfahrten werden zum Teil auch von Radfahrern genutzt. Hier gilt es, besondere Vorsicht walten zu lassen, denn die Radler sind oft schlecht zu sehen. Dies betrifft nicht nur die ganz kleinen Tunnel, sondern auch größere, wie auf der Route des Grandes Alpes bei Val d'Isère.

Umweltzonen

Anfang Juli 2016 wurde in Frankreich die Umwelt- oder **Feinstaub-Plakette Crit'Air** (oder auch Luftqualitätszertifikat) und die dazugehörigen Umweltzonen eingeführt, zunächst in Paris und Grenoble. Weitere Städte sind in der Zwischenzeit dazugekommen. Dazu gibt es verschiedenfarbige Plaketten, die an der Innenseite der Windschutzscheibe anzubringen sind.

Das Ziel ist, die Emissionen in der Luft, vor allem Stickoxide und Feinstaub, zu reduzieren. Ein Teil der Maßnahme besteht darin, nur noch neueren und schadstoffärmeren Fahrzeugen die Zufahrt zu einzelnen Umweltzonen zu gestatten. Hierzu werden die Fahrzeuge in Kategorien eingeteilt und erhalten eine entsprechende Feinstaubplakette. Nach und nach soll dann nur noch emissionsfreien Fahrzeugen die Einfahrt in die Umweltzonen gestattet sein. Quelle: www.france.fr/de/nuetzliche-tipps/umweltzonen-frankreich. Wann und wie sich das entwickeln und verschärfen wird, weiß niemand. Es ist sicher ratsam, sich auf der angegebenen Webseite vor Antritt der Reise über den Stand der Dinge zu informieren.

Hier www.certificat-air.gouv.fr können Sie die Plakette für Ihr Fahrzeug bestellen. Es werden dabei Ihre Fahrzeugdaten, Ihre Adresse usw. abgefragt. Wenn Sie die ganze Prozedur abgeschlossen haben, wird die Plakette mit Ihrem Kennzeichen ausgestellt und zugeschickt. Gehen Sie davon aus, dass dieser Vorgang mindestens einen Monat Zeit in Anspruch nimmt.

Unfall

Kleine Parkrempler sind in Frankreich nichts Außergewöhnliches, das passiert auf dem Parkplatz des Supermarktes oder an anderen Orten. Ist der Verursacher bekannt und steht zu dem von ihm angerichteten Schaden, werden die Versicherungsnummern ausgetauscht, ein Unfallbericht erstellt und an die Versicherungen geschickt, die dann alles Weitere regeln. Um sicherzugehen, dass die Versicherungsnummer des Unfallgegners stimmt, können Sie beim Zentralruf der Autoversicherer anrufen (+49 40 300330300) und die Nummern abgleichen.

Einen Vordruck für die Erstellung eines Unfallberichtes bekommen Sie über die Seite www.adac.de. Einfacher ist es, mit den Schlagworten „Unfallbericht Deutsch-Französisch" die Suchmaschine zu bemühen, dann kommen Sie bei den angezeigten Ergebnissen auch auf die Seite des ADAC. Wenn Sie die Seite aufrufen und ein wenig runterscrollen, werden Ihnen gleich mehrere PDF-Dokumente in verschiedenen Sprachvarianten angeboten. Suchen Sie sich raus, was Sie benötigen, drucken Sie das Dokument vor Antritt der Reise aus und legen es mit der Hoffnung ins Handschuhfach, es nie benutzen zu müssen.

In Frankreich kommt die Polizei zur Unfallaufnahme nur dann, wenn Personenschäden zu verzeichnen sind. Wenn es sich nur um Blechschäden handelt, müssen die Fahrzeuglenker die Schadensregulierung selbst aushandeln.

Kompliziert wird es, wenn, wie in unserem Fall, Ihnen jemand hinten drauffährt und sogleich das Weite sucht. Glücklicherweise waren wir so schnell, das Fahrzeug samt Kennzeichen zu fotografieren. Damit sind wir zur Gendarmerie marschiert, nachdem wir uns von einigen Unfallzeugen, die zu Aussagen bereit waren, die Telefonnummern haben geben lassen. Der Unfallgegner wurde rasch ermittelt und seine Versicherung hat den Schaden beglichen.

Versorgung mit Lebensmitteln und anderem

In den Hypermarchés auf der grünen Wiese ist die Auswahl an Lebensmitteln und Getränken, vorrangig aus französischer Produktion, sehr groß. Dort finden Sie alles, von den Käsespezialitäten aus der Normandie im Norden des Landes bis zu den Weinspezialitäten aus dem Süden, von frischem Fisch von der Atlantikküste im Westen bis zu den regionalen Spezialitäten im Osten des Landes. Immer wieder werden Sie auch auf die Erzeugnisse aus Savoyen hingewiesen, die Sie oft auf eigens dafür hergerichteten Verkaufsflächen vorfinden.

In den Randbezirken der größeren Orte finden sich immer ein oder mehrere Supermärkte der großen Ketten Carrefour, Leclerc, Super U, Intermarché oder andere. Etwas kleiner als die riesigen, in Frankreich "Hypermarchés" genannten Märkte sind die "Supermarchés". Hier findet sich im Prinzip, je nach Größe des Marktes, von einem sehr reichhaltigen Lebensmittelangebot mit Obst, Gemüse, Frischwarentheke, Getränken, Kleidung und Drogerieartikeln eigentlich alles, was man unterwegs benötigt. Häufig gibt es in den kleinen Orten auch noch "Tante-Emma-Läden", die oft eine erstaunliche Produktvielfalt anbieten.

Frisches Baguette kaufen Sie natürlich am besten morgens in einer Boulangerie, das schmeckt unserer Erfahrung nach einfach besser als Brot aus dem Supermarkt. Gern suchen wir auch die Wochenmärkte in den Orten auf oder kaufen in den Sommermonaten Obst, Käse und Wurst auch mal von den Verkaufsständen am Straßenrand.

Vignette in der Schweiz

Wenn das Gesamtgewicht Ihres Fahrzeugs unter 3,5t liegt, dann benötigen Sie für die Fahrt durch die Schweiz eine Vignette. Sie ist für ein Kalenderjahr gültig und ist von innen an die Windschutzscheibe zu kleben. Sie erhalten diese Vignette an den großen Grenzübergängen in Deutschland auch schon an den AB-Rastanlagen in Grenznähe zur Schweiz. Sie können sie auch online bei verschiedenen Anbietern erwerben oder in einer ADAC-Geschäftsstelle.

VTT

Es ist die Abkürzung für **V**élo **T**out-**T**errain, die französischsprachige Variante des Mountainbikes. Wie in Deutschland auch gibt, es die Räder in den unterschiedlichsten Qualitäten und Ausführungen. Seit einiger Zeit auch als E-Bikes. Damit lassen sich ausgedehnte Bergtouren mit den Rädern unternehmen. Ladestationen finden Sie mittlerweile an vielen Orten, auch bei Berghütten. In den Bergen wurden viele Wege für die VTT-Fahrer ausgewiesen, damit es nicht zu Konflikten mit den Bergwanderern kommt.

Eine französische Spezialität sind die vielen "Downhill-Strecken", die es gefühlt in allen Skigebieten gibt. In der Sommersaison Juli/August werden die Skilifte zu Velo-Liften umfunktioniert. Die Fahrer, gewöhnlich in darkriderähnlichen Schutzmonturen lassen sich mitsamt dem Rad nach oben auf den Berg transportieren, um dann in atemberaubendem Tempo die Hänge hinunterzusausen. Gern auch im Fünfer- oder Zehner-Abo den ganzen Tag rauf und runter.

Wandern und Radwandern

Die gesamte Region ist zum Wandern und Radeln ideal. Wir haben uns bemüht, einige der interessantesten Routen im Buch zu berücksichtigen. Es gibt jedoch noch wesentlich mehr Wege, die entdeckt, durchschritten bzw. durchfahren werden wollen.

Wanderkarten sind dabei mittlerweile "old school". Kaum jemand wird ihnen in den Bergen noch begegnen, der eine klassische topographische Wanderkarte in den Händen hält. Das Smartphone mit spezieller Outdoor-Software oder auch nur mit Google-maps ist heute das gängige technische Gerät, um sich im Gelände zu orientieren. Die Netzabdeckung und die Datenübertragungsgeschwindigkeiten sind durchweg als gut bis sehr gut zu bezeichnen.

Wassersport

Dort, wo auf den Seen und den Flüssen Wassersport möglich ist, haben wir darauf hingewiesen. Wer mit Kanu und/oder Surfbrett unterwegs ist oder als Kitesurfer auf den größeren Seen seinen Sport ausüben möchte, dem stehen einige Gewässer zur Verfügung. Einschränkend muss hinzugefügt werden, dass sehr viele Seen dem Angelsport vorbehalten sind und streng darauf geachtet wird, dass niemand unzulässigerweise den See nutzt.

Wintersport

Die französischen Alpen sind das Wintersportparadies schlechthin. Dafür wurden viele große Hotelstädte in die Berge gebaut. Mit dem Wohnmobil zum Wintersport hierher zu fahren, ist eher die Ausnahme. Zwar sind viele Plätze in den Bergen das gesamte Jahr über zu erreichen, die Stromversorgung ist jedoch häufig nicht gewährleistet. Die wenigsten Mobile werden im Winter lange ohne eine dauerhafte Stromversorgung auskommen können. Dort, wo ausreichend Stromanschlüsse vorhanden sind, haben wir das in den Stellplatzbeschreibungen vermerkt. Es sind nur wenige.

Stichwortverzeichnis

D

E

F

G

I

J

K

L

M

N

O

P

R

S

T

U

V

W

Z

Bildnachweis:

Cathédrale Saint Jean Baptiste in Belley Seite 86 ©ERIC-stock.adobe.com; Chanaz Seite 88 ©angetraverso-stock.adobe.com; Innenraum der Klosterkirche Hautecombe Seite 90 ©Gerald Villena-stock.adobe.com; Place Maurice-Mollard Seite 92 ©savoieleysse-stock.adobe.com; Arc de Campanus Seite 93 ©aro49-stock.adobe.com; Le Bourget-du-Lac Seite 96 ©Anna Dufour-stock.adobe.com; Grotte Saint Christophe Seite 99 ©Pascal Gombert; Château des Ducs de Savoie in Chambéry Seite 100 ©Aurélien Antoine-stock.adobe.com; Fontaine des Eléphants Seite 101 ©Pictures news-stock.adobe.com; Tour Percée Seite 103 ©Lionel Tassan, Grand Moucherolle Seite 116 ©Alain Gely; Altstadt von Serres Seite 152 ©minicel73-stock.adobe.com; Turm der Stadtmauer von Sisteron Seite 155 ©Pasquale d'Anna-stock.adobe.com; Bergsee am Col de la Vanoise Seite 171 ©Alain-stock.adobe.com; Lac Cottepens Seite 182 ©L'Oeil d'Édouard; Lac Bramant Seite 186 ©estivillml-stock.adobe.com; Lauvitel bei La Danchére Seite 198 ©Romaric Juvanon; Pénitents bei Mées Seite 217 ©francois-roux-photography.com; Demoisselles Coiffées de Pontis Seite 238 ©Michel Cavalier; Lac d'Allos Seite 251 ©Camille-stock.adobe.com; Wasserfall Dormillouse Seite 284 ©midgardson-stock.adobe.com; Oberes Vallée de la Clarée Seite 298 ©Picturereflex-stock.adobe.com; Notre Dame de l'Assomption Seite 307 ©Pictures news-stock.adobe.com; Reifekeller der Käserei in Beaufort Seite 334 ©Frédéric Prochasson-stock.adobe.com; Grotte de Glace Montenvers Seite 358 ©thecriss-stock.adobe.com.
Alle anderen Fotos ©Heiner Newe.

Kartographie:

Alle Karten wurden erstellt von Heiner Newe. Für die Geländedarstellungen wurden frei verfügbare SRTM-Daten verwendet.
Die Stadtpläne wurden unter Nutzung der Daten von © OpenStreetMap contributors hergestellt.

Alle WOMO® Reiseführer auf einen Blick

Albanien, Ulrike und Frank Staub
Allgäu, Heiner Newe
Andalusien, Christina und Christian Winkler
Auvergne, Esther Vergenz
Baden-Württemberg, Heiner Newe
Baltikum, Stefanie Holtkamp und Andrea Bergmann
Bayern Der Nordosten, Heiner Newe
Bayern Der Südosten, Christina und Christian Winkler
Bayern Der Nordwesten, Heiner Newe
Belgien/Luxemburg, Ulrike und Frank Staub
Bretagne, Anette Scharla-Dey und Franz Peter Tschauner Neu 2023
Burgund, Ralf Gréus
Dänemark, Anke Globi
Elsass, Ralf Gréus
England Der Süden, Christina und Christian Winkler
England Der Norden, Christina und Christian Winkler
Finnland, Uwe und Annegret Rohland
Französische Alpen, Heiner Newe Neu 2023
Französische Atlantikküste Der Norden, Esther Vergenz
Französischer Jura, Heiner Newe
Griechenland, Waltraud Roth-Schulz und Reinhard Schulz Neu 2023
Harz, Heiner Newe
Hessen Der Norden, Anette Scharla-Dey und Franz Peter Tschauner
Hessen Mitte und Süden, Anette Scharla-Dey und Franz Peter Tschauner
Hunsrück/Mosel/Eifel, Anette Scharla-Dey und Franz Peter Tschauner
Irland, Uwe und Annegret Rohland
Island, Jutta und Alexander Ramin Neu 2023
Korsika, Waltraud Roth-Schulz und Reinhard Schulz
Kroatien, Silvia Sussmann und Peter Simm
Languedoc-Roussillon, Ralf Gréus
Ligurien, Ralf Gréus Neu 2023
Lothringen, Friedrich Riehl
Lüneburger Heide, Heiner Newe
Marokko, Ulrike und Frank Staub
Mecklenburg-Vorpommern Teil 1, Stefanie Holtkamp und Andrea Bergmann
Mecklenburg-Vorpommern Teil 2, Stefanie Holtkamp und Andrea Bergmann
Mittel-Italien, Friedrich Riehl
Münsterland, Regina Stockmann
Namibia, Ute Nast-Linke und Frank Linke
Neuseeland Der Norden, Andrea Lossen und Dieter Giesen
Neuseeland Der Süden, Andrea Lossen und Dieter Giesen
Niederlande, Friedrich Riehl
Normandie, Anette Scharla-Dey und Franz Peter Tschauner
Norwegen Der Süden, Waltraud Roth-Schulz und Reinhard Schulz
Norwegen Der Norden, Waltraud Roth-Schulz und Reinhard Schulz
Österreich Der Osten, Christina und Christian Winkler
Österreich Der Westen, Christina und Christian Winkler

Ostfriesland, Heiner Newe
Pfalz, Ralf Gréus
Piemont und Aostatal, Ralf Gréus
Peloponnes, Waltraud Roth-Schulz und Reinhard Schulz
Polen Der Norden, Nicola Kluftinger
Portugal Der Norden, Stephanie Seufert
Portugal Der Süden, Stephanie Seufert
Provence Der Westen, Ralf Gréus
Provence Der Osten, Ralf Gréus
Pyrenäen, Stefanie Holtkamp und Andrea Bergmann Neu 2023
Rumänien, Christina und Christian Winkler
Sachsen, Anette Scharla-Dey und Franz Peter Tschauner
Sardinien, Waltraud Roth-Schulz und Reinhard Schulz
Schleswig-Holstein und Hamburg, Heiner Newe
Schottland, Uwe und Annegret Rohland
Schwarzwald, Ralf Gréus
Schweden Der Norden, Uwe und Annegret Rohland Neu 2023
Schweden Der Süden, Waltraud Roth-Schulz und Reinhard Schulz
Schweiz Der Osten, Stefanie Holtkamp und Andrea Bergmann
Schweiz Der Westen, Stefanie Holtkamp und Andrea Bergmann
Sizilien, Christina und Christian Winkler
Slowakei, Ulrike und Frank Staub
Slowenien, Silvia Sussmann und Peter Simm
Spanien Der Norden, Waltraud Roth-Schulz und Reinhard Schulz Neu 2023
Spanien Der Osten, Waltraud Roth-Schulz und Reinhard Schulz
Süditalien Der Osten, Waltraud Roth-Schulz und Reinhard Schulz
Süditalien Der Westen, Waltraud Roth-Schulz und Reinhard Schulz
Südafrika Krügernationalpark, Ute Nast-Linke und Frank Linke
Südwestfrankreich, Stefanie Holtkamp und Andrea Bergmann
Südtirol, Waltraud Roth-Schulz und Reinhard Schulz
Tal der Loire und Paris, Anette Scharla-Dey und Franz Peter Tschauner Neu 2023
Thüringen, Katja Eisenschmidt
Toskana und Elba, Ralf Gréus Neu 2023
Trentino, Silvia Sussmann und Peter Simm
Tschechien, Eva und Steffen Peuker
Umbrien und Marken, Ralf Gréus Neu 2023
Ungarn, Silvia Sussmann und Peter Simm
Venetien und Friaul, Christina und Christian Winkler Neu 2023
Wales, Christina und Christian Winkler
Zentralspanien Der Osten, Ulrike und Frank Staub Neu 2023
Zentralspanien Der Westen, Ulrike und Frank Staub Neu 2023

Außerdem im Programm:

Die gordische Lüge – Reiseroman, Ralf Gréus
Allgemeines Wohnmobil Handbuch, Reinhard Schulz
Allgemeines Wohnmobil Kochbuch, Waltraud Roth-Schulz
Heitere Wohnmobil Geschichten, Silvia Sussmann und Peter Simm

Ihr WOMO® Stellplatz-Dienst

Wir führen Sie zu den **schönsten Orten**, die unsere erfahrenen Autoren **selbst besucht und getestet** haben. Die GPS-Daten ihrer Stell- und Campingplatz-Empfehlungen finden Sie im Online-Shop unter **www.womo.de**

Mehr erfahren. Mehr erleben.

womo.de ist der **Spezialist** für Ihren entspannten **Erlebnisurlaub auf vier Rädern**. Profitieren Sie für Ihre Reisevorbereitung und -planung von unserer **jahrzehntelangen Erfahrung**.
Seit 2022 arbeiten wir daran, Bewährtes noch besser zu machen: Dazu gehört die **moderne Optik** unserer neu gestalteten und **neu aufgelegten** Reiseführer.

Selbstverständlich werden unsere WOMO-Reiseführer permanent auf einen **aktuellen inhaltlichen Stand** gebracht. Jeder einzelne bietet eine Fülle an Ideen, Inspiration und Information **für Ihren Erlebnisurlaub**.

Wenn Sie persönliche Anregungen oder **konkrete Fragen zu Ihrer Reiseplanung haben**, dann schreiben Sie uns gern unter: **verlag@womo.de**

Den kostenlosen Download-Link für die **GPS-Daten** zu diesem WOMO-Reiseführer finden Sie im Shop unter: **www.womo.de**
Ihr Passwort lautet: **Fr3azB**

WOMO®
Der Wohnmobil-Verlag
An der Liethe 4
36452 Kaltennordheim
Telefon: 036946 20691
www.womo.de